Moritz Hartmann

Tagebuch einer Reise durch Languedoc und Provence

Mit 17 Abbildungen

Societäts-Verlag

Mit einem Nachwort von Konrad Paul

Lizenzausgabe für die Bundesrepublik Deutschland,
Österreich und die Schweiz Societäts-Verlag 1980
Umschlagentwurf: Heinrich Müller
Lichtsatz INTERDRUCK Graphischer Großbetrieb Leipzig – III/18/97
Druck und Binden LVZ-Druckerei „Hermann Duncker",
Leipzig III/18/138
ISBN 3 7973 0228 2

Letztes Kapitel als erstes

Latour de Farges – so heißt ein altes Schloß, das sich auf einem der letzten südlichen Ausläufer der Cevennen bescheiden, doch romantisch schön erhebt. Wie ein Posten von der ungeheueren Festungsmauer des Cevennengebirges blickt es klug und mutig weit hinaus über die Ebene Niederlanguedocs bis ans Meer. Hundert Schritte gegen Süden, und man befindet sich an der Eisenbahn und in der Ebene. Einst war das Schloß, der Turm der Seigneurs de Farges, von Ringmauern, Türmen und Wallgräben umgeben; die Gräben sind heute gefüllt und von Vernis de Japon bepflanzt, die Wälle sind gänzlich gefallen oder haben sich zu friedlichen Gartenmauern erniedrigt und verdünnt. Nur ein kleines Stück ist in seiner ganzen Höhe mit der Galerie und der hinaufführenden Treppe stehengeblieben. Die drei Türme aber ragen in ganzer Größe empor und suchen noch heute eine feudale Grimasse zu machen; der eine breit und schön überkuppelt, die andern von Zinnen und Zacken gekrönt. Aber trotz ihrer feudalen Maske haben auch sie sich friedlichem Geschäfte und friedlichen Einwohnern gewidmet. Der eine, ehemals ein Gefängnis oder eine Folterkammer – denn die Herren de Farges hatten eigene Gerichtsbarkeit –, ist ein Taubenhaus geworden; in dem andern verleben Kaninchen ein sybaritisches Dasein; nur der dritte ist als Gefängnis eines Goldadlers aus den aufrührerischen Cevennenbergen seinem ursprünglichen Charakter treu geblieben. Anstatt des Wächters auf der Zinne sitzt ein stolzer Pfau auf der gewaltigen Akazie am Torturme und warnt seine junge Brut und die ganze Bassecour mit trompetendem Rufe, wenn sich in den Lüften ein Geier der Berge wiegt, blickt aber ruhig herab, wenn der zahme Falke über seine Kinder hinfliegt.

Auf der von den Türmen flankierten Terrasse wachsen junge Pinien und andere südliche Bäume auf; in den Winkeln hocken gewaltige Aloen. Ihre Blätter tragen zahllose Inschriften und sind ein Stammbuch des Schlosses geworden. Da ist mancher bekannte Name zu lesen. Den Taubenturm umschlingt liebend ein Rosenbaum, der den berühmten, von Ludwig dem Frommen gepflanzten Hüldesheimer an Größe und Blüten weit übertrifft. Er bildet einen heiteren Kontrast gegen die Zypressen, die auf ihn ihre melancholischen Schatten werfen. Aber was südliche Vegetation vermöge, zeigt erst die Anglaise, ein schattiger Garten, der sich an die Terrasse schließt und gegen Osten auf Lunel-Viel und die weingesegneten Ebenen von Lunel blickt. Der Rosen- und der Dichterlorbeer, die purpurblühende Granate, die Zypresse und Pinie, die Stacheleiche, der rote Judasbaum, der wuchernde Vernis de Japon stehen in dichten, eng zusammengedrängten Gruppen da und weben kühle Dämmerung für die Stunden der Siesta. In ihren Zweigen singen hundert Nachtigallen Tag und Nacht. Sie haben Zuhörer genug; denn an der

Gartenmauer wiegen unzählige, vielbesungene provenzalische Rosen ihre goldenen, weißen, roten, braunen Kronen. – In solcher Umgebung erhebt sich das eigentliche Schloß: ein unregelmäßiges, altes Gebäude mit tiefen Fenstern, dem das platte Dach wie ein alter, zu weit gewordener Hut tief in die Stirne bis auf die Augen fällt. Es würde ein mürrisches Gesicht machen, wenn die heitere Sonne des Südens, die es vergoldet, das erlaubte; wenn der Gesang der Nachtigallen, die es umtönen, seine Düsterheit nicht in liebliche Melancholie verwandelten. Dann fühlt man sich so wohnlich in seinen Kreuz- und Quergängen, in seinen breiten gewölbten Sälen, in seinen gepflasterten kühlen Stuben, in deren Fenster der Feigenbaum oder der Efeu wie zum Gruße seine grüne Hand hereinstreckt. Als wollte die Natur das liebe Nest vor den Frösten des Nordwindes schützen, zieht sie von unten herauf einen aus Efeu und hundert andern Schlingpflanzen gewobenen Teppich über die Mauern bis auf das Dach. In wenigen Jahren wird das ganze alte Gemäuer einem grünen Nachtigallenneste ähnlich sein. Auf der einen Seite, dem Südost zugewendet, wächst ein kleines Türmchen mit einem Balkon aus dem Gemäuer heraus. Dort steige man hinauf, um die ganze Herrlichkeit Niederlanguedocs kennenzulernen, jenes Landes, von dem es heißt: „Du findest dort die Milde des Himmels, die Fruchtbarkeit des Bodens, die Mannigfaltigkeit des Feldes, des Weingartens, der Wiese; die Verschiedenheit der Früchte, die Annehmlichkeiten des Hügels und der Ebene und eine außerordentliche Zahl von Flecken, Schlössern, Dörfern und Städten."

So beschrieb Roland Laporte, der Weinbauer und große Kamisardenprinz, das Land, als er seinen General, den Schäferknaben und Bäckergesellen Jean Cavalier, mit dem Herzogstitel belehnte und ihm dazu Niederlanguedoc, „wo schon so viele Menschen seinem Gesetze gehorchten", als kleine Gabe zu seiner Verlobung schenkte. So beschrieb er es vor hundertundfünfzig Jahren, so ist es noch heute. Des Abends erkennt man seine Grenze am Pharus vom Grau, der sein Licht wie ein beweglicher, ins Meer gesunkener Stern herübersendet.

Wie herrlich war diese Ebene zu sehen, als am Johannisvorabend nach der Sitte des Landes „vor all den Flecken, Schlössern, Dörfern und Städten", ja vor jeder einzelnen Meierei die gewaltigen, von Weinreben genährten Flammensäulen aufstiegen. In weiter Ferne erblickte man dunkle Gestalten wie Hexen durch die feurige Lohe fliegen; das waren die Bauern und Bäuerinnen, welche glauben, daß ein solcher Sprung durch die heilige Johannesflamme sie für das ganze Jahr vor dem in den Sümpfen lauernden Fieber schütze. Wie grauenvoll schön war sie zu sehen, als man in einer Herbstnacht die Sümpfe bei Aigues-Mortes in Flammen steckte, um sie mit der eigenen Asche für das nächste Jahr zu düngen. Als ob Ninive und Babel und Persepolis, nebeneinander aufgestellt, von *einer* ungeheuren Flamme verzehrt würden. Der Himmel brannte mit, und die neunzehn gezackten Türme von Aigues-Mortes ragten glühend in die Nacht empor wie die letzten Reste von Ninive, Babel und Persepolis. Die Sterne erbleichten, die Vögel in den Nestern erschraken vor dieser Morgenröte, aber ruhig und stolz wiegten die Flammensäulen einander ihre Häupter zu, wie ein feuriger Wald, dessen Wipfel ein sanfter Morgenwind bewegt.

Wie traurig aber war das Land, als an einem schönen Junimorgen plötzlich ein Heer von Nebeln aus dem Meere stieg, landete, sich mit den Nebeln der Sümpfe vereinigte und einen traurigen, schaurigen Siegeszug über die Ebene hin begann. Sie schienen so langsam zu wandern, und doch, wie schnell verschwanden Dörfer und Städte hinter ihnen, wie bald lag eine weiße Nacht, ein feuchtes Leichentuch ausgebreitet über das ganze Gefilde! Die Sonne erbleichte und verschwand, die Lerchen sanken erschrocken und stumm in ihre Nester, den Leithammel ergriff panischer Schrecken, und mit tönender Glocke lief er dem Schäfer voraus, von den Garigues fort nach Hause in den Stall, und ihm nach die ganze Herde. Die Bauern sagten: „Da drinn' sitzen die Fieber." Einzelne Tropfen, die zur Erde fielen, waren wie Tränen von Kindern, welche die Geister geraubt und hinter ihrem weißen Gewand versteckt forttrugen in unbekannte Fernen. Wer kennt das schöne Volkslied der Griechen nicht, das von Charos singt, dem reitenden Tode, der auf Rücken, Hals und Kruppe seines Pferdes Greise, Jünglinge, Weiber und, ach, so viele Kindlein entführt. Er reitet immer fort und will sich nicht aufhalten beim Brunnen; denn dort könnten die Geliebten ihre Jünglinge, die Gatten die Gattinnen, die Mütter ihre Kinder erkennen – „wer könnte dann sie trennen"!

Aber herrlich, unbeschreiblich schön ist das Land jeglichen Abend, selbst nach solchen Nebelmorgen. Wunderbar ist die Mannigfaltigkeit, die Verschiedenheit der Sonnenuntergänge. Jeden Tag schmückt sich diese ewig junge Königin mit anderen Reizen und Juwelen, um jeden Tag mit anderer und neuer Schönheit in das Brautbett zu steigen. Bald ist sie in glühendes Gold, bald in sanftblauen Samt, bald in dunklen Purpur gekleidet. Die goldnen Wölklein, ihre Pagen, haben es von der Herrin gelernt und sind wie sie unerschöpflich in Erfindung neuer Trachten. Silbern, golden und purpurn – manchmal auch in Trauer gehüllt, folgen sie ihr nach, tragen sie ihre Schleppen oder sprengen auf feurigen Rossen um ihren Siegeswagen. Launisch wechselt sie ihr Kleid oft unzählige Male in der Minute, blickt ebenso ihr Gesicht bald lächelnd, bald melancholisch, und mit ihr ändert sich ihr ganzes Hofgesinde. Beherrscht von ihren Launen, beginnt die ganze Natur ein magisches Spiel. Die Cevennen erglühen; ihr König, der Pic St-Loup, erhitzt sich und sieht mit leuchtender Stirne der Sonne entgegen, die sich gnädig lächelnd zu ihm niederbeugt; doch zieht sie weiter, und er versinkt nach und nach in Trauer und mit ihm alle Vasallen, die vom Urfeuer gehärteten Berge, alte Vulkane mit kahlen Schädeln. Mit Sonnenuntergang beginnen die hier so häufigen Lufttäuschungen und Phantasmagorien. Alle Dörfer, Städte und Flecken der südöstlichen Ebene fliegen mit einem Ruck in unsere nächste Nähe; wir sehen jedes Fenster, wir blicken in alle Gassen, wir sehen die Tamarisken der Sümpfe, die im Abendwinde zittern, wir erkennen die Laterne des uralten Turms de Constance in Aigues-Mortes, ja wir hören die Glocken der fernsten Kirchtürme. Im Westen aber rückt alles in träumerische Ferne, in blaue, duftige Nebel. Nur die Dörfer auf den Höhen erglühen in heiterem Lichte; auch St-Genies, obwohl der Stammort Guizots, dessen Großvater schon ein Verräter seiner Glaubensbrüder gewesen, denn die Sonne leuchtet gleich gütig auf Gute und Böse. Das Schloß Castrie mit den hundert Bogen seiner Wasserleitung gleicht einer Fata Morgana, die vor jedem Augenzwinkern verschwinden kann – auch verschwindet es. Dunkler Abend ruht auf Tal und Ebene. Nur der Pinienhain vor uns leuchtet noch wie grüner Samt aus dem Dunkel. Bald wird die Nacht kommen. Schon, mit einem Schlage, ist sie da, die schöne, blaue, sternenbesäete, nachtigalldurchsungene provenzalische Nacht! Es ist geradezu lächerlich, das alles beschreiben zu wollen!

Ich tue es nicht; ich steige vom Balkon herab ins Schloß zu meinen lieben Gastfreunden.

Durch die Bibliothek, wo französische, deutsche, englische, spanische, griechische und lateinische Klassiker über- und nebeneinander aufgestellt sind, ja wo sogar geheimnisvolle Sanskritzeichen wie indische Schlingpflanzen den Studiertisch bedecken, gelange ich hinab in den Saal des ersten Stockes. Er ist in ein Atelier verwandelt. Der Schloßherr, der dort oben Sanskrit studiert und sich an Nal und Damajanti entzückt, malt hier unten die Porträts seiner Freunde; neben ihm sitzt seine siebzehnjährige Tochter und studiert anspruchslose Schönheit an einem Bettelkinde, das, wenn sein Porträt vollendet, in wenigen Tagen reich beschenkt entlassen wird. An den Wänden hängen Zeichnungen und Kartons, Meisterstücke des frühverblichenen Papéty. Unwillkürlich haftet das Auge am restaurierten Pantheon, dem Inbegriff aller Schönheit, das Papéty mit Künstlerliebe aus tausend Bruchstücken zusammengetragen und wieder hergestellt hat. Indessen klingen aus dem Saale im Parterre Lieder von Gluck, Mozart, Beethoven oder irgendeinem uralten Italiener herauf. Wenn sie schweigen, erbraust der Erard in Beethovenschen Sonaten, in Bachischen Fugen oder lispelt graziöse Melodien von Couperin. Denn Schloß und Umgegend gehören einem Künstler, der, horribile dictu, ein Sozialist und, admirabile dictu, dabei ein reicher Mann ist, der es versteht, sich mit dem Schönen aller Zeiten und aller Völker zu umgeben. Seine Gattin ist eine weltberühmte deutsche Künstlerin, die hier in Languedocscher Einsamkeit, auf Lorbeeren ruhend, ihr schönes Künstlerleben weiterträumt. Sie ist die Sängerin, welche sang. Die Musikerin aber, die Beethovensche Sonaten zum Lispeln der Zypresse spielt, ist ihre Ziehtochter, eine verlassene junge Künstlerseele, deren sie sich gütig angenommen. So wandere ich herauf und herunter, von Poesie zu Malerei, von Malerei zu Gesang, von Gesang zu Musik. Ein schönes Leben, schön eingerahmt.

So, mein lieber Fritz, lebt nun deine Sappho! Es bleibt mir kein anderer Wunsch, als daß es allen Flüchtlingen so ergehe, daß alle ihr Vaterland in dem einen großen und unteilbaren der Künste und der Liebe wiederfinden und auf ihrer Flucht so hold ausruhen mögen wie ich.

Mit solcher Einsamkeit kann man sich schon zufriedengeben; doch werden wir oft auf angenehme oder abenteuerliche Weise gestört. Von den Besuchern der sogenannten guten Gesellschaft, die in aller Welt dieselbe ist, von den Freunden aus Montpellier oder den benachbarten Landhäusern will ich schweigen; die Bettler und Abenteurer, die manchmal vorsprechen, sind, mit Respekt zu sagen, viel interessanter. Da pochte vor einigen Tagen ein narbenbedeckter Veteran aus der republikanischen und Kaiserzeit an die Türe, denn die Vaterlandsverteidiger gehen in Frankreich wie in andern Ländern betteln, trotz aller Invalidenhäuser. Er erzählte mit bekanntem Feuer von seinen Kampagnen und vom Kaiser. Auf die Republik war er schlecht zu sprechen, denn sie hatte ihn mittelst der Assignaten um sein Geld gebracht. Als Beweis zog er aus der Brust eine alte Assignate vom Jahre 93, die er, da er sie doch nicht einwechseln konnte, als Andenken an jene Zeit aufbewahrt hatte. Er schimpfte ganz gewaltig über diesen unfruchtbaren Schatz. Aber der Schloßherr zog ein Fünffrankenstück aus der Tasche, belehrte ihn über seinen unverzeihlichen Irrtum und erklärte sich beauftragt, im Namen der alten Republik die alte Assignate einzulösen. Wie groß und freudig war das Erstaunen des alten Soldaten; dankbar küßte er das Bildnis der neuen Republik auf dem Fünffrankenstücke und schwur hoch und teuer, niemals mehr ein Wort gegen die alte, ihre Mutter, sagen zu wollen. Er war ein Elsässer und sprach nur deutsch. Wie sonderbar, oder wie ich eigentlich sagen sollte, wie *betrübend* klangen seine Siegesberichte über die deutschen Kampagnen in dieser Sprache. Er deklamierte von Jena und Wagram, als hätten seine Urahnen schon zu unserem „Erbfeinde“ gehört. O Arndt, Jahn und Binzer! ich gab die letzte Hoffnung auf, das Elsaß je wieder zu erobern. Die Verräter, die Elsässer, sie befinden sich leider wohl in französischer Gesellschaft!

Ein anderes Mal besuchte uns, ebenfalls als Bettler, der Sprößling eines bekannten halbdeutschen adeligen Hauses, das Deutschland einen Dichter, der Schweiz und Frankreich verdienstvolle Krieger gegeben. Er sah aus wie ein Irländer, denn er trug einen schwarzen Filzhut auf dem Kopfe und die elendesten Lumpen auf dem Leibe. Nackt und bloß lugten die Zehen aus den vielfach durchlöcherten Stiefeln; ein zerfasertes Frauenbrusttuch schlang sich eng um den Hals und hielt notdürftig das knopflose Hemd zusammen, dessen Kragen sich Mühe gab, steif, obwohl schwarz, den unrasierten Bart zu umhegen. Der Stempel alter Verkommenheit, vielleicht Verlumpung, lag auf dem ganzen Gesichte und ließ das eigentliche Alter schwer erkennen. Er bettelte mit Hülfe seines Adelsbriefes, den er mit sich trug. Als ich in die Küche trat, wo er ein Frühstück verzehrte, war er eben eifrigst bemüht, der Köchin, einem Bauernmädchen aus Lunel-Viel, seine Genealogie auseinanderzusetzen, indem er eine Menge mit Wappen versehener Papiere auf dem Küchentisch ausbreitete, wo sie sich neben Würsten und abgestochenen Rebhühnern sonderbar genug ausnahmen. Er sprach nur schlecht französisch, doch wurde er beredt, da er auf seine Ahnen und die Bedeutung der einzelnen Wappenbilder zu sprechen kam. Er konnte nicht umhin, Marion höflichst zu bitten, sie möchte ja nicht sein Haus mit dem anderer adeligen Familien gleichen Namens verwechseln, welche viel jünger und bei weitem nicht von so gutem Adel seien als die seinige. Die gutmütige Marion meinte nur, er solle ja acht haben auf all die „Pässe“, da Papiere armen Leuten, die aus den Armenkassen schöpfen wollen, sehr notwendig wären, und entfernte die Würste, um sie mit den schmutzigen Dokumenten nicht in Berührung kommen zu lassen. Als mich der arme Don Ranudo bemerkte, errötete er sanft über seine Konversation mit der Köchin und nahm den Franken, den ich ihm überbrachte, mit tiefen Bücklingen in Empfang.

Wie diesem seine Wappen, so dienten einem andern zwei Wolfsköpfe ad captandam benevolentiam. An einem schönen Augustnachmittage erschien die schaurige Gestalt des Wolfsjägers plötzlich am Schloßtore und forderte den Lohn seines Gesittungswerkes als Verfolger und Ausrotter der wilden Bestien. Freilich nannte er diesen Lohn seiner herkulischen Bestimmung ein Almosen. Da nichts Sonderbares oder Eigentümliches an einem Maleratelier vorübergehen darf, zitierte man ihn herauf in den oberen Saal, als eben den Malenden das friedlichste aller Gedichte, „Hermann und Dorothea“, vorgelesen wurde. Taumelnd, denn er war betrunken, trat der Wolfsjäger herein und warf seinen Sack vom Rücken vor die Füße der Staffeleien. Zwei alte Wolfsköpfe mit grinsenden Zähnen rollten hervor. Mit stammelnder Zunge erzählte er im Patois, daß er die einstigen Träger dieser Köpfe in den Cevennen erschlagen habe, und zwar mit dem Knittel, den er in der Hand trug. Das ist glaublich, denn er sah nicht aus wie einer, dem es genehm wäre, die fünfundzwanzig Francs für den Jagdpaß zu bezahlen, den man haben muß, um mit dem Gewehr in Feld oder Gebirge zu gehen. Die Jacke hatte er schief über die Schulter geworfen; das Hemd stand vorn weit auf und zeigte cine dichtbehaarte Bärenbrust; das dicke, tierische Gesicht glühte von Wein, und die kleinen Augen waren verschwollen. Kurz und stämmig zusammengedrängt, breitschulterig und vertiert wie er aussah, glaubte man es, daß er sich mit viehischer Kaltblütigkeit in ein Rudel Wölfe zu stürzen fähig sei – aber auch, daß ihm Wolf- und Menschenleben gleich viel Wert hatten. Sonderbar lächelnd sah Shakespeare aus seinem Rahmen auf diesen Kaliban hernieder. Seine Nähe war unheimlich; man ließ ein Geldstück in seine Mütze fallen, er warf seine Wolfsköpfe wieder in den Sack, den Sack auf die Schulter und taumelte aus der Türe hinaus, verirrte sich aber in den dunklen Gängen, wo er brummend noch lange umhertaumelte. Allein, auch er tut das Seine zur Gesittung. So ziehen phantastische Gestalten durch unsern Sonnenschein. Häufiger als diese aber sind die charakteristischen, wenn sie auch weniger romantisch oder komisch sind. Die Cures, die in ihrer schwarzen Tracht mit den großbeschnallten Schuhen und breitkrempigen Hüten auf kleinen Zwergpferden oder Eseln, von ihren Vicaires begleitet, manchmal heransprengen, um vom kostbaren Muskat-Lunel zu kosten, will ich gar nicht erwähnen. Interessanter scheint mir zum Beispiel der brave Maurermeister und ehemalige Napoleonische Soldat, der vor längerer Zeit wütend ins Zimmer trat, nach der Sitte des Landes echt spanisch den Hut auf dem Kopfe sitzen ließ und sich selbst unmutig in einen Fauteuil warf, um die Leidensgeschichte seiner Familie zu erzählen. Der gute Mann hatte die größte Lust, Großvater zu werden; aber diejenige, die ihm zuerst zu diesem Glücke verhelfen konnte, seine pausbackige sechzehnjährige Tochter, hatte sich im Beichtstuhl überreden lassen, es sei eine viel größere Wonne, die Braut des Himmels zu werden, als den alten Soldaten aus der Kaiserzeit zum Großvater zu machen. Über dieses Dogma war der arme Mann außer sich geraten. Mit den unehrerbietigsten Ausdrücken, die noch ein wenig nach imperialistischem Lager rochen, sprach er vom Curé und der ganzen Klerisei und Kirchenwirtschaft, obwohl er als Schweizer und Kantor der Kirche seines Dorfes gewissermaßen selbst zu letzterer gehörte. Er erzählte, wie er seinem devoten Töchterlein zu beweisen suche, daß es viel schöner und gottgefälliger sei, gesunde Buben zu erzeugen, als ein Faulenzerleben im Kloster zu führen, wie aber diese Argumente über ihr verstocktes Gemüt nichts vermögen und wie er mit Prügeln ans Ziel zu gelangen hoffe. Bei dieser Gelegenheit kramte er eine lange Reihe ähnlicher Geschichten von Mädchenverführung durch die Curés, wie er es nannte, aus und ließ mich einen Blick tun in das Innere des Volkslebens, in das Treiben der Pfaffen, die hier fast allmächtig sind; aber auch in die gesunde Opposition, die sich hier und da in gesunden Gemütern vorbereitet. Einige Zeit darauf sah ich die fragliche Braut Gottes bei der Weinlese beschäftigt; sie führte die Rebensichel so rüstig wie eine, und die Scherze der jungen Winzer und die nichts weniger als nonnenhafte Miene, mit der sie aufgenommen worden, ließen mich hoffen, daß die Prügel des Vaters überzeugende Kraft besessen und die dicke Bäuerin der Welt und ihren Freuden wiedergegeben haben. Eine gleiche Metamorphose bemerkte ich an dem reizenden kleinen Nähmädchen, das auf dem Schlosse arbeitet. Auch sie kam mit Klostergedanken zu uns, aber schon nach wenigen Wochen sprach sie mit großer Salbung von der heiligen Bestimmung „der Mutter". Wer weiß, welcher Thirsis (so heißen die verliebten Schäfer in den hiesigen Volksliedern wie in den deutschen Zopfgedichten des vorigen Jahrhunderts) diese Bekehrung vollendet hat, die hoffentlich dauern wird, trotz der zehn Gebetbücher und der Unzahl von Heiligenbildern, welche Augustine noch immer in ihrem Arbeitskorbe mit sich herumträgt.

Wie eigentümlich kontrastiert dieses katholische Weihwasser-, Beichtstuhl- und Nonnenleben mit den altklassischen griechischen und römischen Resten, die einem hierzulande überall begegnen und auch auf unserem Schlosse nicht fehlen. Unmittelbar an den Kaninchenturm schließt sich die Ferme oder Meierei, welche mit der Wohnung des Schaffners, mit den Ställen der Maultiere, Esel, Arbeits- und Reitpferde, mit der Schäferei und dem Hause der Seidenzucht oder Magnanerie ein großes Viereck bildet, so groß, wie vielleicht nicht der Palast des pylischen Königs gewesen. Die Wohnung des Schaffners oder Païre (sprich Pà-ire [Patois] statt père; wir nennen ihn den männerbeherrschenden Paire) ist eine weite, hochgebühnte Halle, die, wenn sie auch nicht ganz an die Halle des edlen Laertiaden erinnert, doch gewiß die größte Ähnlichkeit mit jener seines göttlichen Schweinhirten hat. Ein heller Feuerschein fällt aus dem gewaltigen

Kamine, in welchem eine respektable Familie wohnen könnte; an seiner rebengenährten Flamme sitzt die uralte Patriarchin, die Maire (sprich Ma-ire) oder Mutter, und dreht den klassischen Spieß oder beobachtet den Kessel, der an eiserner Kette aus der Esse herunterhängt, wenn sie nicht Resinet oder Weinmus bereitet, wie ihn Nestor in seinem Zelte den Gästen vorsetzte. Von der Decke herab schwebt die Ampel, dieselbe an Form und Gestalt, wie sie alte Maler und Bildhauer der neugierigen Psyche in die Hand geben. Eine andere erhebt sich dort im Winkel auf erhabenem Dreifuße. Neben ihr, in die Wand gemauert, befindet sich die granitene Handmühle, an welcher einst Sklaven, und unter ihnen ein unsterblicher Dichter, geseufzt. In der andern Ecke reihen sich hohe, bauchige Tonkrüge mit engem Halse und doppelten Henkeln; sie bewahren rotglühenden Wein oder kostbarere Wasserflut aus fernen, ach! hierzulande seltenen Quellen. Am dicken Eichentische sitzen drei-, vier-, auch fünfmal des Tages, fast so oft wie Homerische Helden, der männerbeherrschende Paire, der Großknecht, der Schäfer, die Ochsen- und Pferdeknechte, die Eseltreiber und Feldarbeiter. Sie essen Weinmus, kräftige Fleische und kostbare Früchte des Südens: Pfirsiche, Feigen, Granatäpfel und Trauben; dazu trinken sie des köstlichen Weines aus einem hohen Kruge, der nach rechts im Kreise herumgeht. Der Barbar des Nordens glaubt einem fabelhaften Mahle von Königen zuzusehen, und mit Wehmut denkt er der Bauern seiner Heimat und ihrer Kartoffeln, und mit einem gewissen Unwillen sieht er, wie man dem Fohlen, das sich frei herumtreibt und während des Mahles hereinsprengt, roten Wein aus antik geformter Schale zu trinken reicht. Indessen steht die uralte Maire und ihre Enkelin hinter den speisenden Männern, um sie zu bedienen. Nie würden sie es wagen, sich an den Tisch der Männer zu setzen; weder Mutter noch Frau noch Tochter hat dieses Recht. Sie dürfen nur dienen. Wenn sich die Männer erhoben haben, dann erst stellen sich die Weiber mit der Schale in der Hand an den Kamin oder in irgendeinen stillen Winkel und verzehren die Reste des Mahles stehend. Auch dieses Land wird einst seinen Dorfgeschichtenschreiber finden; aber selbst das große Talent George Sands wird bei diesen Dichtungen nicht ausreichen. Sie werden eines homerischen Hauches bedürfen, um wahr zu sein. Aber Abbé Favre und seine ins Patois übersetzte und auf diesen Boden übertragene Odyssee existieren ja schon seit fast hundert Jahren!

Nur die Weinlese hat mich in meinen antiken Illusionen gestört. Sie bietet nichts, was an Dionysos und seinen mit Hülfe des Rausches welterobernden Zug erinnert. Die Winzerinnen, vielleicht, wie es ihre Augen verraten, geheime Mänaden, sind öffentlich gute christliche Arbeiterinnen, die unter den Knien die Röcke mit starkem Bande umwinden, um beim Bücken selbst nicht bis an die Knöchel griechisch zu erscheinen. Schweigend rückt die Schar durch die Reben vorwärts und liest, freilich mit antiker Sichel, die gewaltigen Trauben ab, die von prosaischen Maultieren sogleich nach der Kelter gebracht, um sofort zerstampft zu werden. In Strömen fällt die rote Flut von den Brettern in die weiten, gemauerten

Behälter, stürzt sie schon vor ihrer Ankunft an der Kelter selbstkräftig aus der Wanne des Wagens. Morgen schon deckt rosiger Schaum die Wiege des jungen Gottes und steigt so betäubender Duft auf, daß die Tauben in der Nähe Eier und Nest verlassen. Der Mann, der dort oben auf den Kelterbrettern mit breiten Schuhen herumtanzt und unter dessen Füßen Weinquellen entspringen, berauscht sich durch die Nase und tanzt unwillkürlich, in sanfte Seligkeit gewiegt, immer weiter, ein travestierter Silen. Auch wir können nicht widerstehen; Schuhe und Strümpfe werfen wir ab, schürzen die Beinbekleidung hinauf und tanzen mit auf den rotgefärbten Brettern, als hätten wir die Zauberfiedel aus der Sage erklingen gehört. Die Winzerinnen lachten darüber, daß die „Moussiours" keltern und so possierlich und unpraktisch auf den Trauben herumtanzen; und lachend setzen sie sich unter den Ölbaum, um eine ihrer vielen Mahlzeiten zu halten, und schlingen, um sich besser vor der Sonne zu schützen, Weinlaub um die Stirnen.

Wie anders ging es einige Monate früher in dem oberen Stockwerke, gerade über den Weinkeltern, her. Dort ist die Magnanerie, die große Halle, in welcher der große Kunstweber und Architekt aus China, der Magnan oder Seidenwurm, sein Wesen treibt. Anfangs sah er so klein und unbedeutend aus, daß ich ihm die Künste gar nicht zugetraut hätte, die ich später als aufmerksamer Beobachter an ihm bewundert habe. Ja, die ganze Seidenzucht machte einen komischen und kleinen Eindruck, als die Magnaniere oder die Amme der Seidenwürmer mit ihren kleinen Beuteln ankam, in welchen sich die siebzehn Unzen infusorisch kleiner

Seidenwürmer-Eier befanden. Der kleine und komische Eindruck dauerte noch fort, als die winzigen, schwarzen und schmutzigen Würmlein in Millionen in einem Siebe wimmelten und kaum die Handvoll Maulbeerblätter mit ihren kleinen Mäulern zu bewältigen vermochten. Aber wunderbar schnell wuchsen sie heran, als sie sich auf den Binsenlagern, die in der Magnanerie neben- und übereinander aufgestellt sind, ausdehnten und ihre Industrie in großartigem Maßstabe begannen. Ein Wagen Maulbeerblätter nach dem andern fuhr in den Hof, einer nach dem andern verschwand, aufgezehrt von den gefräßigen Industriellen.[1] Ganze Berge dieser beliebten Kost warf man über sie, so daß sie unter der Wucht verschwanden. Aber das dauerte nur eine Minute. Schnell haben

[1] Ganz andere und viel ehrenvollere Epitheta gibt den Seidenwürmern der alte italienische Dichter Francesco Toninelli da Castel Franco in seinem großen Gedichte: „I Bombici“. Gleich in der ersten Stanze heißt es:

Di reptili et industri Cavalieri
L'opre cantar desio di pregio, e l'arte
Bachi d'Etruria e da Greci primieri
Bombici detti, in questa e in quella parte.

Im Verlaufe des Gedichtes, welches er unter die Protektion einer Cecilia Cornaro stellt, beehrt er die Seidenwürmer mit folgenden Titeln: Vermicelli santi, prole gentil di valorosi vermi, gentil vermi, nobil vermi, preciosi e cari animaletti, vaghi pargoletti, gentil grege, cortese grege etc. etc.

Den Teil des Gedichtes, welcher mit dem *Leben* der Seidenwürmer schließt, beendet er so:

Gite pur animosi Cavalieri
Fortunate e felici alme leggiadre
Delle fatiche vostre gite alteri
Nelle cieche prigioni oscure et adre,
Ch'a se vi chiamerà bianchi e leggeri
La celeste d'amor Ciprigna madre
Con novi corpi e con più belle mostre
Mossa a pietà alle miserie vostre.

Man kann doch nicht mehr tun, als seinen Helden das Himmelreich versprechen?

sie sich wieder emporgearbeitet; jeder einzelne wählt sich sein Blatt und beginnt es mit pedantischer Emsigkeit von links nach rechts zu benagen und bewegt das Köpfchen so schnell dabei, als ob er die Sekunde zu verlieren fürchtete. So genährt, wächst er und verändert er sich überaus schnell, und nach vierzehn Tagen ist der kleine, schmutzig schwarze Wurm eine große, fingerlange, weiß- oder goldglänzende Raupe geworden, der man schon eine Bestimmung in der Weltgeschichte zutraut. Der Magnan erkauft diese Größe nicht um einen geringen Preis. Wie alle Individuen und Völker hat er seine Kinderkrankheiten durchzumachen, und ihre Zahl beläuft sich bei ihm auf vier, im glücklichen Falle auf nur drei Krisen. Sentimentale Seelen leiten diese Krankheiten vom Heimweh ab, das der arme Wurm nach seinem Stammlande, dem himmlischen Mittelreiche China, verspürt, wo er in freier Luft, unter wärmerer Sonne sein Leben auf dem geliebten Maulbeerbaume selbst bis zur Verpuppung fortspinnt, umklungen von Millionen chinesischen Glockenspielen. Andere aber leugnen diese sentimentale Disposition des Seidenwurms, behaupten, daß ihm südfranzösische Kirchenglocken ebensoviel Wert haben als chinesische Carillons und daß er in seiner Heimat auch wenigstens in zwei Krankheiten der Natur den Zoll für ein so bedeutungsvolles, Seelenunsterblichkeit beweisendes, durch Kunst verschöntes Dasein entrichten müsse. Es ist aber ein harter Zoll. Denn nach jeglicher Krankheit bleibt eine Unzahl von Magnans tot und zusammengekauert daliegen, um sich nie wieder zu erheben, trotz der duftigsten Maulbeerblätter, die man über ihre Nasen streut. Ihre genesenen Brüder steigen gemütlos auf die Leichname, um ihr epikureisches Leben weiterzuführen. Die Seidenzüchtler selbst gehen während der Krankheitstage mit höchst besorgten Mienen herum, und wo zwei einander begegnen, kann man sicher sein, daß sie sich teilnehmend nach dem werten Befinden der gegenseitigen Magnans erkundigen. Aber mit den überstandenen Krankheiten sind noch nicht alle Gefahren überwunden. Wenn der Seidenwurm genug Stoff in sich gesammelt, um nach dreiwöchentlichem Schwelgen an seine unsterbliche Seele denken und sich wie ein Marabut seinen eigenen Sarg bereiten zu können; wenn er schon an den aufgestellten Reisern und Zweigen hinanzuklimmen beginnt, um sich einen gehörigen Winkel zu suchen, wo er seinen Sarg aufhänge – in diesem kritischen und entscheidenden Augenblick kann ein einziges und leises Donnerwetter am Himmel die Verpuppung des Wurmes und alle Hoffnungen des Seidenwurmzüchtlers zunichte machen. Beim Donner des Himmels erschrickt der hinanklimmende Magnan, erinnert sich, daß er trotz China und Seide nur ein gemeiner Wurm, steigt oder fällt demütig wieder auf den platten Boden herab, und um die Puppe, auf die alles ankommt, und um das Symbol der Unsterblichkeit ist es getan. Geht aber dieser kritische Augenblick ohne Gefahr und Donnerwetter vorüber, dann bietet die Magnanerie einen in der Tat herrlichen Anblick dar. Die trocknen Zweige und Reiser, die man zwischen den Binsenlagern so aufgestellt, daß sie mit dem Fuße im Rohre stecken, das obere Geäste aber, von der sie überdachenden Binsenlage gehindert, herunter- und aneinandergebogen wird, bilden unabsehbare Wölbungen, die dem Blicke, je länger man sie betrachtet, die Illusion unendlicher Waldgänge oder langer gotischer Hallen darbieten. Und in diesen Hallen war es andächtig stille. Der Lärm, den das ununterbrochene Nahrungsgeschäft verursacht hatte und das dem Klopfen des Regens auf ein Schindeldach glich, hatte aufgehört, denn der Magnan aß nicht mehr. Bedächtig kroch er überall die Zweige und Äste hinan und suchte in den Wipfeln den für Anlage eines Kokons geeigneten Winkel. Da war es erstaunlich, mit welcher Umsicht, Klugheit und Ausdauer er suchte, prüfte, maß und wählte. Den unteren Teil um ein Ästlein gerollt, streckte er den vorderen weit aus und beschnüffelte mit den Fühlhörnern die ganze Umgebung. Wenn die Untersuchung kein günstiges Resultat bot, ließ er es sich nicht verdrießen, von Zweig zu Zweig zu kriechen oder sogar den ganzen Baum hinabzuklettern und es mit einem andern zu versuchen, bis er den für seinen architektonischen Zweck geeigneten Platz herausfand. Rücksichtsvoll umging er den Zweig, an dem sich schon ein Bruder angesiedelt hatte, oder richtete sein eigenes Haus mit Kunst so ein, daß er wohl die Baulichkeiten des Nachbars benutzte, aber niemals störte. Hatte er einmal seinen Platz gefunden, dann spannte er erst die Seile aus, die das Haus tragen sollten; dann kauerte und krümmte er sich zusammen und machte sich an die Hauptarbeit. Ohne Unterbrechung ging nun das Köpfchen in der Runde herum und spann den unendlichen Faden, der sich bald zu einem durchsichtigen, schleierähnlichen Sarge geformt und zusammengeklebt hatte. Da drin sieht man ihn mit Emsigkeit so fortarbeiten. Die Nacht bricht herein, und da es wieder Tag wird, ist er schon hinter dichter Hülle verschwunden. Wenn man das Ohr nahe hinhält, hört man wohl, daß er drin nicht müßig sitzt, aber zu sehen ist von seinem Wirken und Treiben nichts mehr. Noch den dritten Tag hört man ein leises Knistern und Knuspern; dann aber wird es stille, und laut- und regungslos hängt der Kokon da. – Nicht alle kommen an ein so glückliches Ende. Eine Mücke, das geringste Geräusch, die leiseste Berührung kann sie gestört haben, dann reißt der Faden und wird nie wieder aufgenommen. Der arme Werkmeister stirbt auf oder in seinem unvollendeten Werke. Noch unglücklicher sind, die mit der Seidenlast im Leibe nicht den Baum hinaufzuklettern vermögen und auf halbem Wege wieder herunterfallen. Sie versuchen den Weg nicht zum zweiten Male und sterben mit dem Bewußtsein eines verfehlten Lebens. – Wenige Tage nachdem die Seidenwürmer in die Höhe zu steigen begonnen, hat der Wald sein Aussehen verändert und gleicht jetzt mehr einem Weingarten. An allen Zweigen hängen die gelben und weißen Kokons, dicht aneinandergedrängt wie gewaltige Trauben. Dann kommen die Weiber und sammeln sie in große Körbe, dann verkauft man sie nach Lyon, dann wirft man sie in heißes Wasser und tötet die Puppe, die von einem beflügelten Schmetterlingsliebeleben träumt, in der Chrysalide. Dann wickelt man den mit Kunst und Mühe gesponnenen Faden ab, der vielleicht schon in wenigen Wochen als Seidenkleid um die Lenden einer femme entretenue in der Rue Lafitte oder Chaussée d'Antin rauscht. Glücklich die vom Schicksal oder der

Magnaniere Auserwählten, die man aufbewahrt, um von ihnen Samen für das künftige Jahr zeugen zu lassen; sie erfüllen ihre ganze Entwicklung und ihr ganzes Schicksal. Nach wenigen Tagen kriecht der weiße, glänzend beflügelte Schmetterling heraus. Der durchlöcherte Kokon taugt zwar nichts, da der Faden durch das Loch in viele einzelne Stücke zerrissen ist, der Schmetterling aber liebt und zeugt, bis er, liebeberauscht, endlich nach langen Verwandlungen aus den Armen der Liebe in die Arme des Todes fällt. Friede seiner Asche! Er hat schön gelebt und ist schön gestorben. Den Vorzug hat er vor anderen Sterblichen voraus, daß seine letzten Tage auch die schönsten waren und die liebereichsten.

Die Maulbeerbäume aber, die ihn für sein Kunst- und Liebesleben genährt, stehen indessen traurig da. Ein vorzeitiger, grausamer, künstlicher Herbst hat sie betroffen, und sie strecken nackte Arme zum Himmel empor, während sie von vollem, reichem, treibendem Frühling umgeben sind. Hier und da zeugt ein einsames, vergessenes Blatt von ihrer einstigen Herrlichkeit. Aber die großmütige Sonne des Südens kommt ihnen zu Hülfe und bekleidet die Nackten. Sie gibt ihnen einen zweiten Frühling, und nach vierzehn Tagen sind sie so dicht bekleidet wie zuvor. Allerdings haben die Blätter die erste, volle und saftige Frische nicht mehr; sie sind nicht mehr so grün, sondern gelber, als die ersten waren, und scheinen ältlich geboren. Es sind eben nicht mehr die Kinder der ersten Jugend, nicht mehr die Kinder des ersten, treibenden Frühlings. Ein ähnliches Phänomen will man an allen zweiten Dichterwerken bemerkt haben.

Siehst du, mein Freund, so verfließt die Zeit im südlichen Frankreich mit Kunstgenüssen, Weinlesen, ökonomischen Studien und Naturbetrachtungen.

Wäre ich erst Geologe, wie interessant könnte mich selbst der Boden dieses Landes beschäftigen, an dessen Gestaltung Neptunismus und Vulkanismus gleichen Anteil zu haben scheinen. (Denn ich Nicht-Geologe suche die beiden Systeme in einem dritten, einem Dilettantensysteme zu vereinigen.) Vor kurzem erst hat François Sabatier auf seinem Grund und Boden, ungefähr hundert Schritte vom Schlosse, jenseits des Parkes eine Grotte mit hübschen Stalaktiten und alten Tierknochen entdeckt, und seit Jahren schon kennt man die drei tiefen Grotten, die aus dem Garten des Herrn Gauthier, eine Viertelstunde von uns, ins Eingeweide der Erde führen. Die ganze lange Kette der Cevennen, die uns und Niederlanguedoc im Norden und Westen umspannt, verrät ihren Feuerursprung auf den ersten Blick. Der Boden hier auf der Höhe bis gegen die Cevennen ist kalkig und verbrannt; ganze weite Strecken sind von aller Dammerde entblößt, aber feurig und nervös treibt er mitten aus Gestein den glutvollen, kapiteusen Wein heraus, während die Rebe des muskulösen Niederlandes, des teils vom Meere verlassenen, teils angeschwemmten Bodens, wohl eine größere Menge Weines, aber phlegmatischeren und friedlicheren hervorbringt. – Wenn wir so auf unseren Camarguerpferden durch die Felder dahinreiten, widerhallt es oft plötzlich und dumpf unter dem Hufe, und wir sagen: Hier ist eine Grotte. Dann blicke ich zurück nach den durchhöhlten Bergen der Cevennen, die im Untergange glänzen, und ich segne sie; denn in ihren Höhlen nahmen sie gütig auf und schützten dort die liebsten Helden dieses Landes, die begeisterten Kamisarden.

Meinem rückwärts gekehrten Blicke entrollt sich ein herrliches Bild. Ich sehe eine Nacht aus dem blutigen Jahre 1703. Aus allen Höhlen der Berge fallen lohende Lichter auf die kalkigen Abhänge. Die ist in eine Waffenschmiede umgewandelt, und ihre Wölbung widerhallt vom Klange der hundert arbeitenden Hämmer; zu ihrem Takte erschallen heilige Psalmen oder Klagelieder (Complaintes), welche die Martyrien der Hirten der Wüste feiern. Vor der anderen Höhle, die dem Mundvorrat bestimmt, wimmelt es wie vor einem Ameisenbau; die Getreuen aus den Tälern des Gard, Gardons, des Vidourle und Tarn tragen hier die letzten Reste ihrer Habe zusammen, um die Kämpfer für ihre heilige Sache mit Speise und Trank zu versorgen. Die dritte Höhle ist das Schmerzenslager der Verwundeten von Bergez, Bauvert, Nages, Aubais geworden; sterbend singen sie noch ihre Hymnen oder horchen auf die Worte ihrer Propheten. Auf einem Felsenplateau, beim Licht der Fackeln, sitzen, auf ihre Waffen gestützt, der unbärtige, aber heldenmütige und kluge Jean Cavalier, der verwegene Catinat, der wilde Rostelet, der glaubensstarke Abraham, der lammfromme Elie Marion, die Führer der Kinder Gottes und ihre Propheten. An ihrer Spitze aber der große, herrliche, unbeugsame, unbestechliche Roland, ein Held wie aus biblischen Fabelzeiten. Er trägt prachtvolles Gewand wie ein Herzog; auch hält man ihn fälschlich für einen Prinzen, wie der Rohan war, der ein halbes Jahrhundert vorher die Gläubigen mit seinem tapferen Schwerte verteidigte, und darum wurden an ihn von Fürsten und Königen Gesandtschaften abgeordnet. Er empfängt sie mit so stolzer und würdiger Majestät, daß sie noch hartnäckiger als zuvor an eine geheimnisvolle Abstammung aus königlichen Hüften glauben. Und doch bleibt er nur ein bescheidener Weinbauer aus dem Gebirge. Er ist der eigentliche Schöpfer und Gestalter dieses Krieges, der den Ruhm der stolzesten Marschälle Ludwigs des XIV. zuschanden machte; er hat die Cevennen zur uneinnehmbaren Feste gemacht, an der sich die Marschälle, die gewaltigen, sieggewohnten Heere, die von Mönchen geführten „jüngeren Söhne des Kreuzes“ und die sogenannten „*weißen* Kamisarden“ die Köpfe zerstoßen haben; er hat seinem Heimatsgebirge alle dunklen Geheimnisse abgelauscht, welche den Feind in Verwirrung bringen und machen, daß er auf seinen Verheerungszügen über Falltüren, Netze und kochende Feuerschlünde schreitet. Roland Laporte ist der denkende, sinnende, feuersprühende Kopf des Aufruhrs in den Cevennen; Jean Cavalier ist nur sein bewaffneter, schlagfertiger Arm, den er weit ausstreckt über die wilden Fluten des Gard und bis hinab, bis an die Sümpfe von Aigues-Mortes und die Ufer des Mittelländischen Meeres. Dort soll ihm die Glaubensschwester Anna von England ihre mächtige Hand bieten; aber die Könige, trotz aller Glaubensbrüderschaft, sind treulos und wollen nichts von einem Bunde selbst mit dem heiligsten, gerechtesten Aufruhr wissen, und wenn Jean Cavalier am Ufer erscheint, verschwindet die englische Flottille auf der Höhe des Meeres.

Roland Laporte und all die genannten Propheten und noch viele andere werden eines ruhmvollen Märtyrertodes sterben. Roland wird aus den Armen der Liebe gerissen und von einem Verräter für Silberlinge verkauft werden, wie schon einer seiner Vorläufer, Vivers, von einem Verräter, Wilhelm Jordan, verkauft worden. Abraham wird im furchtbaren Turme de Constance zu Aigues-Mortes schmachten, bis er sich durch ein Wunder in die Gebirge rettet, um die erloschene Flamme aufs neue anzufachen und endlich doch in die blutigen Hände Bâvilles, des Alba von Languedoc, und Berwicks, des Bastards Karls II., zu fallen. Nur der kluge Jean Cavalier, der zu Kluge, wird sich retten, um, mit weltlichen Ehren überhäuft, seiner Heimat ferne zu sterben, und der gute Elie Marion, um in London die Wahrhaftigkeit des Prophetentums darzutun.

Rings um die Gruppe der Feldherrn, im Lichte, das aus den Grotten fällt, auf Plateaus und Abhängen, lagern die Scharen der Kinder Gottes. Die einen schlafen, müde von den überstandenen Kämpfen und den fliegenden Märschen, das Haupt auf den Stein gelegt, den Leib von der dünnen Kamisa bedeckt, die ihnen den Spitznamen verschaffte, im Arme die Muskete, die sie sich auf dem Schlachtfelde holen mußten. Die andern sitzen auf den Steinen und horchen den Propheten und Prophetinnen, Männern, Weibern und Kindern. Wer soll den Kindern nicht glauben, da sie die Bibel auswendig wissen, die sie doch nie gelesen haben; da sie fortfahren zu prophezeien und zum Kampfe aufzumuntern, trotz Hunger, Gefängnis und blutiger Schläge, die sie von ihren Vätern haben erleiden müssen. Denn die Väter sind vom Marschall Montrevel mit dem Tode bedroht, wenn sich bei den Kindern „die Gabe" („le don") zeigt. Wer soll den Kindern nicht glauben, da sie offenbar vom Geiste erleuchtet sind, da eine andere als die zarte Kinderstimme aus ihrer Brust hervorkommt, da eine Stimme scharf als ein Schwert und gewaltig als der Donner aus ihrem Munde hervorgeht; da selbst Säuglinge an der Brust der Mutter zu sprechen und zu prophezeien anfangen. Große Wunder geschehen in einem Volke, auf welchem härtere Verfolgung lastet als die der Pharaonen und des Herodes. Vielleicht ist unter den Propheten, die in dieser Nacht predigen, auch die schöne Isabeau, welche bei Nages den Psalm anstimmte und die Kinder Gottes aus großer Fährlichkeit rettete; welche bei Aubais mit dem Schwerte in beiden Händen die gepanzerten Reiter Ludwigs in die Flucht schlug. Der kleine Pascalin, der schöne Junge aus Dauphiné, ist längst gestorben; er war eines der ersten Opfer des wilden Henkers St-Ruth.

Während die Propheten predigen, bemerken es die Gläubigen nicht, daß aus den Tälern eine rote Lohe wie der Höllenpfuhl aufsteigt. Es sind das ihre Meiereien und Dörfer und Hütten, die auf Befehl des Marschalls Montrevel in Flammen aufgehen und zu Hunderten der Erde gleichgemacht werden. Denn so will es Ludwig, daß das Land der Ketzer in eine abschreckende Wüste verwandelt, daß es den Wölfen und Füchsen allein zur Heimat werde und daß die Ketzer in ihren Grotten an Hunger zugrunde gehen, da er ihnen mit dem Schwerte nicht beikommen kann.

So will es der alte, fromm gewordene Ludwig im Namen Gottes, um seiner Sünden Fülle loszuwerden, so will es sein Beichtvater Père Lachaise im Namen des Papstes, so will es der Apostel Bossuet im Namen seiner Thesen und Bücher, so will es auch die gute Madame Maintenon, die so schöne Briefe schreibt, um Herrn Louvois, dem Père Lachaise und dem frommen Ludwig Beweise ihres Glaubenseifers zu geben, die bei einer Neubekehrten so notwendig sind, und wenn sie Millionen Freiheit, Gut und Leben kosten sollten – so will es der ganze Hof, der alles will, was Père Lachaise, der Beichtvater, und Madame Maintenon, die Mätresse, wollen. Nur die Ruinen von Port Royal und die geheimen Jansenisten schütteln ihre Häupter und bereuen die Verfolgungen, die auch sie sich in früherer Zeit gegen die Protestanten haben zuschulden kommen lassen; nur der milde Fénelon seufzt und schreibt lamentable, oft anzügliche, aber immer gut stilisierte Briefe selbst nach Rom; nur der weise Vauban wagt es, laut zu murren und von „retractation", das ist Zurücknahme der fanatischen Maßregeln, zu sprechen, aber er muß sich überzeugen, daß es nicht genug ist, sein Vaterland mit einer undurchbrechbaren Kette von Festungen gegen äußere Feinde zu umgeben, daß sein Vaterland die gefährlichsten Feinde, die kein Vaubansches System fernezuhalten vermag, im Innern nähre. In den sogenannten gebildeten Klassen erwacht eine Art schwacher öffentlicher Meinung, geweckt durch die Feuerbrände Pierre Bayles, des Vaters Voltaires, die von Holland aus bis nach Versailles fliegen, aber noch nicht zünden; erst im Ballspielsaale fühlt man auch ihre Wirkungen, da ein protestantischer Pastor, Rabaut-Saint-Etienne, zum Präsidenten der Constituante gewählt wird. – Racine grämt sich während des Cevennenkrieges im stillen und schreibt sein Tendenzstück „Esther“, die Geschichte eines verfolgten Volkes, und ein anderes, „Athalie“, in welchem er wenigstens den Thronerben über seine Pflichten zu belehren sucht, da er den alten Ludwig nicht mehr zu bekehren hoffen kann.

Wie weit abgekommen bin ich von meinem Thema. Der auf Grotten widerhallende Hufschlag meines Pferdes führte mich anderthalb Jahrhunderte zurück in die Höhlen der Cevennen, aus den Cevennen in die Tragödien Racines. Siehst du, mein Freund, das ist die Gesetz- und Schrankenlosigkeit, welche Julian Schmidt Romantik nennt und die er so sehr haßt. Darum nehme ich mich zusammen und kehre mit demselben verführerischen, in Träume wiegenden Hufschlag meines Chalif sachte nach Latour de Farges zurück. Dieses alte Schloß, ungefähr in der Mitte zwischen Montpellier und Nîmes, zwischen den Cevennen und dem Meere, nahe von Lunel gelegen, sei der Orientierungspunkt, wenn du mich auf meinen geordneten Reisen gegen Osten und Westen und auf meinen regellosen Ausflügen nach allen Richtungen der Windrose, wie ich dir sie in den folgenden Blättern erzähle, begleiten willst. Wenn ich dich oft kreuz und quer in die verschiedensten Gegenden und Zeiten führe, so nimm mir das nicht übel auf. Jedes Land wird mir erst dann lebendig, wenn ich es mir mit gewissen Helden seiner Geschichte bevölkere, und ich bereise es, wie man einen Roman liest, immer in Begleitung des „leidenden“ Helden, indem ich alles oder das meiste, das ich sehe und erlebe, auf ihn beziehe. Daß diese Helden meiner Reiseromane oder Romanreisen meist die Unterdrückten des Landes sind – das ist so mein Geschmack, meine Sympathie. In Irland war es Robert Emmet und die Katholiken, im südlichen Frankreich sind es Roland, Jean Cavalier und die Protestanten. Nächsten Frühling bereise ich wahrscheinlich Korsika, und schon ahne ich, daß Pasquale Paoli mein Auserwählter sein wird; durchwandere ich aber die Pyrenäen, dann werde ich mich allem Anscheine nach weniger um die idyllisch glückliche Republik von Andorra als um die Cagots kümmern, welche, wie man sagt, von den Zimmerleuten abstammen, die das Kreuz Christi gezimmert, und darum in der Kirche noch abgesonderte Stühle haben und kaum vor einem halben Jahrhundert als Ausgestoßene ungestraft angespuckt werden durften. Es gibt Rationalisten, welche behaupten, daß die Cagots nicht im geringsten Grade mit jenen Zimmerleuten verwandt, wohl aber unglückliche Überreste der Albigenser seien und daß die Sage später erfunden worden.

Latour de Farges, im Oktober 1851

Zweites Kapitel

Den 26. Mai 1851

Es ist ein wahres historisches Museum, dieses südliche Frankreich. Gräbt man hier nach alten Rebenwurzeln, findet man Tränen- und Aschenkrüge, Münzen mit dem Bildnisse Neros und des Antonius Pius; sieht man irgendwo ein altes, schwarz angerauchtes Gebäude, heißt es, das kommt von arabischem Feuer; fragt man nach dem Weg ins nächste Dorf, bekommt man eine Antwort zurück, aus der einem irgendein alter, ruinenhafter Klang aus irgendeinem Minstrel, Bernard von Ventadour, Fulco oder Marcabrun entgegentönt. Vor einigen Tagen fuhr ich in das wirkliche und wahrhaftige kreuzfahrende Mittelalter ein. Schon seit lange winkte mir die Tour de Constance vom Rande des südöstlichen Horizontes, so sonderbar, so geheimnisvoll wie eine alte illustrierte Chronik mit goldenen Spangen und rotglühenden Bildern. Der alte Turm blickt gerade in mein Fenster, und wenn die Phantasmagorie der hiesigen Lufttäuschungen beginnt, rückt er mir gerade auf den Leib, daß ich glaube, ihn mit Händen fassen, aus meinem Fenster auf seine Zinnen steigen zu können. Über seinen Rücken herüber lächelt dann das blaue Meer wie das Auge eines Käthchens, das ihrem Ritter nachläuft.

So machte sich denn endlich die ganze Kolonie von Latour de Farges an einem schönen Sonntagmorgen auf. Die Eisenbahn trug uns bis Lunel, von dort aus der Omnibus nach Masillarque, dem reizenden Dorfe, bedeckt von Ahornbäumen, gewaltigen Linden und überall wuchernden Feigenbäumen. Die Gärten lachen im Schmucke tausendfarbiger Blüten, und dazwischen, in reich angelegten Spaziergängen, treiben sich die Bauernjungen und Mädchen umher, die heiterer und wohlhabender aussehen als deutsche Reichsstadtbürger. – Aber bald hinter Masillarque beginnen die ungeheueren Sümpfe, die sich südlich bis ans Mittelländische Meer und längs der Küste gegen Osten hin über die rechte Rhonemündung, über das Rhonedelta selbst, die Camargue, bis gegen Arles ausdehnen. Vor wenigen Jahrhunderten noch war dieses Land von den Wellen des Meeres bedeckt; sie traten zurück und ließen die Sümpfe stehen, welche heute die bösen Fieber ausatmen und aus Aigues-Mortes, dem wir zusteuerten, das machten, was es heute ist, eine tote Stadt.

So weit das Auge blickt, eine unendliche Fläche. Überall wuchert das Schilfgras auf, und an seinen Rändern zittert die Tamariske mit ihren feinen Zweigen und Blättern im Hauche des Seewindes. – In der Camargue, dem Rhonedelta, wird das Land, wenn auch nicht gesünder, doch fruchtbarer. Es gibt Gras genug für die wilden Stiere, die sich dort herumtreiben, und die trefflichen Camarguepferde, die hirtenlos einer wilden Freiheit genießen gleich den Mustangs in Texas, bis sie wie diese von kühnen Jägern, fast auf dieselbe Weise wie in den Prärien, eingefangen werden. – In neuerer Zeit versuchte man dort Reispflanzungen anzulegen; der Versuch ist mißlungen, doch gibt man die Hoffnung nicht auf. – Aber auch in der Nähe von Aigues-Mortes (Aquae mortuae) ist das Land nicht eigentlich unfruchtbar, denn hier bedarf die Vegetation kaum des Bodens, die Sonne allein genügt ihr. Der Boden scheint nur dazusein, um dem Pflanzer anzuzeigen, wo er die Früchte zu suchen hat von dem Samen, den er im Frühling ausgestreut. Denn da, wo das Meer anstatt des Sumpfes Flugsand zurückgelassen hat, streut der Bauer doch sein Getreide aus, und, obwohl keine Spur von Dammerde zu finden, nach wenigen Wochen bringt ihm das Sandfeld die reichste Ernte. Die Sonne allein zieht sie groß; die Erde hat dabei nichts zu tun. Nur einen Feind hat der Bauer zu fürchten, und das ist der Wind, der ihm leicht Feld und Samen davontragen kann. Darum, wenn er seinen Samen ausgestreut, bedeckt er ihn mit Stroh und dieses mit Brettern und läßt seine Saat so lange unter der schützenden Decke, bis sie hinreichend Wurzeln geschlagen. Freilich gegen das Meer, das seine zischenden Wellen manchmal im Sturme auf sein altes, verlassenes Gebiet wirft, kann er sie nicht schützen.

Nach langer Fahrt durch hirnverbrennende Sonnenhitze und auf einer Straße, die zwischen den Sümpfen rechts und links wohl Mühe hat, ihre Solidität zu bewahren, kamen wir durch den Turm la Carbonnière, der sich plötzlich in den Weg stellt, aber die Weiterfahrt durch eine hohe gotische Wölbung gestattet. Er ist hoch und breit und in allen seinen Dimensionen gewaltig; nur der Rest eines Vorwerkes, hat er doch das Ansehen eines Palasttrümmers, wie er in allen seinen Teilen, Zacken und Parapeten und Wölbungen aufs sorgfältigste ausgearbeitet ist. Man hat nicht lange Zeit, ihn zu bewundern, denn plötzlich biegt man um ein Gehölz, das sich auf kleiner Höhe aus dem Sumpfe erhebt, und da liegt Aigues-Mortes, die fabelhafte, wunderbare, tote Stadt. – Ein staunendes „Ah!“ entfuhr jedem Munde!

Da steht sie mit ihren dunklen, sonnenverbrannten Mauern, mit ihren Türmen und Zinnen und Zacken, die Stadt aus dem dreizehnten Jahrhunderte, so ganz, so wohl erhalten, so unberührt, als hätte die Zeit eine Glasglocke darübergestellt. Die Sümpfe sind ein fürchterliches Vorwerk und die Fieber, die auf ihren Türmen und Zinnen sitzen mit weithin treffendem Pfeile, eine furchtbare, unnahbare Besatzung, der kein Feind zu nahen wagt.

Wir fuhren durch das doppeltürmige, hochgewölbte Tor ein. Auf einen Augenblick wird die mittelalterliche Illusion von den modernen Häusern verwischt. Aber ihre Anzahl ist zu klein, sie selbst zu unbedeutend, als daß man lange an sie denken könnte. Sie verschwinden wieder und werden wie kleine Sandhügel zu nichts vor den gewaltigen Mauern und Türmen, die sie überall überragen. Sie scheinen nur für einen Moment dazusein und werden wieder verschwinden wie die wenigen schwächlichen Menschen, die ebenfalls fremd und nicht hierher gehörig zwischen ihren Gassen umherschleichen. Zeigen es doch die großen, grasbewachsenen Flächen in allen Ecken und Enden, daß sie diese Stadt des eisernen Zeitalters nicht auszufüllen vermögen. – Wir verließen diese hinsiechende moderne Welt und vertieften uns ins

Mittelalter. Durch eine kleine Pforte, über einen langen steinernen Gang gelangten wir zur Tour de Constance, einem massenhaften Turme, der sich, wie für die Ewigkeit gebaut, außerhalb der Ringmauern, wo sie ein Halbrund bilden, wie eine riesige Schildwache erhebt. Ein weiter, hoher, runder gotischer Saal nahm uns auf. Durch schmale, kaum eine Hand breite Ritze fiel durch die zehn Ellen dicken Mauern ein spärliches Licht, das wie Mondschein auf Sümpfen am Boden hinkroch. – Eine höchst zierliche Wendeltreppe führt erst auf die Galerie und dann in einen zweiten, oberen Saal desselben Stiles, von derselben Größe, mit derselben gewaltigen und eleganten Wölbung. Nur daß im oberen Saale die schöne gotische Galerie fehlt. Von da gelangten wir auf die Plattform des Turmes, von welchem sich am westlichen Rande ein kleines Türmchen erhebt, das mit seinen Eisengittern einst der Pharus des Hafens gewesen, als Aigues-Mortes noch nicht totes Wasser war und das Meer kriegerbeladene Schiffe aus und zu seinen Mauern trug. – Denn die Stadt ist vom heiligen Ludwig nach dem Vorbild Damiettes gebaut und zum ersten Kriegshafen des südlichen Frankreichs gemacht worden. Hier schiffte er sich auch zu seinen beiden Kreuzzügen ein.

Wie weit fliegt das Auge von der Höhe dieses Turmes! Im Norden und Westen wird es in weiter Ferne von den blauen, mit rosenfarbenem Schleier überhangenen Bergen der Cevennen aufgehalten, aber gegen Süden und Osten fliegt es ins Unbegrenzte

---

Der Große Turm bei Nîmes

Antike Ruine im südlichen Frankreich

hinaus, über die Flächen der Camargue, entgegen dem Silberbande des großen Kanals, der von St-Gill herabkommt, über die Sümpfe und Rhonemündungen und endlich weit hinaus ins heilige Weltmeer, das mit seinen weißen Segeln wie mit wehenden Tüchern herübergrüßt und dazu mit blauem Auge lächelt und die tote Pracht zu unseren Füßen vergessen macht. Aber immer wieder senkt sich der Blick nach unten, nach diesem Stück Mittelalter, das die eilende Zeit hier in der Einsamkeit auf ihrer Flucht vergessen hat. In einem länglichen Viereck, das nur auf der Westseite kaum bemerkbar eine Biegung macht, dehnen sich die alten Mauern mit ihren Galerien, Zinnen, Parapeten, Schießscharten, Erkern, Treppen, Toren und Türmen. Von letzteren zählten wir neunzehn, die einzeln oder gepaart sich in gleichen Entfernungen voneinander erheben. Alle sind mit gleicher Sorgfalt ausgeführt, alle mit Rosetten, steinernen Pflanzen und Verschlingungen, mit dem phantastischen Getier und mit all dem Schmucke der gotischen Kunst geziert. Einen Teil des inneren Steingeländes am Walle ausgenommen, fehlt vom ursprünglichen Bau vielleicht kein Stein, vielleicht nicht zehn Zieraten. Unbeweglich wie schon seit Jahrhunderten scheinen die Quadern noch Jahrhunderte aufeinanderliegen und zu einer felsigen Masse verwachsen zu wollen. Auf der Wanderung, die wir von der Tour de Constance aus auf den Galerien der Mauern durch die Türme rings um die Stadt antraten, schien es uns, als besichtigten wir einen Bau, dessen großer Werkmeister erst gestern Zirkel, Blei- und Winkelwaage aus der Hand gelegt. Nur die Eidechslein, die im Sonnenbrande sich wärmten und uns über den Weg huschten, und die Feigenbäume, die groß und stattlich wild aus den Mauern herauswachsen, ohne einen Stein zu verrücken, zeigten uns, daß wir über einen längst verlassenen und menschenvergessenen Bau dahinschritten. – In einem der Türme, der wie alle andern mit einem prächtigen Saal mit Kamin, heimlichen Fensternischen und Bänken versehen und so wohnlich anzuschauen war, als hätte noch gestern im Kamin die trauliche Flamme geprasselt, machten wir nach mehr als halbstündiger Wanderung halt, um unser Frühstück einzunehmen. – Der französische Dichter, der mit uns war, nachdem er sich mit einem Glase Lunel gestärkt, setzte sich auf eine der Bänke und begann mit einem Male folgende Geschichte von Aigues-Mortes zu erzählen:

„Der Tod, wie Sie wissen, gehört ganz eigentlich unserer Erde an; er ist durch und durch irdisch; der Tod lebt und liebt und zeugt wie unsereins. – Er hat Weib und Geliebte wie unsereins. Eine seiner liebsten Geliebten ist die Pest; sie wohnt im Gelobten Lande, in einer Höhle am Rande des Toten Meeres, wo er sie ganz behaglich eingerichtet hat. Die Zeit der Kreuzzüge war für die Pest eine gute Zeit; liefen ihr doch von allen Enden der Welt die Opfer in den Rachen, und wie bleich und mager sie gewesen, sie wurde plötzlich stark und dick und gebar ihrem Gatten, dem Tod, alljährlich ein Junges. Die Kinder der Pest aber sind die Fieber: das intermittierende Fieber, das gelbe Fieber, das Nervenfieber etc. Da ihre Familie so heranwuchs, wußte sie nicht mehr, was mit ihnen zu tun, wie sie zu beschäftigen, und vor allem, wie sie zu nähren. Besonders machte ihr ihr Jüngstes, ein kleiner, schwächlicher, blasser Junge mit hohlen Wangen und schwarzen Haaren, viele Sorge; er hatte einen großen Tatendurst, und doch blieb ihm im Morgenlande, wo seine Brüder angestellt waren, nichts zu tun übrig. – Denn der Vater Tod, der so schrecklich viel zu tun hat, pflegte die Kleinen zu beschäftigen und sich von ihnen hilfreich an die Hand gehen zu lassen. Eines Tages, da er wieder seine Geliebte, die Pest, besuchte, klagte sie ihm die Not, die sie mit dem Jungen hatte, und fragte den Vater, ob er nicht abhelfen könnte. Der Tod dachte nach. Da er aber von seinen beständigen Wanderzügen um die Welt alle Verhältnisse genau kennt, besonders aber alle Plätze, die vakant und zu vergeben sind, so war er auch nicht lange in Verlegenheit. Er nahm den kleinen Jungen auf den Schoß, streichelte ihm die gelben Wängelein und sprach: ‚Mein Herzensjunge! Nächste Woche lichtet der heilige Ludwig zu Damiette die Anker, um sich mit seinen Kreuzfahrern wieder in sein schönes Frankreich zurückzubegeben. Es ist wirklich ein schönes Land, dieses schöne Frankreich; besonders schön sind seine südlichen Küsten, und auf diesen Küsten die schönste Stadt ist die, in deren Hafen der heilige Ludwig landen wird. Ich schenke dir diese Stadt samt Umgegend. Sie hat die größte Ähnlichkeit mit Damiette und wird dich immer an dein Vaterland erinnern. Du wirst dich unsichtbar auf die Flotte begeben und mit dem Könige in jener Stadt landen und dort dein Wesen treiben, wie es dir beliebt. – Du kannst dich auch schon auf dem Wege ein wenig üben.‘ – Wie der gute, besorgte Vater so sprach, stand er auf und füllte einen Schlauch mit Wasser aus dem Toten Meere und hing ihn dem Söhnlein um. ‚Dieses nimmst du mit!‘ – sprach er weiter – ‚du wirst den Inhalt dieses Schlauches rings um die Stadt ausgießen, es werden schöne Sümpfe entstehen und mit ihnen Dünste und Giftblumen, und ich gebe dir mein Wort darauf, daß dir in kurzem die Herrschaft über Stadt und Umgegend unbestritten bleiben wird.‘ – Wie der Vater gesagt, so hat der Sohn getan, und Stadt und Umgegend gehören ihm unbestritten. – Die Wasser, die sich hier ringsum ausdehnen, sind Wasser aus dem Toten Meere – daher der Name Aigues-Mortes oder Tote Wasser.“ – „Und daher werden wir das Fieber erwischen, wenn wir uns nicht bald aufmachen“, fügte unsere vorsorgliche Wirtin hinzu, und alles sprang auf und eilte in die Stadt hinab. – Schnell wurde noch die Statue des heiligen Ludwig, ein schönes Werk Pradiers, charakteristisch und harmonierend mit der Umgebung, besehen, dann die Bemerkung gemacht, daß das Haus der armen Frères Ignorantins das schönste im Orte, dann noch die Apotheke besichtigt, ein Haus im reinsten Renaissancestil, das einzige würdige neben diesen alten Mauern, dann warfen wir uns in den Wagen und eilten davon. – Die hohen Türme, die breiten Zinnen warfen uns weitgestreckte Schatten nach, als sollten wir uns noch lange nicht diesem steingewordenen mittelalterlichen Traume entwinden. Aber ein Sonntagsvergnügling weckte uns ganz modern, indem er uns ein „Vive Ledru!“ in den Wagen hineinrief. Und so trennten wir uns von dieser Stadt, der armen Toten, die nicht verwesen kann, die daliegt wie eine gebannte Leiche, der niemand die Augen zudrücken und ein ruhebringendes Begräbnis schaffen will; von dem

Leuchtturme, auf dem seit Jahrhunderten kein Licht gebrannt, von dem Hafen, in dessen Schoße anstatt gewaltiger Masten schwächliche Schilfe ihre Häupter neigen, von den Prachtsälen ohne Gäste, von den Wällen ohne Krieger.

Den 27. Mai 1851

Von Lunel trug mich der Dampfzug nach Nîmes, wo ich spät abends ankam. – Es ist dies mein dritter Besuch in dieser Stadt und gewiß noch nicht der letzte; denn ich richte meine Ausflüge so ein, daß sie mich meist über Nîmes führen. Diese Stadt Frankreichs besitzt ein Kleinod, das mich mit unwiderstehlicher Kraft, mit der Anmut einer Geliebten, immer neu anzieht und fesselt, so daß ich mich nach stundenlanger Anschauung nur mit Mühe, ja mit einem gewissen Schmerze von ihm trenne, mit dem Bewußtsein, daß mir nur selten so Schönes, so Großes, so Beruhigendes auf meinen Wegen begegnen könne. – Dieses Kleinod ist die sogenannte Maison carrée, der alte Römertempel, der viel zuwenig bekannt, viel zu kalt gerühmt worden ist. Dieser Tempel ist gewiß eines der herrlichsten von allen Bauwerken, die uns die Alten gelassen, um die Welt zu jahrtausendlanger Bewunderung zu zwingen. Das vollendete Ebenmaß, das Leben in jedem Teilchen, die Kleinheit der Mittel, um großen Eindruck hervorzubringen, die Unsichtbarkeit jeder verstimmenden Absicht und endlich die heitere Ruhe, ich möchte sagen, das Lächeln, das über das Ganze ausgegossen, machen dieses kleine Gebäude, das an Masse leicht von einem gewöhnlichen Bürgerhause übertroffen wird, zu einem vollendeten, abgeschlossenen Werke des Genies. – Bei seiner Betrachtung senkt sich in das Gemüt so tiefe Ruhe, wie sie der Grieche empfunden haben mag, wenn er geopfert und, des gewonnenen Schutzes eines mächtigen Gottes gewiß, sich zum Mahle setzte und den Mischkrug im Kreise gehen ließ. – Es lebt und regt sich alles an diesem herrlichen Baue. Nicht tot und steinern stehen die Säulen da; mit ihren Kannelierungen scheinen sie nach Jahrtausenden noch zu wachsen und sich zu bewegen, wie die heitere Sonne des Südens auf ihnen spielt, und zum Beschauer die melodische Sprache zu sprechen, so wie die Götter, welche griechische Tempel bewohnten, menschlich und melodisch sprachen. Man nennt den Tempel römisch; aber ich schwöre es, es war ein griechischer Meister, der ihn erdacht und ausgeführt. Oh, das konnten die Römer nicht; so was mußten ihre herrlichen Unterjochten für sie schaffen, so wie sie ihnen die Götterbilder, die Philosophie, die Poesie borgen mußten, um die Blößen der eingebildeten gebildeten Barbaren zu decken, um den armen Reichtum zu vergolden.

Der kurze Weg über die Boulevards von der Maison carrée nach der Arena ist der Weg von Griechenland nach Rom. – Da stehst du vor dem Kolosse, vor dem Riesen, der dir mit donnernder Stimme entgegenruft: Bewundere mich! Der blaue Himmel Griechenlands, die göttliche Ruhe verschwindet, und Wolken umziehen dein Gemüt. Nicht mehr Pindarische Jubeloden hörst du oder des Demodokos herzerfreuenden Gesang, dein Herz, wie der Mischkrug, des Griechen „herrliche Arbeit“, gibt nichts mehr von seinem überströmenden Inhalte, um den heitern Göttern zu sprengen. Es zieht sich furchtsam zusammen vor dem Winseln der Opfer, das dir durch zwei Jahrtausende herübertönt, und du freust dich, wenn auch menschlich, doch schadenfroh, daß der blasse, goldlockige Nazarener diesem blutgenährten Ungeheuer, das man Rom nannte, mit seinem sanft schreitenden Fuße den Kopf zertreten. Freudig rufst du aus: Das hat der Proletarier unter den Proletariern, das hat der Verachtete, der Jude, getan, und mußte er selbst darüber zugrunde gehen. Ich weiß nicht, war es dieser Kontrast zwischen Hellas und Rom, war es der Umstand, daß ich in Italien schon größere Werke dieser Art gesehen – das Amphitheater machte mir nur den Eindruck des Gewaltigen, des Ungeheuren, Massenhaften, das äußerlich zwingt, das der historischen Erinnerungen bedarf, um das Gemüt zu bewegen. Diese historischen Erinnerungen abgerechnet, ging ich kalt-ruhig durch die Gänge und Wölbungen, kroch ich auf den zerbrochenen Sitzreihen hinauf und hinunter und wurde nicht einmal durch die Engländer gestört, die auf dem obersten Rande saßen und geistlos auf die grasbewachsene Fläche in der Tiefe hinabstarrten. Wie hätten sie mich vor der Maison carrée beleidigt! Die Arena von Nîmes ist eine der besterhaltenen, und man kann hier besser als in Verona und Arles die Einrichtung dieser Theater studieren; man kann sogar erkennen, auf welche Weise sie durch hydraulische Werke zu Naumachien verwendet wurde. – Die Behälter für die wilden Tiere wie für die Sklaven sind vollkommen erhalten, ebenso die unendlichen Gänge und die Tore, von denen man eines als das Tor des Prokonsuls, das andere als das Tor der Vestalinnen bezeichnet. Ja, in den Sitzreihen, obwohl großenteils zerstört, bemerkt man noch die verschiedenen Abteilungen, wie sie für die verschiedenen Bürgerklassen bestimmt waren. Die Sklaven saßen, wie unsere Proletarier, auf der höchsten Höhe, im Paradiese. Dort oben befinden sich noch die durchlöcherten Steine für die Stangen, welche das Leinwandzelt trugen, um die Zuschauer vor der Sonnenhitze zu schützen. Es bedurfte gewiß einer sehr kunstvollen Vorrichtung, um das Theater, welches 30000 Zuschauer faßte, mit einer Leinwanddecke zu überziehen. – In den Gängen sieht man noch die gewissen Institute, die zu den kleinen und niedrigen Bequemlichkeiten des Lebens notwendig sind. Bedenkt man, daß sich dieser ungeheure Bau so konserviert hat, obwohl, wie bei allen großen römischen Werken, jedes Zement fehlt und die Steine sich nur durch ihre eigene Schwere aufeinander erhalten; bedenkt man ferner, welcher Hebel und Maschinen es zu einem solchen Baue bedurfte, und sieht man, wie zweckmäßig und ineinandergreifend bei dem großen Eirund jeder Stein behauen, Nische, Gänge und Windungen sich zu einem Ganzen, nach einem Mittelpunkte strebend, zusammenfügen, muß man die Römer als große Mathematiker und als die energischsten Baumeister der Welt bewundern, wenn man sich auch eine Viertelstunde vorher überzeugt hat, daß es geschmackvollere, erhabenere gegeben.

Die anderen römischen Denkmäler, die Bäder der Diana an der wasserreichen Fontaine de Nîmes, die sogleich an ihrem Ursprunge einen förmlichen Fluß bildet, und die Porta Augusti, haben eigentlich nur noch antiquarischen Wert. – Es sind zu Ende gehende

Der Tempel in Nîmes (Maison carrée)

Ruinen, die nur noch in einzelnen Teilen, in Wölbungen, Mosaiken und kleinen Verzierungen mancherlei Belehrung bieten. Die Munizipalität der Stadt und mit ihr der Architekt des Departements, Herr Feucher, ein Freund unseres Semper, den er als Dekorationsmaler beim Dresdener Theaterbaue unterstützte, tun heutzutage alles mögliche für Erhaltung der antiken Monumente. Vor einem halben Jahrhunderte war es anders; da wollte der Gemeinderat in einer kleinen Geldklemme das Material der Arena an den Meistbietenden verkaufen, und vor ungefähr siebenzig Jahren wußte Nîmes selbst nicht, welch ein Denkmal römischer Gewalt es in seinen Mauern besitze. Die Arena war nicht nur ringsherum von den schlechtesten Gebäuden umstellt und versteckt, auch im Innern hat eine Bevölkerung von beinahe fünftausend Einwohnern überallhin in Logen und Löwenzwinger und Gänge und Schauplatz ihre Nester geklebt, so daß vom eigentlichen Baue beinahe kein Stein zu sehen und er selbst ganz und gar vergessen war. Heutzutage geht nun wieder die Manie für die Antike ins Lächerliche. Die guten Bürger von Nîmes wollen alles antik haben; so haben sie sich auch, und zwar in nächster Nähe der Maison carrée, ein antikes Stadttheater gebaut, das sich neben dem griechischen Tempel wie eine Ode vom Leipziger Magister Minckwitz neben einer Pindarischen ausnimmt.

Eines der sonderbarsten Gebäude, das man nur sehen kann, ist die Tour-Magne (turris magna), die

---

Das Amphitheater in Nîmes

sich auf einem Bergrücken nördlich von Nîmes hoch in die Luft erhebt und Stadt und Umgegend beherrscht. Seit Jahren und Jahren krabbeln die Antiquare an dem Steinhaufen herum, und es geht ihnen wie bei den Pyramiden; sie wissen nicht, was daraus zu machen. Was sollte die Tour-Magne nicht schon alles gewesen sein: eine Warte, ein Fort, ein Grabdenkmal, ein Getreidemagazin, ein Wasserturm, ja sogar ein Pharus in Mitte des Landes! – Nicht ein Steinchen will das Geheimnis dieses merkwürdigen, bizarren Baues verraten; da steht er stumm und dumm und macht eine verzerrte, höchst unregelmäßige Grimasse auf seine Untersucher. Nicht einmal, ob's ein Römer- oder Kelten- oder mittelalterlicher Feudalbau sei, ist herauszubringen. – Auf den ersten Blick, besonders wenn man ins Innere tritt, möchte man glauben, es habe ihn irgendein wildes Volk in seinen ersten Anfängen, ohne Begriff von Zirkel und Linie, roh und planlos als einen Berg aufgehäuft und dann in diesen Berg eine ungeheure Höhle gegraben. In der Tat ist es einem, als stände man in einer der Grotten, wie man sie im Languedoc so häufig findet, und unwillkürlich sieht man sich nach Stalaktiten um. Da ist von einem Ebenmaße nicht die Spur. Bald rund, bald eckig, bald in breiten Winkeln, bald schmal und finster springen die Mauern toll und verwirrend vor und zurück. – Nirgends ein Ruhepunkt, nirgends ein Anfang oder ein Ende. Es ist wie der Traum eines wahnsinnigen Baumeisters, in dessen Kopfe sich alle Stile und Formen wild und dunkel durcheinandertreiben. Aber steigt man die moderne Treppe hinauf und hinaus an eine Art von Balustrade, so sieht man wieder zierliche Pforten, regelmäßige Winkel, schöne Verzierungen, kunstvoll behauene Steine, die alle von mehr als bloß ahnungsvollen Anfängen zeugen, und es scheint, als hätte ein Barbar den Bau begonnen und ein Meister ihn vollendet. – Auf dieser Balustrade vergißt man leicht, auf welch wahnsinnigen Gestellen man sich befindet. – Zu Füßen liegt das schöne Nîmes, von dem man durch ein junges Pinienwäldchen getrennt ist; links und uns im Rücken die Cevennen, hinter denen eben die Sonne schlafen geht und die kahlen Berge in violette Schleier hüllt – rechts die weite Ebene und der Rhone, dem das grüne Wasser der Fontaine de Nîmes langsamen Schrittes entgegenwandelt wie eine römische Dame der Verfallzeit dem siegreichen Barbaren des Nordens, und uns gegenüber, schon in abendliches Grau versunken, die Alpen der schönen Provence und die Kalkberge, hinter denen Avignon von alter Herrlichkeit und alten Greueln träumt.

Von der Tour-Magne stieg ich durch das Pinienwäldchen hinab auf den öffentlichen Spaziergang, der sich breit und grün von den Bädern der Diana längs der Fontäne der Stadt entgegendehnt. Es war Sonntag. Unter den ungeheuren Kastanienbäumen, wie sie nur die südliche Sonne am Ufer eines Flusses großziehen kann, spielte die Militärmusik Lannersche Walzer, spazierten die Bewohner von Nîmes oder saßen mit ihren Mädchen und Frauen an den Tischen und tranken den süßen Wein des Südens. Auf den Wassern tummelten sich leichte Kähne und klangen Lieder in der süßen provenzalischen Mundart. – Die Mädchen waren alle nach der Sitte des Landes in einfaches Schwarz gekleidet; das philiströse Häubchen und das Spitzentuch am Halse waren das einzige Helle an ihrem ganzen Anzuge. Um den Hals trugen sie, wie es hier Mode, eine, zwei bis drei goldene Ketten. Eine solche oder auch eine silberne fiel vom Gürtel herab und trug eine Schere, einen Schlüssel, lange Nadeln und dergleichen, meist von Silber, oft sogar vergoldet. – Man hält hier und im Lande viel auf diesen Schmuck, und glücklicherweise ist nur selten ein Mädchen so arm, daß es sich ihn versagen müßte. Alles Volk sah wohlhabend und heiter aus; besonders die drallen, vollen Mädchengestalten mit rosigen Wangen auf braunem Hintergrunde und dunkelglühenden Augen. Doch ist es noch nicht der vollendet schöne Typus, den ich später in Arles kennenlernen sollte und in Beaucaire und Tarasbec, die wahrscheinlich von Arles aus veredelt worden sind.

An demselben Tage hatte ich noch die neuerbaute große Kirche besucht. Es scheint den Nîmesern mit dem byzantinischen Stile besser zu gelingen als mit dem antiken. Wenigstens zähle ich diese Kirche, wenn ich den Münster von Bonn und St-Guilhem-du-Désert ausnehme, zum Schönsten, was ich in diesem Stile gesehen. Es ist hier alles so rein, so ganz im Geiste dieser Form, als wäre diese Kirche gleichzeitig mit jenen Monumenten erbaut worden. Harmonisch mit dem Baue stimmen die enkaustischen Malereien Flandrins, des besten Heiligenmalers Frankreichs, wie man sich in Paris in den Kirchen St-Mery und St-Germain-de-Prés und St-Vincent-de-Paul überzeugen kann. Schade, daß die Mittel der Stadt nicht ausreichen, die ganze Kirche von diesem Meister ausschmücken zu lassen. Schade, daß er anstatt des kostspieligen Goldgrundes blauen anbringen mußte, und dreimal schade, daß sich auch hier das Unzulängliche und Unzuverlässige der Enkaustik bewährt; denn überall dringen schon die weißen Flecken durch den blauen Grund. Ich hebe vorzüglich das Hauptbild über dem Hochaltar, Christus zu Throne, vor ihm ein König und ein Sklave kniend, als Komposition und die Himmelfahrt Pauli als Komposition und Malerei hervor. – Leider reicht die Figur Christi nicht hin, den ganzen Raum der Wölbung auszufüllen; aber der Maler hatte sie für den goldenen Grund und nicht für den blauen berechnet, was eine wesentliche Veränderung in der Wirkung hervorbringt. – Auch sehen die beiden Apostel rechts und links, obwohl riesig, neben der Hauptfigur winzig aus. Von den Palm tragenden Prozessionen rechts und links gefällt mir die der Weiber links besser als die der Männer. Aber der Maler hatte es auch leicht; er nahm die Modelle aus den schönsten Frauen des Landes von Tarascon und Arles. Kein Meister braucht sich schönere zu wünschen. Eine berühmte Schönheit, jetzt in Montpellier verheiratet, erkannte ich auf den ersten Blick, und jeder muß sie erkennen, der sie nur einmal gesehen. – Mit den Männern ging es dem Maler schlechter. Da es ihm mit den Frauen geglückt, glaubte er's wahrscheinlich bei den Männern wiederholen zu müssen; aber die Männer dieses Landes haben nicht das Privilegium ihrer Frauen, die griechische Schönheit durch Jahrtausende unverfälscht den kommenden Geschlechtern zur Bewunderung und Anbetung entgegenzutragen. Wie sehr sich Flandrin Mühe gab, seine Männer zu idealisieren, es sind platte, moderne

Herrnköpfe mit sehr schönen Bärten geblieben. Ich fand einige gute Bekannte aus Paris darunter, und meine Andacht war hin.

Ein anderes modernes Kunstwerk, das nächstens mit großem Pomp und allerlei Feier-Spielen in der Arena eingeweiht werden soll, hat mir weniger gefallen. Ich meine die Fontäne von Pradier. Die Stadt Nîmes, in römischen Gewanden mit einer Mauerkrone, steht auf hohem Postamente, das sich aus dem Bassin erhebt; ihr zu Füßen sitzen die vier Wassergottheiten des Departements du Gard, als männliche und weibliche Gestalten personifiziert: Der Rhone, der Gardon, der Gard und die große Fontaine de Nîmes, von der ich oben gesprochen. Alles kolossal in reinem Marmor ausgeführt. Von den Flußgottheiten kann ich nur eine loben, den würdigen Alten, den graziös und majestätisch dasitzenden Rhone. Die andern sind plump und unbeholfen. Die Hauptfigur steht steif da, und ihrer Gewandung sieht man es an, daß sie von Stein ist; ihr Gesicht, wie sehr es sich Mühe gibt, ernst und würdig zu schauen, ist ein Grisettengesicht in vergrößertem Maßstabe. Où le dos change de nom, hat sich der Bildhauer eine Faltenlizenz erlaubt, die eine gewisse partie honteuse unästhetisch und unnatürlich zugleich hervortreten läßt. Dagegen hätten sich die Predigten der ehrwürdigen Väter richten sollen und nicht gegen die dezenten nackten Gestalten, wie es seit Wochen wirklich geschieht. Alle Kanzeln widerhallen jeden Sonntag von Anathemen gegen die Nackten der heidnischen Fontäne. Das ist charakteristisch für die frommen Väter; gegen das Häßliche, Indezente, wenn es nur leise verhüllt ist, haben sie nichts – aber gegen das Nackte, und sei es noch so schön, ereifern sie sich gewaltig. Es soll uns nicht wundern, wenn die Fontäne in einer Nacht zur Ehre Gottes in die Luft gesprengt wird. Denn wie lange ist's her, daß die gute Stadt Nîmes zur Ehre Gottes Hunderte von Protestanten geschlachtet; warum nicht eine heidnische Fontäne zerstören? Freilich ist Heidentum hier nicht so verabscheut wie Protestantismus.

Den 28. Mai 1851

Der Weg von Nîmes bis Avignon ist sehr angenehm. Die Eisenbahnkompanie hatte die gute Idee, die Eisenbahn rechts und links mit prächtigen Pinien und zwischen den Pinien mit Ginstersträuchen zu bepflanzen, die hier eine bedeutende Höhe erreichen und deren zahllose goldene Blüten einen süßen Duft verbreiten. So verliert der Weg das Sterile, das sonst allen Schienenwegen eigen ist. Eine halbe Stunde hinter Nîmes fährt man durch einen langen Tunnel. Ans Tageslicht gelangt, dehnt sich gegen Süden eine prächtige Ebene, die nur von unbedeutenden, mit Städten und Flecken gekrönten Hügeln unterbrochen, während gegen Norden die Aussicht durch eine sanfte Hügelkette abgesperrt ist, die bis nach Beaucaire an das Rhoneufer hinläuft, wo, wie ein Schloß an der Kette, die Burg der ehemaligen Grafen von Beaucaire liegt. Ihr gegenüber, in Tarascon, am linken Ufer, spiegeln sich die gewaltigen Schloßzinnen des guten Königs René in den rasch und wild vorbeieilenden Fluten. Von Süden herüber grüßen die Türme von Bellegarde, ja ein gutes Auge kann sogar die von Arles erspähen. Auf dem Wege von Tarascon nach Avignon ist die Aussicht gegen den Rhone zu ebenfalls abgesperrt durch eine kahle, sandige Hügelreihe – von ihr aus dehnt sich die vielbesungene Ebene der Provence, die gegen Osten von den sonderbar geformten Alpen begrenzt wird. Die hintersten hohen Berge laufen in breiten, gestreckten Wellenlinien hin, aber die kleinern im Vordergrunde, mit ihren vielfach gezackten Gipfeln, sind wie die Wellen eines vom Vorboten des Sturmes aufgeregten Sees zu schauen. Sie kochen und schäumen – keine große Welle rollt –, aber Hunderte von kleinen Spitzen, durch kleine runde Täler getrennt, springen, spritzen nebeneinander auf. – In der Ebene überall blühende Gärten – schon senkt sich die Rebe und verhüllt den nackten Boden, daß er bald einer friedlichen Wiese und nicht einer glutenvollen Weinpflanzung ähnlich wird. – Die Einförmigkeit der Ölbäume wird durch die Zypresse aufgehoben, welche ernst und dunkel, einzeln oder in ganzen Hainen aus der grauen Umgebung aufsteigt. Wie sonderbar mutet es unsereinen an, ein einfaches Bauernhaus von mächtigen Zypressen, von breitwehenden Feigen- und blütenlächelnden Mandelbäumen umgeben zu sehen. – Es ist doch alles anders als jenseits der Berge, und ich glaube dem Satze, den neulich ein berühmter Naturforscher zu mir ausgesprochen: „Der Mensch ist von der Natur nicht gemacht, um im Norden zu wohnen.“ Heidelberg und der Rhein und Thüringen sind die Grenzen – daß in Preußen auch noch Menschen wohnen – das hat die Notwendigkeit oder die Reflexion, nicht die Natur getan oder gewollt.

Drittes Kapitel

Vom Süden aus gewährt Avignon einen schönen, aber nicht außergewöhnlichen Anblick. Von dieser Seite gesehen, können sich das goldene Mainz, das fromme Koblenz, die heilige Colonia mit Avignon messen, aber nie vergesse ich den Eindruck, den diese Stadt auf mich gemacht, als ich sie, auf dem Dampfschiffe von Norden kommend, zum ersten Male erblickte. – Es war mir wie damals, als ich bei Sonnenuntergang, von der Höhe von Obtschina, das Meer zum ersten Male von Angesicht zu Angesicht gesehen. Märchenhaft! – rein märchenhaft! – Ich wüßte keinen andern Ausdruck, um den Anblick zu bezeichnen, wenn sich das Dampfschiff aus den Rhoneinseln bei Roquemaure herauswindet und plötzlich der Papstpalast mit seinen Türmen auf der einen Seite in die Höhe ragt, während auf dem andern Ufer das Fort St-André und die alte Feste von Ville-Neuve-lez-Avignon sich am abendroten Himmel abzeichnen – zwischen beiden die uralte Brücke Pont St-Esprit, die mit ihrer Kapelle mitten im Strome abbricht, als wäre es zuviel, wenn diese beiden Herrlichkeiten miteinander verbunden würden. – Nur wenn man die ältesten spanischen Romanzen liest, wo aus den dunkelglühenden, melodischen Versen manchmal Namen wie

Segovia, Burgos, Stadt der Löwen, Alhambra, Santa-Fé auftauchen – daß man ihre Zinnen und moosigen Mauern vom Sonnenbrand beschossen zu sehen glaubt –, nur da wird einem manchmal so zumute wie bei dem ersten Anblicke von Avignon. Aber kaum am Quai angelangt, muß man sich sehr zusammennehmen, um nicht ganz in Träumerei zu versinken und durch sie Gepäck und Zeit und Geld zu verlieren. Das Volk von Avignon ist im ganzen Süden als wahres Räubergesindel verrufen; man spricht nur mit Abscheu oder Spott von den Bewohnern der heiligen Stadt, und wenn ich so die Gestalten betrachtete, die in Masse den ganzen Quai besetzt hielten und, wie Raubvögel die Beute, das ankommende Dampfschiff erwarteten, las ich auf diesen Gesichtern, daß der Ruf recht habe. Wilde, trotzige, ich möchte sagen, blutdürstige Köpfe, die mit ihrem braungrauen Teint und dunklen Augen sich auf schmächtigen, doch knochigen und nervösen Körpern schnell hin und her bewegen. Ich erkannte die Gefährten Jourdans, die königlichen Freiwilligen, die Verdets, die Werkzeuge der Kongregation und der Comités von 1815 – ich erkannte genau die Mörder des Marschall Brune, die Kinder fünfhundertjähriger Kirchenherrschaft. Das Schiff hatte noch nicht angelegt und war von den Portefaix schon im Sturme genommen. Wie wilde Katzen sprangen sie vom Quai über das Geländе auf das Gepäcke los – jeder bemächtigte sich eines, zweier, dreier Stücke und gab es nicht mehr frei; der Eigentümer *mußte* es von ihm in die Stadt tragen lassen und *mußte* ihm bezahlen, was er verlangte. Denn die Portefaix bilden eine geschlossene Bande, und einer schadet dem andern nicht.

Wenn man sich selbst das Gepäcke tragen wollte, sie erlauben es nimmermehr. – Der Kapitän, der an den andern Landungsplätzen so musterhafte Ordnung gehalten, hier stand er ruhig auf seiner Galerie, denn er weiß es aus alter Erfahrung, daß diesem Unwesen nicht zu steuern. – Wir übergaben unser Gepäck einem solchen Banditengesichte und fuhren im Wagen durch die Porte d'Oule nach dem durch den Mord des Marschall Brune historisch gewordenen Hôtel de la Poste, das später Hôtel du Palais Royal, jetzt Palais National heißt.

Bald nach unserer Ankunft fuhren wir durch die Stadt dem Papstpalaste zu, den wir alle in der Nähe zu sehen zitterten, nachdem er uns schon von ferne so schreckenerregend entgegengetreten war. Die Gassen von Avignon, wie aller südlichen Städte, sind schmal und dunkel, aber die Häuser, auch die kleinsten, haben infolge ihrer Struktur aus Quadern ein gewisses palastähnliches Ansehen; viele sind in der Tat auch auf den Trümmern der alten Prälatenpaläste und Klöster entstanden. Oft ist man überrascht, hinter einer unscheinbaren Haustüre einen weiten, bald gotischen, bald italienischen, säulenumgebenen Klosterhof zu überblicken. – Man schaut im Vorbeigehen in ein Eisen- oder ein anderes Warenlager, und der Blick bleibt an einer prächtigen Spitzbogenwölbung, an einem ehemaligen Hochaltar, an einer architektonisch reich geschmückten Kanzel hängen. Zwischen Eisenstangen oder Wollenballen blickt eine wohlerhaltene Madonna im blauen Gewande, mit dem Dolch im Herzen, hervor. – Die Place de la Comédie ist der einzige große Platz der Stadt – er ist von hübschen Privatgebäuden, von Kaffeehäusern, vom hôtel de ville mit seinen hundert Säulen und seinem gotischen Turme aus dem vierzehnten Jahrhunderte und vom neuerbauten Theater, das dem Architekten Feucher Ehre macht, schön und malerisch umgeben. Des Abends treibt sich dort die Bevölkerung aller Klassen umher. Von hier nur noch eine kurze Strecke, und wir standen vor dem Palaste der Päpste. – Es ist ein babylonischer Bau! – Groß, ungeheuer, schreckenerregend. – Vielleicht vor keinem andern Gebäude Europas empfindet man diesen Schauer. Hoch aufstrebend von der höchsten Höhe des Kalkberges, an dem Avignon liegt – breit und verschlossen, mit wenigen und schmalen Spitzbogenfenstern, mit einem Tore, das trotz seiner Höhe klein erscheint im Verhältnis zum Ganzen –, drückt ein geheimnisvolles Schweigen auf diese Mauern und umgibt sie mitten im hellen Sonnenlichte des Südens eine Art von unbegreiflicher Nacht. Man sieht es ihnen an: durch ihre Dicke drang der Notruf der verschmachtenden Völker nicht hinein, drangen die Schreie priesterlicher Orgien, ob sie nun in Bacchanalen oder im Foltern der Glaubensopfer bestanden, nicht heraus. Diese Mauern sind des Grundes würdig, auf dem sie ruhen. Johanna von Neapel erkaufte mit Avignon die Absolution der Sünde des Gattenmordes. – Tritt man in den ungeheuren Hof, in die gotischen Säle, die sich einer über dem andern hoch emporwölben, auf die breiten Treppen, erkennt man, wie die Bewohner dieses Palastes von ihrer Riesenhaftigkeit überzeugt waren. Die Dicke der Mauern würde jedem Bombensturme widerstehen, so wie sie bis jetzt der Zeit widerstanden haben. Das ganze ungeheure Gebäude ohne Symmetrie und äußerlich erkennbaren Plan, ohne Sonnenblick, ohne einen einzigen freundlich schauenden Winkel, mit seinen eckigen Türmen, Zinnen und Schießscharten und Schwibbögen steht da, als wäre es von Zyklopen aus einem einzigen Felsstücke, aus einem Gebirge gehauen worden. – Doch ist es nicht auf einmal entstanden; ein Menschenalter, der Wille eines Menschen reicht nicht hin, ein solches Werk aufzuführen. Jeder der hier residierenden Päpste hat etwas zur Erweiterung des im vierzehnten Jahrhundert angelegten Baues getan: Clemens V., Johann XXII., Benedikt XII., Clemens VI., Innozenz VI., Urban V., Gregor XI.

Den Turm Trouillas oder die Glacière bekamen wir nur von außen zu sehen; man sagt dem Fremden, die Glacière bestehe nicht mehr, viele Einheimische aber behaupten, man wolle sie nur nicht zeigen. Es wäre interessant zu wissen, was man eigentlich verbergen will, ob den Schauplatz der Inquisitionsfolter, den Ofen, wo die Zange glühend gemacht, die Roste, auf denen die Ketzer gebraten wurden, oder den Schauplatz, wo der Knabe Duprat, der feurige Mainville, der Apollo Rovère, der sentimentale Schurke, ehemalige Maultiertreiber, später Krapphändler Mathieu Jouve, auch Jourdan, auch Coupetête genannt, die einen ihrem Gotte, die andern ihren Götzen in der Nacht vom 16. zum 17. Oktober 1791 Opfer schlachteten. – Dieser konische Turm hat nur eine Öffnung – dem Himmel entgegen. Man sollte das Geschrei der Geschlachteten oder Gefolterten nicht in der Stadt und nicht nebenan in den Gemächern der

Kardinäle, Legaten und ihrer Kurtisanen hören; es mußte sich an der Wölbung brechen und schwach über dem Palaste als ein Seufzer verhauchen, den der Schritt der Wache auf der Zinne übertönt. – In diesem Turme verseufzte auch der arme Volkstribun Rienzi sein Leben und büßte, wie Hus, sein Vertrauen in ein Papstwort. – Gerne schlich ich mich an diesem Turme vorbei und war froh, daß uns nicht das alte Gespenst von einem Weibe, das ich im Hofe umherschleichen gesehen, begleitete. Die Alte hat die Schrecken jener Nacht von 91 miterlebt und erzählt sie gerne. Wozu die Erzählung? – Man kann es sich denken, was ein wütendes Volk vermag, das vier Jahrhunderte hindurch einen Turm wie die Trouillas betrachtete, am andern Ufer seines Flusses ein freies Volk sieht und an seinen Mauern einen Anschlag, in welchem der Papst die Wiederherstellung der Inquisition gebietet. – Auf solchem Boden müssen solche Taten wachsen. – Jourdan Coupetête war vielleicht um kein rotes Haar schlechter als irgendeiner der Kardinäle, die diese ville carillonnante, wie sie Rabelais nennt, bewohnten.

Einen Moment Ruhe von den Schrecken gewährt ein hohes Turmgemach, in welchem sich noch Reste alter Fresken befinden; schöne Bilder voll Naivität, wie sie den großen Befreiungs- und Vollendungsperioden Masaccios und Raffaels vorhergehen. Man gibt sie für Giottos Arbeit aus; ich halte sie für Werke seiner Schüler, die auf dem Wege der Befreiung schon fortgeschritten waren. Die Figuren, obwohl ebenso naiv wie die Giottos, sind doch schon weniger gebunden, die Gesichter haben ein weicheres Oval. Es sind vollendet schöne darunter. Viele Figuren stehen ohne Köpfe da, und diese sollen just die schönsten gewesen und von kunstsinnigen Offizieren gerettet worden sein, als die französische Regierung anfing, diese herrlichen Denkmäler dem Verfalle preiszugeben. Man zeigte uns noch mehrere Gemächer, die ebenso ausgeschmückt gewesen sein sollen, die aber bereits von Kalk überdeckt sind. Das Schloß ist jetzt eine Kaserne, und in den Sälen lagern die Soldaten zu Hunderten. Die Säle sind zwar der Länge wie der Höhe nach durch eingeflickte Mauern und Fußböden zweifach und dreifach geteilt, doch reicht ein Vierteil des Raumes, den man auf einmal übersehen kann und in dem vielleicht eine ganze Kompanie Platz findet, hin, von der ungeheuren Ausdehnung und Höhe dieser gotischen Wölbungen einen Begriff zu geben.

An den Papstpalast lehnt sich die Kirche Notre-Dame-des-Dons, welche die Grabmäler zweier Päpste enthält. Interessant an ihr ist besonders der Eingang mit seinen echt römischen Säulen, Überresten eines römischen Tempels, auf dessen Grunde die Kirche aufgeführt sein soll. An die Kirche schließt sich der schöne Spaziergang mit seinen prächtigen Bäumen, mit seiner Terrasse und der Statue des Mannes, der den Krapp ins Land brachte, dessen Kultur jetzt so viele Einwohner des Landes ernährt und den Soldaten ihre Hosen färbt. Ich habe den Namen dieses großen Mannes vergessen. – Die Aussicht geht von hier dem Rhone entgegen, fast bis nach Orange, dem Stammsitze der Oranien, hinüber nach Ville-Neuve-lez-Avignon und rückwärts über das herrliche Land der Provence, bis an die Seealpen und den Mont Ventou, der seinen gewaltigen Leib in violette Gewande hüllt, gleich einem Kardinale. – Dorthin gegen Nordwesten liegt Vaucluse, das wir sehen müssen.

Vom Schlosse aus fuhren wir um die Stadt. Die Festungsmauer, ringsherum mit dem schönen Kranze der Mâchicouli, wie wir sie an den Befestigungswerken des vierzehnten und fünfzehnten Jahrhunderts kennen, bekränzt, ist vollkommen erhalten und fast ganz sichtbar; nur hie und da wächst aus der Mauer, wie aus der alten Zeit die neue, ein modernes Häuschen heraus und an diesem hinan weißblühende Mandel- und rosige Pfirsichbäume. Diese Wohnungen sehen so lieblich idyllisch aus, daß man das Haus des Papstes vergißt, und das tut not, wenn man sich mit den Herrlichkeiten Avignons so freuen soll, wie sie es verdienen.

An einem schönen Maiabende, während meines zweiten Besuches, führten mich meine Wanderungen über die Kettenbrücke und die Insel aufs jenseitige Ufer, vorbei am Fuße des ruinenhaften Schlosses, nach Ville-Neuve-lez-Avignon. Mein guter Stern hatte mich hierher und auf die Höhe des Fort St-André gebracht – denn von diesem Standpunkte aus sieht man Avignon erst recht in seiner ganzen Schönheit: den Rhone als Vordergrund, den Palast größer und dräuender, als wenn man sich in seiner Nähe befindet, und doch die harten Züge durch die Ferne und das sanfte Abendlicht gemildert; im Hintergrunde die Wellenlinien der Provencer Berge mit ihrem Senior, dem Ventou, in der Mitte. Ich dachte an Victor Hugos tiefsinnigen Satz: „Es ist doch besser, in Deutz zu sein und Köln zu sehen, als in Köln zu sein und Deutz zu sehen.“ Ich rate jedem, der Avignon besucht, sich sogleich nach seiner Ankunft aufzumachen und diesen Punkt aufzusuchen; dann erst wird er wissen, in welcher Welt er sich befindet. Sie ist in der Tat über alle Beschreibung schön! Ich konnte mich nicht satt sehen. Erst spät raffte ich mich auf, um als voyageur consciencieux noch die Merkwürdigkeiten der hinter mir liegenden Ville-neuve zu betrachten.

Zuerst ein altes Kartäuserkloster. Sein Dach ist so mit Gras und Moos bewachsen, daß man es von der Höhe des Berges aus für ein brachliegendes Feld halten kann. In seinem Innern kleben, wie Schwalbennester, viele kleine Wohnungen, wahrscheinlich aus dem Schutte des alten Klosters zusammengeklebt. Die ehemals prächtige gotische Kirche ist in eine Art von Hof verwandelt und von Wagen, Karren und Ackergerätschaften angefüllt. Rührend nimmt sich unter diesem Geräte ein einzelnstehender Spitzbogen reinsten Stiles aus und eine mehr als lebensgroße Madonna, die mit milden schönen Zügen und gefalteten Händen, wunderbar erhalten, auf das Gerümpel herabsieht. Von außen sind die Reste dieses einst gewiß prächtigen Baues teilweise von ungeheuren Weinreben bedeckt. Diese edle Pflanze gedeiht hier ganz besonders gut. Ich sah einen Weinstock, der allein mit seinen Reben alle Fenster dreier dreistöckiger Häuser umrankte. – Im hôtel de ville fand ich eine Bibliothek, auf die ich mir erlaube die Geschichtsschreiber der Provence aufmerksam zu machen. Sie ist das Geschenk eines vor einem halben Jahrhundert verstorbenen, reichen Gelehrten und enthält interessante Chroniken, Manuskripte und dicke Bücher alter Kirchenmusik, von denen manche mit den farbenreichsten, frischglühendsten Illustrationen versehen sind. Auch das Kloster und Hospital der Barmherzigen Schwestern besuchte ich, um das aus dem Kartäuserkloster hierher übertragene Mausoleum Innozenz' VI. zu sehen. Man bildet sich hier gerne ein, das gotische Grabmal sei von hohem Alter, doch erkennt man es auf den ersten Blick als bloße Kopie, die nicht über zweihundert Jahre alt sein kann. Im Klosterhofe saßen einige Schwestern mit weiblichen Arbeiten beschäftigt und genossen der sanften Abendkühle. Bei meinem Herannahen senkten sie züchtig die Köpfe, doch vermochte ich bei ihrer Erwiderung meines Grußes die hohe und zarte Schönheit der einen zu erkennen. Ich bedauerte den Verlust nicht, den die Welt durch ihre Frömmigkeit erleidet, denn ein heiliger Friede lag über sie ausgegossen; ihre Wangen waren hold gerötet, und sie schien zufrieden und voll innern Glückes. Zerstreut betrachtete ich noch mehrere alte Gebäude, an denen dieser Flecken so reich ist, und voll Einsamkeitsgedanken wanderte ich längs des Rhoneufers, durch Duft und Nachtigallenlieder, nach Avignon zurück. – Der Rhone rauschte melodisch, die Platanen der Insel bewegten sich leise im säuselnden Abendwinde, und zwischen den schwarzen Türmen der Pontifexe stand still und friedlich der bleiche Geselle. – O schöner Süden! Die Natur hat ihre Phantasie erschöpft, um dich mit allen ihren Reizen zu schmücken, und der Mensch gab dir die traurige Geschichte, um deiner Schönheit noch den Reiz der Wehmut zuzugesellen. Ja, diesem Lande sieht man es an, daß es, wie der Alte zu sagen pflegt, eine Geschichte habe. – Aber jede Geschichte ist traurig. Die Goldene Zeit hatte keine Geschichte.

Den 29. Mai 1851

Bei meiner Rückkunft ins Palais-National-Hôtel führte uns die Wirtin in das unglückselige Zimmer, in welchem 1815 die Untat an Marschall Brune begangen worden. Es ist ein weites, schönes, mit dunklen Tapeten ausgeschlagenes Gemach, das in nichts von seiner schauervollen Geschichte die Spuren trägt. Die Begebenheit, sowie überhaupt die Geschichte des weißen Terrorismus, ist in Deutschland noch zu wenig bekannt; ich will sie hier kurz und bündig in Erinnerung bringen, wie ich sie aus Büchern, Akten und an Ort und Stelle gemachten Erkundigungen kennengelernt. Die Erinnerung an die Art und Weise, wie gewisse Mächte immer und überall ihre besiegten Feinde behandelt, kann zu keiner Zeit schaden.

Marschall Brune war auch unter dem Empire Republikaner geblieben. Er machte Napoleon nicht den Hof und wurde von diesem und den Hofleuten zurückgesetzt. So kommt es, daß sein Name, trotz seines Charakters, seiner Siege, seiner Fähigkeiten, nicht mit dem Ruhmesglanze umgeben ist, der manche mittelmäßige Schauspieler der kaiserlichen Tuilerien schmückt. Brune lächelte und tröstete sich in seiner Einsamkeit mit den schönen Wissenschaften; er übersetzte Horaz und verzierte sein Buch der Reisen mit Versen. Als Napoleon von Elba zurückkam und einen energischen Mann brauchte, um den durch Royalisten und Pfaffen aufgewühlten Süden im Zaume zu halten, erinnerte er sich des zurückgesetzten Marschalls. Nur mit Widerwillen verließ Brune seine Einsamkeit, aber die Rücksicht, daß sein Vaterland, besonders im Süden, vom englischen Erbfeinde bedroht war, bestimmte ihn, den ihm angebotenen Posten anzunehmen. Nicht ohne traurige Ahnungen. Denn als er die Annahme unterzeichnete, sagte er zu den Umstehenden: „Mir ist es, als hätt ich mein Todesurteil unterschrieben", und als er bei der Abreise auf der Treppe seiner Wohnung stolperte, rief er lächelnd, doch traurig: „Ein Römer kehrte um."

Was er während der Hundert Tage in Toulon zur Verteidigung des Hafens und der französischen Flotte gegen die Engländer und die mit ihnen verschworenen royalistischen Einwohner, was er zur Erhaltung der Ruhe im ganzen Süden mit einer nur kleinen Garnison gegen die immer mächtiger anwachsenden „königlichen Freiwilligen", gegen die „Verdets", und die Agenten der Kongregationen getan – es grenzt ans Unglaubliche, und man lernt es erst schätzen, wenn man die Blutströme sieht, die gleich nach seiner Absetzung im ganzen Süden zu fließen begannen, um jede Spur von Republikanismus, Bonapartismus und Protestantismus vom königlichen Boden Frankreichs fortzuschwemmen. – Aber für diese Anstrengungen wurde auch keiner der Napoleonischen Angestellten während der Hundert Tage von den königlich und klerikal Gesinnten so bitter, so fanatisch gehaßt wie Brune. Man tat alles mögliche, um die Bevölkerung im Beichtstuhl wie auf der Straße gegen ihn aufzuhetzen. Lügen auf Lügen, mündliche wie gedruckte, wurden über ihn verbreitet; nicht nur fromme Priester und königliche Freiwillige, sondern auch hohe Damen reisten von Stadt zu Stadt, von Dorf zu Dorf, um die in London gedruckten Lügen unter das Volk auszuteilen. Die beliebteste unter diesen war, daß kein anderer als Marschall Brune die Prinzessin Lamballe ermordet, daß er es gewesen, der ihren schönen Kopf auf der Pike durch die Stadt getragen. Daß Brune in den Septembertagen gar nicht in Paris gewesen – was liegt daran?

Nach der Schlacht bei Waterloo wuchs die Kühnheit der weißen Partei, und trotz der ungeheuren Anstrengungen mußte Brune gewissermaßen unter seinen Augen die Massacres von Marseille auftauchen sehen, den Anfang jener Kette von Greueltaten, die sich sogleich nach seinem Rücktritt über Avignon, Nîmes, Uzes und die protestantischen Täler der Cevennen ausdehnte. – Brune sah seine Macht schwinden und erwartete mit Ungeduld den Kommissär Ludwigs XVIII., der ihn ablösen sollte und von dem er hoffte, daß es ihm besser gelingen werde, seine eigene Partei nieder- und vom Morden abzuhalten. Man wußte damals noch nicht, daß die in die Provinzen gesandten Kommandanten und Präfekten ebensoviele Agenten waren, welche den Mord der Bonapartisten, Republikaner und Protestanten systematisch leiten sollten.

Marquis de Rivière kam endlich in Toulon an. Brune legte die Gewalt in seine Hände nieder, nahm Abschied von seinen Soldaten, die er herzlich und eindringlich ermahnte, sich in das Unvermeidliche zu fügen und nicht durch erfolglosen Widerstand das Unglück Frankreichs zu vermehren, und ersuchte den Marquis um Pässe für sich und seinen Adjutanten.

Diese wurden ihm in aller Form ausgestellt, und der Marschall, begleitet von zwei Adjutanten, verließ Toulon in der Nacht vom 31. Juli auf den 1. August, um sich nach Paris zu begeben, wohin er von der neuen Regierung zitiert worden war. Noch vor seiner Abreise wurde er mehrmals gewarnt, ja nicht über Avignon zu gehen, da ein Komplott gegen sein Leben bestehe, das in dieser Stadt zum Ausbruch kommen solle. Man wollte vorsichtig sein, man wollte Maßregeln ergreifen, aber der Marquis de Rivière lächelte und machte Vorsicht und Maßregeln zunichte, indem er versicherte, er selbst habe schon den ganzen Weg entlang das Mögliche getan. – Aber schon in Aix wurde Brune von einer Bande königlicher Freiwilliger angehalten. Sie wollten ihn nicht weiterziehen lassen, trotz Paß und Gegenreden; glücklicherweise erhob der Pöbel, der sich indessen sammelte, ein solches Geschrei von Fluchen und Schimpfen und warf so viele Steine gegen den Wagen, daß die Pferde, scheu gemacht, plötzlich ausgriffen, durch die Volksmenge brachen und den Marschall in wenigen Minuten aus der Stadt und dem Angesichte seiner Verfolger brachten. – Ein Adjutant beschwor ihn, nun die Route über Avignon zu verlassen und die viel sicherere über Grenoble einzuschlagen, sich selbst den Schimpf und dem Lande vielleicht ein Verbrechen zu ersparen. Aber der Marschall antwortete kurz mit der Frage: „Sollen wir Furcht zeigen?“ und setzte den Weg auf der Straße nach Avignon fort, wo er am 2. August vormittags zwischen 9 und 10 Uhr ankam und im Hôtel de Poste oder Hôtel Palais Royal abstieg, um die Pferde zu wechseln und ein Frühstück einzunehmen.

Eine neugierige Menge sammelt sich um den Reisewagen und prüft und betrachtet ihn harmlos. Diese Menge wird durch die vielen Besucher vermehrt, welche in das Hotel strömen, um bei dem zufällig ebenfalls anwesenden neuen Präfekten vom Departement Vaucluse, Herrn von St-Chamans, Geschäfte abzumachen oder ihre Komplimente anzubringen. – In den Winkeln des Platzes schleichen einzelne Männer umher, die sich absichtlich fernzuhalten scheinen. Sie schweigen und beobachten das Hotel, den Wagen, die daran beschäftigten Diener und die immer anwachsende Menge. – Plötzlich tritt einer dieser Männer hervor und wirft den Namen Brune hin, begleitet von einigen Verwünschungen, und verschwindet wieder. Mit ihm verschwinden seine Gesellen; eine plötzliche, unwillkürliche Aufregung verdrängt die Harmlosigkeit der Neugierigen. Schon strömen neue Scharen aus allen Gassen herbei – unter ihnen viele königliche Freiwillige. Die schreien: „Tod dem Mörder! Nieder mit dem Republikaner!" Ein junger Mann springt hervor und überzeugt die Menge in einer ausführlichen Rede, daß der Mörder der Lamballe sich auf dem Wege zur Loire-Armee befinde und beabsichtige, diese nach der Provence zu führen, um sie aufs neue für den Usurpator zu erobern und den katholischen Glauben und die Lilie auszurotten. – Die Menge antwortete mit dem Rufe: „Nieder mit dem Mörder! In den Rhone mit ihm!"

Indessen haben die Kutscher die Pferde angespannt. Das Volk stürzt sich auf sie, spannt die Pferde aus und jagt sie in den Hof zurück. – Herr von St-Chamans steigt auf den Platz herab und sucht das Volk zu beruhigen, nachdem er den Marschall beschworen, sich zu beeilen und abzureisen. Das Volk horcht auf die Stimme dieses Ehrenmannes, der seine Autorität geltend macht. Die Pferde werden wieder angespannt, der Marschall und die Adjutanten steigen ein, und nach wenigen Momenten braust der Wagen, durch das nahe liegende Tor de l'Oule, am Rhonequai dahin. Der Präfekt tritt ins Hotel zurück. Da erwacht die Wut der Freiwilligen aufs neue. „Ihm nach!" – riefen die einen –, „Durch das Tor von Paris!" – die andern. Und die ersten, blind vor Wut, stürzen dem Wagen auf dem Quai du Rhône nach und verfolgen ihn mit Steinwürfen; die andern, listiger, suchen ihm durch die Porte de Paris, an welcher der Wagen vorbeikommen muß, den Vorsprung abzugewinnen. Der Kutscher des Marschalls ahnt so was; er peitscht die Rosse, so mächtig er kann, sie bäumen sich, dann aber greifen sie aus, und immer gegeißelt, fliegen sie schäumend, wütend dahin. Er wird die Porte de Paris vor den Freiwilligen vom Platze de l'Oule erreichen. Schon ist er nahe. Aber noch bevor der Wagen das Tor erreicht, stürzen sich ihm auf dem Weg postierte Freiwillige entgegen. Die wütenden Tiere achten ihrer nicht und stürzen mitten durch; die Freiwilligen stieben auseinander. Noch einmal ist der Marschall gerettet.

Aber als sie an das Tor von Paris kommen, springt eine Schar von Nationalgarden hervor. Die einen kreuzen die Gewehre und verstellen den Weg, die andern stoßen mit ihren Bajonetten gegen die Brust der Pferde. Diese prallen blutend zurück und geben dem Wagen eine quere Stellung auf der Straße. Die Bemühungen des Kutschers sind nun umsonst, besonders, da sich Nationalgarden der Zäume bemächtigt haben und da der wachthabende Offizier mit dem Degen in der Hand hervortritt und offiziell den Paß verlangt. – Man übergibt ihn ihm. Er prüft lange und lange, obwohl alles in Ordnung, obwohl der Paß ein solcher, daß keinem Posten das Recht zusteht, ihn abzuverlangen, oder er wenigstens die Pflicht hat, ihn sogleich zurückzugeben; es ist der Paß eines Marschalls von Frankreich. Trotzdem prüft ihn der Offizier, Herr Verger, noch immer und macht Umstände, und spricht von Rückkehr in die Stadt und prüft ihn noch immer, als schon das Geheul der herbeieilenden Freiwilligen von der Place de l'Oule ganz in der Nähe zu hören. Endlich sind sie da; auch die Verfolger vom Rhonequai kommen an, die dort aufgestellten Freiwilligen sind längst da. Mit ihnen zugleich kommt, Böses ahnend, der brave Präfekt herbeigeeilt und unglücklicherweise der sehr ehrenwerte Maire der Stadt, Herr Puy. Herr Puy war Maire aus den Hundert Tagen. Was der Präfekt als Bourbonist hätte gutmachen können, verdarb der verhaßte, wohlmeinende Maire. Die Freiwilligen, das Volk, von der Verfolgung noch mehr aufgeregt, hören nicht mehr auf die Stimme des ersteren, besonders da er dasselbe will mit Herrn Puy. Schon ist der Wagen gewendet. Die Wütenden rufen: „In den Rhone mit dem Mörder der Lamballe, dem Führer der Loire-Armee!“ Herr von Chamans und Herr Puy bringen es endlich wenigstens dahin, daß man den Wagen zur Stadt zurückkehren läßt, und sie gehen zu beiden Seiten und machen unendliche Anstrengungen, um die Mörder abzuhalten, die jeden Augenblick den Marschall herausreißen wollen, und erleiden mit heldenmütiger Geduld die Steinwürfe, die von allen Seiten niederregnen. Herr von Chamans blutet und ist einer Ohnmacht nahe, aber er hält sich am Wagen und läßt nicht ab in seinen Bemühungen. So geht der Zug langsam den langen Rhonequai dahin. Der Marschall sitzt ruhig im Wagen und verzieht keine Miene. Auf die Vorwürfe des Adjutanten, daß er sich solcher Gefahr ausgesetzt und Frankreich nicht diese Schmach erspart habe, antwortete er nur: „Sie haben recht! – das sind Mörder."

So fährt der Wagen wieder durch die Porte de l'Oule, so kommt er wieder auf dem Platze an. Der kluge Postillon, der die Zügel keinen Augenblick losgelassen, läßt die Freiwilligen in dem Wahne, daß sie allein die Pferde am Zaume führen, aber vor dem Hotel angelangt, zieht er plötzlich wieder die Zügel an, gibt einen gewaltigen Geißelschlag, und mit einem Sprunge sind die Pferde von ihren Führern befreit und der Wagen im Hofe des Hotels verschwunden. Hinter ihm fallen die Flügel des Tores zu und werden sogleich verbarrikadiert. Umsonst werfen sich ihm Wütende entgegen, auf die Gefahr hin, zermalmt zu werden; das Tor schließt und weicht allen Stößen und Hieben nicht. Der Generalmarsch wird geschlagen, welcher die Nationalgarde zusammenrufen soll, daß sie das Leben des Marschalls und die Stadt vor einem Verbrechen bewahre. Erst spät kommen, alles in allem, ungefähr hundert Nationalgardisten zusammen, die sich vor dem Tore des Hotels aufstellen. Zu ihnen gesellen sich der brave Präfekt, Herr Puy und ein Herr Balzac. Wahrlich eine kleine Schar gegenüber der ungeheuren Menge, die immer mehr anwächst und den Platz und die benachbarten Gassen und die Fenster und Dächer der Häuser besetzt. – Da den Wütenden ihr Opfer für einen Augenblick entwischt, werfen sie sich auf Herrn Hughes, zeitweiligen Kommandanten der Nationalgarde, und wollen ihn mit Fußtritten töten. Dem Maire, dem Präfekten und einem Major Lambot gelingt es, ihn zu retten. Aber da kehrt sich die Wut gegen den Maire. „Nieder mit dem Maire der Hundert Tage!" schreit es, „nieder mit ihm!" Und auf die Bitte des Präfekten entfernt sich Herr Puy.

Indessen sitzt der Marschall in seinem Zimmer Nr. 3. – Es ist dunkel; die Vorhänge sind vor die Fenster gezogen, und er darf sich ihnen nicht nahen, denn aus den Fenstern der gegenüberstehenden Häuser und aus den Zweigen der gewaltigen Bäume vor dem Hause zielen Hunderte von Feuerröhren nach allen Fenstern des Hotels, um den Marschall niederzustrekken, wenn er sich sehen lasse. Dennoch schiebt er von Zeit zu Zeit den Vorhang ein wenig zurück und mustert tiefsinnig die Menge, die seinen Tod will. Dann kehrt er wieder zum Tische zurück und liest in den Papieren, die neben einer Brieftasche darauf zerstreut liegen. Es sind die letzten Briefe seiner Frau, und er nimmt Abschied von den geliebten Schriftzügen.

Durch die Entfernung Puys, die ihnen ein Erfolg schien, ermuntert, stürzten sich die Mörder, die sich indessen mit Hacken und Beilen bewaffnet, aufs neue gegen das Tor des Hotels. Aber das Tor weicht nicht; es ist gut, leider zu gut verbarrikadiert. Major Lambot, der sich indessen zu den Verteidigern gesellt und das Kommando übernommen hatte, wird mit dem riesigen

Lastträger Guindon handgemein, aber von diesem zu Boden geworfen; der Präfekt eilt herbei, um dem Major beizustehen, und wird bei dieser Gelegenheit aufs neue verwundet und muß sich blutend und todmüde zurückziehen. – Die Stürmenden fahren in ihrem Angriff auf das Tor fort; die kleine Schar der Nationalgarde ladet und treibt sie dann mit Bajonetten zurück. Die Mörder heulen und fliehen. Es ist ungefähr zwei Uhr, und da die Menge vor den Bajonetten zurückwich, ist Hoffnung da, den Marschall zu retten. Der Auflauf hat sich zum Teil zerstreut; ein großer Teil ist plötzlich verschwunden, unheimlich schnell. Die wackern Verteidiger überreden sich, daß die Menge, ihrer vergeblichen Angriffe müde, sie endlich ganz aufgegeben, und sie denken daran, den Wagen des Marschalls wieder anspannen zu lassen.

Da plötzlich erschallt teuflisches Jubelgeschrei aus der Masse des Volkes, die sich noch auf dem Platze befindet. Lambot blickt erschrocken auf: die Mörder sind von rückwärts auf das Dach des Hotels gestiegen und dringen durch die Dachlücken und Fenster ins Innere. Lambot schlägt in Todesangst an das Tor – aber es ist verbarrikadiert. Das dauert eine Ewigkeit, bis man es öffnet und bis der brave Lambot wird hineindringen können, um den Marschall zu beschützen. Vielleicht kommt er doch noch zur rechten Zeit, denn an der Türe des Marschalls stehen vier Mann Chasseurs d'Angoulême unter dem Befehle des Lieutenants J. B. Didier. Der kann die Mörder schon eine geraume Weile aufhalten. Schon tobt es die Treppen herab im Innern des Hotels und eilt es lärmend, schreiend, wutschnaubend durch die langen

Korridore. Die Mörder kommen an der Türe des Marschalls an; Herr Didier macht keine Miene, sie zu verteidigen, nur eine Minute lang noch, bis unten am Tore die Balken weggeräumt sind. Herr Didier läßt die Mörder passieren. Die ersten, die hineinstürzen, sind der Arbeiter Fargés und der riesige Lastträger Guindon.

Der Marschall saß am Tische und las in den Briefen seiner Frau; wie er den herannahenden Bären hörte, zerpflückte er die geliebten Andenken, dann ging er ruhig, ohne Miene zu verändern, gelassen den Mördern entgegen. „Was wollt ihr?" fragte er stolz und kalt. Fargés antwortete ihm mit einem Pistolenschuß; er fehlt aber, da der Marschall seinen Arm ergreift, und die Kugel fliegt an ihm vorbei, zerreißt die Tapete und bleibt in der Mauer stecken. Guindon stößt seinen Mordgesellen zur Seite, indem er lachend ruft: „Ich will dir zeigen, wie man es machen muß." – Er tritt einige Schritte zurück, legt seinen Karabiner an, und mit zerschmettertem Haupte liegt der Marschall auf dem Boden. Er zuckte nicht mehr – sein Gesicht blieb unverändert. Die Mörder rissen die Fenster auf und verkündeten dem Volke den Tod des Marschalls; ein heulender, tierischer Jubel empfing diese Nachricht. – Die Menge stürzte nun gleichzeitig mit Lambot durch das endlich, aber zu spät geöffnete Tor und durchtobte das Hotel und plünderte es vom Keller bis unters Dach. Hierauf kamen die Autoritäten und der Procureur, um den Tatbestand aufzunehmen. Das Protokoll, vom Untersuchungsrichter Verger, dem Vater des Lieutenants vom Pariser Tore, verfaßt, lautete so: „Daß die Volksaufregung, welche durch ungefähr vier Stunden teils in, teils außer dem Hotel stattgefunden, den Marschall mehremal dahin gebracht, daß er sich selbst, bald mittelst einer Feuerwaffe, bald mittelst eines Messers, das Leben zu nehmen versucht habe, daß er dann gegen halb drei Uhr sich der Pistole eines Chasseurs d'Angoulême bemächtigt und sich den Tod gegeben habe, indem er sich unter dem Halse auf der rechten Seite einen Pistolenschuß beigebracht."

Man legte die Leiche des Marschalls in einen groben Sarg, und einige wackere Männer erboten sich, sie in eine der Kasernenkapellen zu übertragen. Kaum aber traten sie mit ihrer Last auf den öffentlichen Platz, als schon die königlichen Freiwilligen über sie herfallen, den Sarg erbrechen, die Leiche herausreißen, sie des Leichentuches entkleiden, zerhacken, verstümmeln und über das Pflaster hinaus auf die Brücke schleifen, von welcher aus sie sie dann unter Hohngelächter und Schimpf in den Rhone werfen. Einige Schüsse werden ihr dann als Ehrensalve höhnend nachgeschickt.

Das ist die Geschichte von der Ermordung des wackern, edelmütigen, hochgebildeten Brune – eine Geschichte, die in der Restaurationszeit viele ihresgleichen findet.

Viertes Kapitel

Den 1. Juni 1851

Avignon besucht und nicht Vaucluse gesehen zu haben, das wäre gewiß ein Verbrechen, mit dem beladen man sich nie und nimmer vor seinen Freunden dürfte sehen lassen – das hieße ja ein empfindungsloses, für alle Poesie unzugängliches Herz zeigen, das nicht würdig wäre, sich je an einem Sonett ergötzt zu haben. – Ich schreibe dies lachend in mein Tagebuch, mehr als zur Hälfte aber ist es mein tiefster Ernst. Es ist so Mode geworden, über Petrarca und seine tausend Sonette und Kanzonen zu lächeln, ohne daß die lächelnden Leute eigentlich wissen, warum sie lächeln – ohne daß sie bedenken, welche nationale Bedeutung diese liebevollen Sonette an Laura für das Volk des Dichters haben. Dante hat sein Volk die Sprache des Himmels und der Hölle gelehrt – Petrarca gab ihm die holde Sprache der Erde. Der aber war immer groß, der einem Volke eine Sprache gegeben. Nicht viel Größeres taten Luther und Lessing, die Zungenlöser. Und selbst wenn Petrarca das nicht getan hätte, eine treue Liebe, die das Herz eines in seiner Epoche hochbedeutenden Menschen durch so lange Zeit, mitten in den Kämpfen und mannigfachsten Beschäftigungen eines vielbewegten Lebens so ganz und gar auszufüllen und das von Diplomatie und Gelehrsamkeit nicht ausgedorrt zu werden vermochte, bleibt immer und unter allen Umständen rührend und achtungswert. Daß die Liebe Petrarcas eine solche gewesen, möge denen, welche nicht an Verse glauben, ein Privatbrief beweisen, den er an einen Freund über seinen Aufenthalt in Vaucluse geschrieben. Er lautet:

„Illic (in Clausa-Valle) juvenilem aestum, qui me multos annos torruit (ut nosti) sperans illis umbraculis lenire, eo jam inde ab adolescentia saepe confugere velut in arcem munitissimam solebam. Sed heu mihi incauto! ipsa nempe remedia in exitium. Nam et his quas mecum adduxeram curis incumbentibus et in tanta solitudine nulla prorsus ad incendium accurrente, desperatius urebar. Itaque per os meum flamma cordis erumpens, miserabili (sed ut quidam dixerunt) dulci murmure, valles coelumque complebat. Hinc illa vulgaria juvenilium laborum meorum cantica, quorum hodie pudet ac poenitet, sed eodem morbo affectis, ut videmus, acceptissima."

Der arme Mann! – er schämt sich seiner Liebeslieder, aber nicht seiner Liebe.

Mit frühestem Morgen fuhren wir aus der Stadt der Päpste ab; unser Weg führte drei Stunden lang durch das bestangebaute Land, durch Fruchtfelder und die schönsten Platanenalleen. Das saftige Dunkelgrün der ganzen Vegetation zeugt von der segenbringenden Nähe der Sorque, deren Quelle die berühmte Fontaine de Vaucluse ist und die grün und freundlich allüberall zwischen Gesträuch und Gehege dem Wanderer ent-

Pont d'Avignon und Ville-Neuve-lez-Avignon

gegenmurmelt, zahllose Mühlen und Fabriken treibt und durch hundert kleine Kanäle ihren Segen verbreitet, ehe sie sich, die jugendliche, von Liebesliedern großgesäugte Nymphe, in die wilde Umarmung des Rhodanus wirft. Sie könnte vorher noch manches erzählen, die junge Nymphe, Uraltes und Trauriges, vom Zuge des einäugigen Karthagers, dessen Elefanten aus ihren Fluten getrunken, und vom furchtbaren Saint-Ruth, der vor anderthalb Jahrhunderten im Namen seines Gottes und seines Königs ihr Gewand mit protestantischem Blute färbte. Aber bei ihrem süßen Rauschen denkt man nur an die Sonette Petrarcas. Bei l'Isle, der kleinen, aber schön gelegenen Stadt, bogen wir von der Hauptstraße ab, und nach einer halben Stunde empfing uns das vielgefeierte Tal. Es öffnet sich freundlich, aber klein und unscheinbar, so daß es an Großartigkeit vielleicht von jedem Tale der böhmischen Gebirge, zum Beispiel vom Petschauer Tale, übertroffen wird. Nichts verrät das Gewaltige der Felsenmasse im Hintergrunde, die sich plötzlich vorschiebt und dem Tale den Namen des „geschlossenen" gibt. Sie ist durch kleine Hügel verdeckt; das Wasser im Talgrunde eilt klar und ruhig dahin – eine hübsche, im Lande sehr gewöhnliche Vegetation – einzelne Bauernhäuser, von Maulbeerbäumen verdeckt – alles eine alltägliche, provenzalische Idylle. Man kommt an einem hübschen Wasserfall vorbei, der den Erwartungen des Vaucluser Pilgers nicht entspricht, und man fragt enttäuscht: „Ist das die berühmte Fontäne? Ist das Vaucluse?" – Aber der Kutscher lächelt und schweigt und gibt dem Pferde lächelnd einen Peitschenhieb und fährt weiter. Mit einem Male streckt ein ungeheurer Riese sein Haupt über die Hügel herüber und breitet sein Gewand und seine gewaltigen Arme aus nach allen Seiten – es ist der Fels von Vaucluse –; ihm zu Füßen zusammengekauert liegt das Dorf, „wie die Sklavin zu des Herrn Füßen", aber keck hinauf zu ihm blicken die Schloßtrümmer, die sich über dem Dorfe von einer einsam stehenden Spitze erheben. Das ist Vaucluse! – man erkennt es an seiner Herrlichkeit, am rauschenden Bach, der, plötzlich wilder geworden, schnell und schäumend aus der Schlucht hervorkommt, und an den kleinen Häusern, die sich mit dem Namen Laura und Petrarca schmücken. Vor einem Gasthaus dieses Schildes stiegen wir ab. Die erste Erfahrung, die wir da machten, war, daß die Krebse und Forellen der Sorque vortrefflich schmeckten, und der protestantische Pastor in unserer Gesellschaft bemerkte, der Fluß hätte schon dieser seiner Kinder wegen verdient, von zwei so großen Dichtern wie Petrarca und Dante (Paradiso 8,59) besungen zu werden. Auch versicherte man uns, viele Reisende machten nur dieses und nicht des poetischen Genusses wegen den Abstecher von Avignon hierher.

Nach eingenommenem Mahle traten wir unsere Wanderung zur heiligen Quelle an. Die ungeheure Felswand, die gegen das Dorf ihre weiten Arme ausstreckt, gewährt in der Tat einen imponierenden Anblick. Die Illusion eines Theaters wird noch dadurch erhöht, daß fast die ganze Ausdehnung der Wand entlang Einschnitte, regelmäßig geformte und gewölbte Höhlen (lithotomi cavi), in mehreren Reihen übereinander, gleich wie Logen hinlaufen. An der

Pyramide, dem Monumente des Dichters, vorbei, gelangten wir bald zu gewaltigeren, die sich dicht am Pfade wie unabhängig vom Rest des Gebirges aus dem Boden erheben und die kleineren Verzierungen des ganzen ungeheuren Gebäudes ausmachen und mit den Schloßruinen auf der entgegengesetzten Felsspitze harmonisch zusammenpassen. Der Pfad, welcher an der Sorque der Quelle entgegenführt, ist ein künstlich angelegter; unter seinem Gestein rieseln hundert kleinere Quellen hervor, deren Klingen und Murmeln mit dem gewaltigen Rauschen des Flusses, in den sie stürzen, einen schönen Chor bilden. Das Wasser der Fontäne, die um vieles höher liegt als das Dorf, kommt dem Wanderer, von Absatz zu Absatz springend, mit gewaltigem Brausen entgegen. Bald ist das ganze geschlossene Tal davon erfüllt, und je höher man steigt und je gewaltiger die Felsblöcke werden, die den Fluten den Weg verrammeln, desto stärker wird das Rauschen, desto prächtiger werden die Wasserfälle, die unzählig über- und nebeneinander bald als silberne Bogen sich wölben, bald wie ein Wildbach sich in die Tiefe stürzen, bald, in Millionen Perlen zerstäubt, in leere Luft sich auflösen. Endlich ist die ganze Flut der Sorque, die wir so hell und grün und friedlich unten im Tale gekannt haben, in einen einzigen kochenden weißen Gischt verwandelt.

Aber das ist nur Kindergeschrei, Kinderkrankheit, Keuchhusten – oder, wenn man will, Leidenschaft und Zerrissenheit der Jugend, vielleicht etwas Affektiertheit und Draperie dabei, Drang in die Welt, erste Liebe –; der eigentliche Charakter dieses poetischen Flusses ist doch so, wie wir ihn unten im Tale kennengelernt, wo er still und gemessen, in ruhigen Rhythmen wandelnd, Nutzen bringend, auf klarem Spiegel Himmel und Erde mit Sternen und Blumen zeigt. Er hat's nicht gestohlen; er hat's von der Mutter, die wir kennenlernen, wenn wir des Pfades Ende erreicht haben.

Ebenso grün und ruhiger als die Wellen der Sorque unten im Provencer Tale liegt die Quelle von Vaucluse in ihrem tiefen Bette in schöner Einsamkeit und holder Beschränkung da. Sie bildet einen kleinen See, der aber nur halb zu sehen ist; die andere Hälfte ruht in der Grotte, tief im Felsen, aus dem sie hervorkommt. Es ist, als wäre die Mutter aus der stillen Stube herausgetreten, um ihrem Wildfange auf seinen ersten Ausflügen liebend nachzusehen. Ach, könnte sie ihn unten im Tale zwischen Wiesen unten Platanen und Olivenbäumen sehen, sie hätte ihre Freude an ihm.

Das Wasser der Quelle ist noch dunkler als das der Sorque. Denn der Fels beugt sich mit seinem Oberleibe weit über sie und hüllt sie in seine ernsten Schatten. Er kann sich deutlich in ihr wiedererkennen, denn sie ist so klar, so ruhig, daß man es kaum begreift, wie sie von dem Sprudeln und Wirbeln in ihrer nächsten Nähe nicht ergriffen wird. Kein Windhauch kräuselt sie, denn die Felsen ringsum haben sie zu sorgsam eingehegt. Kaum merklich bewegen sich die Wasserlilien, die in ihr schwimmen. Ebenso still stehen die Zypressen am jenseitigen Ufer, wo sie sich auf der schmalen Terrasse zwischen Fluß und Fels bescheiden hingestellt haben. Sie sind heller als gewöhnlich die Zypressen und klein; einer unserer Begleiter meinte, sie sähen wie grün verschleierte Engländerinnen aus, die da sitzen und die berühmte Fontaine de Vaucluse in ihr Album zeichnen, ein anderer aber behauptete, es seien beabsichtigte Traueroden, aus denen hier unwillkürlich kleine, zugespitzte Sonette geworden.

Diese Zypressen, die Wasserlilien in der Fontäne, einige wilde Blumen am Rande und hie und da an den Stein geklammerte Feigenbäume ausgenommen, gibt es im nächsten Umkreise fast gar keine Vegetation. Natürlich, die ganze Umgebung besteht aus kahlem, überhängendem Kalkfelsen, an dem sich unmöglich Dammerde festsetzen kann. Nur von der höchsten Höhe herab, wie Friedensfahnen von einem Walle, wehten weißblühende Mandelbäume. Wenn sie ein Wind bewegte, der unten im Grunde alles ruhig ließ, bebten einige fallende Blüten langsam in die Fontäne oder auf die Häupter der Zypressen nieder. Aber Nachtigallen gab es auch hier, denn wo fehlen in der Provence die Nachtigallen? – Sie saßen in den Zypressen und sangen.

Wir hatten einen glücklichen Tag, denn der Himmel war umwölkt. Eine solche Felsgegend, von heißer, südlicher Sonne beleuchtet, macht immer den Eindruck trostloser Wüste – aber umwölkt, leicht beschattet, mit gemilderter Farbe der gelben Felsen haucht sie das Gefühl süßer, melancholischer Einsamkeit.

Den 4. Juni 1851

Nach Avignon zurückgekehrt, habe ich das Grab der schönen Laura, die trotz ihrer „Sternenaugen", wie mir scheint, eine gewaltige Philisterin gewesen, nicht besucht. Einen solchen Vorrat an Gefühl habe ich auf meine Reisen nicht mitgenommen, um mich am Grabe einer fünfhundertjährigen Schönen zu begeistern oder zu rühren, an einem Grabe, das nicht mehr besteht, das die Revolution zerstört hat und an dessen Stelle ein sentimentaler Engländer ein abgeschmacktes Monument gesetzt hat. Das Leben hat mir immer mehr gegolten als der schönstbesungene Tod, und so suchte ich es auch hier lieber auf als das Nichtgrab der schönen Laura. Ich hatte einen guten Cicerone an meinem alten Freunde Fortuné Guiran, dem jetzigen Redakteur des „Démocrat de Vaucluse“, den ich zufälligerweise nach langen Jahren hier wiedersah. Es ist das derselbe Fortuné Guiran, der im Jahre 46 die vortrefflichen Briefe an Herrn von Remusat „Über die Hegelsche Philosophie“ in der „Revue Nouvelle“ veröffentlicht und in denen er sich als ausgezeichneten Stilisten und Kenner der deutschen Philosophie bewährt hat. Fortuné Guiran hat lange in Deutschland, besonders in Berlin, gelebt und sich mit unserer Sprache und Literatur, vorzugsweise der philosophischen, so gründlich vertraut gemacht wie wenige Franzosen. Er scheint für unsere Philosophie von Jugend auf be- und gestimmt gewesen zu sein, da er schon im Kollegium zu Aix, seiner Heimat, als, was man in Frankreich nennt, ein Atheist zu Gefängnis verurteilt worden war. Es ist natürlich, daß im frommen Süden solche Früchte reifen. Später, besonders unter dem Ministerium Guizot, hätte er eine glänzende Karriere machen können, wenn er nur ein Mann der kleinsten Konzessionen gewesen wäre. So aber lebte er in stiller Zurückgezogenheit, allein mit seiner deutschen Bildung, ohne Protektion, die in Frankreich alles ist, bis zur Februarrevolution. Nach Ausbruch derselben begriff er schnell ihre Unfruchtbarkeit, wenn sie nicht von den Provinzen unterstützt würde. Er eilte in den ihm besonders bekannten Süden und übernahm, mit Selbstverleugnung, die Redaktion eines kleinen, demokratischen Lokalblattes zu Avignon und begnügte sich mit der schweren Aufgabe, die so sehr zurückgebliebene, verpfaffte Bevölkerung über ihre Interessen aufzuklären. Seine Bemühungen haben Früchte getragen. Das ehemals durch und durch legitimistische Avignon ist heute wenigstens zu einem Drittel zum demokratischen Prinzipe bekehrt; die neuen Demokraten suchen ihre blutige, fanatische Vergangenheit aus der Zeit des Legitimismus vergessen zu machen, halten in ihrer Minderheit brüderlich zusammen und geben der Gegenpartei ein imponierendes Beispiel. Sie werden darin von einem großen Teile der Landbevölkerung des Departements de Vaucluse gewissenhaft unterstützt. Das Wirken Guirans widerhallte bald in der Pariser Journalistik, welche die der Provinz sonst so unklug verachtet, und er ist heute der Mann, den die demokratische Partei auf ihre Wahlliste stellen wird, wenn Louis Napoleon nicht allen demokratischen Wahllisten ein Ende macht.

Wenn ich an seiner Seite die Stadt durchwanderte, war es mir leicht, die Parteileidenschaften und die Parteien selbst genau kennen und unterscheiden zu lernen. Die einen grüßten mit freundlichem Lächeln, während uns die andern Blicke tiefen Hasses zuwarfen. Als ich mit ihm in den demokratischen Cercle trat, wurde er mit Freudenzurufen empfangen und ich selbst, da er mich als Flüchtling und Robert Blums

Reisegefährten nach Wien vorstellte, mit großer Verehrung behandelt. Es ist unglaublich, wie populär der Name Blums überall in Frankreich ist, vielleicht so populär, wie noch nie der Name eines fremden Freiheitsmenschen gewesen, Franklin etwa ausgenommen. Ein alter, langbärtiger Demagog vom Lande bot mir als Bundeszeichen seinen Thymian an, den er im Knopfloche trug. Der Thymian, hier eine Bergpflanze, ist ein Symbol der Freiheit, das Erkennungszeichen der Montagnards. Auf einem Sonntagsspaziergange bemerkte ich noch viele Männer und Weiber, die Thymiansträußchen auf der Brust oder im Munde trugen. Die Legitimisten hingegen hatten weiße Halstücher oder trugen an Kleidern und Hüten die grüne Farbe als Erinnerung an die Verdets, die Anhänger des Grafen von Artois, spätern Karls X. Sie waren überall in der Mehrheit, und an Herausforderungen oder kleinen Verhöhnungen fehlte es hie und da auch nicht. Wenn es einst zu einer Entscheidung kommt, wird Avignon seinen alten Ruf der Wildheit und Grausamkeit schwerlich Lügen strafen. Das Herz blutet einem in Vorahnungen, wenn man diese leidenschaftlichen, unversöhnlichen Gesichtszüge, diesen herausfordernden Gang, diese rache- und kampfsüchtigen Augen betrachtet. Keine Stadt des Südens trägt den Charakter unüberlegter, blinder Leidenschaftlichkeit so ausgeprägt auf ihrem Gesichte wie Avignon. Ohne eine Waffe zu sehen, glaubt man an heimliche Dolche und wähnt man in einer italienischen, von Parteien zerrissenen Stadt des Mittelalters zu sein. Als wir über die belebte Place de la Comédie wanderten, fragte mich Fortuné Guiran,

Das Tal von Vaucluse

Der Triumphbogen in Saint-Remy

warum ich den Vers zitiere: „Der Tag wird heiß – die Capulets sind draußen?“ Ich hatte ihn unwillkürlich ausgesprochen.

Mein Begleiter zeigte mir unter andern und mit Lächeln das vergitterte Fenster einer Zelle im Papstpalaste, in welcher er schon mehremal wegen Preßvergehen gebrummt hatte. Der Papstpalast setzt also noch heute seine Bestimmung fort. Es gibt Gebäude, an denen ein ewiger Fluch zu hängen scheint; doch möchte ich sie nicht vernichtet sehen. Manches dieser Häuser spricht lauter und besser als hundert Bücher. So ein Papstpalast von Avignon zum Beispiel widerlegt alle Bossuets und de Maistres der Welt – trotz ihrer Beredsamkeit, trotz ihrer liberalen Heuchelei.

Im innersten Innern soll Avignon die romantischeste, Victor Hugoscheste Stadt der Welt sein. Nirgends soll es so viele geheime Türen, Falltüren, verborgene Gänge, Gemächer etc. geben wie hier. Das rührt, wie man mir sagt, daher, daß die meisten jetzigen Privathäuser ehemalige Klöster oder Prälatenpaläste gewesen, die untereinander zusammenhingen und dergleichen Künste nötig hatten. In einem Keller befindet sich ein eingemauerter Stein mit der Inschrift: „Weh dem, der mich hebt!“ – Hinter diesem Stein will man ein sonderbares Rauschen vernehmen, und die Leute sagen, es fließe ein unterirdischer Rhonearm an ihm vorbei, der sich hervorstürzen und Avignon in seinen Fluten begraben würde, wenn man den Stein aufhübe. Alii alia. – Vor vielen Jahren soll ein zum Tode verurteilter Verbrecher auf unbegreifliche Weise aus seinem Gefängnisse im päpstlichen Palaste entflohen sein. Nach einiger Zeit wieder eingebracht, versprach er die Stadt mit einem höchst wichtigen Geheimnisse, das er entdeckt, bekannt zu machen, wenn man ihm dafür das Leben schenke. Man begnadigte ihn zu lebenslänglicher Haft, und er erzählte von einem geheimen Gange, der ihn aus dem Palaste unterhalb des Rhone hinüber in die Nähe von Fort St-André geführt habe. Diese Geschichte erinnert an eine andere, die sich an ein Kruzifix, jetzt im Besitze der Stadt, knüpft. Dieses höchst kostbare Kunstwerk aus Elfenbein wurde von einem Avignoner Künstler gefertigt und der Kirche als Lösegeld für das Leben seines Bruders angeboten, der ebenfalls zum Tode verurteilt worden war. Aber der Bruder des Künstlers war nicht wie jener andere ein gemeiner Verbrecher gewesen, sondern ein politischer, der sich in eine Verschwörung gegen das Mönchsregiment eingelassen hatte. Und so wurde er nicht begnadigt, sondern hingerichtet, trotzdem daß brüderliche Liebe, herrliche Kunst und der Salvator mundi selbst für ihn eingetreten waren.

Das sind so Avignoner Geschichten, die, wie alles in Avignon, mehr oder minder nach Mittelalter riechen. Die französischen Romantiker, die so sehr nach dem Schauerlichen und Absonderlichen suchen, kennen die Geschichte ihres eignen Landes nicht, sonst würden sie diese Stadt als unerschöpfliche Fundgrube ausbeuten.

Trotz der schauerlichen Vergangenheit und der trüben Zukunft, deren Ahnung einem hier mit trauriger Gewißheit auf dem Herzen lastet, verläßt man Avignon doch nur ungerne. Der Reisende freut sich, wo er Fremdartiges findet, und vom Schauerlichen trennt sich jeder mit einem gewissen geheimnisvollen Bedauern. Ich gehe in das heitere Tarascon; auf dem Wege werde ich die Durance begrüßen, einen meiner lieben, poetischen Flüsse, seit ich seinen Namen, zum ersten Male, in Lenaus „Klara Hebert“ kennengelernt.

Fünftes Kapitel

Den 6. Juni 1851

Wer hat nicht die Erfahrung gemacht? Man kommt zum erstenmal im Leben in eine der abenteuerlichsten, phantastischesten Gegenden, wie sie sich selten oder nie wiederholt, und doch scheint einem alles so bekannt, als hätte man sie wenigstens im Mondscheine, mit der Eilpost vorüberfahrend, schon ein-, zwei-, dreimal gesehen. Aber das Phantastische ist uns eben vertrauter als das Gewöhnliche; an diesem gehen wir unbewegt vorbei, und kein Schatten der Erinnerung bleibt zurück; an jenem bauen wir emsig in unseren schönsten, ungestörtesten Stunden; wir spinnen uns ein darin, wir machen es zu unserer Residenz; was wunder, daß, wenn es uns dann im Leben begegnet, wir es wie unsere liebe Heimat, sogar ohne Ekstase, nur mit freundschaftlichem Zuwinken begrüßen? – So war es mir in Tarascon auf der Rhonebrücke. Wer weiß, vielleicht habe ich diese schöne Welt geträumt, als ich, vor einem Claude Lorrain stehend, ein großer Maler zu sein wünschte.

Es ist ein bezaubernder Punkt. Die beiden Schlösser von Tarascon und Beaucaire liegen, vom Rhone getrennt, einander gegenüber wie ein Löwe und ein Leopard, die sich mit den Augen messen, bevor sie zum Kampfe anspringen – oder, um mit Byron zu sagen,

„wenn euch dieses Bild nicht gefällt, da habt ihr ein anderes“: das Schloß von Tarascon steht da am Rande des Wasserspiegels wie ein melancholischer König von Thule, der seinen Becher sinken sieht; er hat zu dieser traurigen Szene seinen weiten Talar mit goldenen Sternen umgetan und die alte zackige Krone aufgesetzt – so steht er da, sich im Wasser bespiegelnd, bevor ihm die Augen sinken. Gegenüber aber der Turm von Beaucaire gleicht einem Edelknecht, der eben das Gebirge jagend durchlaufen und so, mit der Lanze in der Hand, das Hüfthorn an der Seite, auf der letzten Spitze der Berge haltmacht; er staunt über den großen, herrlichen Fluß, über das Königsschloß am andern Ufer, und er schwingt jauchzend das Barett. Um aber aus den Gleichnissen herauszukommen: Tarascon ist ein hübsches Städtchen, das aber durch sein Schloß, durch den breiten und stürmenden Rhonefluß, durch die kühne Kettenbrücke, durch den neuen, wahrhaft römischen Viadukt der Eisenbahn, durch die Nachbarschaft von Beaucaire und durch die schönen Mädchen, die Schwestern der Arlesischen Griechinnen, zu einem der herrlichsten Flecken des Südens wird. Zuerst besucht man jenes Schloß, die ehemalige Residenz des guten Königs René, des Dichters und Malers. Man staunt, warum selbst ein so „guter König“ wie Renatus es notwendig befunden, sich so gewaltig zu befestigen und sich hinter so dicken Festungsmauern zu verkriechen. Das Schloß steht unmittelbar am Rhone, auf einem Felsen, an dessen Fuße die Wogen branden; auf den andern Seiten ist es von einem nunmehr trockenen Graben umgeben, über den eine Brücke zu dem Riesentore führt. So hat es eine gewisse Ähnlichkeit mit Chillon, obwohl der Stil ein ganz verschiedener ist. Man könnte ihn mit einiger Lizenz florentinisch nennen. Die ungeheuer hohen Mauern würden kahl aussehen und tot, wenn nicht die schönen Krümmungen der Türme und der Goldglanz, der auf den Steinen liegt, sie belebten. Bei Sonnenuntergang sieht die Feste wie ein goldener Palast aus. Das ganz platte Dach ist von einer Balustrade bekränzt, die von sehr zierlichen Mâchicoulis getragen wird und das Bild einer großen, mit vieler Kunst gearbeiteten Goldkrone darbietet.

Mit dem ersten Schritt in das Innere verändert sich das Bild plötzlich. An die Stelle der Einfachheit tritt die reichste und geschmackvollste Gotik. Portale, Türme, Nischen, Fenster und Friese – alles mit einer Sorgfalt gearbeitet, als wäre es von einem Goldschmiede ziseliert, und um die Illusion zu erhöhen, ist auch hier das Material, wie außen, von einem getränkten Goldglanze bedeckt, als wäre die Sonne des Südens daran hängen geblieben. Und mit einer Verschwendung sind die Zieraten angebracht, als handelte es sich nicht um ein gewaltiges Schloß, sondern um einen Juwelenkasten, um einen Kronenschrein oder ein Tabernakel.

So wohl ließ es sich der gute König Renatus im Innern werden, während er nach außen das ernste Gesicht eines geharnischten Ritters zeigte. Den schönsten Teil des Schlosses bildet der zweite Hof, an dessen einer Seite eine kühle, schattige Halle hinläuft und in dessen Winkel Treppentürmchen, schlank wie Tannenschafte, die ganze Höhe des Baues hinanwachsen. Durch eines derselben stiegen wir in die

Höhe. Weite prachtvolle Säle, die durch Gänge und Galerien und Seitentreppen miteinander verbunden sind, taten sich überall auf. – Die Bänke in den tiefen Nischen, die schönen Kamine zeigten von ihrer Wohnlichkeit; die noch hie und da vergoldeten Decken, welche in Holz geschnitzte, in tiefen viereckigen Feldern farbenglühende Wappen und Bilder tragen, von der Pracht dieser königlichen Säle. Das Licht, das nur spärlich durch die schmalen Fenster oder vielmehr Ritzen einfällt, gewährt eine romantische Dämmerung, die dem träumerischen König behagt haben mag. Auf dem platten Dache konnten wohl Hunderte von Edelfräulein und Herren in provenzalischen Nächten herumspazieren und sich von Renés Minnehof unterhalten.

Diesmal trafen wir nur zwei arme Mädchen, die hier gefangengehalten werden, denn des guten Königs Schloß ist jetzt ein Gefängnis. Die Mädchen waren zu sechswöchentlicher Haft verurteilt, weil sie gegen ein altes Klatschweib ihre Ehre tätlich verteidigt hatten. Als wir auf die Terrasse traten, versteckten die armen Dinger ihre Gesichter. Auch in dem schönen Hofe mit der Halle trafen wir ungefähr zwölf bis fünfzehn Gefangene, diese männlichen Geschlechtes: politische und gemeine Verbrecher bunt untereinander. Doch konnte man sie leicht voneinander unterscheiden. Die einen mit der platten Stirne sahen dumm darein und vertiert oder auch frech; andere, der Schande noch ungewohnt, versteckten sich bei unserem Herannahen hinter den Pfeilern. Das waren die Diebe; daß wir uns nicht täuschten, bestätigte uns der Gefängniswärter von der Höhe eines Turmes aus, wo wir sie ungesehen beobachten konnten. Die politischen Verbrecher, meist sehr anständig gekleidete junge Leute, sahen uns mit freiem, offenem Blick an und erwiderten den Gruß mit Freundlichkeit. Das Schicksal der meisten von diesen konnte man aus verschiedenen Inschriften an den Mauern ersehen. Da stand einmal: „Condamné à six mois de prison pour avoir crié: ‚Vive Henri V.'" – auf einer andern Mauer: „à quatre mois, pour le cri séditieux: ‚Vive la république' – dans l'an III de la république" – in einem Winkel: „Dix huit mois de prison pour avoir sauvé la ville natale d'une émeute sanglante". Bei allen diesen Inschriften waren die Namen beigegeben, und der Gefängniswärter bestätigte brummend und mit Widerwillen ihre Wahrhaftigkeit. – Erzählen diese drei Inschriften nicht die ganze Geschichte, schildern sie nicht ausführlich die ganze Lage des heutigen Frankreichs? – Man darf nicht Heinrich V. leben lassen, aber der Ruf: „Es lebe die Republik!" wird ebenfalls als Aufruhrsschrei verurteilt, während ein dritter im Gefängnis sitzt, weil er einen vielleicht den Regierungsmännern sehr willkommenen Aufruhr verhindert.

Wir durften die Gefangenen nicht anreden, aber der Gefangenenwärter konnte uns nicht hindern, einigen von ihnen die Hand zu reichen. Ob es Legitimisten oder Republikaner waren, wissen wir nicht.

Ganz nahe am Schlosse des Königs Renatus liegt die Kirche, die in mehr als einer Beziehung bemerkenswert ist. Sie ist der heiligen Martha geweiht und enthält das Grab dieser Heiligen, welche, wie die Legende erzählt, auf einem kleinen Kahne ohne Steuer, Ruder und Segel, allein von einem heiligen

Winde getrieben, aus dem Gelobten Lande in dieses fromme gekommen ist, um die Heiden zu bekehren, was ihr auch glücklich gelungen ist. Ähnliches erzählt die Legende von den beiden Marien, von Lazarus und anderen Heiligen, die dem Heilande besonders nahestanden. Die heilige Martha hat außer der Bekehrung noch eine Heldentat vollbracht, indem sie die Tarasque, die das Land verheerte, erlegt hat. Das Bildnis dieses scheußlichen Drachen, aus Holz gebaut, wird den neugierigen Reisenden für zwei Sous noch heute gezeigt. Es soll sehr getroffen sein. Wer aber so glücklich ist, am Tage der heiligen Martha in Tarascon zu sein, sieht es, wie es von einer großen Prozession durch die Gassen gezerrt wird. Eine Jungfrau, aber eine reine, führt es am blauen Bande. Die aufgeklärten Einwohner von Tarascon aber versichern den Fremden, sie glaubten nicht an die Tarasque, sondern sie sähen bloß ein Sinnbild des Heidentums darin, welches die heilige Martha bezwungen hat.

Das Schiff der Kirche ist förmlich bedeckt von Bildern, welche den Lebenslauf und den Tod dieser Heiligen zum Gegenstand haben. Sie stammen von dem Meister Vien, einem der vorzüglichsten Maler Frankreichs im vorigen Jahrhundert und Lehrer des berühmteren David. Den Zopf ihrer Zeit, der auch ihnen anhängt, abgerechnet, sind sie in der Tat auch durchgängig zu loben und dem Besten beizuzählen, was ihre Epoche hervorgebracht hat. Was Grazie, Farbe und feine Effekte betrifft, steht Vien hoch über seinem theatralischen Schüler. Er ist freier, natürlicher und durchgängig dramatisch; besonders zeichnen sich unter allen diesen Bildern die Predigt der heiligen Martha und ihr Tod durch diese Vorzüge aus. Einige Bilder von Parrocel, dem Vorgänger Viens, übertreffen diese an Ursprünglichkeit und natürlicher Kraft; es ist noch nicht die Geziertheit da, welche die Periode Viens und selbst schon Parrocels verrufen machte. Aber Vien und Parrocel mit all ihren großen Bildern, mit all ihren unbestreitbaren Vorzügen werden von einem kleinen Bilde verdunkelt, das sich in einer Seitenkapelle der St-Martha-Kirche befindet. Es ist das ein kleines Meisterstück von Vanloo: Der Tod des heiligen Franziskus. Auf einem Bette von Binsen liegt der sterbende Klausner. Um ihm die Agonie zu erleichtern, deutet ein gütiger Engel, der sich zu ihm hinabbeugt, mit der linken Hand nach dem Kreuze, welches ein anderer kleiner Engel emporrichtet. Die Auffassung des Gegenstandes ist so großartig in seiner Einfachheit, als stammte das Bild aus der vorraffaelischen Epoche und nicht aus Diderots Zeit, und so überwältigend, daß es diesen seinen Zeitgenossen begeistert hat. Das ist alles so wahr und schön, so gar nicht verheiligt und verkatholisiert, das Gesicht des agonisierenden Eremiten sowohl als der Engel, der ebensogut des Nachbars Tochter sein kann, die herbeigeeilt ist, um einem armen Sterbenden die Hand unters Haupt zu legen und ihn mit frommen Worten zu trösten. Gewöhnlich vergißt man bei diesem Meisterstücke diese einfache Erhabenheit der Konzeption über ein großes Kunststück, welches der Maler hier ausgeführt hat. Ich meine die in der Tat wunderbare Verkürzung des Engelsangesichts. Trotzdem sich der gute Himmelsbote aus der Mitte des Bildes heraus in grader Richtung gegen den Beschauer auf den Sterbenden tief hinabbeugt, sieht man doch das kleinste Detail des ganzen Gesichtes aufs deutlichste, ohne daß es im geringsten an Schönheit verlöre. Es ist ein Meisterstück der Zeichnung und Modellierung.

In einer unterirdischen Kapelle befindet sich das Grab der Heiligen und ihr liegendes Bildnis in Stein gehauen. Ich habe sie an einem Sonntage gesehen; da hielt sie eine zinnerne Schale in der Hand, um, sozusagen eigenhändig, die Gaben der Frommen in Empfang zu nehmen. Dafür war der Portier an der Kirche auf das prachtvollste gekleidet, Musik und Sänger aber herzlich schlecht. Das östliche Portal der Kirche und eine Reihe von Säulen darüber sind kostbare, unvergleichlich schöne Reste romanischen Stiles und gehören mit zum Schönsten, was das südliche Frankreich an solchen Resten aufzuweisen hat. Die Zierlichkeit der Säulen, die anspruchslose Kühnheit der Wölbung können auch den, der diesen Stil seiner oft asketischen Knochenhaftigkeit und seiner häßlichen Beigaben wegen nicht liebt, mit ihm versöhnen.

Noch schöner aber sind die weiblichen Gestalten, die nach der Messe aus diesem Portale treten. Sie sind, wie ich schon gesagt, nahe Verwandte der Arleserinnen, und ich behalte mir die Beschreibung dieser letztern auf später vor, bis wir selbst nach Arles, dem Ursitze der Schönheit, kommen.

Gegenüber von Tarascon, nur durch den Rhone getrennt und durch eine luftige Kettenbrücke verbunden, liegt das romantische Beaucaire mit seinem ruinierten Schlosse. Ich nenne die Kettenbrücke „luftig“ – „stürmisch“ wäre ein besseres Epitheton.

Denn ebenso gewaltig wie der Rhone unter ihr braust ein ewiger Sturmwind durch ihre Eisenstangen. Sie bebt und zittert ewig und wiegt sich hin und her wie ein leichtes Seidenband im Winde. Der Wanderer halte sich fest und mache sich so schwer und gewichtig als möglich, wenn er über diesen unheimlichen Steg wandelt, sonst hebt ihn der Sturm in die Höhe und taucht ihn dann in die nichts weniger als sanften Wogen des Rhodanus. So wenigstens hat er es vor einer Zeit mit einem schwerbelasteten Wagen, mit Pferden und Fuhrmann gemacht. Bei dieser Gelegenheit zerriß er auch all die eisernen Bande, als wären sie Spinngewebe.

Das Beaucaire von heute ist ein trauriger, öder, armer Flecken, den man nur noch seiner Schloßruinen wegen besucht. Sie sind der Rest jener uralten Feste, vor deren Mauern der ungeheure Albigenserkrieg mit einer hartnäckigen Belagerung des Sohnes Raimunds von Toulouse begonnen. Sie flößen einem noch heute mit ihrem gewaltigen Donjon, mit ihren Felsenmauern und den unzugänglichen Steinbrüchen ganz besondern Respekt ein. Ich aber hielt mich doch lieber unten im Städtchen auf, denn es war just Marktzeit, und da gehört Beaucaire zu den interessantesten Flecken des Südens. Die sonstige Öde und Traurigkeit weicht dem Lärm, der Geschäftigkeit der buntesten Bevölkerung. In allen Gassen und Gäßchen reihen sich reiche Warenlager aneinander, und auf dem großen, baumbepflanzten Platze längs des Rhones erhebt sich ein Basar neben dem andern. Die buntesten Trachten geben der Messe von Beaucaire, dem Leipzig des Südens, das Aussehen eines orientalischen Marktes.

Auch fehlt der Türke nicht, der, gravitätisch auf- und niederwandelnd, seine orientalischen Düfte und Balsame anbietet oder, im Schatten einer Platane sitzend, Ambrapfeifen und Tschibuks verkauft. In einem Zelte singt ein brauner Araber das Lob seines Honigkuchens, den er von den Küsten Afrikas herübergebracht, und lockt den weißen Burnus an, der, ein Stück nach dem andern verzehrend, Allah preist und der Dattelwälder seiner Heimat gedenkt. Durch das Gedränge, behend wie Schlangen, schlüpfen spanische Zigeunermädchen mit Augen, schwärzer als die des Arabers, und halten die schönen Arleserinnen auf, um ihnen eine schöne Zukunft zu prophezeien. Sonderbar und melancholisch genug nimmt sich unter diesen glühenden, exotischen Pflanzen das hessische Mädchen aus, das in seinem kurzen Röckchen, mit dem schwarzen Samtkäppchen an einen Baum gelehnt, deutsche Volkslieder, das halbe „Wunderhorn", herabsingt. Mich und den Professor an meiner Seite ausgenommen, versteht sie vielleicht keine Seele unter all den Tausenden, aber die melancholischen Töne rühren, und sie hat einen guten Markt. Wie jubelt sie auf, da ich sie deutsch anrede und ihr sage, daß ich auch „bei Frankfort, wo sie zu Hause ist", bekannt bin; da ich sie aber frage, wie sie hierher gekommen, weiß sie mir nicht zu antworten. Sie ist so nach und nach von ihrem Schicksal „von Frankfort" immer weiter geschoben, von ihren Liedern immer weiter getragen worden, bis sie, ohne Überraschung, hier unter Burnusse, Arleserinnen, spanische Zigeunerinnen geraten. Wohin wird das vierzehnjährige Kind noch geraten, wohin noch getragen werden?

Die Basars und Zelte sind ebenso viele Schatzkammern der kostbarsten Gold- und Silbergeräte, der edelsten Stoffe aus Orient und Okzident. Trotz diesem Reichtum ist der Markt von Beaucaire doch kaum mehr ein Schatten von dem, was er im Mittelalter gewesen. Da steuerten genuesische und venezianische Schiffe den Rhone herauf und brachten ihre morgenländischen Schätze mit, um sie an die reichen Seigneurs des südlichen Frankreichs oder an die Kaufherren des goldenen Burgund zu verkaufen oder sie gegen die Erzeugnisse der klugen Flammänder von Brügge und Gent, die ihnen hierher entgegenkamen, auszutauschen. Mailand schickte seine Juweliere und Goldschmiede, Toledo seine Schwertfeger und zuletzt auch Portugal seine Gewürzschiffe, die es auf den Küsten Afrikas und Ostindiens beladen hatte. Selbst das fabelhafte Tripolis lief unter friedlicher Flagge in dieselben Gewässer ein, die es in anderer Zeit nur unter der roten Korsarenflagge befahren. In der Feste Trinquetaille am Rhone wachten indessen bewaffnete Scharen, um das schätzereiche Beaucaire vor tunisischen und algierischen Besuchen zu schützen. Auf dem Schlosse ging es bei solchen Gelegenheiten lustig her. Die Grafen von Toulouse waren so freigebig und gastfrei. Dichter, Ritter, Künstler und große Kaufherren fanden da oben freundliche Aufnahme, und Gesang und Ritterspiele ergötzten die Gäste.

Mit all dieser Pracht ist es heute aus. Keine genuesischen, venezianischen, portugiesischen Schiffe steuern mehr den Rhone aufwärts. Von Avignon herab fliegt das Dampfschiff und bringt nur Gäste aus der Nachbarschaft, von Arles trägt die Eisenbahn schöne Mädchen herüber, die sich wollen bewundern lassen. Und wenn der Markt nach vierzehn Tagen verschwunden, ist es wieder öde in Beaucaire. Die Fremden eilen auf dem Omnibus vorbei, um auf den Bahnhof und von da so schnell als möglich nach Nîmes oder Montpellier zu kommen. Hätte es nicht die Schiffer des großen Kanals und die vierzehntägige Messe, die ihm einigen Mietzins für Wohnungen und Magazine abwirft, Beaucaire wäre der armseligste Flecken des südlichen Frankreichs.

Sechstes Kapitel

Den 26. Juli 1851

Einige Stunden westlich von Tarascon, am Fuße der sterilen Alpinen, liegt St-Remy. Die römischen Monumente allein hätten mich nicht hierher und von der großen Straße abziehen können, hätte ich nicht weiter in das Gebirge wandern wollen, um auf seinem östlichen Abhange die wunderbare Stadt Les Baux zu sehen, von der man mir so viel erzählt hatte. Ich bereue den kleinen Umweg nicht. St-Remy, das nette Städtchen, hat nicht nur römische Monumente, es besitzt überall, wohin man sieht, lebende, sprechende, lachende Erinnerungen an die höheren Griechen. Ich begreife die Archäologen und Historiker nicht, daß sie die Spuren alter Völkerwanderungen nur nach toten Mark- oder Leichensteinen verfolgen und nicht einmal das Auge aufschlagen, um in ein Menschenantlitz zu sehen, das ihnen vielleicht mehr sagen kann als alle Chroniken und Inschriften. Nachdem ich den Mädchen von St-Remy ins Gesicht gesehen, behaupte ich keck vor jedem Archäologen und Historiker, ohne nur eine Münze, eine Inschrift, ein Manuskript geprüft zu haben: bis hierher dehnten sich nordwärts die Kolonien der tapferen und schönen Phozeer aus Marseille! Es ist derselbe vollendete Typus, dieselbe gerade, edle Nase, derselbe sanftgebogne Nacken der griechischen

Statuen, dieselbe aristokratische Hand, dieselben feinen Knöchel über einem schönen, schmal gedehnten Fuß – es ist dieselbe Schönheit, die wir in Arles bewundern, die uns über Tarascon begleitet und uns in St-Remy „Lebewohl“ lächelt, wenn wir uns in dem unwirtbaren Gebirge verlieren, an dessen Fuße St-Remy liegt und das wie eine Grenze ist zwischen Barbarei und holdem Griechentum. Auch den schönen Kopfputz aus Arles, der an die phrygische Mütze erinnert, finden wir hier wieder. Ja, die Mädchen von St-Remy wissen ihn noch schöner und mit mehr Grazie und Mannigfaltigkeit zu binden, wie sie überhaupt im Rufe einer raffinierten Koketterie stehen. Wenn man die Zartheit ihres Gesichtes, die Feinheit ihrer Hände betrachtet, glaubt man gerne, was von diesen Bäuerinnen erzählt wird, daß sie nur mit verschleiertem Gesichte und mit Handschuhen auf dem Felde arbeiten. Daß dies von den rauheren Männern geduldet, ja geliebt wird, zeigt vielleicht auch deutlicher als die Münzenerklärung des Marquis de la Goy, daß die Bewohner von St-Remy Hellenen sind.

Das Städtchen sieht mit seinen wohnlichen Häusern, seiner prachtvollen Vegetation, seinen sprudelnden Wassern, seinen vielen Cafés so freundlich aus, daß man Mühe hat, sich zu überreden, man habe das uralte Glanum vor sich. Erst eine starke Viertelstunde hinter den Häusern reden die zwei berühmten Monumente deutlich und überzeugend von seinem hohen Altertum. Sie gehören wohl zu den interessantesten und schönsten Antiken des südlichen Frankreichs und bestehen aus einem Triumphbogen und einem Mausoleum.

Der Triumphbogen steht auf einem massigen Unterbau, von welchem aus er sich, in den Hauptteilen trefflich erhalten, mit seinem Portikus zu einer bedeutenden Höhe erhebt. Nur der oberste Teil des Ganzen, der auf die Wölbung drückte, ist gänzlich ruiniert, fast bis hinab zu der herrlichen Girlande, die, aus Tannzapfen, Weintrauben, Olivenzweigen bestehend, auf beiden Seiten anmutig und in ihren kleinsten Teilen vollendet die Tore bekränzt. Vier Pilaster dorischer Ordnung erheben sich vom Sockel in den vier inneren Ecken und tragen die weiten, von Rosen geschmückten Archivolte. Beide Hauptseiten des Gebäudes sind rechts und links von dieser mit je zwei, also im ganzen mit acht Säulen geschmückt, die ungefähr auf halber Höhe der innern Pilaster beginnen und sich mit ihren Kapitälen fast um die halbe Länge über diese erheben. Sie sind kanneliert und korinthischer Ordnung. Da von jedem Säulenpaar die eine am äußersten Ecke des ganzen Gebäudes, die andern in der Nähe der Archivolte angebracht ist, entstehen so zwischen ihnen auf jeder Hauptseite zwei Zwischenfelder oder flache Nischen, die von mehr und minder verstümmelten Basreliefs ausgefüllt sind. – Jedes Basrelief stellt einen gefesselten Mann an der Seite eines gefesselten Weibes vor – die wohl unterworfene Provinzen bedeuten sollen, da der Schnitt ihrer Kleidung auf barbarische Völkerschaften schließen läßt. Von all diesen acht Figuren haben nur zwei ihre Köpfe. Die weiblichen der einen Seite scheinen nicht so wie die der andern gefesselt zu sein. Die eine derselben hat Schilde, Kriegstrommeten, Faszes und allerlei Waffen zu ihren Füßen und sitzt graziös, zugleich gebieterisch da, während der gewaltige Mann an ihrer Seite an einen Baum gebunden ist. – Alle diese Figuren lehnen mit dem Rücken an dem Hintergrund, welcher mit breiter und reicher, hoch über ihre Köpfe sich erhebender Draperie geschmückt ist. Über der Girlande, die den Eingang ziert, sieht man noch Reste von langgestreckten Figuren, die, nach der besterhaltenen zu schließen, Fama, Victoria und dergleichen vorstellen mochten. Auch die beiden Schmalseiten haben, wie es noch die Reste von Konsols verraten, ehemals Basreliefs getragen, doch ist heute jede Spur verschwunden. Ohne den zertrümmerten Überbau, der einzelne losgelöste Quadern und Anfänge ohne Fortsetzung und Fortsetzungen ohne Anfänge zeigt, würde der ganze Bau noch heute ganz und gar nichts Ruinenhaftes haben. Selbst die zerbrochenen Säulen an den vier Hauptecken sind so regelmäßig, fast gerade in der Mitte geteilt, daß ihr Anblick nur wenig stört. Wie bei allen Römerbauten ist auch bei diesem das Massenhafte vorherrschend, und sie würde vielleicht den Eindruck des Schwerfälligen machen, wenn ihr nicht die feinen Skulpturen, die meisterhaft und zart gearbeiteten Verzierungen, die beweglichen Kannelierungen der Säulen und Pilaster gewissermaßen Flügel gäbe. Um einen ungefähren Begriff von dem Leben in diesem Gebäude zu geben, könnte man vielleicht sagen, es sehe aus, als wäre ein Römer sein Architekt und ein Grieche sein Bildhauer gewesen. Dieses merkwürdige Monument ist von vielen als herrlich gepriesen, von vielen als unbedeutend verworfen worden – niemand aber wird leugnen, daß es immer schön ist, wenn man es nur als Rahmen für die prachtvolle provenzalische Ebene betrachtet, die sich jenseits des Bogens, im blauen Dufte schwimmend, mit ihren zypressenreichen Fluren, mit ihren Wassern und Bergen ausdehnt. Ich meines Teiles habe vor dieser ewigen Jugend der Natur alle Archäologie der Welt vergessen.

Wenige Schritte von diesem Kriegermonumente steht ein anderes: das Mausoleum. Es ist ruhiger, einheitlicher, darum schöner. Auf einem prachtvollen Sockel, welcher selbst auf einem gewaltigen gestuften Unterbau von Quadern ruht, erhebt sich das Gebäude mit seinen zwei Stockwerken zu einer Höhe von zwanzig Metres. Das erste Stockwerk, welches sich gegen das Piedestal ein wenig zurückzieht, ist viereckig und aus vier Bogen zusammengesetzt, die nach den vier Weltgegenden blicken. Jeder dieser Bogen ist von außen mit einer Girlande bekränzt, die im Halbkreise nach beiden Seiten auf einfache, mit dorischen Kapitälen geschmückte Pilaster herabfällt, während auf jeder der vier Ecken dieses Stockwerks eine kannelierte Säule mit attischer Basis und reichem korinthischem Kapitäl prangt. Der Fries, welcher das Ganze bekrönt, zeigt Meerungeheuer, Sirenen, Opferinstrumente etc. Über den Bogen erhebt sich das zweite Stockwerk, das, abgetragen und auf ein Piedestal gestellt, für sich ein reizendes und in sich vollendetes Kunstwerk geben würde. Es bildet einen kleinen Tempel, der aus zehn Säulen und einer von diesen getragenen Kuppel besteht. In seinem Innern, von allen Seiten sichtbar, stehen zwei kolossale, in die Toga gekleidete Römer. Das Ganze scheint lebend, wie eine Pflanze, wie ein Blumenkelch. Die Säulen sind wie die an den Ecken des ersten Stockwerkes beschaffen – sie sind kanneliert, und Basen und Kapitäle haben mit jenen die größte Ähnlichkeit, nur sind sie in jedem Teile feiner, zarter, beweglicher, so wie sie vielleicht um ein Dritteil dünner sind. Der Fries, der sie von der Kuppel trennt, ist eine Blumenkette. Da die Kuppel eine konische Form hat und der ganze Tempel mit seiner Base über dem ersten Stockwerke sowie dieser über dem Piedestal und das wieder auf dem Unterbau ein wenig zurücktritt, gewinnt das Ganze etwas Pyramidalisches, Himmelaufstrebendes – ohne sich, wie gotische Türme, mystisch zu verlieren.

Bemerkenswert sind noch die Basreliefs, welche das Piedestal schmücken. Sie haben von der Zeit und manchem Vandalen vielleicht am meisten gelitten. Doch kann man bei näherer Betrachtung noch ungefähr den Gegenstand erkennen, den sie vorstellen sollen, und manches in der Arbeit lobenswert finden. Das Unbedeutendste von allen ist wohl das nördliche, das ein Reitergefecht vorstellt. Pferde, Menschen – alles ist hier gleich häßlich und ungeschickt; Verkürzungen kommen da vor, die geradezu wie die gewaltsamsten und unnatürlichsten Verrenkungen widerlich sind. Viel besser sind, in manchen Teilen sogar meisterhaft, die Basreliefs der drei andern Seiten, von denen das eine eine Jagd, das andere einen allegorischen Triumphzug mit geflügelten Weibern und das dritte den Kampf um einen Leichnam, vielleicht den Kampf um den toten Patroklus, zum Gegenstande hat. Über den Figuren der Basreliefs sind Blumengirlanden angebracht, die von kleinen Jungens, oft in den possierlichsten Stellungen, getragen werden. Was den Kunstwert betrifft, steht das ganze Basrelief in keinem Verhältnisse zum Rest des Monumentes.[1]

Das Material zu diesen beiden Monumenten von St-Remy sowie zu den meisten Bauten der Römerzeit und des Mittelalters in diesen Ländern sollen die ungeheuren Steinbrüche geliefert haben, die sich nicht fern von hier unter den Alpinen hinziehen. Sie sind so weitläufig und mit ihren hundert und hundert Gängen so labyrinthisch verschlungen, daß sich niemand nur auf eine kleine Entfernung hineinwagt, aus Furcht, den Rückweg nicht wieder zu finden. Man erzählte mir eine rührende Geschichte von zwei Kindern, die sich, Beeren suchend, in diesem Labyrinthe verloren haben. Erst nach fünftägigem Suchen fand man sie, eins ans andere gelehnt, dem Tode nahe. Die frommen Seelen, da sie sich sterben fühlten, hatte eins dem andern seine Sünde gebeichtet.

Links am Wege, der von St-Remy in die Alpinen führt, liegt, von Bäumen schön beschattet, ein einsames, weitläufiges Gebäude. Es ist ein Irrenhaus und dient jetzt der Madame Lafarge, die es, der bessern Lage wegen, mit dem Gefängnis von Montpellier vertauscht hat, zur Wohnung. Wie es scheint, kann Madame Lafarge ihren Aufenthaltsort nach Belieben wählen. Das macht die Protektion bei einem korrumpierten Weibe, das ganz Frankreich für eine Giftmischerin hält.[2] Wenn einer der Gefangenen von

[1] Der Gründlichkeit wegen sei hier noch die Inschrift angegeben, die sich auf dem Mausoleum findet: SEX. L. M. IVLIEI. C. F. PARENTIBVS SVEIS.

[2] Sie ist jetzt sogar, wie bekannt, begnadigt. (Anmerkung des Setzers.)

Belle-Isle, der Gesundheit wegen, sein Gefängnis verändern wollte, man würde ihm höchstens eine Zelle auf der brennenden Küste von Bona gestatten.

Bald verschwand auch dieses Gebäude hinter uns und mit ihm die Lieblichkeit der westlichen Provence. Immer aufwärts steigend, verloren wir uns in die Wüstenei der Alpinen. Mit dem ersten Schritte in die Schlucht, durch welche die Straße über diesen Gebirgszug führt, verschwindet alle Vegetation. Kein Grashalm, geschweige denn ein Baum, ist zu sehen. Aus den verwitterten Schichten, die haltlos die Abhänge bedecken, recken sich gewaltige Felsenmassen vor, springen ungeheure Felskolosse heraus und versperren die Straße, die sich mühsam zwischen diesen Kolossen und einem Abgrunde fortwindet, um sich plötzlich wieder und gewaltsam über Gerölle weiterzuschleppen. Auf den obersten Spitzen der Berge lagern Felsstücke so sonderbarer Bildung, daß man verlassene Schlösser, gigantische Rinderherden, versteinerte Hirten zu sehen glaubt. – Zum Glücke war der Himmel umwölkt und hatte ein Platzregen die Luft abgekühlt, sonst hätten wir wie durch meilenweite Bleidächergefängnisse wandern müssen. Auf dem stundenlangen Marsche, der bald auf der notdürftigen Straße, bald im Bette eines vertrockneten Wildbaches fortging und auf dem wir noch, da wir einer Wüste entgegenzogen, unsere Lebensmittel mittragen mußten, begegnete uns keine menschliche oder tierische Seele. Wir waren in der vollendetesten Einsamkeit. Unsere Sorge blieb, ob die Sonne nicht doch die Wolkendecke durchbrechen und uns mit ihren heißen Pfeilen beschießen werde. Wir waren in den

Hundstagen und in der Provence, und zwischen diesen kahlen Felsen hätten wir jeden Strahl hundertfach und tausendfach gefühlt. Glücklich erreichten wir die Höhe des Gebirgrückens noch vorher. Die jenseitige Ebene war bald erreicht, und nun ging der Weg dem Süden zu, das Gebirg entlang, das wir der Breite nach überstiegen hatten. Durch die vielen Schluchten sahen wir in sein trostloses Innere. Am Eingange der einen fanden wir seit Stunden die erste menschliche Seele, einen Schäfer mit seinem riesigen Wolfshund; die Herde weidete in der Schlucht. Der Mann schien ganz glücklich, wieder einmal, nach langer Zeit vielleicht, Geschöpfe seiner Gattung zu sehen. Auch ließ er uns so bald nicht weiter, sondern begann ein rührendes Klagelied über seine Einsamkeit anzustimmen. Ich verstand nur wenig von seinem Patois, aber der Ton seiner Stimme, der Akzent des Schmerzes ging mir zu Herzen. „Immer nichts als diese Felsen zu sehen, des Abends, wenn mir die Augen zufallen, und morgens, wenn ich sie wieder aufschlage, und nichts als die Schafe und das elende Gras zwischen den Steinen – der Mensch ist nicht dazu gemacht!" Er fragte uns, woher wir kämen – der Professor antwortete ihm: „Aus Paris." – „Paris!" rief er aus und schlug sich auf den Hut. Seine Augen leuchteten; er schien sich eine phantastische Vorstellung von der Stadt zu machen, in der so viele Menschen zusammen wohnen. Der Professor fragte ihn, ob er's zufrieden wäre, in Paris zu wohnen, unter der Bedingung, nie wieder hierher zurückzukehren. Er überlegte einen Moment, dann aber schien er plötzlich mit seinen Schafen und Felsen versöhnt und antwortete mit einem entschiedenen:

„Nein.“ Er erzählte uns noch, daß sein Herr, ein reicher Fabrikant aus St-Remy und Gutsbesitzer in dieser Gegend, ihm dieses Jahr fünfzig Franken von seinem Gehalte abziehe, weil der Hagel die Mandelbäume geschlagen hatte, dann, daß er beständig auf seiner Hut sein müsse gegen die Wölfe, die jeden Abend aus den Bergen hervorkommen. Mit vielen Segenswünschen entließ er uns und zeigte uns noch den kürzesten Pfad, der nach Baux führt.

Es ist bezeichnend für die Stadt, die wir sehen wollten, daß dieser einzige Weg sich bald ganz und gar verlor und trotz aller Mühe nicht wieder aufzufinden war. So stiegen wir denn auf gut Glück mitten durch Wein- und Mandelbaumpflanzungen, über ausgetrocknete Bäche, durch Hecken und Gesträuche immer gradaus dem Felsen entgegen, der gewaltig und breit den Horizont gegen Süden absperrt und auf seiner höchsten Spitze die sonderbaren Ruinen eines Schlosses trägt, von dem man nicht weiß, ob sie nur die Fortsetzung des Felsens oder ob der Fels ihr künstlicher, von Zyklopenhand aufgeführter Unterbau ist. Denn dieser Felsen selbst läuft in seiner ganzen Breite, rechts und links vom Schlosse, oben in Zinnen und Mauern aus, die nicht durch die geringste Fuge oder Ritze von ihm getrennt sind, und blickt da und dort, tief unter diesen Zinnen und Mauern, dem Wanderer mit Nischen und Schießscharten und Fenstern entgegen. So präsentiert sich die Stadt Les Baux dem Wanderer zuerst, und er fragt sich, ob er eines jener Naturspiele, jener unwillkürlich gigantischen Nachahmungen menschlicher Bauwerke, vor sich habe, wie sie ihm schon in den Alpinen, in den ausgeschwemmten westlichen Cevennen, im Tale von St-Guilhem des Déserts begegnet sind. Hat er aber den Felsenweg, den er auf halber Höhe des Berges endlich wiedergefunden, erst ganz erklommen, dann sieht er, um es in einem Worte zu sagen, eine ganze, große und prächtige Stadt, aus einem Felsen gehauen, wie der Bildhauer ein Menschenbild, eine Vase aus dem nachgiebigen Blocke schlägt. Ja! eine ganze, große und mit aller Pracht des Mittelalters und der wiedergeborenen Griechenkunst geschmückte Stadt, eine Stadt mit Wällen und Türmen und Zinken und Zacken, mit Palästen, Kirchen, Kapellen, Hospitälern, Verliesen, mit Treppen, Balkonen und Terrassen, aus einem ungeheuren Monolith gehauen – eine Stadt von luxuriösen Thebaiden – eine Stadt, die vielleicht nicht ihresgleichen findet, wenn nicht in der fabelhaften Bergfeste, von der Curtius in des Alexanders Feldzügen erzählt und über die wir schon in der Schule staunen oder lächeln.

Wenn man nun durch den schmalen Eingang in das Innere und in die Gassen tritt, erhebt sich allerdings gewöhnliches oder wenigstens von Menschenhand aufgeführtes Gemäuer – aber es sind nur Fassaden, was man sieht – das Innere der Häuser, die Vorsäle, Gemächer, Treppen sind in den Felsen gegraben. Hie und da ist aushelfend, und um manche Verbindung herzustellen, noch anderes Gemäuer angebracht. Alles aber im schönsten gotischen oder im Renaissancestile von der edelsten Einfachheit. In einer Kapelle bemerkten wir erst nach längerer Prüfung, daß nur die schöne Spitzbogenwölbung aufgesetzt war – im übrigen bestand sie aus Felswand, war sie nur eine gemeißelte Vertiefung und, die Wölbung ausgenommen, nur ein Teil des einen großen Steines, der die Stadt bildet. – Nicht alle Häuser sind so vollkommen erhalten wie diese Kapelle. Von vielen ist der Vorderbau eingestürzt und wird da durch eine wachsende Wand von Winden und Flechten ersetzt, die sich von der Höhe herabsenkt und die Säle und Hallen mit einem Vorhange bedeckt. Die Fassaden aber, die bis heute dem Verfalle widerstanden, bieten an Türen und Fenstern wahrhafte Meisterwerke und bilden mit den Felsen und den wilden Pflanzen da und dort so reizende Winkel, wie sie die schönste Phantasie eines Malers nicht besser erfinden kann. Ein Fenster mit der Inschrift „Post tenebras lux" (welche, nebenbei gesagt, auf Kalvinismus hindeutet, der in dieser Gegend so mächtig gewesen), mit verschiedenen Skulpturen in der Nachbarschaft will ich dem deutschen Wanderer noch besonders empfohlen haben. Alle die Reste der alten Stadt verraten, neben der Energie des Erbauers, eine entschwundene Pracht, als wäre sie nur von Fürsten, und einen Schönheitssinn, als wäre sie nur von Dichtern bewohnt gewesen. Beides war, wie wir sehen werden, gewissermaßen der Fall.

Tritt man aus diesen Gassen, die die untere Stadt bilden, hinaus und hinauf auf das erhöhte Plateau, welches die Stadt breit und luftig in einem Halbkreise umgibt, bietet sich ein Anblick dar, der noch staunenswerter ist als der, an dem man sich eben erfreut hatte. Zuerst sieht man die Festungsmauern, die eins mit dem Felsen sind und die nur dadurch entstehen konnten, daß man das ganze weite Plateau ausgehauen hatte. Dann aber, auf einer gewaltigen

Kante, die aus dem Urstock ersteht, erhebt sich das Schloß, das die Stadt zu seinen Füßen, die Täler, die Berge und das ganze Land noch heute, obwohl in Trümmern, stolz und mächtig beherrscht. Auch hier ist das angebaute Gemäuer größtenteils eingestürzt, aber was tut es? Man sieht nur ungehindert in das Innere des Schlosses, das keine Geheimnisse mehr hat; die zierlichen, aber unvergänglich in den Felsen gehauenen Treppen führen aus freier Luft in freie Luft, durch Hallen und Gemächer wehet der Wind, und in den Verliesen lagert provenzalischer Sonnenschein. Auf der höchsten Spitze, neben einem halbverfallenen Turme, steht noch eine einzelne Mauer mit zwei herrlichen Ogiven – ein würdiger Rahmen für die weite Landschaft, die sich unten ausdehnt: gegen Westen bis an den Pic St-Loup und die Küste von Cette, gegen Osten bis an die Schweizeralpen und gegen Süden auf die blaue Fläche des Mittelländischen Meeres. Zu Füßen aber liegt uns die traurige Stadt. Selten, daß man in ihren Gassen ein menschliches Wesen erblickt. Einst hat sie Tausende beherbergt in ihren scheinbar unvergänglichen Mauern, heute hat sie sechzig bis siebzig Einwohner, und diese sind im Sommer meist abwesend, um in den Sümpfen der Camargue als Taglöhner ihr kümmerliches Brot zu verdienen. Einst war sie von Fürsten, Rittern und Sängern bewohnt, heute hat sich das Elend in ihre Ruinen eingenistet. In den Gassen sahen wir nur wenige Weiber und Kinder müßig vor den Häusern sitzen; in der oberen Stadt fanden wir einen Mann eifrig beschäftigt, die Fassade eines prächtigen Hauses zu zerstören, um eine Angel für seine Türe zu suchen. Wenn die Einwohner so mit der Zerstörung fortfahren, wie sie seit Jahren begonnen haben, werden in kurzem die herrlichen Bauten verschwunden sein und von der ganzen Stadt nur die in den Felsen gehauenen Teile übrigbleiben. Man hatte mir das Hospital mit seinen prachtvollen Gewölben und Säulen gerühmt; ich fand es nicht mehr. Der Maire der Kommune hatte es abgebrochen, um sich aus den Trümmern eine Gartenmauer und aus den Säulen ein Gelände für eine Vicinalstraße aufzuführen.

Wenn Aigues-Mortes einem steinernen Ritter mit Schwert und Schild und Lanze gleicht, wie wir ihn oft auf alten Grabmälern sehen, so gleicht die Stadt Les Baux einer Leiche in freier Luft, die langsam verwest.

Die Umgebung ist ihrer würdig. Gegen Süden ist ihr gewaltiger Sockel von einem Amphitheater steiler Felsen umgeben, von denen sie nur durch ein schmales Tal oder vielmehr durch einen Abgrund getrennt ist und die ihren äußersten Festungswall bilden. Gegen Südwesten öffnen sich zwar die Felsen als ein Paß; dieser ist aber so schmal, daß er in geringer Entfernung mit der Wand in eins verschwimmt. Mehrere Grotten, die ihre hohlen Augen gegen Les Baux öffnen, sind von Heiligenlegenden und Feensagen belebt, und da und dort blicken aus dem Gestein Fassaden hervor, die eine Felsenwohnung à la Les Baux verraten – würdige Landhäuser einer solchen Stadt.

Der Ursprung Les Baux' ist in Sagen gehüllt. Die Legende schreibt ihre Gründung dem heiligen Dreikönig Balthasar oder einem seiner Abkömmlinge gleichen Namens zu; daher auch der Name Baltio, aus dem später Baux wurde. Die Langue d'oc verwandelt fast ebensooft wie die Langue d'oui das al in au. Auch führten die Fürsten von Baux einen Kometen mit einem glänzenden Silberschweif im Wappenschilde, als Erinnerung an den Leitstern der Magier. Unter den kleinen Herren des Südens waren die Herren von Baux die ersten, welche sich im zehnten Jahrhundert unabhängig und souverän erklärten. Bald dehnte sich ihre Macht fast über die ganze Provence aus, und wir sehen sie durch mehrere Jahrhunderte im ganzen Süden eine große und glänzende Rolle spielen. Als Kaiser Konrad wieder die deutsche Macht in Arelat herstellt, kommen sie auch mit dem Reiche in Berührung und treten bald als Guelfen, bald als Ghibellinen feindlich oder freundlich gegen die Hohenstaufen auf. Ebenso sind sie bald Bundesgenossen des Grafen von Toulouse, bald wilde Verfolger der Waldenser und Albigenser. Zur Zeit der Kreuzzüge erwerben sie sogar Rechte auf den byzantinischen und andere, neuere Throne des Orients. Durch Heirat werden sie mit den verschiedensten Fürsten- und Königsgeschlechtern verwandt, so auch mit den Fürsten von Orange in der Dauphiné, und somit die Stammväter der Fürstengeschlechter, die noch heute in Nassau herrschen, die ehemals Holland befreit und England genommen haben. Eine rührende Gestalt unter den Töchtern aus dem Hause Baux ist die Prinzessin, welche einem serbischen Fürsten vermählt wurde. Amurath blendete ihren Gatten und verjagte ihn aus seinen Ländern. Treu wie Antigone, folgt ihm und leitet ihn seine Gemahlin ins Elend des Exils. – Mit Karl von Anjou kommt das Haus der Baux nach

Italien, das sie durch mehrere Generationen als siegreiche Feldherrn, als Intriganten, als Ratgeber oder Günstlinge der Könige oder Königinnen beherrschen und für ihren Glanz und ihre Bereicherung ausbeuten. Bald haben sie unzählige Fürstentitel und ausgedehnte Ländereien in diesem Lande erobert und vergessen mehr und mehr ihr Heimatland, und der Glanz ihrer Stadt verfällt.

Ihres höchsten und schönsten Ruhmes aber erfreuten sich Stadt und Fürsten von Baux im zwölften und dreizehnten Jahrhundert, der Blütezeit der provenzalischen Poesie. Der Hof von Baux war der Sammelpunkt aller Trouveurs oder Troubadours – er widerhallte von Gesang, er sah Liederwettkämpfe und Liebeshöfe. Unter allen Troubadouren, und man kann die Zahl derer, die der fruchtbare Boden zwischen dem Ebro und Arno hervorbrachte, nach Hunderten zählen, waren nur wenige, die nicht einmal auf ihren Fahrten den steilen Felsenpfad heraufritten, um sich wieder reich beschenkt zu entfernen und die Taten, den Glanz, die Freigebigkeit, den Geschmack der Fürsten von Baux zu verkünden, so weit die romanische Sprache reichte. In unzähligen Sirventen und Kanzonen werden sie gerühmt, und viele ihrer Frauen und Töchter sind der Gegenstand der Liebe, des Preises bei den ausgezeichnetesten Troubadours. Fulco, der deutschen Lesern aus Lenaus „Albigensern“ bekannt ist, verzehrte sich in Liebe zu Frau Adelasia, der Gattin seines Beschützers Berald, Fürsten von Baux. Diese Liebe machte ihn zum ausgezeichnetsten Dichter seiner Zeit und gab ihm Akzente und Melodien ein, durch die die provenzalische

Dichtersprache bedeutend bereichert wurde. Seine Liebe war unglücklich und wurde noch unglücklicher durch den Tod der geistvollen und schönen Fürstin. Voll Melancholie zog er sich in ein Mönchskloster zurück und verfiel in jenen schauerlichen Asketismus, der ihn auf den Bischofsstuhl von Toulouse geführt und aus dem zarten Sänger den fanatischen Verfolger der Waldenser gemacht hat.

Wilhelm von Cabestan liebte Berengaria von Baux. Ihr aber schien seine Leidenschaft noch zu schwach, zu kühl; um sie heißer anzufachen, gab ihm die feurige Provenzalin einen Liebestrank, der ihn aufs Krankenlager warf. Nach langem Leiden wieder genesen, wandte er sich mit Widerwillen von Bergengaria ab und huldigte in unschuldigen Liedern der Frau des Seigneur Raimund von Seillans. Die Dame von Seillans liebte ihn wieder. Aber der eifersüchtige Gatte tötete den Dichter, riß ihm das Herz aus und setzte es seiner Gattin zum Abendessen vor.

Dieses alles ist geschehen
Mit dem Herzen eines Dichters.

Auf höchst sonderbare Weise wurde Blacas de Baux von Sordello gefeiert. Dieser Dichter (derselbe, den Dante ins Paradies versetzt – Sordello-Mantovano, der Verfasser des „Tesoro de Tesori“, der von berühmten Männern aller Zeiten handelt) komponierte nach dessen Tod ein höchst energisches, noch heute bestehendes Sirventes, in welchem er die meisten Machthaber Europas mit Namen aufruft und sie einladet, von dem Herzen des edlen Blacas zu essen, um sich von seinen Tugenden, die ihnen mangeln, auf diese

Weise einzelne anzueignen. Wenn ich mich recht erinnere, so findet sich dieses barocke, aber mutige Gedicht übersetzt in Diez' vortrefflichem Buche über die Troubadours.

Aber nicht nur Beschützer und Helden der provenzalischen Poesie waren die Fürsten von Baux; ihr Haus lieferte neben manchem gelehrten Herrn auch mehrere treffliche Dichter. Der vorzüglichste unter diesen war wohl Wilhelm von Baux, Prinz von Orange. Seine Stoffe sind edel, und die Sprache ist der Stoffe würdig. Aber sein Leben wurde ihm von Guy von Cavaillon, einem andern Troubadour, aufs unbarmherzigste verbittert. Ununterbrochen verfolgte ihn dieser Schalk mit seinem Spotte. Den Stoff gaben zwei Abenteuer, die auf den Prinzen allerdings den fürchterlichen Fluch der Lächerlichkeit warfen. Einmal ließ er sich von einem Kaufmann auf die plumpeste Weise prellen; ein andermal nahmen ihn einige unbewaffnete Fischer gefangen und verkauften ihn an seinen Feind, den Herrn von Poitiers.

Im dreizehnten Jahrhundert kommt noch ein Poet, Rambaud des Baux, vor, und im vierzehnten, da schon Liebeshöfe verschwinden und die provenzalische Poesie ihren Gipfelpunkt hinter sich hatte, finden wir noch eine Prinzessin von Baux in einen dichterischen Liebeshandel mit tragischem Ausgang verwickelt. Baussette von Baux liebte den Kanonikus von Arles, Roger, der ihretwegen aus der Kutte gesprungen war und sich an ihren Reizen zum Dichter begeistert hatte. Das Paar gehörte zu den schönsten im ganzen Süden und lebte einige Zeit glücklich im Genusse der Poesie und der gegenseitigen Schönheit. Aber ein Herr von

Baux empfand ein Ärgernis über diese Liebe und erschlug den Dichter. Da geschah schon in jener Zeit, was seit damals öfters geschehen sein soll: die unglückliche Witwe verheiratete sich.

Der Art sind die Bilder und Erinnerungen, die am geistigen Auge des Wanderers vorüberziehen, wenn er auf der höchsten Spitze dieser Ruinen, im einsamen Ogivenfenster sitzt, die Beine hinunterbaumeln und die Blicke über die Stadt vor ihm und die vielbesungene Provence, das Land der Blüten und Gesänge, schweifen läßt. Und sie begleiten ihn noch, wenn er sich schon längst wieder in das kahle Gebirge versenkt hat. Über uns schwebten sie in Gestalt von fünf wilden Falken, die sich elektrischen Wolken entgegenschwangen und, weite Kreise ziehend, die herabdrohenden Blitze, ihre Brüder, erwarteten.

Aus einer Broschüre des Herrn Canonge in Nîmes erfuhr ich noch, daß Ludwig XII., die Unbezwinglichkeit dieser Felsenstadt fürchtend, einen Teil ihrer Festungswerke zersprengt habe, damit sie nicht den Hugenotten als Asyl diene, und daß die Stürme von 1789 zur Zerstörung auch dieses Stückes vom Mittelalter das ihrige beigetragen haben. Die eine neue Zeit bauen, dürfen keine antiquarischen Grillen haben.

Aber im wilden Gebirge angekommen, wird man von den romantischen Erinnerungen an die prachtliebenden Prinzen von Baux, an Minnesänger und Liebesabenteuer verlassen; die rückwärts blickende Phantasie bevölkert diese Schluchten und Ritze mit armen Flüchtlingen, die, dem Schwerte des Verfolgers entronnen, in Höhlen und Wildnissen Verstecke suchen; mit Trümmern einer frommen und traurigen

Gemeinde, die durch Jahrhunderte mit unvergleichlichem Heldenmute ihr Kreuz getragen: die kleine Gemeinde der Waldenser.

Im dreizehnten Jahrhunderte waren sie aus der Dauphiné und Piemont herübergekommen. Ihre Zahl erreichte nicht die Zwanzigtausend, aber ihr stiller Fleiß verwandelte die Wildnisse der Provence bald in einen blühenden Garten. Geschichtschreiber sagen, daß ein Stück Landes, das vor ihrer Ankunft nicht vier Taler Gewinst gebracht, kurze Zeit darauf für zwei-, drei- bis vierhundert vermietet worden. Sie erbauten auch zweiundzwanzig größere und kleinere Flecken, die sie friedlich bewohnten. Felice erzählt von ihnen nach alten Chroniken: „Es waren ruhige Leute, von guten Sitten, bei ihren Nachbarn beliebt, treu ihrem Worte, ihren Verpflichtungen streng nachkommend, die für ihre Armen sorgten und liebevoll waren gegen den Fremdling. Man konnte sie auf keine Weise zu Lästerung oder Flüchen bewegen; sie schwuren nur, wenn es die Rechtspflege verlangte. Auch daran erkannte man sie, daß sie sich aus jeder Gesellschaft, in welcher Unschickliches verhandelt wurde, entfernten, um so ihr Mißfallen zu bezeugen. Man konnte ihnen nichts vorwerfen, wenn nicht etwa, daß sie in Städten und bei Märkten die Klosterkirche wenig besuchten und daß, wenn sie je hineingingen, sie ihr Gebet verrichteten, ohne die Heiligen anzusehen. Sie gingen an den Kreuzen und den Bildern auf den Wegen vorüber, ohne ihnen Ehrfurcht zu beweisen. Sie ließen keine Messe lesen noch ein libera me noch ein de profundis; sie bedienten sich nicht des geweihten Wassers, und wenn man es ihnen ins Haus brachte, war es ihnen gleichgültig. Sie unternahmen keine Wallfahrten, um Ablaß zu gewinnen. Wenn es donnerte, machten sie das Zeichen des Kreuzes nicht, und man sah sie weder für Tote noch für Lebende Opfergaben darbringen.

Lange unbekannt, erregten die Waldenser weder die Habsucht der Priester noch den Zorn der Großen, und die Adeligen, deren Einkünfte sie vermehrten, beschützten sie. Sie wählten aus ihrer Mitte ihre Pasteure oder ‚Barben', die sie in Erkenntnis und Ausübung der Schrift unterweisen sollten. Zum ersten Male wurden diese Ketzer bei Ludwig XII. denunziert, als dieser durch die Dauphiné kam. Er ließ eine Untersuchung anstellen, und als er das Ergebnis kennengelernt, befahl er, die schriftlichen Prozeduren, die man schon begonnen hatte, in den Rhone zu werfen, und sagte: ‚Diese Leute sind bessere Christen als wir!'

Aber nicht so bald ließen die Priester von der einmal begonnenen Verfolgung ab, und als endlich, durch die Erfolge Luthers und Zwinglis ermuntert, die Waldenser in der Schweiz eine französische Übersetzung der Bibel druckten und sich ihnen viele Adelige, Gelehrte, Advokaten etc. zuneigten, brachte man es dahin, daß das Parlament von Aix folgenden Beschluß faßte: ‚Siebzehn Einwohner von Mérindol (dem bedeutendsten Orte der Waldenser) sollen lebendig verbrannt werden. Ihren Weibern, Kindern, Anverwandten soll der Prozeß gemacht werden, und wenn sie nicht ergriffen werden können, sind sie für ewige Zeiten aus dem Königreiche verbannt. Die Häuser von Mérindol sind zu schleifen und bis auf den Grund zu zerstören, die Wälder sollen niedergehauen, die Fruchtbäume ausgerissen und der Ort unbewohnbar gemacht werden, so daß sich niemand dort niederlassen könne und dürfe.'" – Franz I., der zu jener Zeit Rücksichten für die protestantischen Fürsten Deutschlands hatte, schickte einen Kommissär in die Provence, welcher über die Waldenser einen ungefähr mit jener Schilderung von Felice gleichlautenden Bericht abstattete. Der König ließ daraufhin den Beschluß des Parlaments nicht vollziehen, sondern, o der Gnade, *verzieh* den Waldensern unter der Bedingung, daß sie binnen drei Monaten in den Schoß der alleinseligmachenden Kirche zurückkehren. Darauf schickten die Waldenser an den König einen Boten mit ihrem Glaubensbekenntnisse, in welchem sie jeden Satz mit dem Texte der Schrift belegten. Franz I. war ganz erstaunt und fragte, wo da ein Fehler zu finden sei. Keiner seiner Priester wagte den Mund aufzutun. Aber die in der Provence schickten drei Doktoren der Gottesgelehrtheit aus, die Ketzer zu bekehren. Kurze Zeit darauf hatten sich alle drei Doktoren selbst zur Lehre der Waldenser bekannt.

Indessen hatte Franz I. mit Karl V. und dem Papste einen Pakt wegen Ausrottung der Ketzerei geschlossen, und von den Priestern und seiner scheußlichen Krankheit, ihrer Bundesgenossin, mürbe gemacht, befahl er, daß man jenen schauerlichen Beschluß des Parlaments vollziehe.

Nun beginnt ein Schlachten, ein Würgen, ein Verheeren, wie es bis dahin in Frankreich nur zur Albigenserzeit vorgekommen war.

Wir wollen uns bei diesem blutigen Schauspiele nicht aufhalten. Wir wollen nur sagen, daß die zusammengerafften Söldner, die bis dahin meist als Räuber in Italien und den angrenzenden Provinzen ihr Wesen getrieben hatten, mit schwerer Münze und Ablaß bezahlt worden; daß alle Ortschaften der Waldenser von Grund aus zerstört, ihre Ernte vernichtet, ihre Straßen aufgewühlt, ihre Brücken zerbrochen, ihre Brunnen gefüllt wurden. Sie selbst, überrascht, wurden größtenteils sogleich niedergemacht; ein Teil wurde gefangen, um mit Pomp und zu Hunderten enthauptet oder verbrannt zu werden. Nur ein sehr kleiner Rest flüchtete sich in dieses Gebirge, wo sich ihm hinter nur dem Flüchtling zugänglichen Felsen, in Schluchten und Grotten ein ärmliches Asyl bot. Da aber diese Öde ebenso ungastlich war wie die Bewohner ringsumher, denen der Legat des Papstes bei Todesstrafe hatte verbieten lassen, die Flüchtigen mit Lebensmitteln zu unterstützen, so ging auch diese kleine Schar jämmerlich zugrunde. Sie verhungerte, und ihre Knochen bleichten in der Wüste dieses verbrannten Gebirges. – In Venaissin, da man einmal in der Arbeit war, wurde so gewütet wie in der Provence, und so verschwanden die letzten Waldenser aus Frankreich.

Siebentes Kapitel

Arles, im Juni 1851

Arles präsentiert sich schön, wie alle Städte, die an einem großen Flusse liegen, Quais und ein Gegenüber haben. Kommt dann noch eine Brücke, Bogen-, Ketten- oder Schiffbrücke, dazu, ist das Malerische vollendet. Durch diese Schönheiten zeichnen sich Prag, Mainz, Frankfurt, Köln aus. Mit letzterer Stadt hat Arles eine gewisse Ähnlichkeit; der Rhone, obwohl um zwei Dritteile schmäler, ersetzt den Rhein, Trinquetaille ist Arles-Deutz, die Schiffbrücke fehlt auch nicht, und anstatt des herrlichen Domes hebt sich hier das antike Amphitheater mit seinen maurischen Türmen hoch in den Himmel und überragt die ganze Stadt, auf welcher noch um ein Jahrtausend schwereres Altertum lastet als auf Colonia. Überlassen wir es Antiquaren und Historikern, sich über das Alter Arles' zu streiten; Thierry nennt es eine der ältesten Städte Frankreichs, und wir wollen ihm glauben. Die Arleser selbst preisen sie viel älter als Rom, und wir wollen ihnen *nicht* glauben. Oder, wenn der Leser will, auch das und noch dazu die verschiedenen Behauptungen, daß Arles von Trojanern, Kelten, Phokern, Juden etc. gegründet worden.

Wir wollen aus Gefälligkeit für die Stadt, deren Gastfreundschaft wir für einige Tage in Anspruch nehmen und die um keinen Preis die Tochter, sondern viel lieber die Mutter Marseilles sein will, annehmen, daß sie in der Tat schon bestanden habe und von den gallischen Segobringern bewohnt gewesen sei, als die flüchtigen und umherirrenden Phoker oder Phozeer an der Felsenküste des Südens ihre Anker warfen. So haben wir schon hier Gelegenheit, die schöne und romantische Geschichte von der Gründung Marseilles zu erzählen, die dann freilich von Arles ausging.

Als die Phoker am Ufer des heutigen Marseille gelandet, in der unschuldigen Absicht, sich von da aus auf ehrliche Weise mit Piraterei zu ernähren, hielten es die Führer Prothis und Simos nur für anständig, sich dem Könige des Landes, der in Arles hofhielt, vorzustellen. Dieser, Nenus oder auch Senanus, nahm sie sehr huldvoll auf und lud sie ein, an dem Feste teilzunehmen, das er eben zu feiern im Begriffe stand. Er wollte nämlich seine Tochter verheiraten und nach der Sitte des Landes sie demjenigen geben, der ihr unter den beim Festmahle versammelten Männern am besten gefiele. Es ist gar nicht zu verwundern, daß die schöne Ghipiis ihre Augen von den groben, ungeschliffenen Kelten ab und auf die schönen, feinen Griechen wandte. Dann waren die beiden nicht nur Griechen, sondern auch Fremde, und der Fremde besitzt das weibliche Herz im vorhinein. Bei Tische gab also die schöne Ghipiis (welche Aristoteles auch Petta nennt) den Trinkpokal dem schönen Prothis, da sie doch nicht beide heiraten konnte. Das war das Zeichen des Wohlgefallens, der alte Vater stand auf, gab seinen Segen, und die Sache war abgemacht. Die dummen Kelten machten große Augen. Man ließ den

Notar kommen, und der Schwiegervater übermachte dem Eidam die ganze Umgegend seines Landungsplatzes; und so ist Marseille entstanden.

Und so kam Arles im ersten Momente ihrer Ankunft mit den Griechen in Berührungen, und wie die Braut des Prothis ihren ehrlichen Namen mit dem griechischen Aristoxene vertauschte, ebenso wich Arles' Barbarei bald griechischer Klugheit und griechischer Bildung. Nach weniger Zeit hat es sich in eine Art griechischer Kolonie umgewandelt, und die Mutter hat, wie das oft zu geschehen pflegt, Sitten, Gewohnheiten, Ansicht und Unterricht des weiter vorgeschrittenen Kindes angenommen. Als Appendix Massilias, welches später eine römische Stadt geworden, kam es ebenfalls unter römische Herrschaft und war sogar die Residenz mehrerer römischer Kaiser. Die Spuren dieser letzteren sind es besonders, die man hier antrifft und anstaunt. Wir Deutschen nannten uns auch einmal Herren von Arles und Arelat – aber kein Stein zeugt von unserer Herrschaft. Sie war auch darnach, trotzdem daß die kräftigsten unter den römischen Königen und deutschen Kaisern jene Titel führten: Konrad II., Heinrich III., Heinrich IV., Heinrich V., Konrad III., Friedrich Barbarossa, Philipp von Schwaben, Otto von Braunschweig, Friedrich II.

Ich wohne im Hôtel du Forum, auf dem Forum; da hast Du gleich eine klassische Erinnerung. Werfe ich einen Blick aus dem Fenster, fällt er auf zwei uralte Säulen mit schönen Kapitälen; sie sind ein Überrest römischer Thermen. Und begleitest Du mich erst durch die alte Stadt und läßt Deine Blicke durch die herrlichen Mädchengestalten nicht ganz vom Nützlichen, Unterrichtenden abziehen, so will ich Dir auf jeden Schritt ein Stück Römertum zeigen. Von Griechentum ist wenig übriggeblieben. Es wurde von der Quadernkraft des Römertums unterdrückt; aber es wuchs als schöne Menschengestalt aus den Ritzen hervor, wie Blumen aus dem Amphitheater, und blüht noch heute auf den kolossalen Ruinen.

Zuerst eilt der Wanderer dem Kolosse entgegen, der ihm schon von ferne groß und furchtbar entgegenblickt, nach dem Amphitheater. Es steht auf einer felsigen Erhöhung und überdroht die ganze Stadt.

Der Concierge führte uns ein, und ich, der ich schon die Amphitheater von Verona und Nîmes gesehen, stand erstaunt und fast erschrocken da. So ungeheure Mühe haben sich die Römer gegeben, so unendlich gewaltige Mittel haben sie angewendet, nur um einem grausamen Gelüste zu genügen? nur um sich an blutigen, Menschenleben verzehrenden Spielen zu erfreuen? Mein liebes Marseille! dort ist nichts der Art zu sehen und keine Spur, daß sich jemals ein solches Theater dort befunden habe. Ist es den Römern mit diesen Abkömmlingen der Griechen ebenso gegangen wie mit denen in Hellas? – mußten sie auch hier mit langer Nase abziehen, als sie ihnen diese fürchterlichen Spiele zumuteten?

Der Anblick ist schauderhaft großartig. Obwohl die Sitzreihen (es sollen ihrer zweiundvierzig gewesen sein) fast alle zerstört sind, der Kranz von Bogen, der die beiden noch bestehenden Stockwerke bekränzt hat, gänzlich abgebrochen ist und das Amphitheater nur den Eindruck einer Ruine macht, so ist dieser Eindruck doch gewaltiger, als irgendein großes, unberührtes, mit allen Mitteln wirkendes Gebäude hervorbringen kann. Mitten in Arles glaubt man hier in einer eigenen, fremden, von aller menschlichen Gesellschaft entfernten Welt zu sein. Der Wind, der die Bogen durchzieht und mit der Mauervegetation spielt, hat einen eigenen Gruftton; beengende Einsamkeit weht aus allen Bogen, Fugen und Ritzen, als befände man sich in einem ringsum geschlossenen, kahlen, sonnverbrannten Gebirgskessel. Es ist auch ein kleines Gebirge, dieses Amphitheater, trotz seiner bewunderungswürdigen Symmetrie, trotz seiner kunstvoll auf- und nebeneinandergereihten Bogen, von denen wir nur die nach außen sehenden, zweimal sechzig, zählen können. Es ist ein Gebirge; sein Eirund eine Löwengrube. Die maurischen Türme – es sind nur noch zwei von vieren erhalten – stören nicht die Symmetrie; denn man denkt hier nicht an Symmetrie; sie tragen nur dazu bei, das Großartige noch großartiger erscheinen zu lassen. Wie sie so tot und starr, ohne allen Schmuck, häßlich nackt dastehen, verkörpern sie den Schauer, den man in der Tiefe empfindet und der sich selbstbetrügerisch und hinter Bewunderung kunstvoller und kräftigster Architektur verstecken will.

Die Türme sind von den Arabern unter Abd er Rahman erbaut worden. Das Amphitheater diente ihnen als Festung in der zweimaligen Belagerung durch die Franken. Es kann aber auch eine Armee beherbergen, da es einmal 30000 Zuschauer umfaßte. Auch in den Parteikämpfen des Mittelalters diente es oft als Festung; die Partei, die es besaß, beherrschte die Stadt. Darum suchten so oft die Herren von Baux es in ihren Besitz zu bringen, da sie der Arles'schen Republik gegenüber fast dieselbe Rolle spielten wie die Grafen und Herzoge von Savoyen in der Genfer Geschichte. In späteren Jahrhunderten wurde es der Sitz des Elendes; Bettler und arme Handwerker nisteten sich ein und wohnten, wo einst die Bestien gehaust und die Cäsaren applaudiert. So blieb es bis in die neue Zeit. Jetzt scheint es in seine beste Phase getreten zu sein, denn es ist weder von Bestien und Gladiatoren noch von barbarischen Parteigängern, noch von hungernden Armen, sondern von tausend und aber tausend friedlichen Schwalben bewohnt. Es soll herrlich sein, wenn diese friedlichen Bewohner blutiger Ruinen im Frühling als dichte schwarze Wolke ankommen und mit Gezwitscher sich auf ihre Trümmerwohnungen niederlassen. Es gibt Leute, die tagelang vor dem Amphitheater sitzen und dieses Schauspiel erwarten. Ebenso ist es in Nîmes. Auch einen Bienenschwarm sah ich emsig an einem Loche in der Mauer aus- und einkrabbeln, um sich in die gesegnete Ebene zu verbreiten oder mit honigbeladenen Füßchen heimzukehren. Das mahnte an das Rätsel Simsons: vom Starken kommt Süßigkeit.

Um den Schauern *dieser* antiken Welt zu entgehen, besteige man einen der Mauerntürme. Es wird einem da zumute, als stiege man aus der Unterwelt hinauf ins heitere Sonnenlicht. Da unten lärmt die Stadt, braust der Rhone, ziehen auf Strom und Kanälen hundert Schiffe und Kähne; von Tarascon herunter dampft die neue Zeit, und über die Camargue herüber weht erquickender Atem des Meeres. Weit, weit gegen

Norden, in Nebel gehüllt, ahnt man Avignon; aber leicht erkennbar grüßt der Turm des alten Schlosses von Beaucaire, und wie uns zu Füßen liegen die Ruinen des gewaltigen Klosters Monmajour, das ein Merowinger gegründet und Karl der Große erweitert hat – die Wohnung frommer Anachoreten, die sich in seinen weiten Sälen versammelt, nachdem sie die wüsten Berghöhlen der Provence bevölkert hatten. Der Himmel ist blau – die Schwalben zwitschern – Alfred Meißner singt in einer solchen Arena:

Es sehnt nach Verbrechen,
Gräßlich, doch schön, sich das menschliche Herz.

Nicht einen Augenblick sehne ich mich nach Verbrechen; nicht gräßlich und nicht schön. Ich sehne mich, herauszukommen aus diesem großen, aus tausend Toden gebauten, an der ganzen Menschheit begangenen Verbrechen, um mich an lebender Schönheit zu erfreuen.

Mein lieber Freund, für den ich dieses Tagebuch schreibe, und du, o Leser, für den ich es drucken lasse, haltet mich nicht für einen jener Touristen, die mit vollem Taschenbuche, mit tausend vorher gesammelten Notizen und noch mehr Vorurteilen für und wider in ein Land kommen; bei denen sich Notizen und Vorurteile nicht nach dem, was sie sehen und erfahren, dehnen und strecken müssen, sondern das fremde Land, sei es, wie es sei, sich in das Prokrustesbett ihres Notizenbuches oder ihres Vorurteils fügen muß, mögen Kopf und Beine darüber verlorengehen. Ich habe Reisende gekannt, die politische, moralische, ästhetische Ansichten über Land und Leute, mit einem Worte, mehr als das halbe Buch, das sie künftig herauszugeben beabsichtigten, fertig hatten, bevor sie das fremde Land nur mit einem Fuße beschritten. Das waren gründliche Deutsche, die sich mehr auf ihre Bücher und Konstruktionen als auf ihre Augen und Ohren verlassen haben. Wodurch unterscheiden sie sich von Alexandre Dumas, der seine Reise durch Sizilien, zwei Jahre bevor er den Boden Trinakrias betreten, hatte drucken lassen? Wodurch von Jules Janin, der den Rhone an Nîmes vorbeifließen läßt? Ihre tiefen Bemerkungen sind von der Wahrheit noch weiter entfernt als der Rhone von Nîmes. Der Rhone kann und wird noch einmal durch einen Kanal mit Nîmes verbunden werden; der Strom von nationalökonomischen, politischen, moralischen, ästhetischen Weisheitssätzen jener Reisenden oder Reisendinnen ist durch keinen Syllogismus, ja durch keine Sophismen mit der Wahrheit der Tatsachen zu verbinden. Wie viel endlich wird platt und trocken heruntergelogen, wie viel Kunstenthusiasmus aus dem guide de voyage transkribiert und abgesungen, „*nur höher in der Quinte*"!

Ich habe einmal eine gewisse Dame meiner Bekanntschaft vor einer Mumie, die selbst Röth erschreckt hätte, in unbeschreiblicher Entzückung gesehen. Ich hatte niemals viel Sympathien für Ägypten und stand ruhig und schweigend neben der Verzückten. „Gehen Sie", sagte sie mit einem Blick voll genialer Verachtung. „Sie haben keinen Kunst-, keinen Schönheitssinn." – „Madame!" – erwiderte ich – „mißdeuten Sie diese Kälte nicht, es fehlt mir nur an

Worten. Seit Jahren liebe ich diese Mumie aufs romantischste." – Von diesem Augenblicke stand ich bei jener Dame in hoher Achtung, in allen Gesellschaften rühmte sie meinen Kunst- und Schönheitssinn.

Diese ganze Vorbereitung soll eigentlich nichts anderes sein als eine Exhorte, ein warnendes Exempel, eine Mahnung, ein Schwur, ein energischer Entschluß, nicht so zu werden wie jene und in meinem Verdikt über die weltberühmte Schönheit der Arleserinnen so unparteiisch zu sein wie ein Geschworener. So gebe ich es hier mit der Hand auf dem Herzen vor Gott und den Menschen ab: Die Arleserinnen sind mit erschwerenden Umständen schuldig, die schönsten Weiber Frankreichs, vielleicht Europas zu sein.

Die Motivierung ist schwer; es muß der Tatbestand festgestellt werden.

Es ist ein Faktum, daß selbst pressierte Reisende im Süden anstatt des historischen Avignon oder des weltbedeutenden Marseille immer das kleinere Arles als Ruhepunkt oder Nachtlager auswählen; so mächtig erwacht beim fernhinblickenden Amphitheater die Lust an der Antike in jeder männlichen Brust; es ist ein Faktum, daß ein Vierteil der männlichen Bevölkerung auf zwanzig Meilen in der Runde die Sonntagsmesse in den Kirchen von Arles allen anderen Messen des frommen Südens vorzieht und in der Stadt des heiligen Trophime zusammenströmt; es ist ein Faktum, oder, wie Berthold Auerbach sagen würde, „es ist tief begründet", daß die Frauen des halben Frankreichs nicht gerne über die von Arles sprechen, daß sie vielleicht im innersten Herzen wünschen, die Spuren schönen Hellenentums hätten in dieser Kolonie wie in Marseille verschwinden oder ganz Arles hätte in Sumpf versinken mögen wie Roda; es ist ferner ein Faktum, daß man hier und da das Wort: „*Meine Frau ist aus Arles*“ mit derselben selbstgefälligen Miene aussprechen hört, als sagte der gute Mann eben: „Meine Besitzungen liegen in Kalifornien.“ – Facta loquuntur, und ich wollte, ich könnte mich mit diesen Andeutungen begnügen, denn nichts ist so mißlich als Beschreibung von Schönheit. Thersites wird von Homer lang und breit beschrieben, bei Helena aber begnügt sich der Dichter mit Andeutung der Wirkungen, die ihre Schönheit selbst auf Greise übt, und hier und da mit dem stereotypen Epitheton.

Daß die griechische Linie die vorwaltende sei, hat der Leser schon aus manchen vorhergehenden Bemerkungen entnommen. Aber Stirne und Nase, selbst von untadeliger Schönheit und voll stolzester Majestät, würden allein nur wenig zu bedeuten haben. Unter breitgewölbten, immer dunklen Brauen, unter breiten Lidern und lang herabfallenden, halb gebogenen Wimpern, dunkel wie Trauerseide, liegt das kluge, warme Auge. Es ist nicht heiß glühend und nur glühend, wie man es meist im Süden antrifft; es ist aber, wie gesagt, warm und mit Bewußtsein warm. Es kennt die Schönheit, die es beleuchtet, und leuchtet lächelnd, stolz und froh. Der Macht seiner Herrin bewußt, spielt es nur mit der eigenen und spart sie für entscheidende Momente. Beschattet und oft in tiefes Dunkel gehüllt von der Wimper, läßt es in Zweifel, ob in der marmornen Höhle eine Gazelle ruht oder eine Löwin oder vielleicht nur ein einsames Veilchen blüht. Man könnte dicke Bücher schreiben über die Augen der Arleserinnen, über ihr bewußtes und unbewußtes Treiben und Schaffen, über ihre Objektivität und Subjektivität. Ihrer Farbe nach sind sie, obwohl oder vielleicht *weil* auf griechischem Boden wohnend, kosmopolitischer Natur. Die schwarzen, braunen, dunkelgrünen, blauen sind fast gleich stark vertreten. Ein blaues sah ich von so edlem Leibe getragen, so sanft und tief glühend unter stolzer Stirne und dunklem Haare, daß ich an die deutsche Muse dachte, die „Iphigenie in Tauris" geschaffen hat.

Der Mund ist, wie immer, in vollster Harmonie mit dem Auge; die beiden singen und variieren stets dasselbe Thema wie Dux und Comes in einer Fuge. Mit den sanft geschwellten rosigen Lippen, hinter denen untadelige Zähne schimmern, mit den feinen Mundwinkeln ist er klug und ernst und lächelnd wie jenes, scheint er wie jenes ein süßes Geheimnis halb zu verschweigen, halb zu offenbaren. Er spricht auch mit geschlossener Lippe. Das tadellose Oval des Gesichtes bedeckt der feinste Teint, der sich mit dem schönsten englischen oder schottischen messen kann; es glüht unter der zarten Haut so stille und sanft, daß man Pygmalions Statue im ersten Augenblicke der Belebung zu sehen glaubt. Überhaupt ist es, als wäre man von Modellen griechischer Statuen, von den Urbildern der Junonen und Minerven, die wir kennen, umwandelt. Den vollendeten Kopf trägt ein sanft gebogener Nacken auf vollendeter, kräftig einherschreitender Gestalt. Die schwellenden Brusthügel blicken wie zürnend auseinander gen West und Ost, und melodischen Ganges schwingen sich die Glieder alle in musikalischen Rhythmen.

Die Tracht der Arleserinnen ist geeignet, ihre ganze Schönheit im vollsten Lichte zu zeigen. Ein kleines Häubchen bedeckt die nach oben in einen Knoten gewundene Haarflechte und wird von einem breiten Samtbande festgehalten, das sich um den Kopf schlingt, auf der einen Seite durch eine Nadel festgehalten wird und malerisch mit dem Ende auf die Schulter herabfällt. Band und Häubchen zusammen bilden die vollkommene phrygische Mütze. Sie bedeckt nicht das ganze Haar, sondern läßt auf den Schläfen die braunen oder blonden Scheitel in ihrem ganzen Reichtume sehen und von den feinen Tinten der Wangen abstechen. Nacken und Hals sind ganz sichtbar, da das weiße Spitzentuch vorn und rückwärts weit hinuntergezogen ist; die Brust zeigt ihre Form und bewegt sich frei in dem schwarzen Jäckchen, an das sich ein Rock gleicher Farbe anschließt, kurz genug, um den länglichen Fuß und die feinen Knöchel sehen zu lassen. – Wie lächerlich sehen die „Damen“ mit ihrer Pariser Tracht neben den so einfach geputzten Mädchen aus dem Volke aus! Wie wenig verstehen sie sich auf ihren Vorteil!

Neben ihrer Schönheit ist noch der Geist der *„Konversation“*, den diese gesegneten Töchter der Erde besitzen sollen, weit berühmt im Lande Frankreich. Sie haben immer Antworten bereit, die zu ihrem schönen Munde wie zu den klugen Augen passen; auch nimmt sich die provenzalische Sprache auf ihren Lippen schöner aus als in den Liedern der berühmtesten Troubadours. – Sie sind sich aber ihrer Macht bewußt. Man sehe nur, wie stolz sie einherschreiten, mit welcher graziösen Majestät sie die kleinsten Geschäfte, die niedrigsten Verrichtungen vollführen! Denn nur von Mädchen aus dem Volke oder höchstens von Töchtern des Bürgers ist hier die Rede.

Die Magd, die vor der Türe fegt; das Ladenmädchen, das ein Gefäß aus dem obersten Schreine herunterholt; die Bürgerstochter, welche Früchte und Gemüse im breiten, blätterbedeckten Korbe vom Markte trägt; die Müßigen, die, an ihre schlanken Krüge gelehnt, am Brunnen plaudern oder Arm in Arm über den Platz wandeln: es sind das ebenso viele Modelle zu den herrlichsten Statuen, zu den griechischesten Bildern. In ihrem reichsten Glanze sieht man die Arleserinnen am Sonntage. Da stehen aber auch die Männer in dichten Reihen rechts und links an den Betstühlen und betrachten die heidnischen Gesichter, die sich umsonst in christliche Andacht zu tauchen suchen. Nach der Messe stellt man sich vor dem prächtigen Portale der Kirche St-Trophime auf. Die Schönen sind gnädig genug, sämtlich durch dieselbe Türe zu gehen, da sie wissen, daß sich die harrenden Blicke aller dahin wenden. Sie bemerken es zwar nicht und sind sehr ernst, aber sie verfehlen die gewisse privilegierte Türe doch niemals. Ebenso würden sie es für ein Verbrechen, für eine Unterlassungssünde halten, wenn sie des Nachmittags nicht auf der Promenade vor der Stadt erschienen; die armen Reisenden kommen ja von so weit her, um diese Promenade zu sehen.

Trotz dieser leicht verzeihlichen Koketterie halten die Arleserinnen streng auf Anstand und Sitte. Sie wissen, wie ungerne guter Ruf bei Schönheit verweilt, und tun das ihrige, ihn an sich zu fesseln. Auch ist das

Gesetz der öffentlichen Meinung schwer und streng. Wehe dem armen Geschöpf, das einen schönen Fehltritt tut; die Schande lastet auf ihm mit mittelalterlicher Schwere. Mein freundlicher Führer zeigte mir ein verhülltes Fenster, hinter welchem seit acht Jahren ein solches unglückseliges Geschöpf sein Leben in tiefster Zurückgezogenheit vertrauert. Nur in dunkler Nacht, an der Seite ihrer Mutter, wagt es manchmal die ehemalige Königin der Arleser Schönheiten, ihre Einsamkeit zu verlassen und einen Spaziergang außerhalb der Stadt zu machen. Die übrige Zeit verbringt sie hinter dem dicht verhüllten Fenster, in ihrer düsteren Stube. Sie war die Schönste der Schönen, der Stolz Arles' gewesen und vergaß sich einen Augenblick. An die Mauer des gegenüberstehenden Hauses gelehnt, sah ich traurig hinauf zum Fenster der armen Märtyrerin der Ehre, vielleicht ihrer eignen Schönheit. Hätte man in diesem Augenblicke die Leiche eines Heldenjünglings, noch aus den Wunden blutend, im offenen Sarge an mir vorbeigetragen; hätte ich dort, hundert Schritte von mir, im griechischen Theater ein Trauerspiel des Sophokles spielen gesehen, es würden sich nicht so tragische Gefühle in mir geregt haben wie beim Anblick dieses verhangenen Fensters.

Ich habe vom Glanze Arlesischer Schönheit gesprochen; es ist Pflicht, von ihrem Fall und Verfall zu reden. Und so sei es denn in einem Worte gesagt: Ich habe keine schöne Arleserin jenseits der dreißig, vielleicht nicht einmal jenseits der sechsundzwanzig Jahre gesehen. Die Augen leuchten wohl noch, aber wie magische Lichter auf Ruinen; die stolze Nase bleibt immer die stolze Nase, aber rings um diesen Turm des Hohenliedes ist arge Verwüstung. Die Arleserinnen verwelken schnell, und wie das Bewußtsein ihrer Schönheit ihnen in der Jugend den herrlichen, gebieterischen Stolz gab, so nimmt ihnen diese traurige Erfahrung den Mut, gegen den reißend schnellen Verfall zu kämpfen. Auch ist es schwer, mit den heranwachsenden Geschlechtern zu wetteifern. Sie geben sich auf und lassen sich frühe fallen. Mit etlichen und dreißig Jahren sind sie schlottrige Königinnen. Ach, warum haben diese Griechinnen nicht die Gabe der Homerischen, die herrlichste Gabe, von der nur die Poesie träumen konnte, die Gabe ewiger Jugend!

Alte Leute klagen, daß die arlesische Schönheit überhaupt im Verfalle sei, ich glaube aber, das sind die laudatores temporis acti, die es nicht begreifen, warum ihnen die Arleserinnen von heute nicht so gut gefallen wie die vor fünfzig Jahren. Solange ich Arles durchwanderte, seine Antiken, Monumente, sein Museum, seinen herrlichen Himmel und seine lebende Schönheit betrachtete, verließ mich der Gedanke nicht, wie praktisch es wäre, in dieser historischen Stadt eine Malerschule zu gründen. In einem deutschen Arles wäre das vielleicht längst geschehen.

Du wirst es mir nicht falsch deuten, daß ich mich bei diesem Gegenstande so ausführlich verweilt habe. Um die platten Auslegungen derjenigen, die einem wohl erlauben, vor totem Marmor in Ekstase zu geraten, jede Begeisterung für lebendige Schönheit mit Fleisch und Blut aber methodisch verdammen, um die kümmere ich mich nicht. Du wirst Dich nur an die

Verse Hebbels erinnern, die wir einander oft zitiert haben:

Schönheit, wo ich dich erblicke,
Huldige ich deinem Licht,
Und wie ich mich selbst erquicke,
So erfüll ich eine Pflicht.

Den 12. Juni 1851

Ein epikureischer Reisender, habe ich jetzt eine neue Erfindung gemacht, wie ich Arles auf raffinierte Weise genießen kann. Ich betrachte es fast nur noch im Mondscheine. Unter Tages sitze ich meist zu Hause und lese südfranzösische Geschichten, wenn es aber stiller wird in den Gassen und der volle Mond über die Alpinen heraufzieht, mache ich mich auf, um all die Trümmer und Reste, die ich in leibhaftigem Sonnenscheine gesehen, von den Schleiern des Mondes verhüllt, aufs neue zu betrachten. Diese provenzalischen Schleier sind sehr durchsichtig, der provenzalische Mond ist nur eine wohltemperierte Sonne – die Nacht ein blauer, mit Sternen geschmückter Tag. Soeben, es ist bald Mitternacht, komme ich aus den Gängen des Klosters St-Trophime zurück, wo ich zwei herrlich einsame Stunden zugebracht habe. Es ist ein wunderbares Kunstwerk. Ein französischer Schriftsteller sagt von seinen Galerien: „Wenn es wahr ist, daß die Mauern Trojas beim Klange der Lyra, so ist dieses Haus bei den Harmonien der Orgel, beim Dufte des Weihrauchs gebaut worden.“ – Der Mann hat sich gut ausgedrückt. Das Gebäude ist luftig schön und unfaßbar, fast unkörperlich wie Harmonien und

Weihrauchdüfte, und verhält sich zu den Antiken wie die Orgel zur Lyra. So begegnet man in Arles dem Griechentum, dem Römertum und den schönsten Blüten christlichen Mittelalters.

Der Klosterhof von St-Trophime ist ein regelmäßiges Viereck, das von vier Galerien, die sich in Winkeln aneinanderschließen, gebildet wird. Die vier Galerien oder Gänge, leise, unmerklich voneinander im Stile abweichend, sind höchste Meisterstücke mehrerer Jahrhunderte. In jedem Winkel befindet sich ein starker Pilaster, der ganz aus zwei Statuen besteht, die mit den beiden hier zusammenstoßenden Gängen Fronte machen. Zwischen diesen zwei Hauptpilastern befinden sich auf jeder Seite in gleicher Entfernung voneinander und von den Eckpilastern rechts und links zwei andere, welche mit jenen die Hauptwölbung der Galerien tragen. Und wieder zwischen allen diesen Pilastern läuft eine Reihe kleiner, unendlich zierlicher Säulchen hin, die paarweise auf der Breite der unteren, wenig erhöhten Mauer aufgestellt sind und mit ihren Kapitälen die kleinen Bogen tragen, die sich von einem Säulchenpaar zum andern lieblich schwungvoll fortwölben. Alle Kapitäle sind von Skulpturen bedeckt. Die Säulchen, die Skulpturen an den Kapitälen, die Kleezüge, die Statuen, die Pilaster – alles ist mit bewunderungswürdigem Geschmacke verteilt, ausgearbeitet und zu einem harmonischen Ganzen zusammengestellt.

Hier in der einen Galerie herrscht noch der romanische Stil, aber immer und überall sieht man schon die Keime des gotischen, die durchzubrechen streben – und in der Tat, dort in dem Gange gegenüber ist er bereits als vollendete Blume durchgebrochen, während in dem Gange rechts noch die ganze Einfachheit und Naivität der ersten christlichen Zeiten herrschen, wie sie sich in diesen Ländern noch in den Bauten des achten Jahrhunderts spiegeln. Diesem Gange gegenüber steht sein Widerspiel; man bemerkt schon die Abnahme der gotischen Kunst, die noch in ihrem Verfalle schön ist und dadurch, daß sie sich der Weltlichkeit zu nähern sucht, wie die Reformation, einen neuen Reiz erhält. Es ist eine in Stein gehauene Geschichte des Christentums, dieses wunderbare Bauwerk des Klosterhofes von St-Trophime, aber eine Geschichte, wie sie im Gedichte lebt. Die vier herrlichen Galerien, obwohl verschieden, stimmen doch und passen so harmonisch zusammen wie die verschiedenen Stimmen, mit denen ein Sebastian Bach einen Cantus firmus umgibt. Wären die alten Meister des Kontrapunktes Architekten gewesen, sie hätten so gebaut.

Warum lieben es sogenannte Kunstkenner und Freunde der Schönheit, ihre Begeisterung nur für die Antike aufzusparen, und wenden sich mit einem bornierten Lächeln von allem ab, was spätere, sogenannte christliche Kunst hervorgebracht hat? Ich sage es ihnen zum Trotz: Dieser Klosterhof von St-Trophime ist *in seiner Art* ein so vollendetes, befriedigendes, wohltuendes Kunstwerk wie die Maison carrée in Nîmes, die ich anzuerkennen und zu bewundern weiß.

Von der Höhe der ruinenhaften Mauern bei Tageslicht betrachtet, sieht der Hof mit seinen Säulchen wie ein Blumenkelch mit hundert Staubfäden aus; im

Mondschein ist es eine schöne Gruft. Der Nachtwind in den Bäumen, die über die Mauer sehen, das Murmeln des Brunnens im Hofe nebenan sind nicht mächtig genug, die tiefe Ruhe zu stören, die in diesen dunklen Gängen auf alle Steine gebreitet ist. Und wenn es oben stürmt, man muß glauben, daß die Stille hier unten ewig und unabänderlich dieselbe bleibt. Ich ging in der romanischen Galerie auf und ab, der Mond war schon vorbeigezogen, und tiefe Nacht lag ringsum; mir gegenüber, im anderen Gange, wandelten zwei Schwestern vom Orden der dames noires auf und nieder; sie lispelten nur, ihre langen Schleier streiften manchmal an die Säulchen, und wenn sie über den Lichtstreif, den die Ampel vor der Madonna warf, gegangen waren, waren sie wie von der Nacht verschlungen. Ich hörte nur noch ihr Lispeln, das Lallen des Brunnens, das Säuseln der Blätter – bis sie wieder, in den Lichtstreif zurückkommend, die Szene auf einen Moment belebten. – Die dames noires sind vielleicht die elegantesten unter allen Frauenorden; sie tragen ein einfaches, glänzend schwarzes Kleid, das die ganze Gestalt nicht wie das Gewand der andern Orden verpackt und unkenntlich macht, sondern vorteilhaft hervortreten läßt. Den Kopf bedeckt zur Hälfte eine kleine Kapuze, hinter welcher ein breiter Spitzenrand hervorkommt, der das ganze Gesicht glänzend einrahmt. Diese Coiffure gleicht dem bekannten Maria-Stuart-Kopfputz. Rückwärts fällt von der Kapuze ein langer schwarzer Schleier herab, der bis an die Knöchel reicht. Bei diesen Nonnen habe ich die feinsten und gebildetsten Gesichter bemerkt. In solcher Umgebung, in solcher Beleuchtung und zu dieser Stunde sind sie noch schöner zu sehen. Ich hielt mich, zwischen zwei Säulchen sitzend, so stille als möglich, um die beiden Lustwandelnden nicht zu stören, denn hätten sie mich bemerkt, sie würden sich wahrscheinlich zurückgezogen und sich so um eine traute Stunde gebracht haben, die ihnen lieb zu sein schien. Ob sie an die Schwestern gedacht haben, die unter ihrem Schritte überall in den Klostergängen begraben sind? – Ich betrachtete nur ihre schönen Profile, die sich auf der beleuchteten Wandfläche zwischen den Säulen wie in einem Rahmen scharf abschnitten, und die schlanken Säulchen selbst, die im leise flackernden Lichte sich zu regen und sanft zu beben schienen.

Die Mondscheinschwelgereien kosten viel Geld, denn die Alte, der die Aufsicht über die Galerien anvertraut ist, läßt sich mit Recht ihren vormitternächtlichen Schlaf gut bezahlen, besonders wenn die Klostertüre schon geschlossen und sie gezwungen ist, mich durch das Kirchentor zu entlassen, was der armen Frau viele Mühe macht. Dann gehe ich durch den hochgewölbten Dom an den hübschen Basreliefs vorbei und trete durch eine der Seitentüren hinaus auf die Treppe des berühmten Portals. Es ist romanischen Stils, mit vielen bronziert aussehenden Säulen und einer Unzahl von kleinen Figürchen geschmückt, fast könnte man sagen, überladen. Die Figuren, wahrscheinlich aus dem zwölften Jahrhundert, sind plump und haben dumme, dicke Köpfe; glücklicherweise sind sie sehr klein und verschwinden in der Masse, wo sie dann eine Art von Arabesken bilden, die sich aus gewisser Entfernung nicht übel ausnehmen. Auch hier merkt man schon den Übergang aus dem romanischen in den gotischen Stil; unmerklich, noch schüchtern läuft der Bogen in eine Spitze aus. Das Granitsäulchen, das den Eingang in zwei Hälften teilt, sieht fast antik aus und ist vielleicht das schönste Glied dieses meiner Meinung nach viel zu berühmten Portals.

Bei Betrachtung des alten Obelisken aus Granit, der sich nahe dem Portal in der Mitte des großen Platzes erhebt, leistet der Mond dem Wanderer einen guten Dienst, wenn er sich dicht in Wolken hüllt. Der Obelisk ist so häßlich, so nichtssagend, als nur ein Obelisk sein kann. Man sträube sich dagegen, soviel man will, *diese* Antiquitäten haben nur einen antiquarischen Wert und ganz und gar keinen andern. Eine dumme Nadel, ein riesiger Zahnstocher – was ist ein Obelisk anders? – Ein Zuckerhut hat schönere Formen.

Vom Obeliske fort wandere ich, immer im Mondscheine, an der Arena vorbei, durch kleine enge Gäßchen dem Ende der Stadt zu, um auch dem „Theater" einen Besuch zu machen. Griechen haben es gebaut, um ihren Landsleuten in Arles, zugleich den Barbaren, das Vergnügen griechischer Trauerspiele zu bereiten. Sie trugen ihre schönen Götter überallhin mit sich. Die Römer bauten Arenen für Tier- und Gladiatorenkämpfe, die Hellenen Bühnen für Sophokleische Tragödien. Das ist der Unterschied. Mitten unter zertrümmerten Quadern, Resten der unzähligen Sitzreihen, erheben sich nur noch zwei intakte Säulen aus dunklem Marmor und korinthischer Ordnung. Sie waren ein Teil der Szene und lassen auf die entschwundene hohe Pracht schließen. Aber wie unharmonisch paßt das Tor dort im Westen zu diesen

Säulen, zu diesem schönen Halbkreis, zu dieser Anmut, die noch über die Trümmer wandelt – ist es nicht so massig, schwer wie das Tor einer römischen Arena? – Wohl ist es auch von Römern gebaut.

Zwischen den Quadern wuchert hohes Unkraut, um die prachtvollen Säulen schwirren Fledermäuse, die dunklen Gäßchen ringsumher münden wie schwarze Bäche in das weißschimmernde Bassin des Theaters, und wo das Händeklatschen von Tausenden entzückter Griechen und zum Schönen bekehrter Barbaren erschallte, dehnt sich traurige, schaurige Totenstille. Den armen Erbauern dieses Schönheitstempels, wie muß ihnen im Grabe oder in der Urne zumute sein, wenn sie es wissen, daß ihre Säulen, Friese, Metopen geplündert und verstümmelt wurden, um christliche Kirchen zu schmücken?

Den 13. Juni 1851

Es ist Sonntag. Zwischen dem Schauspiel in der Kirche, welche von der männlichen einheimischen und fremden Bevölkerung, wie ich schon früher gesagt habe, nur aus purer Weltlichkeit besucht wird, und zwischen dem nachmittägigen, ähnlichen Schauspiele auf der Promenade hatte ich gegen Mittag vor meinem Fenster ein anderes, minder erfreuliches. Es ist hergebracht, daß am Sonntage die armen Leute aus der Umgegend, besonders aus dem sterilen Gebirge, hier zusammenströmen, um sich für die kommende Woche an Arbeitsgeber zu vermieten. Die Proprietärs der Stadt und der nahen Camargue wissen so, wo ihre Arbeiter zu suchen. Diese setzen sich während und nach der Messe auf die breite Erhöhung in der Mitte des Forums und warten da, geduldig harrend, ob ihnen ein günstiges Geschick einen gutzahlenden Reichen zuführe. – Traurig und ergeben saßen sie da. Sie erinnerten mich nicht eben an einen Sklavenmarkt, aber in Verbindung mit dem römischen Forum mahnten sie mich an die Angeklagten, die in schlechten Kleidern, das Mitleid ihrer Richter mit stummen Blicken anflehend, auf dem öffentlichen Markte ihr Urteil erwarteten. Nach der Messe kamen gemach die Proprietärs an; die Unterhandlungen begannen, es wurde belebter, und nach und nach verloren sich die Arbeiter, die ihren Handel abgeschlossen hatten. Nach Mittag schlichen nur noch wenige mit traurigen Gesichtern auf und nieder und warteten immer und sahen mit hoffendem Blicke den Zugängen des Forums entgegen, während lustige Gamins den Ball schlugen, über das Seil sprangen und hundert Possen trieben. Auch diese Gamins trugen zerrissene Kleider und schienen dem Elende nicht fernezustehen; aber sie hatten nicht Weib und Kinder zu ernähren; aber sie sind jung – so jung, daß sie sich ebensowenig um die Arbeits- und Brotlosigkeit ihrer Brüder als um die in dieser Stunde vor der Stadt scharenweise lustwandelnden Schönheiten Arles' bekümmern. – Das Forum heißt auch Place des hommes, und in der Tat sind auf diesem Platze fast nur Männer, die ihre Geschäfte abmachen, zu sehen. Selten, daß eine weibliche Gestalt über sein längliches Viereck huscht.

Nach Mittag ein Spaziergang nach den Elyscamps oder Champs elysées, ungefähr eine Viertelstunde vor der Stadt. Wenige Städte der Welt haben so interessante Grabmäler aus den ersten christlichen Jahrhunderten. Die schönsten Särge sind zwar in das Arleser Museum auf der Place de l'hôtel de ville gebracht, aber es blieb genug übrig, um dem Fremden etwas Erstaunenswertes, Schauderhaftes, in seiner Art ganz Neues zu zeigen. Zu der Kirche, die ehemals in der Mitte des Begräbnisplatzes gelegen haben mag, führt eine lange Reihe der kolossalsten Grabdenkmäler und Särge, die zwei-, drei- und vierfach hintereinander aufgestellt sind und die, je mehr man sich der alten Kirche nähert, an Zahl wachsen und endlich ordnungslos ein Irrgewinde von Särgen bilden. Alle diese Särge sind kolossal, als hätten sie Riesenleichen beherbergt, aus Stein gehauen und mit so dicken Wänden, als hätte man das feste Haus des Todes noch befestigen können. Ob sie, Sarg und Grab zugleich, immer so auf der Fläche der Erde gestanden, ob sie durch eigentümliche Ereignisse oder durch Nachgrabung ins Tageslicht emporgehoben worden – ich konnt es nicht erfahren. Nach ihrer Form zu schließen, standen sie, wie die Grabmäler der Alten, immer so den Blicken der Lebenden ausgestellt, Grab, Sarg und Leichenstein zugleich. Die Leichen sind verschwunden, die Deckel von den meisten Särgen weggeschoben; so scheinen sie neue Bewohner zu erwarten. Und wie sie gähnen, indes das schönste, blühendste Leben in Gestalt schöner Arleserinnen zwischen ihren Reihen wandelt, das ist ein Gedanke, der ein wenig frösteln macht.

Die einen waren mit Schutt gefüllt, und eine üppige Vegetation wuchs und blühte aus ihrem Schoße hervor; einige Ziegen, die auf den Särgen wie auf Felsstücken umhersprangen, nährten sich davon und tranken das Wasser, das sich in diesen Trögen gesammelt hatte. Ist das die ganze Metempsychose? – Ich dachte an die Worte des Dichters, die ich so übersetze:

Nein, Särge sind nicht Chrysaliden,
Bleib ferne mir mit solchem Wahn;
Nur Ruhe such ich, Schlaf und Frieden;
Doch wären Flügel mir beschieden,
Um meine Hoffnung wär's getan.

Das Leid – ich könnt es wieder tragen,
Verlieren neu, was ich verlor.
Doch der Gedanke macht mich zagen,
Daß ich das Glück aus schönsten Tagen
Erfahren solle wie zuvor.

Die Kirche am Ende des langen, mit Särgen besetzten Ganges ist so sehr von Schling- und Mauerpflanzen bedeckt, daß sie selbst aus geringer Entfernung einem Hügel gleicht, auf den ihr Turm mit seinen runden Bogenfenstern wie ein Tempelchen aufgesetzt ist.

Nach und nach verliefen sich die Lustwandelnden, und dieses Ortes würdige Stille lag auf den Särgen allen. Nur in den Zypressen hinter der Kirche wurde es lebendiger, je tiefer die Sonne sank. Es sangen die Nachtigallen.

Je länger man Arles kennt, desto lieber gewinnt man es, denn es gewährt die eine herrliche, unbezahlbare, unschätzbare Gelegenheit, sich zu vertiefen. Der Geist aller Geschichtsepochen, der der neuen und neuesten aber am wenigsten, weht hier, fast mit Augen sichtbar, mit Händen ergreifbar. Man braucht kein Lobredner der guten alten und Verächter der neueren Zeiten zu sein, um sich manchmal mit besonderer Lust in die Vergangenheit zu versenken. Das Schöne, dem wir dort begegnen, gewährt Genuß an sich; die traurigen, rohen oder barbarischen Stellen erscheinen in guten Momenten wie in den Felsen gehauene rauhe Treppen, die am Ende doch auf den sonnigen Gipfel und in das oben wartende Parthenon führen, ohne daß man im geringsten ein Famulus Wagner zu sein braucht, der sich freut, „wie man's am Ende so herrlich weit gebracht hat". Und, mit einem Worte, um mich deutsch auszudrücken, man hat einmal die Freude, objektiv sein, *betrachten* zu dürfen. Aber nur die Natur und nur die Geschichte, die schon ihr Epitaph hat, bieten und erlauben das.

Arles gleicht im Anfang mancher mittelalterlichen Chronik. Noah, Troja, Ulysses, der Zauberer Virgilius, die Heilige Jungfrau, Plato, die Kirchenväter, König Salomo, Aristoteles, Juden, Heiden und Christen, alles Schöne, Abenteuerliche und Unglaubliche kommt da im Mischmasch vor und zeigt deutlicher als gelehrte und wohlsystematisierte Weltgeschichte, welch ein buntes Gewebe die Welt und ihre Geschichte gewesen und noch sei. Man wandelt hier aus einer Zeit in die andere, und wie die Monumente eins auf die Grundsteine des andern oder aus den Trümmern längst vergessener gebaut sind, wird einem die Konstruktion des Gedankenbaues, deren äußerer Ausdruck nur jene sind, klar, und man ahnt, wie er die Welt „im Innersten zusammenhält".

Das Museum mit seinen Aschenurnen, Tränenfläschchen, griechischen Göttinnen, römischen Imperatoren, christlichen Sarkophagen, bis herab auf die schlechte Büste Lamartines, ist ein Arles im kleinen.

Es befindet sich in einer alten Kirche auf der Place de l'hôtel de ville, gegenüber dem Obelisken und dem Portale von St-Trophime. Sein größter Schatz ist ein weiblicher Kopf, der Rest einer lebensgroßen Statue, die eine Venus vorgestellt haben soll. Andere nennen sie auch eine Diana und behaupten, daß die zwei Löcher, die man über ihrer Stirne entdeckt hat, den Halbmond getragen haben. Welcher der beiden Göttinnen er immer angehört haben mag, er ist der einen wie der andern würdig, ja man könnte, um ihn nach Verdienst zu preisen, behaupten, er vereinige die Schönheit, den Reiz der beiden Göttinnen in sich. Ach, wenn er nur eine Nase hätte! Die Venus von Milo, geschweige die Mediceische, wäre besiegt, obwohl der ganze Götterleib verloren und nur noch Kopf, Hals und eine Schulter übrig sind. Es gibt im Süden Hunderte von Antiquaren, die in diesen armen Rest verliebt sind und von Auffindung der mangelnden Nase wie von Erfüllung eines teuersten Wunsches träumen. Auch hat man schon in der Tat mancherlei Ausgrabungen zu diesem Zwecke veranstaltet, aber immer vergebens. An eine Restauration denkt man nicht, und mit Recht. Denn kein Künstler würde es wagen, eine dieser Stirne, dieser Wangen, dieses Kinnes, dieses Mundes würdige Nase liefern zu wollen. Nur dieses Kopfes wegen kehrte ich immer und immer wieder ins Museum zurück, bis ich bemerkte, daß auch mich die fixe Idee von der Nase, von ihrer Auffindung, vom Unglück ihres Mangels zu ergreifen begann, und ich wegblieb, um nicht zu werden wie jene Antiquare und ewig und ewig an eine fehlende Nase zu denken. Nichts hat eine schauerlich überwältigendere Macht über uns als das unvollendete oder verstümmelte Schöne.

Die von Skulpturen, Bas- und Hautreliefs bedeckten Sarkophage, die aus den Elyscamps ins Museum gebracht worden und aus den ersten christlichen Jahrhunderten herrühren, zeigen, daß die Römer (die Arleser nannten sich noch unter den Goten so) auch vom Christentum ihre Prachtliebe nicht unterdrücken ließen, aber auch, daß es ihnen bereits an griechischen Künstlern fehlte, um dieser auf schöne Weise zu genügen. Die Prachtliebe ist noch die heidnische, die über den Tod hinausgeht, aber die Kunst an diesen Särgen ist schon eine neue, in Kindheit lallende, unbeholfene und, wie man zu sagen pflegt, „*naive*". Nur wenige Jahrhunderte vor diesen Särgen kann jene Venus geschaffen worden sein – und welch ein Unterschied bereits zwischen der Kunst, die jene, und der Kunst, die diese hervorgebracht. Ein Unterschied wie zwischen Plato und Origines.

Bemerkenswert in diesem Museum sind noch die „Tänzerinnen", Skulpturverzierungen, vom antiken Theater zu Arles herrührend. Die Köpfe fehlen, aber die Leiber schwingen sich anmutsvoll im Tanze, der Glieder herrliches Ebenmaß tritt bei jeder Bewegung schön und reizend hervor, die Gewande fliegen – alles an diesen toten, kopflosen Trümmern lebt und tanzt und freut sich des Lebens. Wenn sie noch Köpfe hätten, ich glaube, sie würden singen.

Auffallen müssen die antiken Altäre, deren mehrere im Museum aufgestellt sind. Es sind, nach ihrer Kleinheit zu schließen, offenbar Hausaltäre, aber mit welchem Geschmack, mit welch edler Einfachheit und doch wie reich verziert sind sie gebaut. Einer derselben wurde, wie die Inschrift sagt, von einer Freigelassenen errichtet; keine devote Königin verwendet heute soviel Geschmack und so viele Kosten auf ihren Betschemel wie jene freigelassene Heidin auf diesen Altar. Dieser, ebenso wie die andern, ist wie ein Piedestal, darauf unsichtbar der Gott steht, dem er geweiht ist.

16. Juni 1851

Wie sehr man auch Arles mit seinen herrlichen antiken Resten, mit seinen Erinnerungen, mit seiner lebenden Schönheit liebgewinnt – am Ende wird einem die Stadt wegen ihres greulichen Mönchs- und Nonnenwesens zuwider. Der Pfaffe herrscht hier unbeschränkt und wird von der Pfäffin aufs gewissenhafteste unterstützt. Es ist nicht zu erfahren, wie viele geistliche Individuen beiderlei Geschlechts die Griechenkolonie beherbergt, aber gewiß ist es, daß nicht der fünfte Teil der ganzen Bevölkerung *nicht* zu irgendeiner der von Priestern zu priesterlichen Zwekken gestifteten Brüderschaften gehört. Bei Leichenzügen und den häufigen Prozessionen sieht man die langen Scharen von Pénitents bleus, gris, blancs und Gott weiß, von welchen Farben noch. Alle Mädchen tragen Amuletten und Heiligenbildchen und verschiedene Schaumünzen am Halse. Das sind ebenso viele Zeichen, daß sie ebenso vielen religiösen Gesellschaften angehören, die ihnen alle gewisse Andachtspflichten auflegen, die über die Pflichten eines gewöhnlichen Christenmenschen weit hinausgehen. Natürlich ist Arles legitimistisch. Damit ist aber noch nicht gesagt, daß es den Bourbonen unbedingt anhängt. Wenn Louis Napoleon heute mit den Priestern einen Bund schließt, so hat er das ganze legitimistische Arles in seiner Tasche, trotz der ganzen antinapoleonistischen Vergangenheit Arles'. Der Unterricht ist hier auf Null reduziert – die Ignoranz allgemein. Die Schulen sind in den Händen der Geistlichkeit, und die begnügt sich damit, wenn ihre Jüngerschaft nur beten und den Katechismus auswendig weiß. Schreiben und Lesen wird da natürlich auch gelehrt, aber auf eine Art, daß es der Schüler auf die leichteste Weise wieder vergessen kann. Bevorzugte oder gefährliche Talente, bei denen solche Vergeßlichkeit nicht vorausgesetzt werden kann, sucht man für den geistlichen Stand zu gewinnen. Es ist wahrhaft spanisch.

Morgen verlasse ich die Stadt, die mir trotz alledem und alledem liebgeworden ist, um öfter wiederzukehren. Bis jetzt ist es mir noch nicht gelungen, die Familie aufzufinden, mit welcher Adolf Stahr, wie er in seinem trefflichen Buche über Italien erzählt, eine so schöne Idylle verlebt hat. Ich möchte ihr so gerne einen Gruß von ihrem nordischen Gastfreund bestellen.

Achtes Kapitel

Marseille, den 3. September 1851

In Arles stieg zugleich mit uns ein sonderbarer Mann in den Wagen, den ich auf diesem klassischen Boden für den Gott Äolus selbst zu halten alle Ursache hatte. Wahrscheinlich reiste er nach Marseille, um irgendeinem modernen Odysseus im Angesichte des Hafens Unannehmlichkeiten zu bereiten. Er trug einen großen Blasebalg mit sich, der wenigstens dreiviertel Manneshöhe hatte und den er auf beide Handhaben wie auf zwei Füße zwischen seine Beine stellte, so daß der Bauch sich gerade zwischen des Mannes Knien befand, während das Blasrohr gegen das Gesicht gerichtet war. Sobald nun der Mann einige Hitze verspürte, drückte er mit beiden Knien an und blies sich einen kleinen Sturmwind ins Gesicht, so daß sich Haupt- und Barthaare wild bewegten. In unbewachten Augenblicken schob er das Rohr sogar zwischen die Weste und fächelte sich auch die Brust mit Zephyren. Wie dies von der Gesellschaft bemerkt ward, bot er ihr sein Instrument zu gleichem Gebrauche an, und zwar höflicherweise den Damen zuerst. Doch machte er wenig Glück mit seiner Offerte.

Auf dem uns gegenüber haltenden Bahnzuge befanden sich in verschiedenen Coupés wenigstens fünfzehn Nonnen, die ganz vergnügt und ungeniert in die

Welt sahen und unsere Gesellschaft musterten. Es ist erstaunlich, welche gewaltige Anzahl geistlicher Individuen beiderlei Geschlechts einem hier auf allen Wegen und Stegen begegnet. Selten nur steigt man in einen Wagen, ohne einen Curé oder einige Schwestern von was immer für einem Orden darin zu finden. Die Männer tragen immer ihre Breviere mit sich, die Weiber ein kolossales silbernes oder eisernes Kreuz auf der Brust, auch wohl, wenn es zu groß ist, wie einen Dolch oder ein Schwert im Gürtel.

Während wir längs der Camargue am jenseitigen Rhoneufer hinfuhren, erzählte mir ein Jäger, der neben mir saß – denn seit Eröffnung der Jagd im Monat August begegnet man überall ebenso vielen Jägern, als man seit Eröffnung der Unterrichtsfreiheit Geistliche findet –, daß er gestern dort drüben in der Camargue einen Ibis geschossen. Das hörte sich nun freilich zunächst wie eine echte Jagdgeschichte an; in der Folge indessen wurde mir aus zuverlässigem Munde bestätigt, daß dieser heilige Vogel in der Tat zuweilen das Nildelta mit dem Rhonedelta vertauscht.

Hinter Arles fährt man durch das schönste und fruchtbarste Land; die Weinpflanzungen sind verschwunden, an ihre Stelle aber treten gut angebaute Getreide- und Kleefelder und endlich Wiese an Wiese – ein Anblick, der doppelt erfreut, wenn man aus dem an Wiesen so armen Languedoc kommt. In weiter Ferne treten die wüsten und wildgezackten Alpinen hervor wie eine sichere und unnahbare Mauer vor einem Paradiese.

Aber die Herrlichkeit des Paradieses hat bald ein Ende. Mit einem Male, wie auf einen Zauberschlag, verwandelt sich das Land in Sumpf; so weit das Auge reicht, nichts als hohes Rohr, darin die Mähder kaum zu sehen sind. Bald wird es noch trostloser. Der Sumpf, der wenigstens grün ist und ein gewisses Leben heuchelt, ist ebenso schnell in eine traurige, von Kiesel bedeckte Wüste übergegangen. Die tote Dammerde zwischen den Steinen hat nicht die Kraft, einen gesunden Halm zu treiben; höchstens bringt sie jene eigentümlichen Heideschwellungen hervor, die wir aus der Heimat der Heidschnucken kennen. Auch diese jedoch sind so ungenießbar, daß sich nicht einmal ein so bescheidenes Tier wie die Heidschnucke damit begnügen würde; nirgend eine Spur von Leben.

Dies ist die Ebene des Crau, die vierzehn Lieues im Umfange hat. Sie entstand, der Sage nach, als Herkules, von den Riesen im Kampfe bedrängt, sich nicht mehr zu helfen wußte und zu seinem Vater um Hülfe flehte. Da ließ Zeus einen Regen von Steinen fallen, der die Giganten alle erschlug. Eine einzige kleine Oase gibt es in dieser Wüste; und die soll ein Pole mit dem ausdauernden Fleiß eines Urzivilisators geschaffen haben.

Endlich verläßt man mit einem Ruck auch diese trostlose Öde und taucht in die eigentümlichste Welt. Wenige Gegenden der Erde mögen dem Vorüberfliegenden so viele Abwechslung gewähren als die im Grunde nur so kurze Strecke zwischen Arles und Marseille. Der Vielgereiste wird hier an das Verschiedenste erinnert, und seine Phantasie fliegt bald dahin, bald dorthin in die entlegensten Länder. Soeben glaubte ich aus der Provence nach Lüneburg versetzt zu sein, und jetzt, da ich die Heide verlasse, wähne ich auf einmal an der Tür des wilden Karstes zu stehen; wie ich aber in diese trete und meinen Blick in den Schoß des kleinen Gebirgs schweifen lasse, das sich auftut, glaube ich vielmehr einen schottischen Logh zu sehen, den Logh fine, Logh long – aber nein, es ist der sogenannte Etang de Berre, ein Finger, den das Meer dem Wanderer entgegenstreckt, soweit die Loghs Arme sind, welche die Nordische See, strenger und düsterer als ein Eroberer, aufs Land legt.

Der Etang de Berre kommt und verschwindet, bis man endlich längere Zeit an seinem Ufer hinfährt und ihn bei Sonnenuntergang mit Muße betrachtet. Ein prächtiger See! Die Berge, die ihn umgeben, sind zwar aller Vegetation bar, kahl und trostlos; aber das ist das Schöne im Süden, daß die Farben und Töne, die Stimmungen, die besonders zu gewissen Tageszeiten auf den Gegenständen liegen, Anbau, Vegetation, kurzum alles ersetzen, was im Norden nötig ist, um den Gedanken an die Wüste zu entfernen. Schon die tiefe, weiche Bläue des Sees hätte genügt, die ganze Härte seiner Umgebung zu mildern; aber obenein spielten auf diesen weißen Felsen noch alle die herrlichsten Farben der untergehenden Sonne. Nicht mehr tot, kalkig, nein brennend sahen sie aus; sie standen wie eine Schar in weißes, faltiges Gewand Gekleideter da – dann hüllten sie sich in einen rosigen Schleierhauch, der sich nach und nach in ein mildes Violett verwandelte – und endlich in ein tiefruhiges Blau überging. Das schönste Waldland mit allen Moosen und Zweigen und Vögeln konnte nicht milder entschlafen als diese Wüste. In der Mitte des Sees trat erst bei einiger Dunkelheit eine Insel hervor, als hätte sie sich vor dem Tageslichte versteckt gehalten und liebte es, erst in der Nacht emporzutauchen.

Ein Tunnel verschlang uns; vielleicht der größte Tunnel der Welt. Wir fuhren, obgleich sehr schnell, doch über acht Minuten, bevor wir wieder ans Tageslicht kamen. Ans Tageslicht? Nein: die Sonne war inzwischen untergegangen, und ist sie einmal hinunter, wird hier schnell Nacht, da sie in der reinen Luft keine Feuchtigkeit findet, in der sich ihr Licht nachspiegeln könnte. Die goldenen Wolken über den Bergen waren plötzlich schwarz geworden, die Berge selbst verkrochen sich; es wurde kühler, man hörte das Rauschen des Meeres. Als ich auf der Höhe des Omnibus in Marseille einfuhr, war schon Nachtleben überall; der Hauch der großen Stadt wehte mich an, und das ist wohltuend in Frankreich, wo die meisten Provinzialstädte verphilistern und neben Paris einen kleinstädtischen, einen Dilettantengeruch bekommen.

Gleich nach meiner Ankunft machte ich noch einen langen Spaziergang durch große und kleine Gassen. Überall viel Leben, überall der Kosmopolitismus einer Seestadt. Es ist eben Markt hier; auf dem Platze wimmelt es von Spaziergängern, man hört viel englisch und italienisch sprechen und sieht dickbäuchige Türken und nervöse Araber. Das Volk scheint sehr lustig. Noch einen Spaziergang am Hafen, um den Wind durch die Taue pfeifen zu hören, und dann nach Hause, wo ich spät nach Mitternacht todmüde die Feder aus der Hand fallen lasse.

4. September 1851

Meinem Reisegrundsatze gemäß, trat ich die Wanderung durch die Stadt allein an, wie ich es immer tue, bevor ich Bekannte aufsuche oder Empfehlungsschreiben abgebe. Es ist ein so behagliches Gefühl: noch bin ich unbekannt und unabhängig, noch kann ich unbeobachtet unternehmen, was ich will, und brauche keinen Zensor zu scheuen. In einigen Stunden werde ich der Zuvorkommenheit eines Gastfreundes, einem für mich entworfenen Plane, einer Einladung und vielleicht der Sitte der Stadt, den Vorurteilen einer Gesellschaft oder einer Klasse angehören – jetzt bin ich noch frei!

So wanderte ich dem Hafen zu. Das Quartier, das ich passieren mußte, ist ein wahres Babylon. Es beherbergt alle Sprachen und alle Trachten; die orientalischen und afrikanischen sind fast in der Mehrheit. Der Burnus aus Afrika ist ein gewöhnlicher Anblick; Turban und Fez kann man überall zu Dutzenden haben. Welch ein Leben am Hafen! Hunderte von Schiffen werden aus- und eingeladen, Berge von Kaffeeballen, Millionen grüner Zitronen, alle Spezereien des Orients und Okzidents duften einem entgegen. Rings um den Hafen zieht sich ein breiter Damm, der mit himmelhohen Häusern besetzt ist. Die Parterres sind von Tavernen und von Magazinen eingenommen, welche letztere die Bedürfnisse des Seevolkes befriedigen und es so malerisch ausstatten; da hängen die gestreiften Jacken, die braunroten Sack- oder Baskenmützen, die bunten Schärpen und Gürtel. Aus den Tavernen und Tabagien klingen Lieder in allen Sprachen heraus; man fühlt die Pulse einer Welt schlagen. Jenseits des Mastenwaldes erhebt sich auf kahlem, glühendem Bergkegel das Kastel Notre-Dame-de-la-Garde, weiter gegen das Meer zu das Fort St-Jean mit seiner terrassenartigen Befestigung, ihm gegenüber das Fort St-Nicolas, ebenso stark und fest wie jenes. Gleich zwei ungeheuren Bulldogs liegen sie an den Pforten des Hafens; gegen ihren Willen kann keine englische Wasserratte passieren. Aber noch weit hinaus über das Fort St-Jean läuft ein Hügelzug, weit hinaus ins Meer; sein letzter Ausläufer steht da wie ein vorgeschobener Posten, der aufmerksam die unendliche Fläche beobachtet. Er ist unbezahlbar, dieser natürliche Damm; an ihm brechen sich die Wogen, die der Ost- und Südwind aufwühlt und die sonst im Hafen wüten würden; keine Menschenkunst hätte ihn so fest zu bauen vermocht, hätte ihn je zu bauen unternommen.

Um St-Nicolas herum biegt man gegen den neuen Hafen. Die Aussicht wird freier – gegen Süden ist sie unendlich, gegen Westen durch einen vulkanischen Gebirgszug begrenzt, der einem auf die Haut brennt, wenn man ihn nur ansieht. Das Meer ist von einer so tiefen Bläue, daß der Nordländer es für Übertreibung halten würde, wenn er es so gemalt sähe. Desto weißer schimmern die hundert Segel der aus- und einlaufenden Schiffe auf seinem Grunde.

Durch kleine Gäßchen nahm ich den Weg in die Stadt zurück. Alles Leben ist auf der Straße. Die Gewölbe schütten ihren Vorrat hinaus, die Mädchen waschen, nähen, plätten vor der Türe; der Handwerker sitzt mit seiner Arbeit auf der Schwelle oder im Fenster; Hunderte von wandelnden Kaufleuten bieten schreiend ihre Waren aus. Ich habe ein Weib gesehen, das einen Fisch auf dem Kopf balancierte, der buchstäblich zweimal so groß war als seine Trägerin. Zahllose Omnibus rasseln auf dem Pflaster, mit ihnen die Packwagen, die kleinen Karren der Marktweiber, aber wenige elegante Equipagen. Unter den schattigen Bäumen des Cours St-Louis, einer Art Pariser Boulevards, liegen schon frühe südliche Faulenzer. In den Gassen ist viel Schmutz; aber – man lache darüber – die südliche Sonne vergoldet und verklärt auch diesen. Dem Fremden, der mit dem Gedanken an die Griechen nach Marseille kommt, ist es nicht unangenehm, an einer Straßenecke „Gasse des Anarcharsis", auf einem Schilde „Gasthaus der Phokäer" und auf einem anderen den Namen Timon zu lesen. In der großen Fruchthalle, wo er Feigen und Pfirsiche einkauft und ihn die Verkäuferin freundlich nach seinem Vaterlande fragt, denkt er an die Fruchtverkäuferin des Theophrastus und an ihr: „O Fremdling!"

Aus der Fruchthalle tretend, sah ich das Museum neben mir, und ich konnte der Versuchung nicht widerstehen, mein Empfehlungsschreiben an den Direktor daselbst abzugeben. So kam ich denn in die Kunst, bevor ich das Leben kennengelernt. Die Niederländer sind hier am besten vertreten. Ein echter Rubens, „Die Jagd", eines der kräftigsten Bilder des Meisters, was viel sagen will. Übrigens die bekannten Gestalten. Ein anderes, „Die Auferstehung Christi", zeigt Rubens in seiner vollen Zeitlichkeit oder, sozusagen, Irdischheit. Da ist keine Verhimmelung, keine Engelei, keine Heiligkeit, keine besonderen Lichter –

alles menschlich, irdisch und faustst ark. Christus mit einem Panier in der Hand, das er wie eine Lanze hält, tritt mit einem großen Schritte und etwas wilder Gebärde aus dem Grabgewölbe, als träte er aus einem Gefängnis. So schreitet er auf die Wächter los; und keines Wunders bedarf es, daß sie vor ihm erschrecken, auf das Antlitz fallen oder auf und davon gehen. Seiner würdig ist das Bild seines Schülers Jordaens: „Christus mit den Aposteln im Kahne". Der Meister sitzt im Vorderteile des Schiffes und predigt den Jüngern; sie hören ihm mit mehr oder weniger Andacht zu, manche sitzen gemächlich da wie flämische Bauern; sie heucheln nicht und empfindeln nicht, aber wenn es dazu kommt, etwas zu tun oder zu leiden, wird das wenige, das von den Worten des Lehrers in Ohr und Herzen hängenbleibt, hinreichen, sie an ihre Pflicht zu mahnen. Der nackte Kerl, der das Schiff führt, ist ein wahrer Riese und stößt so gut, daß man den Kahn in Bewegung sieht. Nirgends eine Spur von Konvenienz; natürliche Grobheit neben natürlicher Grazie, kecke Zeichnung und breite Malerei, in allem ein Charakter, eine Persönlichkeit. Dann ist noch ein van Dyck da, dem man glauben muß, daß er wirklich einer ist: die Studien zu seinem „Grafen Stafford", und endlich ein unausweichlicher Snyders mit seinen Fischen, Melonen, Braten usw. usw. Seine Bilder machen satt, anstatt den Appetit zu reizen.

Vom Museum kam ich wieder an den Hafen. Es war Mittag geworden. In der Nähe der Kirche St-Victor saßen an zweihundert Mädchen, gruppiert oder einzeln, im Kirchenschatten, auf Schwellen, in Vorhäusern und verzehrten ihr Mittagsmahl. Wahrscheinlich Arbeiterinnen, die in den großen Hafenmagazinen mit Einpacken und Aussortieren oder in der benachbarten Tabakfabrik beschäftigt sind. Sie mahnten mich an Glasgow, wo man ebenfalls so große Scharen junger Arbeiterinnen zu gewissen Stunden in den Gassen sieht. Aber doch welch ein Unterschied! Jedes dieser Mädchen hier in Marseille hat sein Körbchen mit den besten Früchten, Melonen, Feigen, Pfirsichen, Weintrauben, angefüllt; dazu das blühendste Brot, den köstlichen Käse von Roquefort, die Arleser Wurst und eine Flasche roten Weines. Die von Glasgow nagen an einer Brotkrume; auch im Anzuge, sogar in Schmucksachen sieht man die Aisance der Marseiller Arbeiterinnen. Die in Glasgow sind in Lumpen gehüllt. Ein gewisses dissolutes Leben sieht man auch hier diesen Mädchen an; aber bei den wohlgenährten Südländerinnen scheint die Folge höchst freiwilligen Entschlusses, was bei den Keltinnen des Nordens Wirkung des Elends ist.

Abends

Die Rue d'Aix, der Cours St-Louis, die Rue de Rome (eine kleine Oxford Street) bilden zusammen einen imposanten Straßenzug, welcher die Stadt in gerader Linie von Nordwest gegen Südost durchläuft. An dem einen Ende schließt ihn der Triumphbogen, am andern ein kolossaler Obelisk. An diesem vorbei gelangt man in eine von Bäumen und Häusern schön bepflanzte Gegend außerhalb der Barrière, welche den spanischen Titel eines Prado führt. Trotz der Schönheit dieses Parkes verläßt man ihn doch gern, um ihn mit der Allee zu vertauschen, die gerades Wegs zum Meere an den Golf von Mordan führt. Rechts und links reihen sich die komfortabelsten Landhäuser aneinander, die besser als die Stadthäuser von der großen und vielverbreiteten Wohlhabenheit Marseilles einen Begriff geben. Da sieht man die prächtige säulengetragene Villa neben der noch anspruchsvollern Schweizerhütte; ein Bankier hatte sogar die Grille, sein Landhaus vollkommen in der Form einer gotischen Kirche, mit Spitzbogenfenstern und Türen, mit Türmen und Rosetten zu bauen.

Die Allee wird vom Meere plötzlich abgeschnitten. An ihrem Ende tut sich die herrliche Aussicht auf den Golf von Mordan auf. Vulkanische, wild zerrissene Berge strecken ihre Arme in einem weiten Halbkreise gegen Südosten aus. Im Westen wird der Golf von den Marseiller Vorgebirgen, von den trois frères, der Insel If mit ihren zwei Nachbarinseln, und von den Bergen des Sees von Berre abgeschnitten. Im Südosten wagt sich ein vom Vorgebirge abgelöster Felsenkegel sogar weit hinaus ins Meer, so daß sich zwischen ihm und den Riffen des Ufers eine dunkle Straße auftut, welche wie der Okeanosfluß in die Unterwelt zu führen scheint. Aber dieser wilde Rahmen schließt ein Bild voll heiteren Friedens ein. Am Fuße der zerhackten und gezackten Felsen liegen freundliche, mit ihren weißen Häusern weit hinausschimmernde Dörfer, erheben sich einzelne prächtige Villen, streckt eine üppige Vegetation ihre grünen Arme über das Ufer hinab bis in die dunkle Flut und drängt mit freundlicher Gewalt die Dünenbänke von ihrem Stilleben zurück. Auf den kahlen Felswänden begegnen sich die Reflexe des blauen Himmels und des noch blaueren

Meeres, die zitternd ineinanderspielen und die Abhänge mit Tinten bedecken, welche ein reiches, bewegtes Pflanzenleben täuschend nachahmen.

In diesem Augenblick wird mit vieler Kunst und großen Kosten an einer Straße gebaut, welche vom Golfe, längs des Ufers, um die Vorgebirge biegend, nach Marseille zurückführen soll. Der Umweg ist groß, aber er wird lohnend. Was kann es Angenehmeres geben, als in offenem Wagen, vom Abendwinde angeweht, bei leuchtendem Meere allen diesen Windungen des Felsenufers zu folgen und so langsam als möglich dem Gesause der Stadt entgegenzufahren, während von ferne der Leuchtturm sein weißes Licht, die verspäteten Schiffe ihre Lieder, die nachglühenden Wolken ihre Blitze herüberschicken? Ich folgte diesem neuen Wege; rechts Gärten und Landhäuser, links, mir zu Füßen, das murmelnde Meer, dem hier und da ein kleiner Bach entgegenrauscht. Aber nach einer halben Stunde wurde meine Wanderung von gesprengten Felsblöcken, Maschinen, Balken und dergleichen abgeschnitten; ich stand auf einem Vorsprung hoch über der Flut – der Weg führte nicht weiter. Mit Mühe kletterte ich das zerbröckelte Gestein hinauf und verlor mich zwischen stillen Gartenmauern, offenen Weideplätzen, kahlen Hügeln, steinigen Schluchten und Tälern. Mein Führer war das von steiler Höhe herabwinkende Fort Notre-Dame-de-la-Garde; in Eile erreichte ich es, bevor die Sonne untergegangen war.

Die Kapelle von Notre-Dame-de-la-Garde ist eine der begnadetsten des Landes und von den Frommen am meisten besucht. Die Madonna über dem Altare, die Arbeit eines Marseiller Künstlers, ist aus getriebenem Silber und tut sehr viele Wunder. Die „ex voto", welche als Abbildungen verschiedener geheilter Glieder, glücklicher Entbindungen, überstandener Krankheiten, furchtbarer, doch schadlos vorübergegangener Meerstürme im buchstäblichen Sinne des Wortes alle Wände der Kapelle bedecken, geben Zeugnis von der unausgesetzten Wundertätigkeit dieser Madonna. Doch hielt ich mich bei diesen Mirakeln nicht lange auf, bezahlte sie gläubig mit fünf Sous und eilte hinaus, um das natürliche Ereignis eines Sonnenunterganges auf dem Mittelländischen Meere nicht zu versäumen. Als ich auf die Plattform trat, lag die Sonne schon als ungeheuere Kugel auf dem äußersten Rande des Horizontes. Hafen und Stadt deckte bereits webende Dämmerung; die Leuchttürme waren entzündet. Über der Bläue des Meeres zitterte ein bräunlicher Schleier. Aber die Spitzen der Berge leuchteten, und die Kuppen, die gleich einem gewaltigen Kandelaber die Sonne in ihren Armen festzuhalten scheinen, sprühten und brannten wie weißglühendes Metall. Langsam begann nun jenes gewisse Rücken und Sinken des großen Erleuchters; die Strahlen verloren ihre Kraft, man konnte dem Scheidenden ruhig ins Angesicht schauen, das unverhüllt dem Zurückbleibenden lächelte. Endlich lag ein schmaler Kranz wie ein Golddiadem auf dem höchsten der Berghäupter – und endlich verschwand auch er. Die Sonne versank, und in diesem Augenblick flogen nach rechts und links, wie zwei purpurne Schlangen, die tiefgetränkten Lichtstreifen hin am ganzen westlichen Horizont; sie blitzten auf und verbreiteten sich als dunkelglühende Abendröte über das halbe Firmament. Ein leiser Wind erhob sich, und sanft lispelte und murmelte das Meer, wie ein Kind im Einschlafen. – Es entschlief, und Nacht lag ringsumher. Aus der Stadt herauf zog ein dumpfes Rauschen; die Lichter wurden angebrannt, die Glocken begannen zu läuten.

Der öde Weg von Notre-Dame-de-la-Garde war belebt von allen diesen Tönen; in der Nähe des Hafens kamen mir Scharen von Mädchen singend und lachend entgegen. Ich sprang in einen Kahn und fuhr nach dem Chinesischen Palaste, dem Fort St-Nicolas gegenüber. Auf allen Schiffen ging es so häuslich her wie am heimischen Herde. Das Schiffsvolk saß am Tische gereiht und aß und trank; französische, englische, deutsche, griechische Lieder ertönten von allen Seiten. Die Wasser waren still; mein Kahn fuhr leise dahin.

Es gibt gewisse Punkte in der Welt, die von der Vorsehung eigens für kaffeetrinkende Zigarrenraucher geschaffen sind, zum Beispiel das Café Tommaso in Triest; die Bänke vor der Boutique des Sorbetverkäufers auf der Riva dei Schiavoni in Venedig; die Terrasse des Posthotels in Varenna, mit dem Blick auf beide Arme des Comer Sees; der Garten der „Drei Kronen“ in Vevey, mit der Aussicht auf den Leman, auf das Rousseausche Meillerie und in das Tal von Wallis; in Paris das Café de la Rotonde im Garten des Palais national; in London die Terrasse von Adelaide Hotel über der Themse und London Bridge; in Deutschland die Brühlsche Terrasse und in Marseille der Balkon des Chinesischen Hauses, der sogenannten

Maison Isnard. Was kann es Süßeres geben als, die ungesetzliche Zigarre im Munde, den duftenden Mokka vor sich, so gedankenvoll-gedankenlos da zu sitzen, ganz so wie der beturbante Orientale neben mir, und hinabzusehen auf diesen Herzynischen Wald von Masten, auf das bunte Schiffsvolk in seinen Schatten, auf die sanftbewegte Welle, die träumend an die Rippen der Riesendampfer plätschert; auf das stille Fort St-Nicolas mit dem melancholischen Faktionär, der mechanisch wie ein Pendel auf der Mauer hin und wider wandelt und dessen Bajonett im Mondschein blinkt, und endlich auf die schwarze Unendlichkeit, die man das Meer nennt?! Heitere und traurige Gedanken, aber beide sanft lächelnd und in die Zukunft sehend, ziehen Hand in Hand, sonderbar gepaart, vorüber und verschwimmen körperlos mit dem Murmeln des Meeres, mit den Liedern des Hafens, mit dem Duft des Mondscheins, mit den Nebeln der Berge.

Ob auch die Jahre weiterziehn,
Die Träume sind geblieben;
Und dann – ob auch die Träume fliehn –,
Es bleibt das Lieben.

Zwei blonde deutsche, sehr liebenswürdige Jünglinge, wahrscheinlich Handlungsbeflissene, störten mich auf höchst unangenehme Weise aus der Gemütlichkeit dieses gedankenlosen Zustandes. Sie sprachen ein schändliches Französisch, und doch, wenn man ihnen gedroht hätte, das Fort St-Jean an ihren Hals zu hängen und sie ins Meer zu versenken, wo es am tiefsten ist, es wäre kein deutscher Laut aus den Kerlen herauszubringen gewesen! Ich zahlte meinen Kaffee, murmelte einige echt deutsche Flüche und ging voll unpatriotischer Gedanken heimwärts.

5. September 1851

Auf einem breiten Stuhle sitzt die große Gestalt des heiligen Josephus. Haupt- und Barthaar sind grau, die Züge von der Sonne gebräunt, von Jahren und Erfahrungen gehärtet; ein sinnender Ernst sitzt auf den buschigen Augenbraunen; ein weißes, faltiges Gewand deckt die kolossalen Glieder. Ihm zwischen den Knien steht das kleine Christuskind, ein Proletarierjunge mit etwas dickem Kopf und knochiger Stirn, aber feinen Lippen und durchsichtigem Blick. Es hebt die Hand auf wie zum Segen, und da es nach vorn schreitet und auf der untersten Stufe des Bildes steht, ist es, als wollte es aus der gemalten Traumwelt plötzlich und mit einer gewissen wilden Gewalt in die wirkliche, irdische hineintreten. Das ist keiner jener vielen gemalten Heilande, die sich von der Erde wegsehnen und jeden Augenblick die Himmelfahrt zu unternehmen drohen; dieser Heiland hat eine umgekehrte Sehnsucht. – Dies in schlechten und kurzen Worten die Beschreibung eines Altarbildes, das sich in einem alten Gemäuer zu Marseille befindet. Das alte Gemäuer heißt die Kirche St-Victor und ist ein Rest der Abtei gleiches Namens, die in der Französischen Revolution zerstört worden. Der Maler dieses herrlichen Bildes aber heißt Dominique Papéty.

Ich sage es meinen deutschen Landsleuten nur vertraulich ins Ohr: sie bilden sich viel zuviel auf ihre

Kreuzgang in der Kathedrale von Arles

Fort Saint-Jean, Marseille

Bekanntschaft mit aller Welt ein. Das Beste und Schönste, das die Fremde hervorbringt, entgeht ihnen oft über dem schreienden, zudringlichen Mittelmäßigen. Die Scribes und Dumas', welch ein gewaltiges Publikum haben sie jenseits des Rheins, wo der poesievolle Idyllendichter Brizeux kaum dem Namen nach bekannt ist! Und wie mit der Poesie, ist es auch mit den anderen Künsten. Die Horace Vernets und die Delaroches, diese Scribes und Dumas' der Malerei, entzücken unsere Bankiers und werden auf deutschen Kunstausstellungen bewundert. Wer kennt Papéty, einen der bedeutendsten Maler des modernen Frankreichs?

Die nur kurze Lebensfrist, welche der Entfaltung dieses großen Talentes gegönnt war, und der zufällige Umstand, daß sich die meisten seiner Bilder im Privatbesitz befinden und mehr oder weniger unzugänglich sind, bilden allerdings eine Art von Entschuldigung; statt anzuklagen, will ich daher mit kurzer Erwähnung seiner Werke fortfahren und meine Landsleute mit Papéty bekanntzumachen suchen. In Marseille, seiner Vaterstadt, befinden sich noch zwei bedeutende Bilder dieses jungen Meisters. Die Kirche Marie-Majeure besitzt die „Heilige Philomena", eine einfache weibliche Gestalt, die mit ausgebreiteten Armen aus dem Rahmen herauszuschweben scheint, und „Jesus, von beiden Eltern begleitet, aus dem Tempel kommend". Der zarte, doch kräftige Knabe glüht noch vom Feuer des Kampfes, den er soeben mit den Schriftgelehrten bestand. Mit emporgehobenen Armen schreitet er vorwärts, noch ist er in Begeisterung, noch scheint er zu predigen, zu streiten und zu lehren. An seiner rechten Seite, mit dem langen Stabe in der Hand, geht Josephus; ein Mann im kräftigsten Alter, mit der Miene des Beschützers und Vormundes, ist er entschlossen, den Kleinen zu verteidigen, auf dessen Worte er mit aufmerksamer Ruhe horcht. Aber tiefere Gefühle bewegen die Mutter. Sie hüllt sich in ihr dunkeles Gewand und hält die Hände fest über die Brust gedrückt. Langsamen Schrittes und sinnend folgt sie dem schnellschreitenden Kinde; der mütterlichen Ahnung wird die ganze Bestimmung ihres Sohnes klar, und erhabene Leidensbeschlüsse fassend, blickt sie ihm nach. Lebe wohl, sagt sie dem ruhigen Mutterglück, und ergeben begrüßt sie das reichere Leid, welches sie aus dunkeler Ferne kommen sieht. Eine schön geputzte Kurtisane betrachtet mit einem Gemisch von frivoler Neugierde und ernster Ahnung die Gruppe. Im Hintergrunde der Tempel mit seiner stolzen Säulenhalle, aus- und eingehende Fromme, Schreiber und Schriftgelehrte, römische Wachen und Soldaten in glänzender Rüstung – die ganze alte Welt, die es nicht ahnt, daß dort ihr zukünftiger Zerstörer als Kind zwischen Vater und Mutter wandelt!

Ein eigentümliches, anfangs unbestimmtes Gefühl bemächtigt sich des Beschauers dieser Bilder. Sie sind ein Rätsel, etwas Neues; er weiß sie nicht zu klassifizieren. Sind es Heiligenbilder? Nein – dazu sind sie zu robust, zu irdisch, uns zu nahe verwandt. Sind es profane Bilder? – Noch weniger; denn es verklärt sie ein gewisser Schein, den wir einen Heiligenschein nennen müssen, da wir es einmal so gewöhnt sind. Sie stellen vielleicht doch Bewohner dieser Erde vor, aber dieser Erde, wie sie werden soll, der künftigen Erde.

Das ist es; Papéty ist ein Mann der Zukunft – wie alle großen Künstler, ein ahnungsvolles Gemüt, das überall die Zukunft sucht, sieht und darstellt.

Zufällig kenne ich eine große Zahl Papétyscher Werke: Ölbilder, Aquarelle, Kartons, die sich im Besitz von Bekannten und Freunden befinden und sonst dem Publikum unzugänglich sind. Eines der schwächeren unter diesen, dem Herrn François Sabatier gehörig, gibt mir den Schlüssel zum ganzen Wesen des ahnungsvollen, schöpferischen Künstlers. Es ist eine Allegorie – denn der eine neue Welt suchte, die er noch auf dieser Erde nicht fand, mußte er es nicht auch mit der undankbaren Allegorie versuchen?

In dunklen Wolken sitzt die kahlköpfige, graubärtige Vergangenheit und liest im vergilbten Pergamente; neben ihr die trübe Gegenwart, traurig, aufgegeben vor sich hinstarrend, mit der linken Hand greift sie träumerisch nach dem vergilbten Pergamente, als wollte sie dort Rat holen in ihrer Ratlosigkeit. Lässig liegt die Rechte, die Hand der Tat, im Schoße. Auch sie werden bald die dunklen Wolken, die sie schon halb umhüllen, verschlingen. Indessen aber, von beiden ungesehen, fliegt aus blauem Hintergrunde die leuchtende Gestalt des Genius der Zukunft hervor. Sein schimmerndes Gewand ist von Sternen umrändert; sein Gesicht ist ernst und doch liebe- und verheißungsvoll lächelnd. Die Arme breitet der heilige Knabe aus, als wolle er eine Welt an sein Herz drükken.

Dieser Genius der Zukunft, ist es nicht derselbe Knabe, welcher dort predigend und streitend aus dem Tempel tritt, mutig vorwärts dem Glaubenden entgegenschreitet und eine alte, obwohl glänzende, doch verwitterte Welt hinter sich läßt? Ist es nicht derselbe Knabe, der dort auf dem anderen Bilde aus dem Schoße des greisen Alters segnend hervorgeht?

Die Zukunft war es, die Papéty überall suchte und fand; in ihm selbst, wie wir sie, an der Schwelle einer neuen Zeit stehend, nur ahnen; in der Weltgeschichte, wo sie ihm symbolisch oder im Spiegel verklärter Vergangenheit entgegentritt; in der Kunstgeschichte, wo sie als Blüte des Menschengeistes antizipiert zur Erscheinung kommt.

Eine Anekdote und eine Erfahrung aus dem Leben Papétys müssen wir hier einschalten, die wie seine Bilder für ihn charakteristisch sind. Vor Jahren, noch in Papétys früher Jugendzeit, hatte Ingres, der strenge Meister der Form und der etwas beschränkten Klassizität, der den jungen Maler nicht besonders liebte, seine Schüler um sich versammelt. Und zu diesen sagte er mit warnender Stimme: „Meine Freunde, es gibt einen jungen Menschen in Frankreich, der noch unbekannt ist, noch nicht viel weiß, der nur strebt und sucht – wenn er aber gefunden haben wird, dann wehe euch!“

Die warnende Prophezeiung des alten Meisters schien bald in Erfüllung gehen zu wollen. Papéty errang den Ersten Preis der Akademie und wurde nach Rom geschickt. Aber den Preis, welchen sie dem Schüler zuerkannt, konnte sie, die Vertreterin des Fertigen und Alten, dem Manne, der mit seinem ganzen freien Wesen hervortrat, nicht zugestehen. „Der Traum vom Glück“, die erste Frucht seines neuen Strebens und Wollens, ein gewaltiges Bild, das

Papéty bald nach Paris sandte, wurde von Akademie und Regierung verschmäht; zum ersten Male seit Menschengedenken wies man die erste Arbeit eines Preisgekrönten zurück. Und Akademie und Regierung hatten recht mit ihrem Instinkte, den die Gefahr eingibt. Im vorigen Jahrhundert hätten Hof und Hofleute dieses Bild, das nichts anderes ist denn ein Traum aus den Gärten des Akademos, fleischgewordenes platonisches Wort, wie eine gefahrlose, unschädliche Idylle von Florian bewundert. Heute sah man hinter diesen friedlichen Gestalten von Liebenden, Lehrern, Schülern, spielenden Kindern nichts als Sozialismus und Revolution, hinter dem Tempel im Hintergrund einen Klub, eine Volksbank, eine Phalanstère – Gott weiß was!

Und im Grunde hatte man recht. Die Idylle, das Gedicht des Friedens und der Liebe, ist das revolutionärste Gedicht. Denn was wollen wir anderes als Liebe und Frieden, als die Erfüllung des Papétyschen „Traumes vom Glück"; als lieben, lehren und belehrt sein; unsere Kinder, unsere Zukunft, in Blumen spielen und aufwachsen sehen? Die Devise „Brüderlichkeit", welche die Gegenwart auf ihr Schlachtpanier schreibt, schreit sie nicht mitten aus dem Kampfgewühle nach Frieden und Liebe? Das gangbar gewordene Wort vom „Kriege gegen den Krieg" – die verschiedenen Friedenssekten und Phalansterianer, die, vorzeitig vielleicht, doch gewiß menschlich, friedliche Eroberung des Größten und Schönsten predigen – selbst die komischen Friedenskongresse, sind sie nicht Symptome genug der tiefen Friedenssehnsucht? Papéty hat sie in ihrer

Erfüllung gemalt. So ist der Maler des „Christus" ursprünglich ein Idyllendichter, ein Verkörperer platonischer Ideen, ein schöner, genießender Heide, ein Herold moderner Wünsche.

Eine große Idee trägt alle Ideen in ihrem Schoße und ruht im Schoße aller Ideen. Sie ist unteilbar und allverteilt: es ist dies der Pantheismus der Vernunft. Nur scheinbar tritt der Priester aus ihrem Kreise, das sehende Auge sieht ihn immer und überall mit ihrem Dienste angetan. Der Maler des „Christus" und des „Traumes vom Glück" ist derselbe, der die „Griechischen Mädchen am Brunnen", eine Idylle aus dem schönen Leben der Hellenen, geschaffen hat. Mädchen mit ihren schlanken Wasserkrügen in Hallen oder in südlichem Sonnenschein sitzend und wandelnd und so lieblich plaudernd vielleicht wie jene Fontäne, die dort zwischen den Säulen hervormurmelt; es ist eben nichts als Schönheit und Friede, der große Traum von Glück im Kleinen wiederholt: ein Regenbogen in prismatischem Glase.

„Die Sterne in der eigenen Brust", die wir manchmal unseren Willen nennen, mußten Papéty notwendig nach dem Lande führen, in welchem einst ein der Vollendung nahestehendes, durch unsere Liebe noch mehr verklärtes Volk gelebt, das wie ein in unserem Rücken aufgestellter Spiegel uns, wenn wir zurückblicken, einen Teil der Welt zeigt, der wir zusteuern; mußte er nicht die zertrümmerten Anfänge „seiner Zukunft" aufsuchen? Die Kartons, die er aus Griechenland zurückgebracht, sind ein Reliquienkasten von Erinnerungen an jede Stelle, die einst Schönes und Großes gesehen hat. Über den Tempeltrümmern, den öden Tälern, den einsamen Lorbeerbüschen weht ein Hauch lebenden, unsterblichen Griechentums, als sollte der Lorbeer noch heut die Stirne eines olympischen Dichters bekränzen, als wären soeben die Bekämpfer der Barbarei durch diese Täler gegen Marathon gezogen, als würde in diesen Tempeln noch jetzt den schönen Göttern des Himmels und der Erde geopfert! Das Parthenon aber, den Inbegriff aller Kunst und Schönheit, hat er, „ein rückwärtsgekehrter Prophet", wieder so aufgebaut, wie es die Augen des Perikles entzückt hat.

So Christ und so Heide, steht er von selbst auf den überschauenden Höhen, die andere Geister vor ihm aufgetürmt haben. Das Höchste, das die Kunst der modernen Welt in Worten und Tönen hervorgebracht, nimmt er in sich auf und bringt es noch einmal hervor. Sein Wort ist die Form, sein Ton die Farbe. In einem Palaste zu Florenz malt er die Meisterwerke Shakespeares und Mozarts; denn im Ewigen ist die Zukunft.

Ich wollte nur auf Papéty und die beherrschende Idee seines Lebens aufmerksam machen; ihn zu klassifizieren, überlasse ich anderen. Bilder zu beschreiben, die selbst nur die vollkommenste Beschreibung sind, halte ich für unnütz; ich bin schon zufrieden, wenn ich nur dazu beitrage, den Namen eines großen Künstlers weiterzuverbreiten. Vor einem Jahre hatte ich ihn selbst noch nie nennen gehört. Im September 1850 sprach man mir von einem Requiem, das in der abseits liegenden Kirche St-Vincent-de-Paul zu Paris abgehalten wurde. Ein unbekannter Kompositeur, Besozzi, hatte das Requiem komponiert, eine damals noch unbekannte Sängerin, Emmy Lagrua, die sich zufällig aus Deutschland hierher verirrt hatte, sang das schöne Trauerlied mit ihrer seelenvollen Stimme, und die Freunde Papétys weinten eine stille Träne. Er war im Alter Raffaels gestorben. Aber die Götter scheinen ihren Lieblingen, die sie jung zu sich nehmen, die kurze Lebensfrist durch einen klaren und heiteren Blick in alle Zukunft auszudehnen und zu bereichern.

6. September 1851

Um elf Uhr morgens stieg ich in den Kahn, um nach Château d'If hinüberzufahren. Es war Windstille, und die Fahrt dauerte fast eine Stunde. Ein Dampfschiff nach dem andern flog an uns vorüber; das eine nach Algier, das andere nach Smyrna, das dritte nach den Antillen, das vierte sogar nach Kalifornien. Im Hafen hatte ich die Reisenden gesehen, die mit ihrem Gepäck auf vielen Kähnen diesen Dampfern entgegeneilten. Nur wenige betrübte oder von Aufregung zeugende Gesichter habe ich unter ihnen bemerkt; so sehr hat man sich heutzutage an das Reisen in die fernsten Zonen gewöhnt. Am Horizonte standen hundert Schiffe mit herabhängenden Segeln wie angenagelt; des Morgens hatten sie Dampfschiffe dahin geschleppt, aber kein Luftzug kam ihnen zu Hülfe. Wie ein Hohn auf die alte Welt und ihre Mittel, zu leben und sich zu regen, jagten die Dampfschiffe an ihnen vorüber. Eines schleppte eben einen beleibten Muselman, von dessen Maste der Halbmond auf die christliche Welt niedersah, in den nahen Hafen. Vor dem Fort St-Jean arbeitete eine Dampfmaschine,

Berge von Sand in die sie umgebenden Kähne ausschüttend.

Die Insel If bietet trotz ihrer Öde und Kahlheit doch einen überaus malerischen Anblick. Die Mauern, die sie umgeben, müssen sich den Formen des Felsens fügen und je nach seinen Rissen und Höhen auf- und absteigen, so daß sie hier den Fuß im Meere baden, während sie dort von steilem Abhange luftig niedersehen. Überall aber werden sie vom inneren Schlosse mit seinen Zinnen und der Terrasse überragt. Den Hintergrund bilden die zwei größeren Eilande, Ratonneau und Pomegue, die durch eine Mauer verbunden sind. Der Raum zwischen beiden bildet den Hafen Dieudonné. Man nennt ihn Gottesgabe, weil er fast ganz von der Natur geschaffen und die Menschen nur wenig zu tun hatten, um sich ihn nutzbar zu machen. Beide Inseln sind ebenso wie If verbrannte, von Forts gekrönte Felsstücke, Pomegue trägt noch das weitläufige Gebäude der Quarantäne auf seinen Schultern.

Je näher man den Inseln kommt, desto sichtbarer wird der aufsteigende Meeresgrund. Jede kleine Wasserpflanze ist in dem Walde von Seetang zu unterscheiden. Fische, Krabben und anderes Getier treiben sich wie Wild im Forste auf seinem Grunde umher, während über ihm der Seestern hin- und herschwebt. Die Schatten der Wolken am Himmel fallen bis in diese tiefe, verborgene Welt.

Eine teils in den Felsen gehauene Treppe führt in mancherlei Windungen zwischen zwei Mauern in das Innere der Befestigung. Es besteht aus dem Schlosse, einem kleinen Parallelepipedum, aus dem modernen, unbedeutenden Wohngebäude des Concierge und aus fahlem, zerrissenem Felsboden fast ohne alle Vegetation. Im Graben des Schlosses gedeiht kümmerlich ein wilder Feigenbaum. Die ganze Bewohnerschaft dieser kleinen öden Welt setzt sich in diesem Augenblicke zusammen: aus dem Concierge und seiner Frau, aus einem Lieutenant und zehn Mann Soldaten, aus einer Ziege und einem kleinen korsischen Widder; die letzteren haben innige Freundschaft geschlossen und sind unzertrennlich. Immer vereint, treiben sie sich auf dem Felsen und, wenn das Schloßtor geöffnet wird, in den Gängen und auf den Terrassen umher. Sie folgen auch den Fremden in das Gefängnis Mirabeaus und stören ihn ironisch in seinen welthistorischen Betrachtungen.

Mit dem ersten Schritt in den Schloßhof mußte ich laut auflachen! Vor der Gefängnistüre links am Eingang glänzte mir die Inschrift „Prison de Monte Christo" entgegen. Der Concierge sah mich prüfend an, dann sagte er lächelnd: „Eh bien, Sie wissen es, soit! – Ich habe es nicht hingeschrieben, und viele Fremde glauben es." – Er öffnete die Türe, ich trat in ein wirklich schauderhaftes Gefängnis, in ein Loch ohne Licht, das wenige ausgenommen, welches durch ein kleines Gitterchen der Türe fahl auf den Boden fällt, ein Loch, das nicht fünf Schritte lang, kaum zwei Schritte breit und höchstens drei Ellen hoch ist. Das Gemäuer, ohne alle Bekleidung oder Tünche, besteht aus eckig und spitz hervorragenden Steinen. Aus diesem Gefängnisse Monte Christos traten wir in das anstoßende des „Abbé Faria". Ein Teil der Wölbung des ersteren bildet die Seitenmauer dieses besseren und bequemeren Gefängnisses. Man kann in der Tat annehmen, daß zwei Gefangene in diesen beiden Löchern durch die leichtgemachte Entfernung einiger Steine eine Verbindung herzustellen vermögen. Diesen Trost kann ich germanischen Leserinnen, die an Monte Christo glauben, nicht vorenthalten: Alexander Dumas hat Ort und Gelegenheit mit vielem Geschick benutzt, um sein Märchen wahrscheinlich zu machen. Nur der berühmte Wurf im Sacke läßt einigen Zweifel aufkommen, da die Mauer, von deren Höhe der umbarmherzige Romancier den armen Monte Christo schleudert, von der Fläche des Meeres durch unterschiedliches Felsgestein so bedeutend entfernt ist, daß man eben einiger Dumasschen Romantik bedarf, um einen solchen Wurf zu tun oder an ihn zu glauben. Wahrscheinlich um auch mir einige Gläubigkeit beizubringen, versicherte der Concierge, daß sich in den Registern des Gefängnisses wirklich die Namen Abbé Faria und Dantes vorfinden, und zwar letzterer von der Bemerkung begleitet: „wegen Expedition eines Briefes von Bonaparte". Auch dieses sei deutschen Gemütern zur Beruhigung gewissenhaft verzeichnet.

Die Treppe, die in den ersten Stock führt, und eine Galerie brachten mich aus Dumasischen Geschichten in die Geschichte – in das Gefängnis Mirabeaus. Es befindet sich gerade oberhalb des Gefängnisses Monte Christos und entspricht diesem in Lage, Größe und Aussehen. In welch kleinen Käfig wagte man diesen gewaltigen Löwen einzuschließen, der mit dem Schütteln seiner Mähne die Bastille gebrochen und alle Gefängnisse der Welt wenigstens erschüttert hat! –

„Sehen Sie", sagte der Concierge, „hier hat er lange Monate verbracht; ist es ein Wunder, daß er die Freiheit liebte?" – Eine Bemerkung, die manche Weisheit manchen Historikers aufwiegen würde, wenn Mirabeau wirklich die Freiheit geliebt hätte. Und doch hatte der Concierge recht; Mirabeau liebte die Freiheit, aber wie einer, der sie in seinem eigenen Gefängnisse, und nur weil es *sein* Gefängnis, lieben gelernt, nicht wie der sie liebt, der die Haft der ganzen Welt als seine eigne fühlt.

Auf If hat sich die Tradition erhalten, daß der Sohn des Menschenfreundes nach einem Besuche seines Bruders das kleine düstere Loch mit dem nebenan befindlichen größeren und lichteren Gelaß vertauschen durfte. Ein ziemlich großes Gitterfenster gestattet die Aussicht gegen Süden auf das Meer. – Wie muß dem kochenden, brausenden Menschen zumute gewesen sein, wenn er die Schiffe auf freiem Element allen Weltgegenden zufliegen sah! Wenn es stürmte, mag es in ihm am düstersten ausgesehen haben; denn der Adler im Käfig, so sagt man, ist bei stürmendem Wetter am traurigsten. Er half sich, indem er seine weltdurchstürmenden Gedanken aus seinem Gemüte heraus auf das Papier warf; denn in diesem milderen Gefängnisse waren ihm Papier und Feder gestattet. In einer Ecke ist noch ein schmales Brett befestigt, welches Mirabeau als Schreibpult gedient haben soll.

Dem Gefängnisse des demagogischen Aristokraten schräge gegenüber befindet sich das gewölbte Gemach, das einen prinzlichen Demokraten oder wenigstens einen, der es zu sein vorgab, eine Zeitlang beherbergte, bevor er nach Paris befördert wurde, um sein scheußliches Haupt der Guillotine darzubringen: Philippe Égalité. Als er hier auf seiner Flucht aufgehalten worden, stopfte man Château d'If mit republikanischen Soldaten und Freiwilligen voll, da man das Geld, die Freunde und die Intrigen der Orléans fürchtete und eine so kostbare Beute nicht verlieren wollte. Dasselbe Zimmer hat später Lavalette bewohnt.

In dem großen Gemache nahe daran residierte gezwungenerweise der Generalstab Joachim Murats. Die schlechten Wandmalereien, die es anfüllen, sind Erinnerungen an die langweiligen Haftmonate. Alle übrigen Gemächer des Schlosses waren noch vor kurzem von den Juniinsurgenten des Jahres 1848 bewohnt. Es waren ihrer 380 und, wie der Concierge sagte, der Lärm, den sie verführten, unerhört.

Bevor ich dem Concierge seinen Franken in die Hand gedrückt und Abschied genommen, erzählte er mir noch, daß er ein sehr einträgliches Geschäft machen könnte, wenn er nur viele Exemplare von „Monte Christo" vorrätig hätte. Die meisten Reisenden erkundigten sich danach, da es ihnen interessant scheine, die Geschichte auf ihrem Schauplatze zu kaufen und sie als Andenken mit in die Heimat zu nehmen. – Ich fragte, ob dies nicht auch mit den Memoiren Mirabeaus der Fall sei. – „Nein", antwortete er trocken, aber bedeutungsvoll lächelnd. Dieser Mann war mir eigentlich einer der interessantesten Gegenstände auf dem öden Felseneiland. Sein Gesicht wie sein Benehmen zeugten von klarer Intelligenz, von menschlichem Gefühl und nebenbei von spekulativer Klugheit. Mit sichtbarer Freude verkündete er, daß er keinen Gefangenen unter seiner Aufsicht habe, und knüpfte die Hoffnung daran, daß es noch lange, vielleicht immer, so bleiben werde. Im Gegenteil habe ich bei allen Gefangenwärtern und Kerkermeistern, die ich je kennenzulernen die Ehre hatte, eine um so größere Freude, einen um so größeren Stolz bemerkt, je größer die Zahl, je schwerer die Strafe ihrer Gefangenen gewesen. Mit ausdrucksvollen Worten sprach er von der Schwere der Einsamkeit, die manchmal auf ihm laste, ihm, dem es doch freistehe, seinen Posten zu verlassen oder mit dem Dienstschiffe wenigstens zweimal in der Woche nach Marseille zu fahren, und zog daraus den Schluß, wie schwer erst die Einsamkeit auf die gezwungenen Gefangenen drücken müsse. – „Freilich", fügte er mit einem vorsichtigen Seitenblick auf mich hinzu, „habe ich auch schon Gefangene gesehen, die eine solche Gemütsruhe, eine solche Befriedigung ihrer selbst ins Gefängnis mitgebracht, daß es alle seine Schrecken für sie verloren zu haben schien. Sie können sich nicht vorstellen, wie heiter viele der Gefangenen von 1848 ihre Haft getragen und der Verurteilung entgegengesehen haben." – Es ist allerdings möglich, und nach dem klugen Augenzwinkern und dem Beobachten zu schließen, das ich an ihm bemerkt habe, ist es vielleicht sogar wahrscheinlich, daß der Mann seine Worte nach dem Charakter, den er beim Fremden vermutet, stellt und einrichtet; ich zeichne ihn aber gerne so, wie er

---

Château d'If vor Marseille

Die Brücke von Saint-Chamas

sich mir gegeben. Leuten auf solchen Posten ist es nicht schwer, in mancher Beziehung Menschenkenner zu werden und allerlei Beobachtungen anzustellen. Das bewies mir auch die Bemerkung, daß die Engländer zuerst und am liebsten auf Égalités Kerker zueilen, ihn wie den Käfig eines wilden Tieres ansehen und oft anspucken; daß sich die Franzosen für die Löcher Mirabeaus und Monte Christos gleich sehr interessieren, Deutsche und – Russen aber am längsten bei Mirabeau zu verweilen pflegen.

Mit einem leisen Südwindhauche fuhr ich gegen Marseille zurück. Es war zwei Uhr, die Sonne brannte fürchterlich. Ich legte mich auf die gepolsterte Bank des Kahnes, um Siesta zu halten, selbst erstaunt über die Gemütsruhe, mit der ich Château d'If besucht und verlassen. Einige Jahre früher, nur noch mit einem Funken von der Begeisterung, die ich bei erster Lesung der Biographie und der Reden Mirabeaus verspürt – wie anders hätte ich diesen öden Felsen betrachtet, mit welchem Herzklopfen ihn betreten! Seit damals aber haben jakobinische Gedanken die Büste, die ich ihm in meiner revolutionären Herzkammer aufgestellt, zertrümmert; der Beschluß ward mit Lärm gefaßt und mit Schmerzen ausgeführt. Versteckte Parktüren, die zu einer schönen Königin führen, müssen von einem mächtigen Zauber umgeben sein – aber Geld! Geld! armer, großer Mann! – Traumlos schlafend kam ich in Marseille an; was von Mirabeau zu träumen ist, habe ich schon vor langen Jahren durch- und ausgeträumt.

Marseille, den 7. September 1851

Es ist vier Uhr morgens. In einer Stunde verlasse ich diese Stadt, die ich während eines kurzen Aufenthaltes liebgewonnen habe. Sie ist trotz dem Mangel an großen Einzelheiten, an monumentalen Gebäuden und bedeutenden Bildungsinstituten doch in allem und jedem eine *große* Stadt. Auf Land, Inseln, Meer und Menschenangesichtern liegt jener ausgesprochene Charakter des Südens, der für den Nordländer so unendlichen Reiz hat. Im regen Treiben der Gassen, im Lärm des Hafens fühlt man das Herz erweitert und im Kontakte mit der ganzen Welt. Man vergißt alles Komische, das sich die Pariser und die südlichen Nachbarn gerne von Marseille erzählen. Den etwas kindischen Dialekt, der allerdings komisch klingt, ausgenommen, sind die Marseiller nicht komischer als die andern Franzosen, sie sind nur anders; aber eben diese Verschiedenheit ist den Zentralisationssüchtigen so sonderbar und lächerlich. Ihr Selbstgefühl, ihr Stolz, Bürger einer großen Weltstadt zu sein, wird den Söhnen Marseilles besonders von den Parisern zum komischen Verbrechen gemacht. Diese erzählen sich mitleidig, daß die Marseiller sagen, wenn Paris eine Canabière hätte (die große schöne Straße, die zum Hafen führt), dann wäre Paris ein kleines Marseille. Dieses erfundene Sprüchwort ist allerdings für den Stolz der Marseiller, aber auch für die Eifersucht der Pariser charakteristisch; da man aus Marseille nicht eine kleine Stadt machen kann, so erzählt man wenigstens Kleines von den Marseillern.

Sonntags gehen sie mit Kind und Kegel auf ihre

Landhäuser oder Bastiden. Sie wären sehr glücklich, dort Parks, Wasserfälle und Springbrunnen à la Versailles zu finden. Aber die Vorsehung hat den Bastiden Quellen versagt. So beladen sie denn Ochsen, Esel und Maulesel mit heiliger Salzflut aus dem Meere und schleppen sie mit großer Mühe und großen Kosten in Fässern hinaus. Um eine gewisse Stunde läßt man dann den auf diese Weise genährten Springbrunnen oder die Kaskaden spielen; die Familie sitzt herum, betrachtet den dünnen Wasserfaden und preist die Wunder und die Fülle der Natur. Bevor der Faden zu Ende gesponnen, entfernt man sich, um die Illusion von der Unendlichkeit und Unerschöpflichkeit mit sich nach Marseille ins Comptoir zurückzutragen.

Ähnliche Geschichten erzählt man von den Jagden der Marseiller, zu denen sie aus Nähe und Ferne Freunde und Bekannte einladen. Sie werden in einem hundert Schritte langen und zwanzig Schritte breiten, von einer Mauer eingefaßten Raum abgehalten. In der Mitte steht ein einsamer Baum, der einen Käfig mit Lockvögeln trägt. Was sich von diesen an fliegendem Wilde anlocken läßt, ist ein Raub der tapferen Jäger, die, in der Umzäunung versammelt, den erhabenen Moment abwarten, bis sich eine Lerche oder Wachtel niederläßt.

Was übrigens die Jägerei betrifft, so sind die Bewohner Languedocs und der Provence in diesem Stücke alle gleich lächerlich. In keinem Lande habe ich so viel und mit so großer Leidenschaft von Jagd und Jägerei sprechen hören als hier, wo der Hase eine Seltenheit, von Hochwild keine Spur ist und höchstens ein Rebhuhn die mühseligen Anstrengungen vieler heißer Tage belohnt. Wochenlang vor der gesetzlichen Eröffnung der Jagd putzt man Flinten und Jagdtaschen, näht man Jagdkleider und kauft Munition ein. Diese Jagdliebe ist um so feuriger, als sie eine unglückliche ist. Sie kommt niemandem zugute als dem Staat, dem sie ziemlich die Kassen füllt, da jeder einzelne Jäger einen Jagdpaß, der nur persönlich ist, bezahlen muß. Für dieselbe Summe könnte er fünfmal soviel Wild kaufen, als er in der ganzen Saison mit der fürchterlichsten Mühe erlegt. Aber die Leidenschaft bemächtigt sich auch jener, die den Paß nicht bezahlen können oder wollen. So entstehen ganze Banden von Wilddieben, die in Scharen das Land durchziehen und einen Vernichtungskrieg gegen die Rebhühner und letzten Hasen, einen Verteidigungskrieg gegen die Gendarmen und Gardes champêtres führen. Wenn ein solcher sich naht, stecken sie den Stiel eines Weinblattes in den Mund und biegen das Blatt selbst mit der Unterlippe nach oben, so daß es das Gesicht bedeckt und sie unkenntlich macht. Die zwei Einschnitte im Blatte lassen ihnen die Augen frei; so schießen sie auf Gendarmen und Gardes champêtres. Besonders furchtbar haben sich auf diese Weise die Bewohner einzelner Dörfer in der Nähe von Saumière gemacht; man erzählt so viele tolle und kühne Streiche von ihnen, daß dieselben gesammelt einen Cooperschen Roman bilden würden.

Die Nürnberger Lächerlichkeiten von Marseille haben mich zu weit geführt, und ich will nicht wieder zu ihnen zurückkehren. Im Gegenteile will ich, es in einem seiner Söhne feiernd, von Marseille würdigen

Abschied nehmen. Ich habe von Papéty gesprochen; es wäre ungerecht, vom jüngsten Künstler Marseilles zu schweigen, besonders da ich schon, ungerecht genug, von einem seiner älteren, von Puget, dem Bildhauer, Maler und Architekten aus der Zeit Ludwigs XIV., geschwiegen habe. Der jüngste künstlerische Sohn dieser sonst durch und durch kommerziellen und künstlerisch wenig produktiven Stadt ist Ricard, derselbe, dessen Porträts im letzten Pariser Salon so bedeutendes und so gerechtes Aufsehen gemacht. Die Regierung gab ihm die Medaille, das Publikum das Zeugnis, in diesem Fache das Beste geleistet zu haben. Ricard war lange in Italien, besonders in Venedig, durchreiste dann die Niederlande und England und hatte so die beste Gelegenheit, die größten Porträtmaler aller Zeiten, Tizian und van Dyck, zu studieren. Aus diesem Studium zog er die besten Früchte; dem Tizian hat er seine unübertroffene Farbe, dem van Dyck seine edle Eleganz und Grazie abgelauscht. Aber Farbe, Grazie und Eleganz sind nur kleine Vorzüge, wenn der Porträtmaler seine Bilder nicht, wie eben Tizian und van Dyck, wie Giorgione, Rembrandt, Velasquez getan haben, zugleich dramatisch und historisch zu beleben weiß; wenn er es sich nicht bewußt ist, daß er zugleich Historienmaler ist, daß auf jedem Gesicht ein Schatten und ein Strahl seiner Zeit liegt, daß jedes Gesicht einen Teil der ganzen Chronik seines Zeitalters bildet. Ricard hat das begriffen und malt darnach: wohl das höchste Lob, das man einem jungen Künstler von sechsundzwanzig Jahren geben kann. Wer seine Bilder im letzten Salon gesehen, hat die Überzeugung, daß Frankreich in kurzem an Ricard einen der bedeutendsten Porträtmaler besitzen wird.

Es schlägt fünf Uhr – die Pferde schaudern – es ist heller Tag; ich eile, nach Aix zu kommen, dem Wahlorte des Mannes, dessen Kerker ich gestern besucht habe.

Neuntes Kapitel

Aix, 6. September 1851

Kaum fünf Stunden bin ich hier, und schon weiß ich nicht mehr, was mit meiner Zeit zu beginnen, obwohl ich noch eine Stunde mit klassischen Waschungen in den Bädern des Sextus zugebracht habe. Die Merkwürdigkeiten sind erschöpft; das Museum, das in solchen Fällen aushelfen muß, ist geschlossen. Ein Ausflug nach dem Turm Cäsars wäre eine verdienstliche, eine Wallfahrt nach dem Berge St-Victoire, wo die Teutonen von Marius geschlagen wurden, wäre eine patriotische Unternehmung, aber es brütet etwas Unerklärliches in der Atmosphäre, daß man sich nicht hinauswagt. Die Leute laufen mit verhülltem Gesichte durch die Gassen; die Hitze ist ganz fürchterlich, der Wind brennt, wenn man die Hand emporhebt, und treibt dicke weiße Staubwolken in Wirbeln auf, durch die die Sonne bald braun, bald bläulich grau zu sehen ist. Es hat etwas vom Samum oder als sollte ein Erdbeben oder etwa dergleichen ausbrechen. Die Bäume des Korso, die ich heute morgen bei meiner Ankunft grün gesehen, sind weiß wie nach einem Schneefall. Die Verordnung des Präfekten, welche vor einer Stunde noch bei heiterem Wetter angeschlagen wurde und das Tragen der roten Farbe als aufrührerisch verbietet, kann diesen Effekt in der Natur nicht hervorgebracht haben. Die Leute sagen mir, daß ein solches Wetter ganz und gar nicht zu den Eigentümlichkeiten des Landes gehöre und daß es etwas Besonderes zu bedeuten habe. Ich will es abwarten und Dir indessen schreiben, mein lieber Fritz. Zuerst aber stecke ich den roten algierischen Beutel, aus dem ich eben dieses Papier bezahlt habe, in den Sack, um nicht mit der Autorität in Konflikt zu kommen, denn ich schreibe im Kaffeehause.

Um fünf Uhr verließ ich Marseille. Die Pferde gingen so schnell, als es auf den fast immer aufsteigenden Wegen nur möglich ist. Dennoch fuhren wir an zwei Stunden mitten durch Landhäuser oder Bastiden. Sie dehnen sich ohne Unterbrechung weit und breit um die Stadt aus und geben ihr so die scheinbar ungeheuere Ausdehnung, die man von Notre-Dame-de-la-Garde anstaunt. Sie sind meist in üppigen Pinien, Zypressen, Lorbeerbüschen ganz versteckt und erfreuen sich von ihren Hügeln der herrlichsten Aussicht über die Stadt, die Inselgruppe von If und das blaue Meer. Der Rosenlorbeer (Oleander) steht trotz der vorgerückten Jahreszeit noch in vollster Blüte und atmet liebliche Düfte und Farben. Das Getümmel der Stadt hört lange nicht auf; fruchtbeladene Wagen kommen einem von allen Seiten entgegen; Reisende und Landleute aus der Umgegend strömen ab und zu. Eine Kuchenverkäuferin trat noch schläfrig aus ihrem Hause in der Vorstadt, ihr Korb trug die Inschrift: Liberté, Égalité, Fraternité. Kaum trat sie von der Schwelle, als sie ihre Ware schon in einem Liede anzupreisen begann. Sie spekulierte mit Kunst und Politik, um ihre Ware an Mann zu bringen. Sie tat nichts anderes als mancher Berühmtgewordene.

Der lachende Umkreis von Marseille verwandelt sich endlich in die in der Provence obligate Wüste, der man begegnen muß, wenn man nur drei Stunden im Wagen sitzt. Wir fuhren zwischen kahlen Bergen hin, über die hinaus dunklere, zum Teil bewaldete herüberlugten. An ihrem Fuße lagert Aix – langgestreckt, wie es daliegt, mit der Vegetation, die in seiner Nähe zunimmt, mit den zwei gotischen Türmen sieht es sich nicht übel an – man glaubt eine große Stadt vor sich zu haben.

Die Illusion verwandelt sich bald in eine andere. Auf dem Cours oder Korso angekommen, glaubt man sich in einem Kurorte zu befinden, was doch Aix längst zu sein aufgehört hat. Die lange und breite Straße des Cours ist von einer schönen Allee durchlaufen, in deren Schatten sich Kaffeehaus an Kaffeehaus reiht. Hier befinden sich auch alle Post-, Messagerie- und Omnibusbüros – an zwanzig große Wagen stehen immer zur Abreise bereit; andere kommen und gehen. Auf den Balkonen der Gasthäuser langweilen sich langweilige Engländer und Engländerinnen. Vor den Cafés sitzen und rauchen die im Süden so üppig gedeihenden Müßiggänger in Zivil- und Militärkleidern. Nur die Fremden und Reisenden bringen Leben und Bewegung hervor; die einheimische Stadt scheint gar nichts zu tun zu haben. Das wird noch wahrscheinlicher, wenn man sich in die Gassen südlich vom Cours versenkt. Es ist das das ehemalige aristokratische Quartier von Aix, welches dem Orte allein Bedeutung gegeben hatte. Die provenzalische Aristokratie war vor der Revolution eine der reichsten und stolzesten von Frankreich, und Aix, wo sie ihr Parlament hatte, war ihr Hauptsitz. Die Parlamente sind gefallen, mit ihnen der parlamentarische Adel und die Parlamentsstädte. Die Güter des sehr legitimistischen Adels, der emigriert war, kamen in bürgerlichen Besitz, und nun steht das prächtige Quartier mit seinen Palästen, mit seinen stolzen Balkonen tot und leer. Das Gras wächst in den Straßen; die Fenster sind geschlossen; die unteren Stockwerke sind von Wäscherinnen bewohnt; die prächtigen Vestibules sind Sattler- und Wagnerwerkstätten geworden. Uralte Platanen werfen ihren melancholischen Schatten auf diese gestorbene Welt; die Wasser der Zisterne aus den Zeiten Ludwigs XIV. sprechen in dieser Stille so laut, daß man ihr monotones Murmeln im entferntesten Winkel dieses Stadtteils hört, daß sie im Innern der leeren Paläste zu widerhallen scheinen. Ich wollte mich nach dem Hause Mirabeaus erkundigen und fand in allen diesen Gassen keine Seele, die ich befragen konnte. Ich kam wieder auf den Korso zurück, fragte nach rechts und links – es wußte mir es kein Mensch zu sagen; so gab ich es auf und vertiefte mich in die winklige, eckige, schmalgassige innere Stadt. Da ging es etwas lebendiger her, denn es war Wochenmarkt. Aber immer konnte man bemerken, daß man sich in einer Stadt befinde, die dreimal so viele Einwohner mit Bequemlichkeit beherbergen konnte.

Auch hier viele alte, palastähnliche Gebäude; ich trat auf gut Glück in das eine und andere und mußte

Wölbungen, Treppen, königliche Raumverschwendung bewundern.

Zwischen diesen Häusern nordfranzösischen, aristokratischen Stiles aus dem siebzehnten Jahrhundert und dem Anfang des achtzehnten, wie wir sie auch in Deutschland kennen, nimmt sich das Palais der Justiz, ganz italienischer Art, mit seinen unzähligen Säulen, mit seinem weißen Glanze sehr fremdartig aus. Es hat eine schöne Vorhalle, vor der die beiden berühmten Rechtsgelehrten Portalis und Siméon, in weißen Marmor gehauen, mit ihren Orden und Spitzenkrawatten sehr breit und würdig auf marmornen Thronen sitzen. Der innere Hof ist zu sehr von Säulen überladen. Man sieht nichts als Säulen über Säulen. Neben dieser Verschwendung nimmt sich die schmale Doppeltreppe desto ärmlicher aus.

Ich verließ den Palast, um die berühmte Kathedrale aufzusuchen. Es ist ein unordentliches, großes Haus, halb im Spitzbogen-, halb im Rundbogenstile gebaut und gar nicht so viel daran zu bewundern, als Bücher und Reisende einem glauben machen möchten. Das Interessanteste an ihr ist eine mit Skulpturen bedeckte Türe, die wahrscheinlich aus dem sechzehnten Jahrhundert stammt. Die Skulpturen stellen verschiedene Tugenden und die zwölf Propheten dar. Die Gesichter sind mit außerordentlicher Sorgfalt gearbeitet und haben ein schönes Relief. Besonders zu loben ist die Einfachheit des Ganzen, die bei ähnlichen Arbeiten, wie wir sie in Belgien, Deutschland und Italien sehen, meist zu mangeln pflegt.

Eine andere Merkwürdigkeit der Kathedrale von St-Sauveux ist das schöne Bild, das man dem König

René zuschreibt. Es stellt die Jungfrau mit dem Kinde über einem Baume schwebend vor; ein Engel ruft einen Hirten herbei, der sich geblendet die Augen mit der einen Hand bedeckt, während die andere den Schuh vom Fuße ziehen will. Vielleicht ist es der Hirte Moses. Viele Ausleger glauben, viele bestreiten es; denn, sagen die letzteren, was hätte die Jungfrau mit dem Kinde in jener Geschichte mit dem Dornbusche zu tun? – Aber wenn David Christum ankündigt, warum soll Moses nicht die Jungfrau schon im Dornbusche gesehen haben? Ich sehe nicht ein; es ist eines so möglich wie das andere. Übrigens kommen uns bei den Malern früherer Jahrhunderte sehr oft solche Ragouts, aus alt- und neutestamentlichen Stoffen bereitet, vor. Man muß zu so frommen Werken wenig Verstand und viel Glauben mitbringen, dann tut man ihnen am wenigsten Unrecht. Auch die Geschichte muß man auf Momente vergessen. Dieses alles beiseite, verrät das Bild eine Meisterhand. Zu dieser Reinheit der Zeichnung, zu dieser Lebendigkeit und Harmonie der Farben, zu diesem leichten Ausdruck der Wahrheit in Stellung und Mienen bringt es keine königliche Dilettantenhand.

Das Bild ist von zwei Flügeltüren bedeckt, welche innen und außen von derselben Hand und mit größerem Glücke noch als das Hauptbild gemalt sind. Auf den vier Flächen sieht man die Jungfrau mit dem Engel Gabriel – den König René und sein Weib – wieder den König René in Gesellschaft zweier männlicher und einer weiblichen Heiligen – die Königin in ähnlicher Gesellschaft. Der Kopf der Heiligen auf dieser vierten Bildfläche ist unendlich reizend und schön; er überstrahlt weit die Himmelskönigin und die Erdenkönigin. Letztere ist allerdings bedeutend häßlich. Daß das Bild nicht von König René herrühre, beweist sein eigenes Porträt auf dem einen Flügel; der Kopf hat eine solche Stellung, daß er sich unmöglich selbst gemalt haben kann. Daß aber dieser Kopf wie das ganze Werk von einem und demselben Meister herrühre, ist nicht zu leugnen; es ist ein und derselbe Charakter in Zeichnung, Farbe und Auffassung. Von König Renés Kopfe strahlt ein so bestimmter, individueller Ausdruck, daß man von der Ähnlichkeit des Porträts fest überzeugt ist.

Ein Mann, der so malen konnte, im fünfzehnten Jahrhundert so malen konnte, hätte sich nicht mit Regieren abgegeben. König Ludwig hat weniger gelungene Poesien gemacht und hat für sie seinen Thron verlassen; denn welchem Künstler, wenn er die Wahl hatte, wäre sie zwischen Kunst und Thron schwer geworden. So schließe ich auch daraus, daß das Bild wohl ein Geschenk König Renés sei, daß man sich mit der Zeit gewöhnt habe, es „das Bild von König René" zu nennen, daß er es aber mit keinem Pinsel berührt habe. Er wäre sonst auch als Maler etwas bekannter geworden, denn es ist des größten Malers seiner Zeit würdig. Auf dem Piedestal der Brunnenstatue, welche die Aixer dem guten König René aufgerichtet, heißt es, seine Lieblingsbeschäftigung sei Beglückung seiner Untertanen gewesen. Connu! Connu! Rechts und links sind die Medaillen zweier Ratgeber wie zwei verantwortliche Minister beigegeben.

Siehst Du, lieber Fritz, wenn ich Dir noch sage, daß es hier einen deutschen Schuster namens Wagner gibt, der sein Haus „Zum deutschen Stiefel“ nennt, und daß sich der Verräter gar nicht darum kümmert, daß die Teutonen hier geschlagen worden, daß er sich aber sehr für Mirabeau interessiert – so habe ich Dir das Merkwürdigste mitgeteilt, was von Aix überhaupt mitzuteilen ist, und ich eile nach der Post, um nach St-Chamas und von dort nach Arles zurückzufahren.

St-Chamas, 6. September 1851,
Nachmittag

Mit Hülfe von fünf feurigen Hengsten flog ich von Aix nach St-Chamas, und es ist gut, zu fliegen über diese unerquickliche Strecke, besonders wenn ein Gewitter in der Luft hängt. Schwarz lag das Gebirge hinter uns und hüllte sich immer dichter in Wolken ein. Kaum war der Turm Cäsars zu sehen, aber drohend brach der Berg St-Victoire durch alle Wolken. Er heißt eigentlich nur Victoire oder Victoria. So haben ihn die Römer zum Andenken an ihren Sieg über die Germanen genannt, aber das spätere Christentum hat sein „St.“ hinzugefügt, und es hat sich wohl auch ein phantasievolles Pfäfflein gefunden, das die Legende zu dem „St.“ ersann. Genug, man verehrt jetzt dort eine heilige Victoria. Neben mir im Imperiale saß ein poetischer Aixer, der mir die Topographie des Landes erklärte. Von der Schlacht der Römer und Germanen sprach er mit einer Befriedigung, als wäre er selbst ein Römer, und mit einem Interesse, als spräche er von Marengo. Sie scheint überhaupt der historische Stolz der Gegend zu sein. Alles, was er mir erzählte, belegte er zugleich mit pathetischen Versen, die von seiner

Mache zu sein schienen. Von dem armen, unbekannten Flüßchen, der Arc, an dessen Ufern sich der Kampf entsponnen, behauptet er in seinen Versen, es nähme mehr Platz in der Geschichte als in seinem Bette ein. Das nenne ich doch eine patriotische Illusion.

Links von uns lagen die weiß schimmernden Bogen des Pont de Roque-Favoure, den ich schon diesen Morgen gesehen habe. Er verbindet zwei ziemlich hohe Berge und bildet den schönsten Teil der großartigen Wasserleitung, welche die fernen Wasser der Durance nach Marseille führt. Ein kühnes, römerwürdiges Werk, bei dem die Marseiller weder Geld noch Mühe und Kunst gespart haben.

In der Nähe von St-Chamas zeigte man mir den Flecken Salon, ungefähr zwei Stunden Weges von uns entfernt, am Fuße der Berge, welche die große Ebene begrenzen. Dort ruht in seinem Grabe der berühmte Gelehrte und Scharlatan des sechzehnten Jahrhunderts: Nostradamus. Er war in dem nicht fernen St-Remy von jüdischen Eltern geboren, trieb Arznei, bezwang in mehreren Städten Südfrankreichs die Pest, bezog dafür eine Rente von der Stadt Aix und zog sich mit dieser nach Salon zurück, wo er sich die Zeit mit Prophezeien verkürzte. Über seinem Grabe soll sein treffliches Porträt sich befinden.

Hier in St-Chamas wird eben heute das Fest des Lokalheiligen gefeiert. In der Ferne sehe ich viel geputztes Volk; es wäre interessant, es in der Nähe zu sehen. Es ist das hier im Süden, wo jeder kleine Ort seinen besonderen Heiligen und sein besonderes Fest hat, die beste Gelegenheit, das Volk kennenzulernen. Die Feste drängen sich seit Anfang August und hören erst spät nach der Weinlese auf. Von dieser, je nach den Hoffnungen, die sie erregt oder erfüllt, hängt die Lebendigkeit, die Freude, der Pomp der Feste ab. – Auch eine römische Brücke vor dem Eingang in das romantisch gelegene Dorf wäre interessant; aber ich fürchte den Bahnzug zu versäumen, da ich noch heute in Arles sein muß. Ich begnüge mich damit, den Etang de Berre zu betrachten. Wie romantisch lieblich sah er aus, wie voll Süden, als ich ihn vor einigen Tagen gesehen; heute blickt er wie ein heiliger See an einem nordischen Göttertempel, auf dem kimmerische Nacht lagert. Das Gewitter, das sich seit heute morgen vorbereitet, liegt zu dichten Wolken geballt auf seinen Wassern und über seinen Bergen. Bald wird es losbrechen; die Luft ist von Elektrizität überladen. Noch brütet es und scheint über seine eigene Wut nachzudenken. Die Lokomotive pfeift; es geht nach Arles zurück. Wenn ich St-Chamas nach Jahren wiedersehe, wird es wahrscheinlich ein ganz anderes Aussehen haben. Man trägt sich seit lange mit dem Gedanken, den Etang de Berre in einen Hafen zu verwandeln. Die Vorteile wären unermeßlich; die Schiffe würden einige Meilen tief ins Land dringen und da so sicher vor Anker liegen wie ein heimgekehrter Wanderer an seinem Herde. Dann aber ade! Marseilles, altes Massilia! Deine Stunde hat geschlagen – deine Börse verfällt, und deine Geldsäcke wandern nordwärts in das jetzt weltvergessene, arme St-Chamas.

Arles, 6. September 1851,
Mitternacht

Das war ein Wetter, wie ich es in diesem Leben und wahrscheinlich auch in einem vergangenen nicht gesehen habe. Ich weiß es nun, was die Energie eines südlichen Sturmes, von der man mir schon viel gesprochen, zu bedeuten habe. Kaum hatten wir St-Chamas verlassen, als sich auch schon die Wolken vom Etang de Berre aufmachten, um uns zu verfolgen. Sie erreichten uns auf der Ebene des Crau, verbreiteten sich mit Blitzesschnelle über den ganzen Himmel und senkten sich dann so tief, daß wir wie in einer Nebelkappe staken. Wenn man vorwärts sah, war es, als würde die Lokomotive die dunklen Mauern, die sich vor ihr auftürmten, nicht durchbrechen können. Ohne alles Vorspiel begann es mit Regen, Donner und Blitz zugleich. Der Donner des einen Blitzes war noch nicht verhallt, als ihn schon ein anderer Blitz durchschnitt und ein anderer Donner ihm ins Wort fiel. Hundert Gewitter schienen sich auf dieser Ebene ein Rendezvous gegeben zu haben, um einen polnischen Reichstag abzuhalten. Es waren lauter Dantons, welche sprachen, und am Ende wurde man handgemein. Blitz auf Blitz hüllte die Erde, so weit man sehen konnte, in eine violette Nacht. Der Regen floß in Niagarafällen herab. Ein Geistlicher im Wagen zog sein Brevier hervor und begann eifrig zu lesen; einige Weiber beteten, ein nervöses verhüllte sich den Kopf mit dem Mantel ihres Nachbars und warf sich unter die Bank. In der Sumpfgegend lag das Schilf, das so schwer zu brechen ist, niedergeschmettert da; die

Tamarisken zerrauften sich in Verzweiflung das Haar, und die Pappeln neigten und beugten sich. Endlich konnte auch die Lokomotive nicht weiter; sie stockte mehreremals, seufzte tief auf und jagte weiter, bis sie wieder außer Atem stehenblieb. Einmal schlug der Blitz kaum zehn Schritte von uns in den Boden, und der kleine See, der sich gesammelt hatte, spritzte in Atomen in die Luft. Hundert Köpfe reckten sich aus den Fenstern hervor und riefen dem Maschinenführer zu, doch zu halten, da sie fürchteten, die Reibung der Waggons könnte den Blitz auf ihre Häupter ziehen. Der Maschinenführer aber hörte sie nicht oder wollte unter Dach kommen. So langten wir endlich in Arles an. Viele Reisende, die weiter gewollt, sprangen doch entsetzt aus dem Wagen, glücklich, unter Dach zu sein. Auf dem Bahnhof mußten wir an eine Stunde warten, bis sich die Omnibus entschlossen, uns in die Stadt zu führen. Auf dem Wege dahin drängten sich zahllose Spaziergänger in den Wagen, um den Regenströmen zu entgehen, und wir mußten uns entschließen, zarte Weiblein auf den Schoß zu nehmen. Es waren Arleserinnen, und so tröstete man sich über dieses Schicksal. Die Gassen waren überschwemmt; nun sitze ich schon fünf Stunden im Hotel des Forums, und noch hat das Unwetter keinen Moment in seiner Gewaltsamkeit nachgelassen. Man fürchtet für die Nacht einen Spaziergang des Rhones in Arles' Gassen. Das ist wahrhaftig nichts Gewöhnliches; das ist ein außerordentliches Naturereignis, so gewaltig wie ein Erdbeben oder der Ausbruch des Vesuvs. Bei all den Strömengüssen ist es jetzt um Mitternacht noch so heiß, wie es um Mittag war. Das war es also, was der

Samum von heute morgen zu bedeuten hatte. Ich bin überzeugt, daß man von diesem Gewitter im Lande sprechen wird.

7. September 1851

Nach dem Kirchengange, denn es ist Sonntag heute, habe ich mich weiter mit menschlicher Schönheit nicht beschäftigt, um mich desto ungestörter der Bewunderung von Tierschönheit hinzugeben. Ich besuchte das große Gestüt der Republik. Ein prachtvolles Institut; alles so reinlich und elegant gehalten, als wäre es für Hofdamen und nicht für sinnlich gestimmte Hengste eingerichtet. Alle Pferderassen Frankreichs sind hier aufs würdigste vertreten und werden kaum von den Exemplaren fremder oder gekreuzter Geschlechter verdunkelt. Das normannische Roß hat sich seiner derben Muskelhaftigkeit neben dem Engländer nicht zu schämen; es wäre sonst die falsche Scham des derben Bauersmannes neben dem Gentleman. Die anglonormannische Rasse erinnert aufs deutlichste an manche Gesichter, die man im englischen Oberhause gesehen. Nur der echte Araber mit seiner Nervosität, mit seinen feurigen Augen, seinem feinen Kopf und der fast menschlichen Nase ragt durch eine gewisse psychische Aristokratie über die anderen hervor und darf ein gewisses Recht auf aristokratisches Gebaren in Anspruch nehmen. Einer befindet sich hier, der seinen ehemaligen Besitzer zum reichen Mann gemacht hat. Nachdem er ihm hunderttausend Franken in Wetten gewonnen, ließ er sich für eine gleiche Summe noch an die Regierung verkaufen. Wie viele bessere Männer haben sich zu kleinerem Preise an

Regierungen verkauft! – Es ist eine böse Zeit, da die Pferde mehr gelten als solche würdige Staatsbürger. Allerdings ist es noch problematisch, ob der Sophist, so heißt der edle Renner, dem Staate nicht bessere Dienste leisten wird als all die andern Verkauften, an die ich hier denke. – Ein gewisser brauner Angloaraber, den kennenzulernen ich auch noch die Ehre hatte, hat bis jetzt noch keinen Reiter auf seinem Rücken geduldet, aber seine Pflichten als Sozietär des Gestütes soll er gewissenhafter und treuer erfüllen als alle seine Kollegen. Tout comme chez nous.

Der heutige Tag ist einmal der Tierheit gewidmet. In den Gassen sehe ich einen großen Anschlagezettel, der einen Stierkampf in Tarascon ankündigt. Dieses für den Süden Frankreichs so charakteristische Schauspiel darf nicht versäumt werden. Ich packe ein und fliege nach Tarascon. – Lebe wohl, schönes und schönbewohntes Arles! Wann werde ich dich wiedersehen mit deinen Antiken, mit deinem Mittelalter und, was mehr ist, mit deiner lebenden, blühenden, liebenden und geliebten Gegenwart?!

Zehntes Kapitel

Nîmes, 8. September 1851

Vom Türmchen eines Privathauses habe ich dem grausamen Spiele zugesehen, dessen man gewöhnlich nur noch die Spanier für fähig hält.

Das Theater war mit so merkwürdiger Sorglosigkeit konstruiert, als ob hier von kleinen Gaukeleien und nicht von Kämpfen mit wilden, eben erst aus den Sümpfen geholten Stieren die Rede wäre. Man kann sagen, daß sie in offener Gasse stattfanden; ein Beweis, wie vertraut die Leute des Südens mit dergleichen sein mögen. Die breite Gasse, welche vom Schlosse des Königs René auf der einen, von den Privathäusern auf der andern Seite gebildet wird, war an den zwei Ausgangspunkten ganz einfach durch zwei Bretterwände geschlossen und diese von so hinfälliger Natur, daß sie der Stier mit einem Hörnerstoß hätte über den Haufen werfen können. Die eine war auch so nachlässig hingelehnt, daß sie während des Kampfes mehreremal niederfiel. Eine Unbequemlichkeit hat nach der Meinung des Kenners dieser Schauplatz darin, daß er durch den Schloßgraben in eine obere und untere Hälfte geteilt wird, und diese Unbequemlichkeit wurde heute noch durch das Wasser erhöht, welches von der gestrigen Rhoneüberschwemmung im Graben stehengeblieben war. An den

Wänden der erwähnten Privathäuser waren Strick- und Holzleitern angebracht, um den verfolgten Stierkämpfern die Möglichkeit der Rettung zu geben. Dieser Leitern waren unzählige, denn – das ist das Eigentümliche und Schmähliche dieser Spiele im südlichen Frankreich –, denn auch der Toreados waren unzählige; mit einem Worte, so viele als Zuschauer. Das ganze Volk, jeder, der die wenigen Sous bezahlen kann, Männer, Weiber, Kinder, alles ohne Unterschied, wird in die Umzäunung eingelassen.

Bei meiner Ankunft hatten die Kämpfe schon begonnen, ein Stier hatte bereits das Seinige getan, und man erwartete den zweiten. – Die Hunderte von Zuschauern standen in Gruppen zusammen und unterhielten sich aufs lebhafteste. Vieler Blicke sahen starr nach der Stalltüre, aus welcher der erwartete Kämpfer kommen sollte. Überall Geschrei, Rufen, Zanken, Pfeifen, Ausbrüche der Ungeduld. Endlich tat sich die Türe auf, ein Jubelgeschrei erhob sich, und auf dem Kampfplatz erschien der sehnlichst Erwartete. Die ersten Schritte lief er ganz harmlos dahin, keines Kampfes, keiner Gefahr, keines Feindes gewärtig. Bald mußte er alle drei kennenlernen. Ein Geschrei voll Wut und blutiger Lust empfing ihn, darauf ein Regen von Steinen und von Stöcken, vor seinen Augen wehten hundert der buntesten Tücher, und plötzlich umringte ihn eine schreiende Menge mit Hohn und Spott und Herausforderungen. – Jetzt stutzte der arme Opferstier. Unschlüssig, ob er sich verteidigen soll, hält er einen Moment inne und betrachtet die Menge, dann wendet er sich um und eilt der Türe zu, aus der er gekommen war. Neue Schläge,

Stiche, Hohngeschrei verfolgen ihn. Er findet die Türe verschlossen und kehrt mit halb erwachtem Zorn zurück. Mit vorgestreckten Hörnern stürzt er auf die Menge der Feinde los, die auseinanderstiebt wie Sand im Winde und sich auf die Leitern und Planken rettet. Viele werfen sich aufs Gesicht und bleiben regungslos liegen. Der Stier eilt an ihnen vorbei, springt über das Geländer des Schloßgrabens und hinein in das Wasser, wo er wieder ruhig stehenbleibt. Aber das Funkeln der Augen, der hoch in die Luft gehobene Schweif zeigen, daß ihn sein Gleichmut zu verlassen beginnt.

Die edlen Helden, die sich bei seiner ersten Drohung in unerreichbare Positionen geflüchtet oder den Tod geheuchelt haben, sind jetzt empört, daß er sich den Angriffen ihrer Überzahl zu entziehen sucht. In Massen stürzen sie ihm nach, sie waten durchs Wasser und greifen ihn von allen Seiten zugleich an, bis sie ihn auf den trockenen Teil des Schloßgrabens gelockt haben. Dort entwickelt sich nun erst der eigentliche Kampf. Männer und Buben umringen den Stier, reizen ihn, fordern ihn heraus durch Schläge und Stiche. Während er sich dem einen mit den Hörnern zuwendet, packt ihn der andere am Schweife und lockt seine Aufmerksamkeit nach einer anderen Seite, aber schon hat ein dritter und gleich darauf ein vierter ihm einen Stich oder einen Schlag in den Schenkel oder auf die Rippen versetzt. Der Stier macht einen gewaltigen Sprung, die Menge flieht auf die Felsen, auf denen das Schloß steht.

Das innigste Mitleid mit dem armen Tiere und ein tiefes Gefühl der Empörung gegen die Barbaren ergreift den zivilisierten Zuschauer. Er nimmt Partei für den feige und grausam Verfolgten und freut sich mit der drohenden, imponierenden Stellung, die er jetzt einnimmt.

Schwarz von der Spitze des Hornes bis an das letzte Ende des Schweifes und bis zur untersten Klaue, leicht beweglich und flink, fast anmutig in der Ruhe, mit schlanken Beinen und schlankem Halse, war es ein prachtvoller Anblick, wie er jetzt gleich einem Löwen beide Flanken mit dem Schweife schlug, wie er erst die Vorderklaue, dann die hintere am Boden wetzte, daß er tiefe Furchen grub und den Sand weit hinter sich zurückwarf, wie er seine Waffe, die Hörner, prüfend auf- und niederwiegte und das in Wut immer mehr erglühende Auge aus dem schwarzen Körper heller und heller leuchtete. Ein dumpfes Brüllen begleitete diese Vorbereitungen zum Angriff. Dann stand er still und maß seine Feinde, die ihn in den Graben verfolgt und sich auf die steilen Felsen gerettet hatten. Sie waren stille und klammerten sich krampfhaft an die schmalen Vorsprünge. Auch die übrigen Zuschauer wurden schweigsam, und tiefe Stille herrschte über der eben erst brüllenden Masse. „Der ist böse“, hörte man hier und da murmeln.

Wie es seine Stellung und seine Vorbereitungen vorher erraten ließen, so tat auch der Stier. Diesmal begann er den Angriff. Mit ungeheurem Mut und mit der Schnelligkeit einer geschleuderten Kugel warf er sich auf den Felsen, an welchem seine nächsten Feinde hingen. Seine Natur vergessend, versuchte er es sogar, zu klettern, glitt aber bei jedem Versuche von dem glatten Gestein herab. Durch die vergeblichen Angriffe ermutigt, fingen wieder die Helden ihren

Kampf mit Stöcken und Tüchern an, um ihn zu neuen vergeblichen Anstrengungen zu reizen. Der Stier ermüdete nicht, er unternahm einen Sturm nach dem andern. Wenn er unverrichtetersache vom Gestein herabglitt, trat er einige Schritte zurück, wetzte Horn und Klaue aufs neue, brüllte und warf sich wieder auf die uneinnehmbare Festung der Feinde, die, immer mehr ermutigt, ihn durch Händeklatschen, Hohngelächter, geschwungene Tücher und Schläge mit langen Stäben zu immer größerer Wut zu reizen suchten. Aber klüger als seine Feinde, ließ der Stier von seinen erfolglosen Angriffen plötzlich ab. Ruhig stellte er sich hin, offenbar fest entschlossen, in dieser Stellung zu verharren, bis einer oder der andere vom Felsen herabsteige. Es war eine förmliche Belagerung. Starr, wie in Erz gegossen, stand er; nur der Kopf bewegte sich manchmal hin und her, um die ganze feindliche Linie zu beobachten. Das dauerte so einige Minuten. Aber die Zuschauer auf der oberen Hälfte des Schauplatzes fingen an, sich zu langweilen, sie wollten keinen Blocus, sie wollten Kampf, vielleicht Blut. Wie auf ein gegebenes Zeichen regnete ein Hagel von Steinen auf den Stier nieder, ungeheures Geschrei erhob sich, hundert bunte, meist rote Tücher wehten. Aber der Stier ließ sich nicht aus seinem Gleichmut und der einmal eingenommenen Stellung bringen; unbekümmert um Steine, Geschrei, bunte Tücher, stand er starr und reglos wie zuvor, immer die Feinde beachtend, die er sich als Ziel ausersehen hatte. Schon floß purpurnes Blut aus vielen Wunden an Kopf und Körper, aber er zuckte nicht; nur manchmal schob er voll Verachtung mit dem Hinterfuße einen Stein weg, der neben ihm niedergefallen war. – Das Geschrei der Zuschauer nahm zu, man schimpfte über die Tücke und das Phlegma des Stieres und über die Unternehmer, die so schlechte Subjekte dem Volke vorzuführen wagten, man schrie und rief; es drohte ein Aufruhr gegen die Entrepreneurs aufzubrechen; man wollte den Stall stürmen und andere Stiere loslassen; auch wollte man den Kampf nicht auf den Schloßgraben beschränkt sehen, man wollte ihn oben haben, wo sich die Majorität der Versammelten befand.

Da erschienen denn, ungefähr nach einer Viertelstunde des Geschreis, die Piqueurs. Drei Männer in Hemdärmeln durchwateten das Wasser und gingen vorsichtigen Schrittes auf den Stier los. In den Händen trugen sie die Tridents oder Dreizacke, dreispitzige, scharfe, feste Gabeln, am Ende einer langen Stange befestigt. Die Piqueurs sind Knechte der Administration und bestimmt, einen zu ruhigen Stier mit ihren Instrumenten in Wut zu bringen oder, wenn er sich zu weit von der Stätte des Schauplatzes verliert, wie im gegenwärtigen Falle, ihn zurückzuführen, indem sie sich, nachdem sie ihn gehörig gereizt, von ihm dorthin verfolgen lassen. Alle drei griffen den Stier auf einmal von hinten an, so daß er gezwungen war, seine Aufmerksamkeit vom Felsen ab und auf die Feinde zu wenden, die ihm direkt auf den Leib rückten. Er zauderte nicht einen Augenblick und nahm mutig den überlegenen Kampf an. Er bog den Nacken und stürzte mit vorgestreckten Hörnern auf die drei Piqueurs los. Aber diese hielten stramm die Dreizacke vor; der Stier stürzte darein und bohrte sich selbst drei dreifache Wunden in die Stirn. Er bebte zurück und schüttelte das Blut ab, das dunkel und dick hervorquoll und ihm im Augenblicke eine schauerliche Maske über das ganze Gesicht bildete. Kaum hatte er die Augen frei, als er wieder den Kampf begann. Aber schon flohen die Piqueurs; der Stier verfolgt sie durchs Wasser, hinauf auf den oberen Schauplatz, wo ihn am Rande schon eine dichtgedrängte Menge mit Schreien erwartet. Der Zweck ist erreicht, die Piqueurs verschwinden, die Männer und Buben vom Felsen springen hinab und verfolgen den Verfolgenden, bald wird der Kampf ein allgemeiner sein. Aber jetzt hätte es leicht geschehen können, daß der Stier seine Wut wenigstens an einem seiner menschlichen Feinde gekühlt hätte. Denn dort, wo der obere Schauplatz mit dem Graben durch einen ziemlich steilen Abhang verbunden ist, konnte die enggedrängte Menge nicht schnell genug vor dem anstürmenden Stiere auseinanderstieben, und in der Tat packte dieser einen Mann aus der fliehenden Hinterreihe. Man konnte es nicht deutlich unterscheiden, ob der Mann sich selbst hingeworfen oder ob ihn der Stier niedergestürzt hatte, man sah ihn nur zu Füßen seines fürchterlichen Feindes und diesen einige Augenblicke mit seinem Horn auf ihm herumwühlen. Wie aus *einem* Munde erscholl der Schrei des Entsetzens, als der Stier weiterlief und der Mann wie tot auf dem Boden liegenblieb. Aber kaum hatte sich der Stier auf einige Schritte entfernt, um die Menge zu verfolgen, als der Tote aufsprang und glücklich, so davonzukommen, aus dem Zirkus eilte. Vom linken Auge floß ihm ein Strom von Blut, die Kleider waren vom Horn so zerfetzt, daß sie, als er sich erhob, wie Zunder von ihm abfielen und nur ein Stück von der Jacke und vom Hemd am Oberleibe hängenblieb. Wenn nicht die Wunde, hätte ihn die Scham zwingen müssen, den Schauplatz zu verlassen.

Jetzt, da man den Stier oben hatte, nahm erst das Vergnügen den Charakter an, den das Volk wollte. Von allen Seiten umringten ihn dichte Haufen, die ihn verhöhnten, stachen, schlugen. Wandte sich der Stier gegen einen solchen Haufen, stob er auseinander; die einen klammerten sich an die Bretterwand, die andern schwangen sich auf die Leitern, die dritten warfen sich in langen Reihen längs der Mauer steif wie Tote auf den Boden. Indessen hat sich schon ein neuer Haufe gebildet, der wie ein Schwarm von Hornissen auf das gequälte, wie toll hin und her rennende Tier zustürzt. – Das ist das eigentliche Spiel, wie es beliebt ist.

So ging es mit geringer Abwechselung durch Stunden fort. Ein Stier nach dem andern kam harmlos aus dem Stalle, um schon nach wenigen Minuten zur äußersten Wut gebracht zu sein und nach halbstündiger Verfolgung der grausamsten Art, aus vielen Wunden blutend, wieder dahin zurückzukehren, um einem andern Platz zu machen. So habe ich fünf oder sechs Stiere kommen und gehen gesehen. Um etwas Abwechslung ins Spiel zu bringen, läßt man manchmal zwei oder auch drei zugleich auf dem Schauplatze. Diesmal war man gezwungen, die ganze Zeit hindurch zwei draußen zu lassen, da der arme Kämpfer, dessen Taten ich beschrieben, durch keine List und durch keine Gewalt vom Kampfplatze zu bringen war. Es schien, als wollte er sich um jeden Preis rächen. – Die andern folgten dem taureauguide oder Führerstier, der gezähmt und dazu abgerichtet ist, die kampfunfähig oder müde gemachten in den Stall zurückzuführen. – Rührend war es, wenn zwei, drei oder mehrere Stiere zugleich auf dem Platze waren, wie sie sich sogleich zusammenfanden und fast ein Karree bildeten, um sich gemeinschaftlich gegen den gemeinschaftlichen Feind zu verteidigen. Aber man wußte sie immer zu trennen. Endlich, schon gegen Abend, erschien ein prächtiger Stier, der zwischen den Hörnern die rote Kokarde trug. Wer ihm diese vom Kopfe reißt, gewinnt einen bestimmten kleinen Preis von fünf bis sechs Francs. Man bezeichnete einen gewissen derben, zugleich flinken Lümmel als den wahrscheinlichen Sieger. Er war es auch; leise schlich er, nach langen, vergeblichen Anstrengungen, von der Seite an den Stier heran, packte zu gleicher Zeit ein Horn und die Kokarde – ein Ruck, und er hatte den Preis gewonnen. – Mit einem Sprunge hatte er sich der Verfolgung des Stiers entzogen, den schon andere anfielen und so vom Sieger abzogen.

Ich habe schon erwähnt, daß sich Zuschauer jedes Standes, jedes Alters, jedes Geschlechts im Zirkus befanden und daß die Zuschauer und handelnde Personen zugleich waren. Daß Jungens von acht und zehn Jahren am Kampfe teilnahmen, könnte man als Gassenbuberei auslegen und müßte es nicht für charakteristisch für das Volk und seine Leidenschaft für diese Spiele halten. Was aber bezeichnend ist, unglaublich klingt und doch nicht minder wahr ist: ich habe mitten im Zirkus, oft mitten in dem Haufen, der den Stier angriff oder vor ihm floh, *viele Ammen mit*

Kindern auf dem Arme, eine mit dem Kinde an der Brust gesehen.

Nach diesen letzten Worten darf ich wohl keine Silbe mehr hinzufügen, um die Leidenschaft für diese Spiele, oder vielmehr die Wut, zu charakterisieren. Sie wird den Kindern anerzogen, die nach den Schulstunden course de taureaux spielen, indem dem einen Knaben künstliche Hörner um den Kopf gebunden werden und die andern ihn auf alle mögliche Weise plagen. Wenn ein solcher öffentlicher Stierkampf stattfinden soll, hört man tagelang vorher in allen Kaffeehäusern und in Familienkreisen davon sprechen, und wenn er vorbei, wird jede Phase, jede geringste Einzelheit desselben mit einer Wichtigkeit durchdiskutiert, als ob es sich um das Wohl des Staates handelte. Am Vorabend versammelt sich schon die halbe Bevölkerung eines Ortes, um die Stiere, die aus der Camargue hergetrieben werden, am Eingange des Stalles zu erwarten und wo möglich durch Herausforderungen, geheim angebrachte Verwundungen das Spiel sogleich zu beginnen.

Bei solcher Leidenschaftlichkeit sollte man eigentlich mehr Mut voraussetzen; was aber diese Spiele besonders bezeichnet, ist neben der Grausamkeit die niedrigste Feigheit. Denn es ist im Grunde kein Kampf, es ist nur ein Necken und Quälen und Plagen des armen Tieres; man reizt es nur zur Wut, man läßt es nur leiden, ohne daß es sich gegen die Übermacht des Feindes, bei den angebrachten Vorsichtsmaßregeln und der regelmäßigen Flucht, sobald der Stier einen ernsten Angriff macht, verteidigen oder für seine Leiden rächen könnte. Dadurch wird der Anblick eines solchen Schauspiels hier widerlicher, als er es in dem vielverrufenen Spanien sein mag. Dort kämpfen einige verlorne Subjekte, die vielleicht der Hunger zu solchem Gewerbe zwingt, einen ernsten und tapfern Kampf; sie allein, auf eigene Faust, einer oder höchstens nur einige gegen die Gewalt des Stiers; hier wagt man es, in ungeheurer Überzahl den Feind *kaum* anzugreifen, man quält ihn nur auf niederträchtige Weise.

Ich gestehe es, daß ich während der ganzen Stunde, die der Kampf dauerte, Partei gegen meine Gattung, für den Stier genommen habe. Oft mußte ich mich mit Widerwillen abwenden. Einer meiner Nachbarn machte die Bemerkung: „Wenn die Stiere heute nacht in ihre Sümpfe zurückkehren, werden sie den Brüdern von den wilden Bestien erzählen, die sie kennengelernt haben."

Die unglücklichen Tiere, die so traurige Bestimmung haben, sind Kinder der Camargue, des großen eigentümlichen Sumpflandes, das man auch das Rhonedelta nennt. Sie sind nicht übermäßig groß oder muskulös, aber nervös, flink und feurig. Im ruhenden Zustande wie im Laufe haben sie eine gewisse leichte Grazie, die sie vor andern ihrer Gattung auszeichnet. Hier, wo man, durch die historischen Denkmäler daran gewöhnt, gern alles aus uralten Zeiten herleitet, nennt man sie Abkömmlinge der punischen Stiere, die Hannibal bei seinem Durchzuge ins Land gebracht haben soll, ebenso wie man die Camarguepferde Abkömmlinge der Araberrosse nennt, welche die Mauren bei ihrem Abzuge in der Camargue vergessen haben. Ihrer Farbe, ihrem Feuer, ihrer Raschheit nach könnte man die Stiere allerdings für Landsleute der Numidier halten. – Sie werden in den Sümpfen geboren und wachsen daselbst unter freiem Himmel in wilder Freiheit auf, bis sie zur Schlachtbank in die benachbarten Städte oder zu den beschriebenen Spielen geführt werden. Von letzteren kommen sie wieder in ihre Sümpfe oder Marais oder Paluden zurück. Des Abends werden sie entweder, sich selbst überlassen, fortgejagt, wo sie dann allein ihre Heimat wiederfinden, oder werden von Reitern, die mit langen Spießen bewaffnet sind, dahin zurückgetrieben. Diese Reiter bringen sie auch, nicht ohne Gefahr und Mühe (ungefähr wie man in Texas bei ähnlichen Gelegenheiten zu verfahren pflegt), zum ersten Male in ihrem Leben unter Menschen und auf den Kampfplatz.

Ebenso grausam, doch weniger widerlich mögen die Ferraden, eine ähnliche Art von Spielen, sein, die ich aber nicht selbst gesehen habe. Da kämpfen einzelne mit dem Stiere. Es kommt darauf an, ihn mit gekreuzten Armen an den Hörnern oder an einem Horn und einem Fuße zu packen und ihn niederzustürzen, wo ihm dann ein rotglühendes Eisen mit dem Namenszuge des Besitzers auf den Schenkel gedrückt wird.

Aber alle Tierquälerei übertreffend, ungeheuer und fast mystisch grauenvoll ist die dritte Art von Spielen (wie kann man hier noch von Spielen reden!), die an gewissen Festen stattfinden. Da wird der Stier vorn an den Hörnern und rückwärts am Schweif mit starken Stricken gebunden, von vor- und nachschreitenden Männern festgehalten, daß er sich weder nach rechts oder nach links bewegen kann und keinen Ausweg zur Flucht hat. So wird er den ganzen Tag, oft mehrere Tage durch die Gassen des Dorfes geführt und von den Bewohnern ununterbrochen geplagt, gereizt, geschlagen und gestochen, bis er den Leiden oder der ohnmächtigen Wut erliegt und tot zusammenbricht.

Was sagen Sie zu diesem Vergnügen? Ist der Mensch eine ernsthafte Bestie oder nicht? und wie amüsiert sich diese ernsthafte Bestie? – Man begreift es in manchen Momenten, daß ein begeistertes Mitglied eines Antitierquälervereins zugleich ein Reaktionär oder Menschenfeind sein kann.

Diese Spiele werden noch lange nicht unterdrückt werden. Regierung und gesetzgebende Versammlung Frankreichs haben eine so heilige Scheu vor Eigentum und Eigentümern. Und die Stiere bringen den Eigentümern so viel Geld ein; ist das nicht einer Rücksicht wert? Im Département du Gard sind sie zeitweilig verboten; man nahm Veranlassung zum Verbot von mehreren Unglücksfällen, die vorkamen. In Aigues-Vives zum Beispiel wurde vor kurzem ein Familienvater von Stieren aufgespießt und zwei junge Leute anders getötet. Der eigentliche Grund der Unterdrückung aber war, daß man das Zusammenströmen einer gewaltigen Volksmasse im Département du Gard scheuet – sei es bei was immer für Gelegenheit. Kam doch selbst auf den Markt von Beaucaire Herr Carlier in höchsteigener Person, von fünfundzwanzig Agenten begleitet, um den unschuldigen Markt zu überwachen. – In vielen Dörfern beharrt das Volk trotz des Verbotes bei seinen Spielen; da schickt man Soldaten hin, tötet die Stiere und erklärt den Belagerungszustand. – Darin ist der

Grund zu suchen, warum die Regierung im Département du Gard sich der armen Stiere und des menschlichen Gefühles annimmt, im legitimistischen Département des Bouches du Rhône aber die Barbarei nach wie vor fortbestehen läßt. Politik darf keine Sentiments haben, sagte man im vorigen Jahrhundert. Als ich in der Nacht von Tarascon nach Nîmes fuhr, erlebte ich etwas, das mir als die traurige und notwendige Konsequenz so böser Gewohnheiten wie die Stierkämpfe erschien. Auf einer der Nebenstationen empfing uns eine aus mehreren hundert Köpfen bestehende Volksmasse; schon von ferne hatten wir ihr Geschrei mitten durch den Lärm des Bahnzuges gehört; es nahm noch zu, als wir uns näherten, und schien sich, da wir hielten, in Raserei verwandeln zu wollen. Wir steckten die Köpfe aus dem Wagen und erfuhren, daß die zwei Gendarmen, die wir in der Mitte des Volkshaufens erblickten, eben im Begriffe waren, mit einem Weibe, das sie führten, in den Wagen zu steigen, um sich nach Nîmes, dem Sitze des Gerichtes, zu begeben. Das Weib, seit Jahren von ihrem Manne getrennt, hatte ein Kind geboren, von dem man nicht wußte, wo es hingekommen war. Der Volkshaufe hatte sich versammelt, um die Unglückliche noch zu verhöhnen; das war das Geschrei, das uns empfangen hatte, das in dem Augenblicke, da die Unglückliche in den Wagen stieg, sich in furchtbares Gelächter verwandelte und sich als zischendes, pfeifendes, schreiendes Charivari fortsetzte, als der Bahnzug schon längst in Bewegung war. Mit Schmerzen sage ich es: wieder waren es die Weiber, die sich hier als Furien auszeichneten. O die Sphinx, halb

Göttin, halb Untier! – Neben mir im Wagen saß ein schwarzer Pfaff, der ebenso dumm-neugierig wie die andern dem traurigen Schauspiel zusah. Ein Wort seines liebenden Meisters, eine Erinnerung nur an das Aufheben des ersten Steines hätte diese Menge vielleicht abgehalten, ein gefallenes Weib, das sich bereits in den Händen der Gerechtigkeit befand, zu verhöhnen und es sein Urteil vorher kosten zu lassen und auf bitterere Weise, als es das Gericht bieten kann. Aber der Pfaff schwieg. Freilich, dazu ist er nicht da, seine Pflicht ist es nur, Fasten zu predigen und, die dagegen sündigen, mit Buße zu belegen. – Erdrückt von all der Roheit, die ich an diesem Tage verkörpert gesehen, kam ich in Nîmes an. Im Bahnhof sah ich die arme Sünderin aus dem Wagen steigen; sie hielt das Gesicht mit beiden Händen bedeckt; die Gendarmen behandelten sie menschlich.

Nîmes, den 9. September 1851

Das Frühstück bei Durand, einem Restaurant und Gastronomen erhabener Größe, war eingenommen und wir, ein lieber Freund und ich, so würdig vorbereitet zu dem Ausfluge, den wir vorhatten. Beim Frühstück bediente uns ein Kellner, der Thiers heißt und die frappanteste Ähnlichkeit hat mit dem gewesenen Minister gleiches Namens, der in diesem Augenblicke seinen abgetragenen Napoleonismus, seine „Geschichte des Konsulates und des Kaiserreiches“ bereut und sie eines Tages vielleicht noch bitter bereuen wird. Der Kellner und Doppelgänger des reuigen Staatsmannes ist zugleich sein Cousin. Man muß dergleichen Vorkommnisse aufzeichnen, da sie, wenn die Dinge so fortgehen, bald zu den größten Sonderbarkeiten gehören und die Verwunderung unserer Nachkommen erregen werden.

Gestärkt durch das Frühstück, das uns der Bürger Thiers servierte, bestiegen wir das Cabriolet, um einer der merkwürdigsten und erhabensten Römerbauten, dem sogenannten Pont du Gard, unseren Besuch zu machen. Der Weg ging während zwei bis drei Stunden durch eine ziemlich unerquickliche Gegend; erst in der Nähe des Gard oder Gardons, am Eingange in ein schön bebautes Tal, das durch ein altes Schloß gehütet und von alten Bäumen beschattet wird, wird sie freundlicher und gibt dem Gemüte jene Heiterkeit, die zum Genusse eines erhabenen, antiken Kunstwerkes unumgänglich notwendig ist.

Wo dieses kleine Tal in das größere des Gard oder Gardons mündet, liegt ein freundliches Dorf, das den Stapelplatz aller Besucher des römischen Monumentes bildet. Es ist hergebracht, daß man im Gasthause Pferd und Wagen stehenläßt und von da aus zu Fuß dem Gardon entgegengeht, während welcher Zeit das freundliche Gasthaus ein üppig südliches Mittagessen für die Rückkehrenden bereitet. Dieses Gasthaus gibt dem fremden Wanderer auch einen Führer mit. Der Führer heißt Porthos, wie der eine der Dumasschen Mousquetäre, und ist unter seinen Kollegen gewiß einer der merkwürdigsten dieses Jahrhunderts. Den Namen eines Cicerone verdient er nicht, denn schweigsam, ja stumm geht er neben dem Wanderer einher und begnügt sich, durch einfaches Stehenbleiben auf die schönsten An- und Aussichtspunkte aufmerksam zu machen. Er unterscheidet sich dadurch aufs vorteilhafteste von seinen Kollegen, die gewöhnlich im Wanderer keinen eigenen Gedanken aufkommen lassen und es für ihre Pflicht halten, die ganze Zeit mit eingelerntem Geplauder auszufüllen. Eine andere Tugend unseres Führers ist die, daß er dem Wanderer eine gewisse Sicherheit einflößt, daß man mit ihm durch Wüsten und Wälder ohne Furcht vor Räubern so wie hier den Cevennen entgegen wandern könnte, ohne die geringste Scheu vor den Wölfen, die in ihren Höhlen lagern. Denn trotz seinem gutmütigen Auge sieht man es ihm an, daß er, gereizt, furchtbar werden und von seiner ganz gewaltigen Leibesbeschaffenheit, die an den Löwen erinnert, von seiner außerordentlichen Kraft, die ihm den Namen des stärksten unter den Mousquetären verschafft hat, mit großem Erfolg Gebrauch machen könnte. Und all diese Tugenden, wie billig, uneigennützig stellt er sie dem Fremdling zu Gebote. Niemals – ich weiß es gewiß – hat er auch nur das kleinste Trinkgeld für seine Bemühungen angenommen; aber er verschmäht es nicht, bei der Rückkehr ins Gasthaus freundlich und bescheiden am Mittagessen teil- und so, wahrhaft feinfühlend, dem dankbaren Fremdling ein Stück seiner Dankeslast abzunehmen. – Unter Menschen sind diese Tugenden alle ausgestorben, besonders unter jenen Menschen, die auf der großen Touristenstraße oder in der Nähe berühmter Monumente wohnen – wie das die edlen Stauffacher der Schweiz, die hosenlosen Clans Hochschottlands, die romantischen Räuber Kalabriens und der Legationsrat Gerhard in Leipzig beweisen. Unter Menschen sind sie ausgestorben; sie haben sich in die Hunde geflüchtet – denn Porthos ist, was ich zu sagen vergessen habe, nichts anders als ein Hund, ein großer, gewaltiger, riesiger Hund, der aus den menschenleeren Ebenen der Camargue stammt, seine Stammgenossen an Weisheit, Schönheit, Größe und Kraft weit überragt, den Stolz seines Hauswirtes und den Trost des fremden Wanderers ausmacht.

Hundert Schritte hinter dem Dorfe, auf einer kleinen Erhöhung, blieb er zuerst stehen und sah nach rückwärts. Wir folgten seinem Auge und erblickten eine überaus niedliche Kettenbrücke, die luftig und geisterhaft über dem tiefen und wilden Flußbett des Gardon schwebt und überaus malerisch zwei schöne Dörfer verbindet.

Nach zwanzig Minuten ungefähr waren wir an dem Punkte angelangt, wo man den Pont du Gard zum ersten Male erblickt. Der Anblick ist so groß, so überwältigend, daß wir lange, lange Zeit, gebannt an dieselbe Stelle, stehenblieben, als fürchteten wir, mit einem Schritte vorwärts oder rückwärts ein Atom dieser Schönheit zu verlieren. Porthos wußte dieses Gefühl zu würdigen, denn er legte sich ruhig hin und überließ uns dem großen Eindrucke. Wie dankbar war ich ihm für seine Stummheit! Ein anderer Cicerone an seiner Stelle hätte die Schönheit zu anatomisieren angefangen und eine Rede gehalten, von der ein einziges Wort hinreicht, in Verzweiflung zu bringen.

Wie freue ich mich, die Amphitheater von Nîmes und Arles vor dem Pont du Gard gesehen zu haben; nach diesem wären sie mir klein und häßlich erschienen. Auf diesem großartigsten aller Aquädukte der

Welt liegt neben der ganzen riesenhaften Gewalt des Römertums, oder vielmehr verhüllend *über* dieser, ein Reiz von Schönheit und Anmut, wie er sonst den Römerwerken zu fehlen pflegt und wie er selbst bei den herrlichsten Bauten aller Zeiten und aller Stile selten ist. Frankreich besitzt im Pont du Gard ein Kleinod, das es hüten und bewahren sollte wie nur irgendeine Kostbarkeit, die einem Lande, einem Volke Wert gibt, und einen der schönsten Reste jener Welt, die mit ihrem Abfalle den Geist von Jahrtausenden großzunähren imstande war.

Es ist ein unfreundliches, wildes, felsiges Tal, das der Pont du Gard durchschneidet und zum Wallfahrtsorte des fernen Wanderers macht. Rechts und links steil und rauh abfallende Felsen, die teilweise von wilder und struppiger Vegetation bedeckt sind und an deren Fuße sich eine mit Mühe gewonnene Straße hindrückt. Tief unten im Grunde rollen die gelben Wellen des Gardons, die nur angeschwollen imstande sind, die Felsenklippen in ihrem Schoße zu bedecken. Was sie da an Wildem und Unwirtlichem verhüllen, ersetzen sie reichlich durch ihr eigenes, hochaufspritzendes Getos, durch die Wut ihrer Schnellungen und den Sturm gegen die römischen Pfeiler, die ihnen ruhig Trotz bieten.

Der Pont du Gard besteht aus drei Bogenreihen, die in drei Stockwerken übereinander fortlaufen. Das unterste Stockwerk, das mit den Füßen teils im Wasser, teils auf den Felsen des Flußbettes und der Ufer steht, setzt sich aus sechs gewaltigen Bogen zusammen. Über dieses erste Stockwerk läuft das zweite mit elf und über dieses zweite das dritte mit fünfunddreißig Bogen hin. Die Bogen jedes oberen Stockwerkes sind um ein bedeutendes kleiner als die Bogen des Stockwerks, das seine Basis bildet, und obwohl der ganze Bau oben, wo er die höchste Höhe der beiden Berge verbindet, breiter sein muß als an seinem Fuße, wo er nur die Ufer des Flusses verbindet, so gewinnt das Ganze doch auf diese Weise, das ist durch Verkleinerung des Maßstabes der Bogen nach oben zu und durch die Durchsichtigkeit der Bogen selbst, etwas Leichtes, Luftiges, ich möchte sagen Vegetabilisches, wodurch es wie von Natur in die Höhe strebt und die Schwere seiner Massenhaftigkeit vergessen macht, ohne an natürlicher Würde und Größe zu verlieren. Einer der unteren Bogen ist breiter als die anderen in derselben Reihe; er überspannt allein den Fluß, wenn sich dieser in seinem gewöhnlichen Zustande befindet und nicht von Regen oder dem geschmolzenen Schnee der Cevennen angeschwollen ist. Ebenfalls breiter ist der über ihm stehende Bogen der oberen Reihe; aber diese kleine Unregelmäßigkeit, die durch die Breite des Flusses geboten war, verschwindet ganz in dem ungeheuren Werke, dessen Symmetrie sie gar nicht stört. Bemerkt man sie auch, so trägt sie nur bei, dem Baue den wohltuenden Anschein der Unwillkürlichkeit, des Entstandenen und nicht Gemachten zu geben.

Erst das dritte Stockwerk trägt das Rinnsal oder den eigentlichen Teil der Wasserleitung – denn der Pont du Gard, was ich wohl nicht erst zu bemerken brauche, ist der Träger des Wassers von einem Ufer zum andern, jenes klaren, hellen Wassers, das die Römer 41000 Metres weit aus den Gebirgen, über

Berg und Tal ihrer lieben Stadt Nemausus zugeführt und den beiden Bächen, die man heute Aure und Airan nennt, zu Nutz und Frommen ihrer römischen Bürger entzogen haben. Die Rinne, hoch genug, daß ein Mann mit einiger Neigung des Kopfes unter ihrer Decke fortwandeln kann, ist oben von behauenen Steinen überdacht und unten und an den Seiten vermittelst eines Zements dichtgemacht. Dieser Kitt ist so vortrefflich, daß noch heute das Regenwasser, welches durch die oberen, von der Zeit gemachten Öffnungen einfällt, nur durch Verdunstung entfernt wird und daß es des Hammers und des Meißels bedürfte, um ihn zu verletzen. An den Mauern hat sich hier und da eine üppige südliche Vegetation angesiedelt, die nur dazu beiträgt, das Leben und Regen in diesem unvergleichlichen Kunstwerke zu erhöhen und zu vermannigfachen. Aber selbst die wilden Feigenbäume, die, wie wir es hier oft sehen, ihre Wurzeln in den festesten Felsen bohren, haben es nicht vermocht, einen Stein aus seinen Fugen zu drängen. So fest sind diese aufeinandergeschichtet, selbst da, wo sie kein Kitt, sondern die bloße Berechnung der Architekten und die Genauigkeit des Steinmetzen verbinden. So feiert hier im Kleinen wie im Großen der menschliche Geist einen großen Triumph über die Materie. Mit diesem einen Baue verbindet er ja vom gewaltigen Strome getrennte Berge, versetzt er Flüsse und zeugt ein Kunstwerk, das stärker ist als Felsenmauern. So unbedeutend sind die Schäden, die ihm die Zeit und manche Barbaren zuzufügen vermochten, daß er noch heute dem Beschauer denselben Eindruck macht, dessen sich Agrippa erfreut haben muß, als er ihn vollendet sah und sich sagte, ein Monument aere perennius seiner geliebten Provinz gegeben zu haben. Die moderne Brücke, die man an den Fuß des Pont du Gard geklebt hat, um die Chaussee von einem Ufer zum andern zu führen, nimmt sich neben dieser so unbedeutend aus, daß sie ganz verschwindet, dem Werke ganz und gar keinen Eintrag tut und daß es einem nicht einfällt, den Baumeister derselben der Arroganz und das Departement der Taktlosigkeit anzuklagen.

Wie groß die Römer als Administratoren waren und wie sie für die kleinen Bedürfnisse ihrer Bürger ebensogut als für die großen sorgten, beweist der kleine Fußweg, den sie am dritten Stockwerke des Aquäduktes angebracht haben, um Fußwanderern den Weg über den oft angeschwollenen Fluß zu erleichtern. Unwillkürlich erinnert man sich da an eine gewisse Eisenbahnbrücke, die über die Loire führt. Umsonst petitionieren die Bewohner der beiden Ufer um einen Fußweg, der mit den geringsten Kosten angebracht werden könnte. Sie erlangen ihn nicht, und der jedes Jahr austretende Strom verhindert oft wochenlang die Verbindung naher, im eifrigen Verkehr lebender Nachbarn, die sich dadurch in Handel und Wandel gestört sehen. Wenn man nur großartige Brücken, Tunnels, Monumente, Museen, Universitäten hat, mit denen man à la tête de la civilisation marschiert – was liegt an Fußsteigen und Dorfschulen?

Noch an ein anderes modernes Kunstwerk wurde ich durch den Pont du Gard erinnert: an den Pont de Roque-Favoure in der Nähe von Aix, den ich vor einigen Tagen gesehen und der den Marseillern frisches, süßes Gebirgswasser zuführt. Gewiß ein verdienstliches und schönes Werk; eine Wasserleitung, wie sie moderne Jahrhunderte sonst nicht geschaffen haben. Ich habe sie angestaunt, und doch – wie klein erscheint sie mir jetzt, wenn ich sie neben den Pont du Gard stelle.

Wahrhaft erhoben nahm ich Abschied von diesem in seiner Art herrlichsten Monumente. Wenn ich mich oft vor römischen Bauten zweifelnd fragen mußte, ob ich diesen von so vielen bewunderten Römern nicht unrecht tue, indem ich sie bloß kalt oder halb erschrocken anstaune, so nahm ich diesmal die Genugtuung mit, von ganzem Herzen und mit ganzer Seele bewundert und im innersten Gemüte Preislieder auf diese berechnenden Unterdrücker einer Welt gesungen zu haben.

Ganz in der Nähe des Pont du Gard bemerkten wir noch eine Grotte, die an ihrem Eingange von halbverfallenem Gemäuer geschlossen war. Vielleicht eine jener Grotten, die Bâville, der Alba Languedocs, hat vermauern lassen, nachdem sich die Protestanten hineingeflüchtet hatten. Ich wandte mich ab, um mir den erhabenen Eindruck durch die Misere, die einem hier noch so nahe liegt, nicht stören zu lassen. Genug dieses Elendes hatte ich schon in seinen Spuren kennengelernt. Der protestantische Pastor aber, mein Freund, blieb lange und traurig vor den hohlen Augen dieser Grotte stehen.

Elftes Kapitel

Calvisson, 7. August 1851

Seit vierzehn Tagen ungefähr sitze ich in Calvisson und wohne in dem historischen Hause, welches den großen Kamisardenführer Jean Cavalier am Ende seiner Laufbahn eine Zeitlang beherbergte. Ich schreibe dies in seiner Stube. Von hier aus unterhandelte er mit dem Marschall Villars, der sein Hauptlager in Nîmes hatte, und erlag der Eitelkeit, mit Ludwig XIV. puissance à puissance zu unterhandeln. Er verließ die Sache seiner Glaubensbrüder, nachdem er für sie jahrelang Wunder der Tapferkeit getan, und zu einer Zeit, wo diese noch entschlossen waren, ihrem Propheten bis auf den letzten Mann zu folgen. Cavalier hat eine wunderbare Ähnlichkeit mit Görgey. Plötzlich aus dem Nichts aufgetaucht, erfüllt er, ein armer, achtzehnjähriger Schäferjunge, der die Herden eines andern hütet, die Welt mit dem Rufe seiner Taten und die Herzen seiner Kampfgenossen mit einem unbeugbaren Mute, der einer zehnfach überlegenen Macht durch alle Wechselfälle eines langen Krieges standhält. Plötzlich wird er selber müde, und er ist der einzige, der den prophetischen und aufmunternden Worten, die aus seinem eigenen Munde kommen, nicht mehr glaubt. Marschall Villars versteht sich auf Cavalier; er ladet ihn in sein Hauptquartier, er empfängt und behandelt ihn, wie man den Heerführer einer feindlichen und legitimen Macht behandelt – voll von Stolz kehrt Cavalier nach Calvisson zurück und weiß es nicht, daß er sich eigentlich schon in die Hände des Feindes gegeben, da er von ihm Geld und Nahrung annimmt, um seine Kampfbrüder zu erhalten. War es Komödie, war es ein Mittel, die Stimme seines eigenen Gewissens zu übertäuben, daß er auf den Ruinen des protestantischen Tempels noch so mächtig und ergreifend predigt und wahrsagt wie damals, da er als schwächlicher Schäferjunge sich in den Grotten der Cevennen zum ersten Male zu den „Kindern Gottes" gesellte? Vielleicht beides – denn noch stak eine Erinnerung des „Propheten" in ihm, und schon war er auch der Prahler, der später die unzuverlässigen Memoiren geschrieben. Aber wir wollen nicht zu strenge mit ihm sein; sagt er doch selbst: „Ich war ein Kind, und ich hatte niemand, der mir hätte raten können." Dieses wirklich Kindische und Kindliche in seinem ganzen Wesen, das Vertrauen in königliche Versprechungen, die schmeichelhafte Art und Weise, wie man ihm von feindlicher Seite entgegenkam, alles das ist geeigneter, Cavalier zu entschuldigen, als all die Gründe, die man anführt, den ungarischen Verräter reinzuwaschen, und stellt jenen vertrauenden, unwissenden Jüngling hoch über diesen menschenverachtenden, vielerfahrenen Mann. – In Calvisson hat der junge Hirt wohl die gewaltigsten Gemütserschütterungen seines Lebens erfahren. Nachdem er hier, von wo aus er seine meisten und ruhmvollsten Schlachtfelder übersehen konnte, als König verehrt, all Prophet von dem herbeiströmenden

Volke angebetet worden war; nachdem er sich in Träume künftigen Ruhmes gewiegt und im Geiste sich an den Siegen gefreut hatte, die er, der Konvention mit dem Marschall Villars gemäß, als Oberster Ludwigs XIV. auf spanischen Schlachtfeldern erkämpfen sollte, kehrt er eines Tages in sein Lager zurück und findet die „Kinder Gottes" vom heftigen Zorn gegen ihn entbrannt. Sie empfangen ihn als Verräter, der die Sache Gottes verlassen will, mit Spott und Verwünschungen; sein Befehl wird nicht mehr gehört; er ist entsetzt, und die ihm in jede Todesgefahr gefolgt, wenden sich von ihm und folgen jetzt dem wilden Propheten Ravanel, der geschworen hat, den letzten Tropfen Blut für das Evangelium zu verspritzen. Was kümmern sie, die für ihren Gott sterben wollen, die Punkte, die Cavalier mit dem Marschall aufgesetzt? Enthält doch keiner die Bestätigung, daß sie ihre Tempel wieder aufführen, überall das Lob Gottes singen können. Cavalier beschwört, bittet, weint – umsonst! Er ist verlassen, und nur dem armen Propheten Moses dankt er es, daß ihm der starre Ravanel, „das Schwert Gottes", nicht eine Kugel durch den Kopf jagt. Beschämt kehrt er, der versprochen hatte, mit einem Regimente zu kommen, nur von wenigen Freunden begleitet, zum Marschall zurück; die Frau Marschallin, der er vorgestellt wird, ersucht ihn, ihr in ihrem Boudoir ein wenig zu prophetisieren. Er schweigt. – Als er in den Kahn steigt, um über den Rhone zu fahren, um sein Vaterland für immer zu verlassen, will er noch einen Psalm anstimmen, als letztes Lebewohl – der Offizier, der ihn begleitet, verbietet es. – In Versailles sieht ihn der große König von der Seite wie ein wildes Tier an und zuckt die Achsel, und wenige Wochen nach seiner pomphaften Unterhaltung mit dem Marschall flüchtet er bei Nacht und Nebel mit seinem Häuflein von Freunden über die Schweizer Grenze, um dem Kerker zu entgehen, der ihn trotz königlicher Versprechungen in Neubreisach oder in einer Bastille erwartet.

Calvisson ist nicht nur durch Cavalier, es war zu allen Zeiten in der Geschichte der Protestanten berühmt. Lange Zeit spielte es den Hauptort des Protestantismus in Vaunages und Umgegend, und am Eingang in die Cevennen gelegen, war es der Vermittler zwischen den Gebirgsbewohnern und den Protestanten Niederlanguedocs, der Ebene, die sich von Vergez bis ans Meer hinzieht. Hier wurde auch der große Redner der freien Arminianer, Saurin, geboren, dessen Haus man noch heute in der Nähe des Tempels zeigt, und von hier flüchtete sich in zarter Jugend, um den Dragonaden zu entgehen, an der Hand seiner Mutter jener Abauzit, der Freund Newtons, Leibniz' und Jean-Jacques'. Er stammte von einem berühmten arabischen Arzte, der im zwölften Jahrhunderte in dieses Land einwanderte und einen Stamm gründete, in dem sich Wissenschaft und freie Forschung forterbten. Sein letzter Abkömmling sitzt durch Zufall heute wieder in Calvisson – es ist der verdienstvolle und beredte Pastor Abauzit. – Der ziemlich hohe Hügel vor meinem Hause trägt die Ruinen des Schlosses, welches der Familie des großen Rechtsgelehrten Nogaret gehörte, der im dreizehnten Jahrhunderte mit der Ohrfeige, die er dem Papste Bonifatius gegeben und die in ganz Europa widerhallte, gewissermaßen die Reformation begonnen hat.

Die Bewohner des heutigen Calvisson sind friedliche Leute, denen man nichts von der Ekstase, die ihre Vorfahren ergriffen, und nichts vom Prophetentum, das jene beherrschte, anmerkt. Nur wenn einem in der Gasse das Rasseln des Webestuhles oder der Krempler entgegenschallt, denkt man unwillkürlich an die Weber und Krempler, die die größere Anzahl von Propheten geliefert haben. Aber auch diese Gewerbe sind in Abnahme, da ihnen die Maschinen von Nîmes eine überlegene Konkurrenz machen, und die Calvissoner beschäftigen sich mit Bereitung von süßen Kompotts, deren Stoff ihnen die herrlichen Früchte von Vaunages liefern und die sie in alle Welt versenden.

Vaunages heißt das große Kesseltal, welches sich hinter Calvisson plötzlich breit und weit ausdehnt. Am Fuße der kahlen Berge, die es umgeben, ist es ringsumher von einer bedeutenden Anzahl größerer und kleinerer Flecken bekränzt. Historisch oder anderweitig die bedeutendsten unter diesen sind St-Come, Clarensac, Cavairac, Langlade, St-Dionysi usw. Seinen Namen hat dieses Tal von dem Flecken Nages, der an seinem Eingange gegenüber von Calvisson liegt; die „Kinder Gottes“ aber nannten es seines gesegneten Bodens wegen: Kanaan. In der Tat ist es eines der fruchtbarsten Täler des Südens. In diesem Augenblicke erliegen die Bäume unter der Überzahl ihrer Früchte; trotz des großen Handels, den man treibt, weiß man nicht, was mit der ungeheuren Menge von Feigen, Mandeln, Pfirsichen, Melonen,

Pflaumen und Trauben anzufangen. Man gibt sie den Ziegen als Futter. Vor und nach der Weinlese essen Menschen und Tiere nichts als Trauben – Ziegen, Hunde, Pferde, Esel und Maulesel nähren sich von der köstlichen Beere, die so treffliche Weine liefert, daß man sie in Paris als Madeira, Malaga und Alicante verkauft. Der Wein von Langlade kann mit dem besten Bordeaux wetteifern und kommt auch als solcher in den Handel. Auf vielen Bauernhöfen kann man in verschiedenen Winkeln und Ecken, unter Brennholz und Gerümpel versteckt, ungeheure Fässer stehen sehen, die voll des edelsten Weines sind. Nach zwanzig Jahren einmal fällt es dem Besitzer ein, solch ein Faß anzustechen, und siehe da, er findet einen edel gealterten Saft, den er Madeira, Malaga, Alicante tauft. Die französischen Gesetze und die Octrois der Städte sind schuld, daß der Bauer seine Reichtümer nicht so verwertet, wie er es unter anderen Umständen könnte. Auch sehnt man sich nirgends so wie hier nach Frytrade. Doch ist alles wohlhabend; die man hier Arme nennt, sind immer noch Leute, die ihr gutes Stück gesegneten Bodens besitzen, da der Boden vielgeteilt ist. Die Gemeinden alle haben, mehr weil es Brauch als Bedürfnis ist, ihr Armenkassen, doch werden sie selten in Anspruch genommen. Wenn es geschieht, so geschieht es, wie mich verschiedene Pastore und Maires versichern, nur von den Allerärmsten, die mit diesem Zuschusse ihre Steuern bezahlen.

Bei mehreren Ausflügen in das Land von Vaunages hatte ich Gelegenheit, mich an dieser Wohlhabenheit zu erfreuen. Die Dörfer sind eben nicht immer sehr reinlich – das liegt im Charakter des Südländers –, aber nirgends tritt einem das traurige Bild der Not entgegen. Ich habe hier noch keinen Bettler gesehen. Fast jedes Dorf hat irgendeinen monumentalen Schmuck – einen Brunnen, eine Kirche, ein Gemeindehaus –, alle aber sind mit ihren engen Gassen, mit ihren Quaderhäusern, mit ihren Treppen, die vom ersten Stocke auf die Straße führen, mit ihren Plattformen vor den Türen der oberen Stockwerke, mit den tiefen und gewölbten „Salons" ebener Erde, vor denen der schattige Vorhang weht und in die man im Vorübergehen blickt – alle sind sie malerisch und würden dem Künstler mit den müßigen Gruppen der Männer und der arbeitsamen Weiber manchen schönen und dankbaren Stoff bieten. Der Landmann ist mit seinem Überflusse nicht geizig. Wandert man an der Seite eines in dieser Gegend nur halbwegs Bekannten, wie es bei mir der Fall gewesen, so wird man jeden Augenblick gebeten, einzukehren und einige Früchte und ein Glas Wein einzunehmen. Der Wirt entschuldigt sich dann, daß er nicht Bier anbieten könne, womit man in diesem Weinlande den Gast besonders zu ehren glaubt. So kann man wie ein Homerischer Held von Gastmahl zu Gastmahl wandern. Bei einem Bauer in St-Come nahm ich ein wahrhaft fürstliches ein – die edelsten Weine, die süßesten Früchte und die besten Fleische erdrückten die Tafel. Die beiden Hausfrauen, Schwiegermutter und Schnur, bedienten uns wie Sklavinnen und setzten sich, nach der Sitte des Landes, nicht zu Tische. Die große, geräumige Halle, aus der man auf die Vorhalle, die zugleich Küche ist, blikken kann, sobald der wallende Vorhang aufgeht; der Bratspieß am Herde und das frische Fleisch daran;

die ursprünglichen Handmühlen; die zweihenkligen Krüge; die schlanken Amphoren, in denen der Wein, und die ungeheueren, bauchigen Tongefäße, in denen das Wasser aufbewahrt wird; die Ampel, die von der Decke herabhängt, mit ihrem oben überbogenen Griffe, ganz in der Form, wie man sie in Pompeji findet; endlich draußen der blaue, wolkenlose Himmel und das Lorbeergebüsch, das durch die Fenster Kühlung weht – reicht das alles nicht hin, einen vom süßen Weine halbbetäubten Wanderer zu überzeugen, daß er sich in schönen, antiken Zeiten, unter schönem klassischen Himmel befinde, als Gast bei irgendeinem Männerbeherrschenden? Nur die Hausgötter verrieten, daß man sich in moderner Welt befinde. An der Wand hingen die Bilder von Barbès, von Ledru-Rollin, mit der roten Schärpe und Schleife, von Raspail an seinem Gefängnisgitter. – Nach dem Mahle führte man uns in kühle Gartenstuben, wo Betten zur Siesta bereitet waren. Beim Erwachen bot man Wasser zum Waschen und süßen Weines zur Erquickung, und wieder erhob man die Hände zum lecker bereiteten Mahle.

Als sich die fürchterliche Hitze gelegt hatte, gingen wir durch eine allmählich aufsteigende Schlucht dem Gebirge zu, nach der sogenannten Fontaine de Robert, um einen konischen Berg herum. Nach ziemlich langer, beschwerlicher Wanderung standen wir auf historischem Boden. Das freundliche Tal Vaunages war verschwunden; kahle, verwitterte Berge starrten uns an; schweigende Einsamkeit umgab uns und, so weit das Auge durch die Schluchten dringen konnte, nichts als trostlose Gebirgswüste. Wie wahr hat Ludwig

Tieck in seinem „Aufruhr in den Cevennen“ die Zusammenkunftsorte der Kamisarden, wo sie der Begeisterung der Propheten horchten, zu schildern verstanden. Wenn er, wie ich es glaube, diese Gegenden nicht selbst gesehen, dann ist die Divination des Dichters zu bewundern. Auf dem kleinen Plateau, auf dem wir standen, versammelten sich eines Tages die „Kinder Gottes“ in großer Anzahl, um sich von ihrem Propheten predigen zu lassen. Zu Hunderten lagen sie da, lauschend, keines Überfalles gewärtig, und horchten den Worten, die aus dem Laube eines Nußbaumes zu ihnen erschallten. Aber sie waren von den Katholiken jenseits des Berges verraten. Plötzlich wimmelte es ringsum auf allen Bergspitzen von königlichen Truppen, und Kugeln regnen in die fromme Schar. Nur sehr wenige sollen entkommen sein. Le massacre de St-Come ist noch immer eine schreckliche Erinnerung im Herzen des Volkes. – Der Berg, der uns von Vaunages trennte, scheint ein Begräbnisplatz der Römer gewesen zu sein. Häufig findet man, besonders am südlichen Abhange, antike Aschenkrüge, die aber von den Arbeitern sogleich zerschlagen werden, da man in ihrem Bauche Münzen vermutet. Wenn sie aber nur Asche enthalten, werden die Scherben beiseite geworfen. Vor kurzem fand man eine gewaltige Bleikiste. An jeder der vier Ecken befand sich ein Aschenkrug. Die Aschenkrüge wurden zerbrochen, die Kiste nach dem Gewicht verkauft. Oft stößt der Spaten auf Grabsteine, da es aber zu beschwerlich wäre, diese ganz auszugraben, zieht man es vor, sie wieder mit Erde zu bedecken. Die Bewohner dieser Gegenden sind eben doch keine Griechen.

8. August 1851

Ungefähr dreiviertel Stunden von St-Come gegen Osten liegt Clarensac. Es wäre nichts von diesem Dorfe zu berichten, wenn es nicht, nach der Meinung vieler Bewohner dieser Gegend, in der Schreckenszeit der Französischen Revolution eine gewisse Rolle gespielt hätte. Kurze Zeit 1789 warf der Seigneur von Clarensac sein Auge auf das schöne Weib eines Bauern, seines Untertanen. Um ungehindert die Reize der schönen Untertanin genießen zu können, schickt er, ein zweiter König David, ihren Mann, den armen Uria, fort nach Nîmes, mit dem strengen Befehle, mehrere Tage in dieser Stadt zu verweilen und, was er auch immer hören möge, sie bei Androhung der härtesten Strafen nicht zu verlassen. Der arme Knecht gehorcht. Aber kaum drei Tage in Nîmes, bemächtigt sich seiner die gewaltigste Unruhe. Er hält es nicht länger aus, und in der Nacht schleicht er in sein Dorf zurück. Er horcht vor seinem Hause und hört und sieht endlich durch eine Fensterritze sein Weib im verzweifelten Kampfe gegen den gnädigen Herrn. Er dringt hinein – und wird in seiner eigenen Stube von seinem Herrn, der bewaffnet ist, erschlagen. Es ist geschehen, und niemand wagt von der Tat zu sprechen. Der Edelmann setzt seine Bewerbungen bei der schönen Witwe fort. Aber der Erschlagene hat einen Freund, einen Wildschützen. Dieser weiß gut zu zielen, und auf freiem Felde einmal rächt er den Toten durch einen einfachen Schuß aus dem Gebüsche. – Er wird, ich glaube, dafür lebendig aufs Rad geflochten. Die Zeit hat nicht Zeit, die Erinnerung an diese Geschichte aus den Köpfen der Bauern des Vaunages zu streichen. Die Revolution bricht aus, und die gebrochenen Schlösser, die verstümmelten Wappen, die Flucht so vieler Seigneurs zeugen, wie lebhaft diese Erinnerung noch in den Köpfen gespukt habe. Übrigens waren alle diese Seigneurs dieser eifrigen Protestanten eifrige Katholiken – um so eifrigere und verfolgungssüchtigere, als sie alle Apostaten und sogenannte Neubekehrte waren, die nächsten Abkömmlinge jener Aristokraten, die die Glaubenssache und ihre Kämpfer verließen und verrieten, sobald es sich nur noch um den Glauben und nicht, wie zur Hugenotten- und Frondezeit, um Feudal- und Koterieinteressen handelte. Fast alle Adeligen Languedocs haben sich zur Zeit der Cevennenkriege auf diese Weise bewährt. D'Aigaliers und der alte Marquis von Salgas sind rühmliche Ausnahmen. Zwar nahmen sie beide nicht teil an dem Kampfe ihrer Landsleute und Glaubensgenossen, aber der erste suchte wenigstens als Vermittler zwischen diesen und dem Hofe sein möglichstes zu tun und verleugnete seine Überzeugung auch in den schwierigsten Lagen nicht, und der andere war den Cevenolen freundlich, vergaß seinen Adel, zeigte seine Sympathie für die begeisterten Hirten und verhehlte sie nicht, selbst als man ihn im hohen Alter auf die Galeerenbank von Cette schmiedete.

Von Clarensac fuhren wir nach Caverac, dem Dorfe, in welchem unser Thümmel unter arkadischen Schäfern ein elyseisches Leben geführt haben will. Nun, dieses arkadische Dorf ist heute das unfreundlichste, roheste, schmutzigste in Vaunages und als solches im ganzen Lande verrufen. Wir sahen das Schloß, das ehemals dem Herrn von Caverac, heute der Kommune gehört. Der große Park ist in Weingärten verwandelt; nur einige steife Taxushecken und eine prachtvolle Zypressenwand zeugen von der entschwundenen Herrlichkeit. Der protestantische Tempel, der sich wie die Schule und der Kommunalsaal im Schlosse befindet, besitzt eine Kanzel, die eine Geschichte hat. Man sieht es ihr auf den ersten Blick an, daß sie einmal eine Cheminée gewesen. Ihr herrlicher, sehr bunter Marmor ist das Geschenk eines Papstes an einen Abbé, welcher einst in Caverac gewohnt und mit dem Marmor für seine wütenden Pamphlete gegen die Protestanten belohnt worden. Und heute predigt der protestantische Pastor von diesem Marmor herab und klopft ihn wahrscheinlich mit besonders heiliger Lust. In diesem Schlosse soll auch Bâville, der unerbittliche Verfolger der Protestanten, nach dem Massacre von St-Come übernachtet haben. Die Herrn von Caverac sollen in früheren Jahrhunderten besondere Hoheitsrechte im Lande besessen haben. Sie hielten eine Art von Hof, und die Adeligen der Umgegend teilten sich in solche, welche bei Hoffeierlichkeiten bloß bis ans Gitter, und in solche, welche in das Innere gelassen wurden, um kniebeugend ihre Aufwartung machen zu dürfen. Heute sitzt der conseil municipal des souveränen Volkes von Caverac in den schönsten Salons des feudalen Schlosses. – Ich sah da ein Grab in einem Privatgarten – ähnliches sah ich schon in Nages und anderen Flecken des Landes. Das Volk liebt es hier, seine Lieben in der Nähe, in einem Garten am Hause, auf einem benachbarten Felde zu bestatten. Das Gesetz ist eigentlich dagegen, aber die Sitte ist stärker. Sie rührt aus der Zeit her, da man den Protestanten kein ehrliches Begräbnis gestatten wollte, da man ihnen keinen Begräbnisplatz anwies und ihnen, was sie auch verschmäht hätten, nicht erlaubte, ihre Toten in katholisch geweihten Boden zu bergen. – Ich kann nicht umhin, hier das Edikt Ludwigs XVI. mitzuteilen, welches nach langen Kämpfen, wohlgemerkt im Jahre 1787, erschienen ist und den Protestanten eine Art von bürgerlicher Existenz zugestand. Ich übersetze es aus dem vortrefflichen Buche Napoleon Peyrats, „Histoire des Pasteurs du Désert", und enthalte mich jeder Bemerkung:

„Wir, Ludwig XVI., König von Frankreich, überzeugt von der Fruchtlosigkeit jahrhundertlanger Verfolgungen und weichend der öffentlichen Meinung, die euch in Schutz nimmt, haben beschlossen, vielmehr aus Notwendigkeit als aus Sympathie, euere bürgerliche Existenz anzuerkennen; infolgedessen werden von nun an euere Weiber und Kinder legitim, euere persönliche Freiheit geachtet, euer Gottesdienst geduldet, euer Handel frei sein. Für diese königliche Gnade werdet ihr dem Staatsdienste unterworfen und die katholische Religion, die einzig herrschende, zu unterhalten verpflichtet sein; aber im übrigen bleibet ihr für immer von allen Ämtern der Verwaltung, der Rechtspflege, des Unterrichts ausgeschlossen und jedes Mittels zum Einflusse auf den Staat beraubt. In *einem* Worte, es wird euch von Uns nichts bewilligt, als was das natürliche Recht euch zu verweigern nicht erlaubt."

9. August 1851

Reisen! – Es ist wohl die schönste und unschuldigste aller Leidenschaften, die Reiselust. – Aber ohne Ziel ist das Reisen fast so traurig wie ein Leben ohne Zweck, ohne Idee. Wenn nicht die Heimat das letzte Ende des Wanderers, der vielen Mühen süßer Lohn ist, ist es ein Irren in der Wüste, ein Im-Kreise-Gehen, ein Streifzug durch eine unendliche Fläche, von deren Horizonte kein schattiger Baum, kein gastliches Licht winket. Der Wanderer muß die Aussicht auf einen heimischen Herd haben, um den herum seine Lieben sitzen, die mit Teilnahme den Erzählungen von fremden Ländern, von Abenteuern und bestandenem Mühsal horchen. George Sand beschreibt einmal das süß unheimliche Gefühl des Alleinseins in fremder Ferne, irgendwo in einem weltvergessenen Tale, in einem labyrinthischen Gebirge, da man sich sagt: Jetzt bist du zum ersten Male allein, keine Seele weiß dich zu suchen; jetzt bist du frei; dir, dir ganz allein und den Geistern in dir überlassen. – Wenn aber dieses Gefühl ein alltägliches geworden, dann hat es seinen Reiz verloren. – Ich schreibe dies auf einem Felsstücke sitzend, beschattet von einem wilden Brombeerstrauch, der mich gütig gelabt hat, da ich seit Stunden, vom Wege verirrt, allen Menschenwohnungen ferne bin. Vor mir ein schmaler Pfad, nur selten von der Ziege und dem Jäger ohne permis de chasse betreten – er verliert sich in verwittertem Gestein –; um mich dehnt sich weit und breit eine kahle Gebirgswüste, aus grauen Bergrücken zusammengestückelt. Weit hinter mit der freundliche Gau Vaunages und weit vor mir die Ketten der Hochcevennen, die vierfach und fünffach, gezackt und in langgestreckten Linien hinziehen. Ein grauer Schleier zittert in der Mittagsonne glühend über ihren Häuptern. Nichts bewegt sich rings als etwa eine Eidechse, die aus den kalkigen Steinen schlüpft, und, durch zwei Hügelreihen von mir getrennt, die Flügel einer Windmühle, die eiförmig und einzeln auftauchen und verschwinden. – Empfinde ich jenes süß unheimliche Gefühl? Mehr als jeder andere braucht der Wanderer eine Heimat – der gezwungene Reisende wandert nicht – er flieht.

10. August 1851

Schräge gegenüber von Caverac, am südlichen Rande und in der östlichen Hälfte des großen Kesseltales liegt Langlade, die Heimat des besten Weines von Vaunages. Auf seiner Höhe steht noch heute die Windmühle, an deren Fuße eine der bedeutendsten und ruhmvollsten, obwohl unglücklichen Schlachten der Kamisarden begonnen hatte. Marschall Montrevel war abgerufen und sollte dem Marschall Villars Platz machen. Er wollte Languedoc nicht verlassen, ohne den Ruhm wenigstens eines bedeutenden Sieges mit sich zu Hofe fortzutragen. Zu diesem Ende tat er alles mögliche; er streute falsche Gerüchte über seine Abreise aus, um die Kamisarden, die ihm auflauerten, irrezuführen, teilte seine Truppen in mehrere Haufen, ließ sie Kreuz- und Querzüge und maskierte Märsche machen und sammelte sie endlich alle und mit einem Male um Vaunages herum, wo sich eben Cavalier befand und von Dorf zu Dorf zog, um zu predigen. Cavalier hatte eben die Festungsmauern von Clarensac niedergerissen und auf ihren Trümmern gepredigt und prophetisiert. Von da zog er in das gegenüberliegende Langlade und ließ seine Kamisarden, ungefähr siebenhundert Mann Infanterie und hundert Reiter, in den Weingärten am Fuße des Berges lagern. Müde von den ununterbrochenen Streifereien, fielen sie bei herannahender Nacht in einen tiefen Schlaf. Auch Cavalier, auf einem Steine sitzend, entschlummerte leise. Nur wenige Reitervorposten wachten. Da plötzlich wimmelte es auf den Höhen hinter ihnen von königlichen Dragonern, die mit verhängtem Zügel und mit dem Rufe: „Tue! Tue!" auf das Kamisardenlager lossprengen. Die „Kinder Gottes" fahren aus dem Schlaf und greifen zu den Waffen, und die hundert Reiter schwingen sich auf ihre Pferde. Mit letzteren stürzt Cavalier sogleich auf den Feind und führt einen so gewaltigen Schock aus, daß dieser weicht und endlich zu fliehen beginnt. Der Prophet Catinat verfolgt ihn; aber Cavalier, dem beim ersten Angriff das Pferd unter dem Leibe weggeschossen worden, kann ihm nur nachsehen. Er sammelt seine Infanterie, um sie aus der Gefahr zu retten, die er von allen Enden heraufziehen sieht; denn die ersten Schüsse hatten die von allen Seiten aufgestellten Truppen geweckt, und sie ziehen von rechts und links und gegenüber in gewaltigen Kolonnen, das Gros unter Anführung des Marschalls, heran. Letzteres füllt die Ebene; die Höhen sind von den gesammelten Truppen bedeckt, und rückwärts kommt der verfolgende Catinat, selber verfolgt, aus den Ebenen von Vergez zurück, wo er das Regiment Charleroi getroffen, mit dem vereinigt sich die geschlagenen Dragoner gegen ihn kehren. Die Kamisarden sind eingeschlossen, die Überzahl des Feindes ungeheuer. Nur gegen Nages, welches jenseits des Berges liegt, scheint ein Entkommen möglich; wenn Cavalier es erreicht, ehe ihm der Marschall folgen kann, schlägt er sich vielleicht durch die dort stehenden Truppen; ein Bauer will ihm noch dazu einen Hohlweg zeigen; vermittelst dessen er das Dorf gewiß früher erreicht als der Marschall. Unglückseligerweise folgt ihm Cavalier. War der Bauer ein Verräter? Denn als die Kamisarden am Ende des Hohlweges ankamen, ist er von allen Seiten dicht besetzt, und die Kugeln regnen auf sie herab. Cavalier stürmt und bahnt sich mit unglaublicher Tapferkeit einen Weg mitten durch den Feind. Er ist nun in der Nähe von Nages, trotz der Verräterei oder Dummheit des Bauern; aber auch dieses Dorf ist angefüllt von feindlichen Truppen, die ihm aus allen Gassen, auf allen Wegen und Pfaden, zwischen Gärten und Gehölzen entgegenströmen – der Weg, der zur Ebene führt, ist von Reiterei dicht besetzt und wahrscheinlich auch vom Regiment Charleroi, das Catinat bis hierher verfolgt hatte. Nur noch die Höhe hinter ihm, die er vorhin durch den Hohlweg umgangen hatte, ist frei. Jetzt will er sie nehmen, um sich dort zu verteidigen, oder von ihr in die Ebene hinabstürzen. Er wendet sich ihr zu – da ist indessen der Marschall auf ihrer höchsten Spitze angekommen – die Mauern der Weingärten sind alle besetzt –, und wie Mauern stehen von allen Seiten die königlichen Kolonnen, eine hinter der andern.

In diesem fürchterlichen Augenblicke ruft Cavalier

seinen Leuten folgende Worte zu: „Kinder, wir sind gefangen und lebendig gerädert, wenn es uns an Mut fehlt. Es bleibt uns nur ein Mittel: Wir müssen uns Bahn brechen und diesen Leuten auf den Leib rücken. Folget mir und haltet fest zusammen!"

Nach dieser Anrede beginnt der verzweifelteste, verbissenste, hartnäckigste Kampf. Wütend stürzen sich die Kamisarden auf die Feinde; nicht mehr mit dem Feuerrohr, man schlägt sich mit dem Bajonett in der Hand; auch dieses wird fortgeworfen, und wie in der Schlacht bei Cannae umschlingt man sich mit den Armen, faßt man sich an den Köpfen, an den Haaren und Händen, Zähne sind die beliebtesten Waffen. Die Feinde dringen immer mächtiger, massenhafter vor, die Kamisarden verlieren sich einzeln in den Wellen und sind zerstreut. Nur mit der größten Mühe reißt sie Cavalier von ihren Opfern los und sammelt sie wieder zu Scharen.

Der Weg von Nages in die Ebene, die sich gegen Calvisson hin erstreckt, ist von dem kleinen Flusse Rosny durchschnitten, der, von Caverac kommend, seine ärmlichen Wellen dem Vidurl zuführt, wenn er nicht in der Sommerhitze schon auf halbem Wege gänzlich verdampft ist. Die Straße von Sommières nach Nîmes führt mittelst einer Brücke, eine kleine Viertelstunde von Nages, über diesen Bach. Die Brücke mußte Cavalier passieren, wenn er die Ebene von Calvisson und den Weg ins Freie gewinnen wollte. Die Zeit drängte, denn die Sonne war dem Sinken nahe. Dorthin wendete er sich mit seiner kleinen, wiedergesammelten Schar und führt gegen die auf der Brücke aufgestellten Dragoner so gewaltige Schocks aus, daß nach und nach einzelne Haufen passieren können. Auf diese Weise aber bleibt er selbst mit einem nur sehr kleinen Peloton allein und abgeschnitten zurück; denn die große Anzahl der Dragoner sammelt sich nach jedem Schock aufs neue und stopft die Brücke immer wieder. Ein rührender und heldenmütiger Zug, den Cavalier in seinen Memoiren selbst erzählt, rettet ihn aus dieser mißlichen Lage.

Unter seinen Lieutenants befand sich auch sein zehnjähriger Bruder, der sich schon in mehreren Gefechten durch Heldenmut und durch aufopfernde Liebe zu seinem brüderlichen Feldherrn ausgezeichnet hatte. Er ritt einen kleinen Camarguer Hengst und trug einen kleinen Jagdstutzen – ein kurzes Schwert und im Gürtel ein Paar Miniaturpistolen; alles in Harmonie mit seiner kleinen Gestalt. Für diesen Tag, den er blutig heraufziehen gesehen, hatte er sich noch besonders „wie zu einem Feste" aufgeputzt, die Hemdärmel weit über den Ellenbogen zurückgeschlagen und um die Arme hochrote Schleifen gewunden. So sprengte er, den Zügel auf den Hals seines Schlachtrosses gelegt, die Pistole in der einen, das kleine Schwert in der andern Hand, überall ins dichteste Kampfgewühl und, da Pistole und Schwert nicht weit reichten, dem Feinde, den er sich ausersehen, immer auf den Leib. Bei dem Sturme auf die Rosnybrücke war er einer der ersten, der die Feinde durchbrach und sie passierte. Da er aber sah, wie diejenigen, die mit ihm herübergekommen waren, und mit ihnen Catinat und Ravanel, das Weite suchten, ohne den Übergang der Zurückgebliebenen weiter zu befördern oder sich um den abgeschnittenen Cavalier zu bekümmern, warf er seinen Hengst quer über die Straße, schnitt so den Fliehenden den Weg ab, und die Pistole emporhebend, rief er ihnen entgegen: „‚Kinder Gottes‘! wo eilet ihr hin? Besetzt die Ufer des Baches, greifet den Feind an! Decket den Rückzug meines Bruders!“ – Die Fliehenden bleiben stehen, tun, wie jener befiehlt, und Cavalier ist gerettet. In guter Ordnung zieht er sich über das kupierte Terrain von Calvisson in die Schluchten gegenüber zurück – immer verfolgt, aber immer noch kämpfend, bis er sich mit Hülfe der im Süden schnell heranbrechenden Nacht in den Gehölzen verliert und so bald den Blicken des Feindes gänzlich entschwindet.

Dies ist der blutige Tag des 16. April 1704, einer der unglücklichsten und ruhmvollsten für die Kamisarden. Der Kampf gegen einen mehr als sechsfach überlegenen Feind hat von morgens zwei Uhr bis in die Nacht gedauert, und das Schlachtfeld gewann in seinem Verlaufe eine Ausdehnung von mehr als zwei Stunden. Jeder Schritt Terrain mußte aufs blutigste erfochten werden. Man weiß nicht, soll man mehr die Hartnäckigkeit, den Mut, die Ausdauer, die Todesverachtung der Kamisarden oder die Kaltblütigkeit, den sicheren Blick ihres Führers bewundern, der mitten unter unzähligen Hinterhalten und Fällen, von allen Seiten und immer neu umstellt, stets das im Augenblicke sicherste Mittel zur Rettung, den im Momente einzig möglichen Ausweg erspähte? Als einige Wochen darauf Villars das Schlachtfeld besichtigte und sich den Verlauf des Kampfes erzählen ließ, rief dieser vielleicht bedeutendste Feldherr Ludwigs XIV., dieser in der Tat kompetente Richter voll

Verwunderung aus: „Wahrlich, das ist Cäsars würdig!“ – Und in seinen Memoiren wiederholt er noch: „Cavalier benahm sich an jenem Tage auf eine Weise, die alle Welt in Erstaunen setzen muß. Ein homme de rien, ohne Erfahrung in der Kriegskunst, der sich in den schwierigsten und delikatesten Lagen so benimmt, wie es ein großer Feldherr getan hätte!“

Wie großen Heldenmut auch Cavalier in der Schlacht bei Nages bewährt haben mag, sie scheint doch der Anfang seines inneren Verfalles gewesen zu sein. Kurze Zeit nach dieser Niederlage beginnt er seine Unterhandlungen mit Villars, während alle seine Kampfgenossen noch den ungeschwächten Mut bewahren. Er hatte die Übermacht kennengelernt und beginnt die reguläre Kriegskunst, die Kombination zu respektieren, den ungeregelten Mut, den Kampf auf eigene Faust, die Geltung der Persönlichkeit zu verachten. Als Prophet hat er seine kriegerische Laufbahn in den Cevennen begonnen; er beschließt sie als Soldat. An die Stelle der Begeisterung ist die Berechnung, an die Stelle der Aufopferungslust für eine heilige Sache ist eitle Ruhmsucht getreten, an die Stelle des Priestertums gedankenloser militärischer Ehrgeiz. Einer regulären Armee anzugehören, in ihr einen hohen Rang einzunehmen scheint ihm das höchste Ziel aller Wünsche. Nicht mehr wofür, sondern ob er sich überhaupt schlagen werde, ist noch bei ihm die Frage. In dem Traktate, den er mit Villars abschließt, steht der Artikel, der ihm ein Regiment, eine Oberstenstelle und Schlachtfelder in Spanien und Portugal verspricht, obenan. Er ist bereit, sich für Ludwig XIV., den Verfolger seines Glaubens und seiner Landsleute, gegen England, das heißt gegen seinen bisherigen Bundesgenossen, zu schlagen. Ist das vielleicht französischer Patriotismus? Keineswegs! Denn als jener Traktat nicht in Szene gesetzt werden kann, geht er in sardinisch-englische Dienste und kämpft auf denselben Schlachtfeldern gegen Ludwig, auf denen er seinen Fahnen hatte folgen wollen. Er war zum Kondottiere geworden und stirbt am Ende als militärischer Gouverneur der englischen Insel Wight.

Nicht umhin kann ich, hier des Zufallspieles zu erwähnen, das ich aus Napoleon Peyrats Buch kennenlerne: daß nämlich Cavalier durch seine Heirat mit dem schauerlichen Jesuiten Père Lachaise, dem Beichtvater Ludwigs XIV. und fanatischen Feinde der Kamisarden, und mit Voltaire verwandt worden ist. – In Chelsea, das, damals ein einsames Dorf, heute eine Vorstadt Londons bildet, zeigte man mir die Gasse, in welcher Cavalier die letzten Jahre seines Exiles verlebte. Dieselbe Gasse hat noch andere große Verbannte Frankreichs gesehen: den edlen Labourlie, den Katholiken, der aus dem Cevennenaufruhr das machen wollte, was sein späterer Nachfolger und Nachbar in derselben Gasse, Mirabeau, aus der Versammlung der Notabeln gemacht hatte: keine protestantische, keine katholische, sondern eine die Menschheit ergreifende, soziale Revolution. Heute ist dieses Dorf der französischen Verbannten der stille Aufenthaltsort englischer, der Gesellschaft müder Berühmtheiten. Dort wohnt Thomas Moore, der Sänger der irischen Leiden, und Thomas Carlyle, der Geschichtsschreiber der Französischen Revolution und Bewunderer seines anteriören Nachbarn Mirabeau. „Der alle Formeln verschluckt hat“, Schicksal! Wind! Menschen, Staub und Blüten! Wie wirbelt alles durcheinander, voneinander und zusammen aus allen Zeiten, an allen Orten, und zuletzt macht alles nur eines aus! – Und wie ich hier an die Kamisarden denke, an Rad und Galgen, die einst auf allen diesen Bergen prangten, an die Scheiterhaufen, die unweit von hier, in Nîmes und Montpellier, rauchten, da schon Voltaire lebte, an die Gasse vor meinem Hause, in der sich vor kaum fünfunddreißig Jahren noch die Protestanten gegen die frommen Sendlinge der Kongregationen verteidigen mußten mit Gewehren, die sie schnell aus der Erde scharrten – und wie ich mich wieder an den Sänger der irischen Leiden erinnere, rufe ich aus: „Was der Katholizismus am Protestantismus im südlichen Frankreich verbrochen – es findet nicht seinesgleichen, wenn nicht in dem, was die Protestanten an den Katholiken Irlands getan.“

10. August 1851

Heute, Sonntag, wohnte ich dem protestantischen Gottesdienste im hiesigen Tempel bei. Beide, Gottesdienst und Tempel, sind von höchster Einfachheit. Letzterer ist ein längliches, gewölbtes, von Galerien umgebenes Gebäude mit einer säulengetragenen Vorhalle. Im Innern kein Bild, kein Zeichen, nicht einmal ein Kruzifix – der Türe gegenüber die hölzerne Kanzel – vor ihr in Reihen aufgestellte Strohsessel. Der Gottesdienst bestand aus einer Predigt, in welcher viel von Gott, wenig von Christus die Rede war; die „Grace“, welche den Hauptinhalt ausmachte, wurde nicht kalvinistisch trostlos, sondern als Liebe Gottes zu den Menschen dargestellt. Ein anderer Vorzug der Predigt war ihre Kürze. Dann wurde vom Prediger ein Gebet für die Republik verlesen, worauf die Absingung eines Psalmes folgte. Die Psalmen der Protestanten Frankreichs sind ihrer Geschichte und ihrer Stammväter wegen interessant. Ihr Kompositeur ist Goudimel, der schon unter Franz I. lebte und nach der Bartholomäusnacht in Lyon getötet wurde. Die Übersetzer oder Dichter der Psalmen sind Clement Marot und Theodor de Bèze. Die Worte haben sich allerdings modernisiert, aber die Komposition ist dieselbe geblieben; dieselben ernsten, einfach-erhabenen Laute, wie sie unter den Salven der Bartholomäusmörder und später in der Wüste der Cevennen ertönten. – Auffallend war mir es, daß einzelne Männer während des ganzen Gottesdienstes den Hut auf dem Kopfe behielten; freilich liebt es der Südfranzose ebensowenig wie der Spanier, sein stolzes Haupt zu entblößen, aber in der Kirche muß es doch sonderbar erscheinen; weniger sonderbar, vielmehr natürlich erschien mir das sonstige ungenierte Betragen der ganzen Gemeinde, das sich mit einer stillen, ungeheuchelten Andacht ganz gut vertrug. Obenan, der Kanzel ganz nahe, saßen die Mitglieder des Konsistoriums; denn jede protestantische Gemeinde, die eine Kirche besitzt, hat auch ihr Konsistorium, das, aus Laien bestehend, vollkommen frei, keine Autorität über sich erkennt, den Pastor nach Gutdünken wählt und die Kirchenangelegenheiten verwaltet.

An der Verfassung der protestantischen Kirche im südlichen Frankreich wäre wenig oder nichts zu tadeln. Sie ist frei und bietet ihren Gliedern alle Mittel, die Geistlichkeit vor Verpfaffung zu bewahren. Aber man macht von diesen Mitteln keinen Gebrauch, dazu fehlt es – es sei offen herausgesagt – sowohl bei Laien wie bei Geistlichen an der notwendigen Bildung. Das ganze Leben des französischen Protestantismus ist in Stagnation geraten und äußert sich höchstens in einem kleinen, nörgelnden, gehässigen Antagonismus gegen die römische Kirche. Von einem Streben nach innerer Ausbildung, nach Erweiterung und Fortschritt ist nirgends die Rede, wie man es doch vom Protestantismus in unmittelbarer Nachbarschaft der feindlichen Kirche, wie man es von einer Minorität, die trotz aller Freiheit und Gleichheit unterdrückt und zurückgesetzt ist, und jetzt mehr als seit lange, und wie man es endlich nach geschichtlichen Antezedenzien erwarten sollte. Die Laien sind wie alles Volk Südfrankreichs wenig vom Lichte erhellt, und die Pastöre sind es verhältnismäßig (einige Ausnahmen ungerechnet) noch weniger. Die letzteren, in der Trägheit der Ignoranz, verschanzen sich in alten Formen und Worten, die sie, um ihre Verschanzung, wie sie glauben, dauerhaft zu machen, immer mehr und mehr erstarren lassen. Alles frische Leben wird so fern als möglich gehalten, und die jungen Leute, die, meist aus Deutschland, in neuerer Zeit manchmal mit neuen Gedanken, mit Fortschrittsversuchen heranrücken, sehen bald ihre Ohnmacht dem überlegenen und verschanzten Feinde gegenüber ein und ergeben sich in das Unvermeidliche und heulen mit den Wölfen, wenn sie nicht den Beruf gänzlich verlassen. Vor kurzem erst, um ein Beispiel für viele anzuführen, weigerten sich die Pastoren eines ganzen Kantons, der Konsekration eines jungen Kollegen beizuwohnen, weil er in seiner These behauptet hatte, die Heilige Schrift sei wohl ihrem Inhalte, aber nicht ganz der Form nach vom Heiligen Geiste inspiriert. – Allgemeines Entsetzen ergriff die frommen Herren über das unselige Gift, welches die jungen Leute aus Deutschland herüberbringen, denn Herr Vignié, jener junge Kandidat, hat ein halbes Jahr in Deutschland studiert.

Aber die Unwissenheit ist nicht die einzige Ursache des Verfalles der französischen protestantischen Kirche; er hat tiefere und verdammenswertere Gründe, und unter diesen nenne ich nur, da ich einmal im Ausplaudern bin, die herrschende Intrige. Nach der Französischen Revolution tat sich, wie in allen Sphären, auch hier ein regeres Leben kund, welches dem erschlafften Körper Erfrischung und Verjüngung versprach. Das schreckte das fromme England, und es warf sich mit seinem plumpen Eifer und seinen dicken Geldsäcken darüberher, und mit seinem gottseligen Gelde schuf es die Methodisten; Genf hingegen schuf, ebenfalls mit Geld, die Pseudorationalisten, welche wenigstens ebenso antiphilosophisch und, der absichtlichen Unwissenheit der Methodisten gegenüber, unabsichtlich unwissend sind. Beide Parteien bekämpfen sich gegenseitig mit der höchsten Erbitterung, schelten einander fanatisch und ungläubig, und da hier nicht Gedanke gegen Gedanke, sondern Intrige gegen Intrige, Eigennutz gegen Eigennutz kämpft, gehen alle edleren Interessen darüber zugrunde. Der Pastor, der nicht Partei ergreift und sich nicht von einer der beiden Seiten bezahlen läßt (denn die Zahlungen gehen noch heute fort, und die von englischer Seite verdienten es zuerst, die Aufmerksamkeit des aufrichtigen Protestanten auf sich zu ziehen), wird weggeschoben und bringt es nie zu irgendwelcher Bedeutung. Die „Révue de Théologie" in Straßburg macht gegen diese Parteien eine wohlgemeinte, aber vergebliche Opposition. Die Geschichte ihres Herausgebers ist für die Genfer Partei charakteristisch. Er wurde nur darum seiner Stelle als Professor verlustig, weil er so verderbt war, Neanders, des fürchterlichen Rationalisten, Meinung über die Bekehrung Sauli – nicht als die seine hinzustellen, sondern bloß als die Meinung eines berühmten Gottesgelehrten zu zitieren.

Wie günstig gestimmt und wie durch die heldenmütige Geschichte und das lange Martyrium voreingenommen für die Protestanten man immer in diese Gegenden kommen möge, wie sehr man sich ihnen durch ihren Republikanismus nahe fühlt – sieht man diese Dinge genauer, kann man doch nicht umhin, den Kopf zu schütteln. Erst nach langem Kampfe schreibe ich diese Andeutungen nieder, nachdem ich, durch Monate und mancherlei Umstände begünstigt, Personen und Zustände in der Nähe betrachtet habe. Allerdings muß ich hinzufügen, daß der protestantische Klerus vom katholischen dieses Landes an Ignoranz babylonisch überragt wird. Ich spreche nur von der Ignoranz dieses letzteren; seine übrigen Eigenschaften sind dieselben wie überall und bekannt.

Und da ich einmal von Theologie spreche, darf ich wohl auch eines Klingelbeutels erwähnen. Einer der merkwürdigsten seinem Inhalte nach ist wohl nach jedem Sonntagsgottesdienst der von Calvisson. Der Pastor erlaubte mir, ihn durchzuwühlen und so viele Münzen, als ich nur wollte, auszutauschen. Da fand ich denn unter andern besonders römische und russische. – Ja, römische und russische, wie sonderbar das auch klingen mag. So berühren sich Zeiten und Völker. Viele römische Münzen, wie ich schon oft erwähnt, kursieren hier unter den Bauern als Sousstücke, und sie lieben es, sie in den Klingelbeutel zu werfen, da man in etwas entlegneren Gegenden, wo man an ihren Anblick weniger gewöhnt ist, oft zaudert, sie als Sous anzunehmen. Die Kirche aber, denkt der Bauer, hat einen guten Magen. – Die russischen Kopeken sind im Süden noch aus der Zeit der Invasion sehr häufig. – Ich fand zwei römische „Sous", der eine, aus der Zeit des Antoninus, mit wohlerhaltenem Gepräge des Kopfes und der Inschrift. Beides war auf der anderen bedeutend zerstört, die Inschrift unlesbar. Ich rate den Numismatikern des Nordens, sich mit den Pfarrern des Südens in Verbindung zu setzen.

11. August 1851

Gestern machte ich noch einen Spaziergang nach Nages, um das berühmte Schlachtfeld noch einmal in Augenschein zu nehmen, und ich sah, daß es gut war! Auf dem Wege begegnete ich vielen sonntäglich geputzten Bauern, die mit ihren Familien den Abend auf ihren Feldern, die Gärten gleichen, zubringen und Früchte sammeln. Sie zeigten mir mehrere Äcker, die als Gräber der Gefallenen bezeichnet werden und in denen man noch in unseren Tagen oft Menschenknochen findet. Diese Felder zeigen deutlich den Weg an, den Cavalier auf seinem Rückzuge genommen. Vom Balkon des Pfarrhauses aus überblickt man die Hälfte des Schlachtfeldes, heute ein blühender Garten, der in dem Augenblicke, da ich ihn gesehen, in Abendglut und in den holdseligsten Frieden getaucht war. – Dieser Besuch erinnerte mich an eine andere, aber siegreiche Schlacht, die Cavalier im Jahre 1703, am 13. November, daselbst geschlagen. Er war mit nur wenigen bewaffneten Kamisarden in der friedlichsten Absicht von der Welt hierhergekommen. Er wollte nur predigen und die „Kinder Gottes“ von Nages, die er auf dem Hügel hinter dem Dorfe versammelte und zu denen noch andere „Kinder Gottes“ aus der Umgegend herbeigeströmt waren, durch sein begeistertes Wort zur Ausdauer ermutigen. Wirklich hatte er schon zu predigen angefangen, als er eine gewaltige Heermacht, Fußvolk und Reiter, unter Anführung des sehr tapfern Firmacon heranstürmen sieht. Cavalier ist der erste, der dem Feinde entgegeneilt, um seine Stärke zu erkennen. Kaum hat er sich aber auf eine gewisse Entfernung von seinen Leuten fortgewagt, als aus einem von Olivenbäumen bedeckten Hohlwege ein Kornett mit zwei Dragonern hervorsprengt. „Du bist Cavalier“, ruft der Kornett, „ich kenne dich! – Du entrinnst nicht, so ergib dich! Du sollst gutes Quartier haben!“ – „Ich will aber nicht!“ antwortet Cavalier und schießt mit seinem Gewehre den armen Kornett nieder. – Einer der Dragoner hat zugleich auf Cavalier angelegt, aber gefehlt. Cavalier ist geschickter, reißt nach dem ersten Schuß die beiden Pistolen aus dem Gürtel und erlegt den Dragoner, mit der andern Pistole verfolgt er den schon fliehenden zweiten Dragoner und läßt nicht ab, bis er auch den vom Pferde geschossen. Dann erst kehrt er zu den Seinen zurück. Die wenigen bewaffneten Kamisarden haben sich indessen hinter den Gartenmauern vor den unbewaffneten in Schlachtordnung gestellt und beginnen bald, von Dämmen, Mauern und Bäumen geschützt, eine mörderische Füsillade auf den anstürmenden Feind. Aber diese Ordnung dauert nicht lange. Die Weiber können dem Kampfe nicht so ruhig vom Hintertreffen aus zusehen. Sie durchbrechen die Reihen der bewaffneten und unbewaffneten Männer, springen auf die Mauern und lassen mit Geschrei einen ungeheuern Steinregen auf die Dragoner niederschmettern. Aber auch damit noch begnügen sie sich nicht. Sie stürzen sich von den Mauern hinab und dringen in die Gehege, in denen sich der erschrockene Feind festzustellen sucht. Ihnen nach dringen die Männer, dem Geschrei, dem Steinregen der Weiber Gewehrdonner und Kugelregen nachsendend. An der Spitze der Weiber steht ein junges Mädchen, eine Prophetin, Louise Guignon, auch Lucretia, die Vivaraiserin, genannt. Mit dem Rufe: „Hoch das Schwert Gideons! Hoch das Schwert des Ewigen!" wirft sie sich ins dichteste Gedräng des Feindes. Sie hat das Schwert eines gefallenen Reiters mit beiden Händen ergriffen und tötet, was ihr begegnet. Die Weiber ahmen ihr Beispiel nach, die Männer folgen den Weibern. Aus einem Gehege nach dem andern wird der Feind getrieben, noch bevor er sich recht aufgestellt. Bevor noch der Befehl zum Angriff gegeben, ist er vom Steinregen, vom heftigen Andrang, vom Geschrei der Weiber, vom Gesang der Psalmen aus der Fassung gebracht; er zieht sich zurück; er flieht endlich, aus tausend Wunden blutend, bis er sich hinter Bizac wieder sammelt, um von Calvisson aus Verstärkung an sich zu ziehen. Nach Stunden kehrt er nach Nages zurück, um seine Schmach zu rächen. Aber längst hat Cavalier seine Predigt beendigt, längst ist er mit den „Kindern Gottes" aus der Gegend verschwunden.

Von Nages wanderte ich nach dem kaum eine halbe Stunde südlich gelegenen Baissière, der letzten Grenze der Vaunages, des kleinen Kanaan der Kamisarden. Bescheiden liegt das schöne Dorf am Fuße eines bedeutenden Hügels, von welchem herab ein noch heute mit tüchtigen Mauern und Türmen prangendes Schloß das Dorf und die Gegend beherrscht und in den etwas einförmigen Anblick dieses Winkels romantische Abwechslung bringt. Die Revolution brachte es in bürgerlichen Besitz. Einst gehörte es dem in den Religionskriegen verrufenen Baron St-Come. Er war einer der vielen Abgefallenen; aber noch schlechter als diese, spielte er lange Zeit die Rolle des treuen Protestanten, um seine Glaubensbrüder, für Lohn, desto sicherer zu verraten. Erst nachdem er durch offenen Verrat den königlichen Truppen, die er als Führer hätte zurückschlagen sollen, Nîmes geöffnet und sich so seine Rolle für die Zukunft unmöglich gemacht hatte, warf er den Mantel der Heuchelei ab und trat als schamloser Agent Montrevels und als unbarmherziger Denunziant auf. Vor diesem Schlosse erhielt er den definitiven Lohn seiner Denunziatiönchen.

Denn als er es eines Morgens in seiner Karosse, von guter Eskorte bedeckt, verließ, um sich nach Nîmes zu begeben, wartete ihm Catinat, der Prophet, auf und schlug ihm das Hirn ein.

Man glaube nicht, daß ich Tendenz oder wohlfeile Polemik gegen den Adel mache, indem ich so oft auf den Abfall, den schändlichen Verrat, die apostatische Verfolgungssucht der Languedocschen Aristokratie zurückkomme. In den besten Quellen, die ich hier beigeben werde, darunter katholische, kann man sich von der Wahrheit des Gesagten überzeugen, von der Wahrheit, daß die Adeligen nichts von den größten Schändlichkeiten, vom bittersten Verrat an ihren Glaubensgenossen abhielt, nachdem es den Anschein gewonnen hatte, daß auf protestantischer Seite wenig Vorteil zu holen war. Die Vergleichung mit anderen Zeiten und Ländern, die Nutzanwendung und die Moral überlasse ich dann dem Leser selbst.

Dieses aber sind die Quellen, die ich teils zu dem erwähnten Zwecke, teils für jene Leser aufzeichne, die durch das bereits Erzählte etwa auf die nähere Kenntnis der Geschichte der französischen Protestanten begierig geworden sind. – Ich begnüge mich vorderhand mit der Hinweisung, bis es mir in späteren und besseren Zeiten vielleicht gegönnt ist, dem deutschen Publikum ein Werk über diesen Gegenstand, der seine Aufmerksamkeit so sehr verdient, selbst vorzulegen.

Die „Geschichte der Protestanten Frankreichs von Anfang der Reformation bis auf unsere Tage“ von G. de Felice, Professor der Moral in Montauban. Dieses neueste Geschichtswerk der Protestanten ist gleich ausgezeichnet durch seine Form wie durch seinen Inhalt. Aus dem durchgängig edlen Stile blickt allüberall Wahrheitsliebe und Treue durch. Trotzdem daß das starke Volumen dagegenzusprechen scheint, schließt es doch alles Kleine und Anekdotische aus und beschäftigt sich nur mit der Hauptsache und mit dem, was diese charakterisiert.

„Geschichte der Hirten der Wüste seit der Rücknahme des Ediktes von Nantes bis auf die Französische Revolution" von Napoleon Peyrat. 2. Teil. Ein verdienstliches, mit großem Fleiße gearbeitetes Buch, dem man nur hier und da den beschränkten Theologen und darum auch den Parteimann ansieht. Trotzdem frei von Kleinlichkeit, edel in der Auffassung und, wo sich der Theolog vergißt, ein weiter Gesichtskreis. Komisch ist Herr Peyrat, wo er auf die Philosophen des vorigen Jahrhunderts zu sprechen kommt; er kann ihre großen Verdienste, die sie sich, wenn auch nicht um den Protestantismus, doch um die Protestanten erworben haben, nicht leugnen – und soll er sie loben, die Gottlosen? Er ist sehr geniert.

„Geschichte der reformierten Kirche von Nîmes" von A. Borrel. Obwohl nur eine Spezialgeschichte, ist sie bei der großen Bedeutung, die Nîmes im Süden hat und immer hatte, doch gezwungen, weit auszugreifen, und bietet viel des Lehrreichen und Lesenswerten.

„Geschichte der Unruhen in den Cevennen und des Kamisardenkrieges" von Court, Verfasser des „Französischen unparteiischen Patrioten". Der Verfasser dieses höchst verdienstvollen Buches ist identisch mit jenem Court, den die französischen Protestanten als Regenerator ihrer Kirche verehren, mit demselben, der die lebensgefährliche Sendung übernahm, unter Ludwig XV. „in der Wüste“ das Evangelium zu predigen, der der Prophetenanarchie ein Ende gemacht und in Lausanne das Seminar gestiftet, um die Propheten durch ordentliche Pastoren zu ersetzen. Sein Buch ist gewiß vortrefflich zu nennen; es hat alle damals zugänglichen Quellen erschöpft, es gibt unendlich viele und nur charakteristische Details und hat den Grund zur Geschichtsschreibung über diesen Gegenstand gelegt. – Der Verfasser hat dazu selbst noch viele Augenzeugen des Kamisardenkrieges gekannt und den Schauplatz bis ins kleinste studiert – aber er ist parteiisch, nicht eben sehr wild parteiisch – aber doch ein klein wenig pfäffisch parteiisch, und zwar nicht gegen die Feinde der Kamisarden, sondern gegen diese selbst, das ist gegen die Propheten. Die demokratische Theokratie, die so lange in den Cevennen geherrscht, da die Kamisarden sich aller Pastoren entschlugen, nicht erst fragten, ob dem, der ihnen predigte und sie begeisterte, die Hand aufgelegt worden, die selbst alle im Notfalle aus dem Stegreife predigten, die Bibel auslegten und die Psalmen ohne Vorsänger sangen – die demokratische Theokratie ist dem Hierarchen Court, ohne daß er es gesteht, ein kleiner Dorn im Auge. Es ist erklärlich, hat doch der wohlmeinende Mann sein Leben lang gegen ihre Überbleibsel und die mit ihnen verbundene Anarchie, wie er es nannte, zu kämpfen gehabt.

Die Memoiren Cavaliers, die englisch erschienen sind. Cavalier prahlt ein wenig, ja es ist noch die Frage, ob er nicht ein wenig lügt. So zum Beispiel ist es noch immer problematisch, ob er wirklich diese Unterredung mit Ludwig XIV. gehabt, in der er dem König so schöne Lehren gibt und von der er so ausführlich erzählt. Nach Saint-Simon hat sich ihn Ludwig XIV. nur auf der Treppe von Versailles zeigen lassen und ist in der Ferne achselzuckend an ihm vorübergegangen. Auch hat sich nur von einer solchen Entrevue und nicht von einer Unterredung die Tradition in der Familie erhalten. Ein Herr Cavalier, der letzte Abkömmling des Hauses, den ich im Jahr 1845 in Paris kennengelernt, hat mir wenigstens so gesagt. – Die Memoiren Cavaliers sind auch spät und aus dem Gedächtnisse geschrieben, ohne alle Hilfsmittel von Noten und Aufzeichnungen. Diese, scheinbar eine der besten, ist doch eine der trüben, wenn auch interessanten Quellen.

„Der wiedererwachende Fanatismus“ (La Fanatisme renouvelé), vier Bände, zur Zeit und auf dem Schauplatze des Cevennenkrieges selbst geschrieben. Der Verfasser L'Ouvreleuil erzählt gut und einfach, was er gesehen und gehört, zwar nicht immer mit viel Kritik, aber stets in der besten Absicht, die Wahrheit zu sagen. Er ist katholischer Priester und ganz katholischer Priester, aber ohne blinden Fanatismus, menschlich und mitleidig, läßt er ein Herz für die Leiden der Unterdrückten sehen und fühlt manchmal Bewunderung für ihren Heldenmut. Ganz anders ist Fléchier, Bischof von Nîmes. Seine „Ausgewählten Briefe“ stellen ihn ganz so dar wie die Historiker. Fanatisch, verfolgungssüchtig, jesuitisch geistreich, biegsam und schmiegsam dem Hofe und den Großen gegenüber, grausam gegen die Besiegten, schmeichelnd der noblen Weltlichkeit, ist er selbst galant und bel esprit – in der Gefahr ist er feig. Man muß ihn kennen, um zu wissen, mit welchen Feinden es die Kamisarden zu tun hatten, daß sie nie und nimmer auf menschliche Behandlung rechnen und das Schwert nie einstecken durften.

Gegen dieses letztere scheinen „Die Memoiren des Marschall Villars" zu sprechen, *scheinen* aber auch nur, denn bei näherer Einsicht erkennt man aus diesen zwar nicht vom Marschall selbst geschriebenen, doch inspirierten Memoiren, daß der ebenso kluge als menschenfreundliche Villars mit seiner Versöhnungspolitik am Hofe Ludwigs XIV. allein stand. Denn die Reste der Partei Colbert, die Fénelons und Vaubans, die Ruinen von Port Royal, kann man doch nicht zum Hofe zählen.

„Die Geschichte des Fanatismus". Brueys, der Verfasser, als ehemaliger Protestant und als Apostat nach der Rücknahme des Edikts von Nantes, ist ein viel eifrigerer Feind der Kamisarden als jener Priester von St-Germain – er übertreibt und verleumdet wohl auch gerne. Doch schreibt er gut und bringt als Zeitgenosse und Augenzeuge viel Tatsächliches. Die mancherlei Widersprüche in seinem Buche sind leicht herauszufinden.

Die Briefe der Frau von Maintenon, dieser Frau, die schlechter ist als ihr Ruf. Gegen intime Freunde wagt sie es, sich über manchen verfaulten Charakter, der in dem Cevennenkriege eine Rolle gespielt, offen und wahrhaftig auszusprechen, obwohl sie denselben bei Hofe unterstützt. Man erkennt, wie wenig bei den Helfershelfern Ludwig XIV. die Religion, wie viel ihr eigenes Interesse zu bedeuten hatte und daß in den

Cevennen Tausende geschlachtet wurden, um in Versailles einen kleinen Platz zu behaupten.

Von hohem Interesse müssen die Memoiren d'Aigaliers sein, des friedseligen, vermittelnden Mannes, der ununterbrochen zwischen den Cevennen und Versailles hin und her reiste und dem blutigen Kriege durch Nachgiebigkeit von beiden Seiten ein Ende zu machen suchte. Der edle Mann hat seine Memoiren geschrieben, das ist gewiß, und darin beide Lager und den Hof nach eigener Anschauung geschildert, ob aber diese Aufzeichnungen noch bestehen, das ist fraglich. Man behauptet, daß sich das Originalmanuskript in der Bibliothek zu Genf befinde. Von anderer Seite wird das bestritten oder das in Genf sein sollende Manuskript als apokryph bezeichnet.

Zwölftes Kapitel

16. August 1851

Von Calvisson aus erreicht man zu Pferde den südwestlich gelegenen Flecken Congenies in einer halben Stunde. Man muß Congenies gesehen haben, denn es ist in diesen Landen wegen seiner gemischten Bevölkerung berühmt. Seine 1500 bis 2000 Einwohner teilen sich in ungefähr gleichen Teilen in Katholiken, Reformierte, Methodisten und Quäker. Allgemein werden sie wegen der Eintracht gelobt, die unter ihnen trotz dieser Glaubensverschiedenheit herrscht. Sieht man aber die Dinge in der Nähe, überzeugt man sich bald, daß es mit dieser evangelischen Friedseligkeit nicht so weit her sei, und zwar sind es die frommen Methodisten, welche Zwietracht und Hader stiften. Immer Bibelsprüche und Psalmen im Munde, sind sie heftige Eiferer, die den lieben Nachbar entweder bekehren wollen oder die Verachtung gegen alle, die der Gnade nicht teilhaft geworden, offen zur Schau tragen. Es ist eben der Hochmut der besonders Frommen, der sie auszeichnet. Ihr Ursprung, ihre Entstehungsgeschichte sind auch nicht von Flecken frei. Nicht nur, daß sie englisches Geld zuerst ins Leben gerufen, englische evangelische Klugheit hat sie auch organisiert. Vor Jahren kam ein Missionär, einer von denen, wie wir sie auch in Deutschland kennen, nach

Congenies, gewann durch Zureden, sogenannte Unterstützungen, eine Anzahl Einwohner für sich und gewöhnte sie nach und nach, den protestantischen Tempel, seine Geistlichen und die früheren Glaubensübungen zu vernachlässigen und zu verachten. Darüber beunruhigt, fragten ihn bei einer Synode in Nîmes die reformierten Pastoren nach seinem Zwecke und ob er denn willens sei, eine Teilung in die ohnehin schwache evangelische Kirche zu bringen. Mister Curt, der Missionär, gab die beruhigendsten Antworten, versprach, was man nur wollte, und man ließ ihn gewähren. Nach einem halben Jahre hatte er gegen seine sämtlichen Versprechungen gehandelt.

Das Quäkertum ist eine eingeborene Pflanze und hat in seinem Ursprunge gar nichts mit dem Quäkertume Englands gemein. Die hiesigen stammen direkt von den Kamisarden. Gewöhnt an die demokratische Theokratie der „Kinder Gottes“ und an die Predigten, die unmittelbar aus dem Munde der Begeisterten im Volke hervorkamen, wollte sich ein Teil der Protestanten keiner Art von Pastoraten mehr fügen und verharrte außerhalb der Hierarchie, welche nach langen Bemühungen Court (nicht zu verwechseln mit dem obengenannten Missionär Curt) im vorigen Jahrhunderte organisierte. Die fromme Nase der englischen Quäker hatte sie bald ausgewittert, und da beide in diesem Hauptpunkte einig waren, war es nicht schwer, die gänzliche Vereinigung zustande zu bringen und diese Cevenolen zur Annahme auch der Äußerlichkeiten, der Sitten und Formen der englischen Quäker zu bewegen. Heute sieht es ihnen niemand an, daß diese Stillen im Lande die Abkömmlinge der wilden „Kinder Gottes“ sind.

Vor dem Dorfe dehnt sich ein großer, neuer Begräbnisplatz aus, der in zwei ungleiche Teile geteilt ist. Der kleine gehört den Katholiken, der größere den Nichtkatholiken gemeinschaftlich. Die Quäker haben ihr Bruderhaus, die Methodisten ihre Betstuben und die Reformierten ihren Tempel. Zu Anfang dieses Jahrhunderts mußten sich diese letzteren noch aus einem Olivenbaume heraus predigen lassen. Daß die Katholiken hier auch ihre Kirche haben, versteht sich von selbst; sie bauen sich überall Kirchen und Kapellen, und wenn nur zwei Katholiken im Dorfe wohnen sollten, wie zum Beispiel in Nages. In diesem Augenblicke errichten sie, zum stillen Ärger der Reformierten, in allen Dörfern, auf allen Straßen dieses protestantischen Landes Kreuze zu Ehren des Jubiläums. Wenn aber bei einer Prozession in Nîmes ein vorübergehender Protestant den Hut nicht tief genug abzieht, entsteht ein Aufruhr.

Ein dreiviertelstündiger Ritt trug mich aus diesem vierfarbigen Dorfe über Berg und Tal dem hübschen Aubais zu, welches wegen seiner schönen Lage in einem in diesem Lande so seltenen Wiesentale und wegen seines gewaltigen Schlosses, das in der Revolution zerstört worden, den Reisenden schon zu interessieren vermag. Mich aber interessierte es vorzugsweise wegen eines verspäteten Troubadours, der im vorigen Jahrhunderte hier sein halbes Leben verbrachte, unbekannt und ohne Anerkennung, als obskurer Bibliothekar des Marquis d'Aubais. Es ist das der Abbé Jean-Baptiste Favre, der wenigen deutschen

Lesern bekannt sein mag. In Languedoc kennt und liebt ihn nicht nur das gebildete Publikum; manche seiner geistvollen Scherze sind auch dem ungebildeten geläufig, und seine „Sièje dé Cadarussa“ hat manchen Winterabend den Valets mancher Ferm verkürzt. Er ist im Jahre 1728 in der Nähe von Saumières geboren und starb 1783 als Bibliothekar auf dem Schlosse Aubais, ohne daß mehr als einige unbedeutende Kleinigkeiten von ihm gedruckt und bekannt geworden wären. Nach den wenigen ihn überlebenden Nachrichten spielte er im Schlosse und den benachbarten Dörfern als Ratgeber, Freund, Lehrer und besonders als heiterer und erheiternder Gesellschafter ein wenig die Rolle des Pfaffen vom Kalenberge. Aus seinen Schriften aber, die seit seinem Tode zu mehreren Malen gesammelt herausgegeben wurden[1], erkennen wir in ihm einen fernen Verwandten jener zahlreichen Dichterfamilie oder vielmehr Dynastie, die durch alle Literaturepochen Frankreichs durchgeht, für sie bezeichnend ist und der französischen Literatur neben allen anderen Literaturen ihren besonderen und nur ihr eigentümlichen Stempel aufdrückt: die Familie der Rabelais, Mathurin Renier, Lafontaine, Molière, Beaumarchais, Béranger – mit ihren größeren und kleineren Nebenzweigen. Favre gehört zu dieser Familie, und da wir seinen Wert nicht übertreiben wollen, wie man das bei neuen Entdeckungen gerne tut, so wiederholen wir: allerdings als *ferner* Anverwandter. Er besitzt wie jene den gewissen heiteren Geist, der vom deutschen und englischen Humor so

[1] Obras Patouèzas de M. Favre. A Mounpéyé, 1839. Ist wohl die letzte Ausgabe.

verschieden ist und den die Franzosen von heute mit Vorliebe als esprit gaulois bezeichnen. Seine vier in der Languedocer Mundart geschriebenen Bände enthalten unendlich viel Witz, gesunde Rabelaissche Derbheit und klaren, gesunden Menschenverstand, der sehr oft, naiv und bündig ausgesprochen, homerisch anmutet. – Sein bekanntestes und beliebtestes Werk ist das schon erwähnte komische Heldengedicht „Die Belagerung von Cadarussa", in welchem sich der Abbé besonders über den Klerus, die Mönche und den päpstlichen Legaten in Avignon lustig macht. – Die Parodien der „Odyssee" und der „Aeneide", in ebenso klangvollen, gereimten Versen wie jenes Gedicht, sind nicht nur eine Art Übersetzung aus den alten Sprachen ins Languedocsche, sie sind zugleich eine Übertragung vom klassischen Boden auf den südfranzösischen, wo sich aus Griechen- und Römerzeiten noch so vieles von alten Zuständen, Sitten, Trachten und Gerätschaften erhalten hat. Die Könige und Helden der alten Dichter sind ihm reiche Bauern, die Königshöfe und Hallen südfranzösische Meiereien, die Kämpfe und Schlachten südfranzösische Prügeleien oder noch heutzutage übliche, aus antiker Zeit stammende Kampfspiele und Übungen jeder Art. So auf die heimischen ländlichen Zustände angewendet, werden jene Gesänge unter der Feder des geistvollen Dichters neuen Dichtungen, die zugleich treue Sittenschilderungen und humoristische Dorfgeschichten sind. Wie voll und schön das Neuprovenzalische des Abbé Favre klingt, mögen die Einleitungsverse seiner „Belagerung von Cadarussa" beweisen:

Yéou qu'ay long-téns sus moun vièouloun
Rasclat, e'n dèspiè d'Apoulloun,
A la sourdina è sans maliça
La glouèra daou famous Ulissa,
Yoy, sus un sujèt pus nouvèl'
Embé l'assisténça daou Ciel,
Infàtigable vie ou lounayre,
Vole ènsajà moun saoupre fàyre.

Muza, sè m'ajudes un paou
La bezougna anara pas maou.
Anen, vièïa Nympha, couraje!
S'ajis pas que dé fà tapaje.
E quinta fénna n'ayma pas
Lou cariïoun é lou tracas?

Neben der Übersetzung der achten Satire des Horaz und einiger Epigramme des Martial in die Languedocer Mundart findet man in den vier Bänden noch zwei Komödien, eine Art Novelle und ein kleines komisches Gedicht, „Die Predigt des Herrn Sistre" (Lou Sermoun dè Mossou Sistre), eine komische Darstellung dörflicher Kanzelberedsamkeit. In diesen letzten genannten Werken tritt überall jener Humor hervor, der nicht unter Tränen lächelt, sondern mit breiten weißen Zähnen lacht; ein geistreicher Jean qui rit. In einigen französischen Gedichten, die Abbé Favre bei Lebzeiten veröffentlichte, soll er vollkommen unbedeutend, Fisch im Trocknen sein. Das erinnert an unseren österreichischen Stelzhammer, der so prächtige Dialektgedichte und so platte hochdeutsche schreibt. Das Beispiel Abbé Favres sollte seinen poetischen Landsleuten von heute als Warnung und Fingerzeig dienen, vor welchen Klippen sie sich zu wahren haben, auf welchem Felde sie Lorbeeren erwerben können. Der Bäcker von Nîmes, Herr Reboul, den Lamartine über Kopf „in den Ruhm gestürzt hat", wäre vielleicht ein ganz leidlicher Patoispoet geworden, wenn er den Handwerker hätte die ihm natürliche Sprache sprechen lassen. Herr Reboul aber ist eitel, spricht Hochfranzösisch in gespreizten Alexandrinern von Agamemnon und Achilles und hat sich so zu einem affektierten, verspäteten und oft höchst lächerlichen Nachahmer der Klassiker gemacht. Ähnliches könnte man dem talentvolleren und natürlicheren Charles Poncy, dem Maurergesellen aus Toulon, vorwerfen. Sein Gedicht über das Rauchen läßt es ahnen, welche schöne Akzente, welche tiefen Naturlaute in diesem Dichter schlummern; spräche er, wie es ihm ums Herz ist, von der Leber weg, wie er sich mit seinen Kollegen unterhält, sie kämen in allen seinen Gedichten zum Vorschein. So aber zwingt er sich, wie ein gebildeter Pariser zu sprechen; wie beengt muß sich da ein ehrlicher Handwerker aus der Provence fühlen. Auch büßt er den Zwang, den er seiner Muse angetan; trotz George Sand, die ihn mit einer herrlichen Vorrede in die Welt eingeführt, trotz Arago und Béranger, die ihn mit gedruckten Briefen unterstützten, ist er schon nach wenigen Jahren soviel wie vergessen. Freilich haben die Volkspoeten und die Volkspoesie im heutigen Frankreich auch außer der Sprache einen schweren Stand. Im Volke ist die Naivität verschwunden, welche der Naturpoesie Seele und Leben gibt, und die sogenannte Kunstpoesie ist noch nicht auf dem Punkte angelangt, wo sie, wie in

Deutschland, wie bei Goethe, Uhland, Heine, Wilhelm Müller, mit der Einfachheit und Natur der Volkspoesie zusammentrifft – auf jenem höchsten Punkt der Kunst. Die französischen Romantiker haben den Weg dahin erst angebahnt. Dem Volkspoeten fehlt auf der einen Seite die Naivität, auf der andern die Bildung und der kritische Blick, die zu jenem schönen Gipfelpunkte führen. Man nenne mir nicht Béranger! – Béranger ist ein großer Dichter, den das Volk allenfalls versteht, aber er ist kein Volks-, kein Naturpoet.

Die Stellung der südfranzösischen Patoispoeten, wenn wir sie nicht Volkspoeten nennen wollen, wird noch durch das Verhältnis und den Zustand ihrer Sprache erschwert. Am längsten konnten sie sich allerdings in einer Provinz erhalten, wo man am längsten „die Franzosen" sagte, wenn man vom Volke des Nordens sprach, wo man durch Geschichte, Charakter, verschiedene Religionsauffassung, selbst verschiedene politische Institutionen dem Lande der Langue d'oui am fernsten stand. Seit der Revolution zentralisiert sich Frankreich immer mehr in Sitte, Gesetz und Sprache, und die von Oc liegt in der Agonie, noch ehe die nordische deren ganze Stelle beim Volke auszufüllen vermag. Schon in einem halben Jahrhunderte vielleicht werden die Lieder, die bereits heute fast nur für den Kirchturm gesungen werden, über dem Grabe der Mutter gänzlich verklingen. Die Langue d'oc hat längst ihr Los erfüllt; sie besteht nur noch aus Ruinen, die sich mit französischen Sprachfragmenten stützen, und es könnten größere Patoisdichter als Jasmin, der Perückenmacher aus Agen, kommen, sie würden sie nicht wieder aufbauen. – In einem halben Jahrhunderte wird es vielleicht noch einen partikularen Patriotismus geben, der die Schönheiten des Südens den Nordländern im Liede rühmen wird, aber das Lied wird ein französisches sein, wie das Lied des liebenswürdigsten Idyllendichters, des Bretonen Brizeux. Dann wird auch dem Volkspoeten die französische Sprache die natürliche sein. Heute muß man ihm zurufen: „Warum zwingst du dich, in einer dir halbfremden Sprache zu singen?" – und singt er in seinem Patois, bedauert man das voraussichtliche kurze Leben seines wahr empfundenen Gesanges.

Das Schloß von Aubais, das mich zu solcher Abschweifung verleitet hat, liegt ungefähr eine viertel Meile weit von dem sogenannten Roques d'Aubais, einem kalkigen Felsenpaß, durch den sich der zuzeiten wilde Gebirgssohn, der Vidurle, einen Durchgang erzwungen hat. Übrigens braucht es nicht einmal eines wilden Baches, um einen Felsenrücken, wie sie die hiesigen Gebirge bilden, zu durchbrechen. Das kalkige Gestein ist verwittert, die Schichten liegen nur lose übereinander, und das Innere ist meist von Grotten und natürlichen Gängen durchhöhlt. Auch dieser wild aussehende Vidurlepaß enthält rechts und links mehrere Grotten, von denen die größere am Fuße des Felsens sich befindet, gerade da, wo ihn der Vidurle bespült, so daß man nur mit einem Kahn zu ihr gelangen kann. Wahrscheinlich war auch sie einmal eine Waffenkammer, ein Getreidemagazin oder ein Hospital der Kamisarden. Wenigstens hielten sie sich viel in der Nähe auf, und Cavalier hat auch hier einen Sieg über die königlichen Dragoner errungen, die in zwei

Haufen auf ihn herankamen, um ihn einzuschließen und desto sicherer zu verderben. Cavalier aber stellte ihnen anfangs nur sechzig Rekruten entgegen, die keine andere Waffe hatten als die Davidsche Schleuder des Hirten. Ein Hagel von Steinen regnete auf die Dragoner nieder und brachte sie in Unordnung. Dann erst brach Cavalier mit seinen schwerer Bewaffneten hinter dem Felsen hervor und erschlug, was sich ihm entgegenstellte. In zwei Haufen war der Feind angekommen, nach zwei Seiten hin ergriff er die Flucht. So viele Pferde wurden erobert, daß Cavalier seine Reiterei nach diesem Tage bedeutend vergrößern konnte. In diesem Kampfe bei dem Felsen von Aubais zeichnete sich wieder die junge Prophetin aus, die bei Nages wie eine Debora gekämpft hatte. Cavalier zog nach gewonnenem Siege gegen Congenies, um, wie er immer pflegte, dem Herrn zu danken, zu predigen, zu prophetisieren, Befestigungen niederzureißen und einige Verräter zu richten.

Folgt man diesem Gebirgsflusse, der vorzugsweise der Kamisardenfluß ist, führt er einen durch die Ruinen eines altfranzösischen Parkes plötzlich vor einen Rest der alten Römerwelt. Unfern von Gallargue erheben sich aus seiner hier träge schleichenden Welle, rechts und links von Gebüsch bedeckt, zwei prächtige Bogen, Reste einer Römerbrücke. Sie war ein Teil der großen Straße, die von Nîmes nach Montpellier führte, zum größten Teile noch heute besteht und in der Volkssprache von den vielen römischen Münzen, die man in ihrem Schutte findet, lou camin de la moneta heißt. In der Nähe der Brücke will man noch tiefgegrabene Gleise entdecken, die Überreste der

Spuren sein sollen, wie sie die Römer auf manchen ihrer Straßen angelegt haben. Die Brücke, aus schön behauenen Quadern bestehend, ist außerordentlich zweckmäßig gebaut, um die im Winter und Frühling wild heranstürmende Woge des Vidurle zu brechen, bevor sie selbst die Brücke bricht. Die zwei Bogen, welche in der Mitte des Flusses stehen, waren durch zwei andere mit den beiden Ufern verbunden. Diese aber sind verschwunden. Noch zu Anfang dieses Jahrhunderts soll die ganze Brücke gestanden haben. Nur die Steinbrüstung hat gefehlt. Aber die Hirten von Lunel, um die von Gallargue zu hindern, daß sie ihre Schafe auf die Garrigues oder Weideplätze am westlichen Ufer treiben, haben den Bogen auf jener Seite abgebrochen. Aus Trotz, obwohl zwecklos, haben nun die Hirten von Gallargue auf ihrer Seite dasselbe getan. So sind im südlichen Frankreich die schönsten Denkmale römischer Kunst zugrunde gegangen, und wie zahlreich waren sie in dieser von den Römern besonders geliebten und begünstigten Provinz, in der sie nur eine Fortsetzung ihres Italiens gesehen haben.

Von Gallargue kommen wir auf der Eisenbahn nach Vergez, von wo aus wir wieder die Ebene von Languedoc bis gegen Aigues-Mortes und das Meer übersehen – jeder Punkt auf dieser weiten Fläche ist mit einem Siege Cavaliers bezeichnet. Besonders um ihretwillen hat er sich seine herrliche Kavallerie geschaffen. Wie ein Blitz aus den Wolken fuhr er aus dem Gebirge auf die Ebene nieder, schlug, und die Wolke schloß sich wieder hinter ihm. Der Größere, Roland, die eigentliche Seele, der Geist jenes großen Aufruhrs, saß fast unbeweglich in der großen Wolke; Cavalier war der Blitz, von seiner Hand geschleudert. Auch in Vergez hat Cavalier mit achtzig Reitern einen Sieg gegen mehrere Kompanien erfochten.

Von hier kehren wir nordwärts wieder nach Calvisson zurück und haben so auch die Bas-Vaunages, das Anhängsel jenes Kanaans, durchwandert. Das Tal, das uns nach Calvisson führt, ist offenbar ein ehemaliges Flußbett, das bei Vergez endete, da es dort in das Meer mündete, das sich heute um die ganze Breite der Ebene zurückgezogen hat. Der Fluß kam aus dem Vaunages, das seiner ganzen Form nach ein See gewesen sein muß. Die Öffnung zwischen Calvisson und Nages zeigt es deutlich, daß er hier durchgebrochen. Die beiden einander gegenüberliegenden Bergesenden sind wie die zwei regelmäßig abfallenden Teile eines Dammes, zwischen dem eine wilde Flut sich den Ausgang erstürmte. Auf den Abhängen der nördlichen Berge der Vaunages ist es auch nicht schwer, die ehemaligen und noch lebendigen Quellen zu entdecken, welche den See gespeist haben.

Dreizehntes Kapitel

Zwei Briefe an deutsche Redaktionen

Erster Brief

Aus dem Seebade

An die Redaktion des „Deutschen Museums“

Au Grau, den 3. August 1851

Jeder richtige deutsche Schriftsteller hält es bekanntlich für seine Pflicht, wo er sich in einem Badeorte befindet, auch sofort einen Bericht über Leben und Treiben desselben an befreundete Zeitschriften zu senden. Auch ich folge diesem Herkommen, indem ich mich heute der hier so notwendigen Siesta beraube, um Ihnen aus einem Seebade zu schreiben, das vielleicht noch nie in deutschen Blättern genannt worden. Au Grau – wo liegt der Grau? Karl Ritter selbst, glaube ich, wäre nicht imstande, diese Frage zu beantworten, ohne daß ihn irgend jemand deshalb tadeln dürfte. Denn der Grau ist eigentlich ein Nichts, eine Einbildung, eine Grille etlicher Fischer; der Boden, auf dem dieses Nichts liegt, ist kein Boden, das Land dieses negativen Bodens ist kein Land; nichts ist hier wahr und wirklich und dauernd als das schöne, blaue Mittelländische Meer!

Da wissen Sie denn nun wenigstens die Richtung,

in welcher Sie den Grau zu suchen haben. Aber tun Sie es bald – denn vielleicht schon über Nacht hat die Flut den Grau hinweggespült, oder er versinkt in den Boden, der kein Boden ist. Hat dieser verräterische Boden doch schon Schöneres und Größeres verschlungen! Hier lag vor Jahrtausenden Rhoda, das südliche Vineta, eine Kolonie der Griechen von Rhodus, die ungefähr gleichzeitig mit den Phozeern aus Marseille an diesen Küsten landeten – sie verschwanden. Im Mittelalter bauten Benediktiner ein prachtvolles Kloster, hoch über dem versunkenen Rhoda mit seinen Tempeln und Säulenhallen und schönen Menschen; und das Kloster und die Benediktiner verschwanden, und nur wenn das Wasser sehr niedrig steht, soll man noch Trümmer der Klostertürme erblicken. – Auf dem Damm, welchen die Kunst aufgeführt, um mitten durch Sumpf und Moor den großen Kanal, der von Beaucaire herabkommt, sicher bis ans Meer zu führen, liegen einige Fischerhütten und ein Douanenhaus; auf den äußersten Spitzen steht ein bescheidener, aus Quadern aufgeführter Leuchtturm. Dieses alles zusammengenommen nennt man den *Grau*. Wenn ich noch hinzufüge, daß man gewöhnlich gegen Westen den Leuchtturm von Cette, die weingesegnete Küste von Frontignan sieht und daß eben heute, freilich bei sehr durchsichtiger Luft, am südlichen Horizonte klar und einladend die Berge der Balearen auftauchen, so sind Sie hoffentlich vollkommen orientiert.

Im Winter ist der Grau gänzlich verlassen, höchstens ein oder zwei Fischer, der Leuchtturmwärter, drei Douaniers machen seine ganze Bevölkerung aus; der Nordwind, der aus den Cevennen bläst, zaust willkürlich an den Schilfdächern und gräbt das auf dem Damm liegende Wrack noch tiefer in den Sand. In diesem Augenblicke dagegen ist es hier so lebhaft wie nur irgend auf einer Düne. Die guten Mütter aus Nîmes und Montpellier bringen ihre Kinder hierher, um ihnen von den Urwassern des Meeres die Zivilisation aus den Gliedern spülen zu lassen, die Pastöre der „Kinder Gottes" aus den Cevennen, die eben nicht mehr Kamisarden sind, suchen hier ihre Nervosität loszuwerden, und sonntags bringt die Barke Scharen von Besuchern aus den Städten des Languedoc, die sich an den frischen Früchten des Meeres erquicken wollen.

Und ganz ernstlich rate ich jedem deutschen Landsmann, der in diese Gegend kommt, so zu tun wie jene; er wird ein wunderbares Land kennenlernen. Eine Stunde von hier, den Kanal aufwärts, liegt die tote Stadt Aigues-Mortes mit ihren neunzehn wohlerhaltenen Türmen aus dem dreizehnten Jahrhundert. Sie war einmal ein großer Kriegshafen, vielbewohnt, gebaut nach dem Muster von Damiette, und sah alle Kreuzfahrer, die zur Wiedereroberung des Heiligen Grabes aus Frankreich zogen, in ihren Mauern. Jetzt hat sich das Meer von ihr auf mehr als eine Stunde entfernt, die Fieber nahmen sie in Besitz und haben die Menschen fortgetrieben. Ringsumher, meilenweit, im Osten bis gegen Arles, dehnt sich nun das elende, pesthauchende Mittelding von Land und Meer; nichts als Sumpf, weite Teiche, Wälder von Schilf, wahre Pampas, stehengebliebenes Meerwasser, das in der Nacht leuchtet, hier und da eine einsame Pinie, an den Sumpfrändern im Seewinde zitternde Tamarisken; in ihrem Schatten ruht der wilde Büffel oder das weiße, in wilder Freiheit aufwachsende Camarguerroß, ein Abkömmling der edlen Zucht, welche die Araber im Lande vergessen haben.

Der Grau, wenn auch strauch- und baumlos, bildet eine Oase in dieser Wüste. Die Fieber fangen hier erst gegen Ende August an; dann flüchtet, was zu leben Lust hat. Bis dahin jedoch lebt man ruhig und begnügt sich mit ereignisleeren Tagen und stiller Anschauung der Natur. Nur einmal des Tages kommt die ganze einheimische und fremde Bevölkerung in Bewegung, wenn nämlich die Fischerknaben von hoher See zurückkehren und auf dem Damm den Reichtum ihres Fangs aus den Netzen werfen. Da sieht man so tolles, sonderbares und wunderbares Getier, wie es nur Pisistratus in Indien gesehen oder Karl Vogt beschrieben hat. Fische, so platt wie ein Zeitungsblatt, tausendarmige Polypen, Seesterne, Fische mit Menschengesichtern, andere menschenähnliche, die gleich neben dem Kopf den Magen haben, Seekrebse, Mammuts ihrer Gattung. – Wahrhaft schön dagegen sind die Gruppen, die sich dabei aus den Fischern bilden, mit ihren langen braunen oder roten Sackmützen, die auf die Schultern herabfallen, mit den blutroten Schärpen und Gürteln und den gestreiften Jacken; zwischen ihnen schwarzäugige Weiber, Mädchen und Kinder, an die sie die Beute verteilen, um sie schnell auf den Markt zu tragen – ein lebendiger Léopold Robert!

Zuweilen weckt auch ein Ruf die Siesta haltenden Badegäste; sie eilen auf den Damm hinaus, um die Delphine zu sehen, die in Scharen auf blauer See vorüberziehen, oft zu Hunderten, sich dem Lande nähern und wieder fliehen, tänzelnd und springend und Purzelbäume schlagend. Es geht ein Mythus auf dem Grau, daß diese Freunde Arions, des Meisters der Töne, sich dieses Jahr häufiger zeigen als sonst, und zwar aus Ursachen. Denn mit dem Murmeln des Meeres, mit dem Gesange der Brise tönen dieses Jahr noch andere Klänge um die Wette, die Meer und Brise beschämen: es sind Beethovensche Sonaten. Sie kommen aus einer Fischerhütte, in welcher unsere Landsmännin, Wilhelmine Clauß, die große Künstlerin, wohnt. Dieselbe kam mit ihrer mütterlichen Freundin Karoline Sabatier hierher, um Erholung und Kräfte zu suchen beim herrlichen Meere, nachdem ein großer Verlust ihr tiefen Schmerz bereitet.

So ist über dem versunkenen Rhoda alles Mythus oder Idylle. Selten nur, wie profanes Tageslicht durch eine plötzlich geöffnete Tür aufs Theater, fällt ein politisches grelles Licht auf den Grau und seine Bewohner. Wer kann den Zeitungen entfliehen und den Erzählungen der Besucher? So ist man auch hier noch sanft erschüttert vom Tode Oliviers, des Redakteurs des „Suffrage universel“ in Montpellier. Sie werden von diesem politischen Duelle gehört haben und von dem traurigen Tode des schönen, jungen, hoffnungsvollen Republikaners. Aber welche Bedeutung dieser Tod für das südliche Frankreich habe, kann man in der Ferne unmöglich ermessen; bald wird Aristide Olivier mit dem Glorienschimmer Armand Carrels umgeben und sein Name eine Fahne sein.

Und die Republikaner hierzulande haben sich seit lange nach einer Fahne gesehnt; viele von ihnen bilden sich ein, sie hier im Süden werden die ersten sein, die eine Fahne brauchen. Wenn Heinrich V. oder Henri Quatre II. wirklich Mut hat, so sagen sie, und irgendwo in Frankreich einen Streich ausführen will, so kann er es nirgends besser als an der südlichen Küste. Languedoc ist heutzutage die einzige Vendée in Frankreich. Montpellier ist legitimistisch zum Exzeß, die kleineren Städte wie Lunel ahmen gern die Hauptstadt nach, und in den Dörfern regieren die Curés. Nur eines ist verdrießlich dabei: die Schwelle des Nordens, die Cevennen, sind von einem abscheulich republikanischen Volksstamme bewohnt, und über diese Schwelle müßte doch der gute Heinrich, wenn er in die Burg seiner Väter einziehen wollte. Und was Ludwig XIV. gegen eine Handvoll Schäfer und Wollekrempler mit seinen berühmtesten Marschällen nicht vermochte, wird es Heinrich mit einigen verschimmelten Namen, Titeln und Rechten vermögen?! Besonders da ihm auch im Rücken, in der Ebene Languedocs, Feinde auflauern würden, die Protestanten von Marsillargues, Gallargues, die ewig den Turm von Constance vor Augen haben, der sie an die gebleichten Gebeine in seinem Innern und an die gottselige Regierung der frommen Bourbonen erinnert. Marsillargues ist ein eigentümlicher Flecken, „*korrumpiert*“ bis in den innersten Kern, das heißt durch und durch republikanisch, trotz seines Reichtums. „Das kommt daher“, sagte mir ein Legitimist aus Montpellier mit unterdrücktem Seufzer, „daß die Leute Protestanten und ans Denken gewöhnt sind.“ Darum ist der kleine Flecken auch im Belagerungszustand; jede Woche kommen einige Kommissäre dahin, um nach Verschwörungen zu suchen. Das letztemal fanden sie nur eine Frau, die ihr neugebornes Kind Ledru-Rollin taufen ließ; sie konfiszierten das Kind und stellten es umgetauft der Mutter zurück, die noch zehn Franken Taufkosten zahlen mußte. Aber im Dorfe heißt der Junge dennoch nicht anders als Ledru, und ich sah alte Leute an dem Kinde mit abgezogenem Hut vorübergehen: „Bonjour, citoyen Ledru!"

Aber wen soll dies wundernehmen, da die Verderbnis ja so alt ist in Marsillargues! Vor vierzehn Tagen lernte ich dort einen Greis kennen, der sich rühmte, von den famösen Freiwilligen des Südens zur Zeit der Legislative und einer der ersten gewesen zu sein, welche die Marseillaise durch Frankreich kolportierten. Er nannte sie noch immer mit ihrem ursprünglichen Namen „Les enfants de la patrie". Ein Straßburger Blatt hatte sie samt den Noten nach Marsillargues gebracht, und der protestantische Vorsänger in der Kirche war der erste, der sie entzifferte.

Eine halbe Stunde von Marsillargues liegt Lunel; da sind wir auf einmal in einer ganz anderen Welt. Alles in Lunel ist Legitimist; als Louis Napoleon, gleichgültig gesinnt den Legitimisten wie den Republikanern, vor kurzem das Heinrichsfest verbot, wie unglücklich war man in Lunel! Aber solange sie noch den guten Muskat haben, wissen sich selbst die Legitimisten über solche Kalamitäten zu trösten.

Verzeihen Sie mir, daß ich Ihnen über so geringfügige Dinge schreibe wie französische Dörfer. Aber die Dörfer sind es, die im Jahre 52 den Ausschlag geben werden; nämlich wenn es nicht schon vorher ein coup d'état getan. In Dörfern und Vorstädten ist das eigentliche Leben einer Nation, und gerade das berücksichtigt man so selten. Die Städte sind nur die Abstraktion dieses Lebens, Korrespondenzen aus Paris können Sie gedruckte, lithographierte, geschriebene genug haben; aber wann findet sich auch jemand, der über Zustände und Stimmungen im Grau oder aus Marsillargues und Lunel berichtet?

Auf Neuigkeiten über Kunst und Wissenschaft müssen Sie dabei freilich verzichten. Das Volk dieser Gegenden, obwohl in seinen Adern griechisches, arabisches und germanisches Blut fließt, weiß nichts von Kunst und Wissenschaft; es ist wahrhaft barbarisch in dieser Beziehung. Die protestantischen Dörfer sind kalvinistisch ausgetrocknet, die katholischen ganz in der Gewalt der Pfaffen, der Grauen Schwestern und Frères Ignorantins; Herr von Falloux liebt dieses Land, trotz der protestantischen Mischung, ganz besonders. Wenn sich nicht hier und da in einem Ouvrier der alte provenzalische Geist regte, der ihn zu Liedern in der Volksmundart begeisterte, es gäbe keine Poesie; wenn nicht in dem oder jenem Flecken irgendein herumziehender deutscher Musikant als Organist sitzenbliebe, es gäbe keine Musik hier. In meiner Nachbarschaft lebt ein junger Bauer, dessen Flöte man so manche Nacht mit der provenzalischen Nachtigall wetteifern hörte. Aber er hatte die unglückliche Idee, auch zuweilen des Sonntags die Bäuerinnen nach seiner Flöte tanzen zu lassen. Da trat vor einigen Tagen der Curé in seine Stube, öffnete, ohne ein Wort zu sagen, den Schrank und zerbrach das sündige Instrument. „C'était la dernière flûte du pays“, sagte mir klagend der alte Vater des

Musikanten. Was das Land an Kunst und Künstlern hervorbringt, flüchtet sich unter diesen Umständen, so schnell es kann, nach Paris; Paris ist demnach keineswegs bloß anzuklagen, daß es alles verschlingt, es rettet auch vieles, was in den barbarischen Provinzen zugrunde gehen würde.

Ein Beweis für die Barbarei des Volkes in Languedoc ist auch die Art und Weise, wie es die Altertümer behandelt, die so oft bei Umgrabungen auf den Feldern gefunden werden. Die herrlichsten römischen Aschenkrüge, von denen manchen Frühling so viele gefunden werden, daß sich ganze Museen davon bereichern könnten, werden sogleich zerschlagen, um in ihrem Bauche nach Münzen zu spähen. Und in der Tat sind diese Gegenden für den Münzensammler sehr ergiebig; die seltensten Münzen und Medaillen kauft man nach dem Gewicht. Vor kurzem wurde bei St-Come auf einmal eine Kiste gefunden, die zwanzigtausend Francs Metallwert hatte. Auf dem sogenannten chemin de la monnaie, einer Römerstraße, die sich von Nîmes nach Montpellier zieht und die das Volk nach ihrer Ergiebigkeit getauft hat, findet man seit Jahrhunderten die seltensten Münzen, und noch immer ist der Vorrat nicht erschöpft; es ist ordentlich, als wäre eine lecke Kriegskasse von einer tauben Eskorte diesen ganzen Weg entlangtransportiert worden.

Da ich von Barbaren spreche, will ich noch eine Sitte erwähnen, die hier jeden Frühling einige Menschenleben kostet. Ich meine die Stierkämpfe, die alljährlich im Frühling fast in jedem Dorfe dem Volke zum besten gegeben werden. Sie unterscheiden sich von den spanischen Stiergefechten nur dadurch, daß sie mit weniger Pomp und waffenlos ausgeführt werden. Es scheint dabei weniger auf Kraft als auf Gewandtheit anzukommen. Der Toreador packt seinen Feind, einen ungezähmten Stier aus der Camargue, mit gekreuzten Armen an den Hörnern und ringt ihn nieder oder sucht ihn vielmehr durch Schnelligkeit, durch einen gewaltigen Ruck zu überraschen und zu betäuben. Ich sah ein kleines, schmächtiges Schulmeisterlein mit der Brille auf der Nase, der einen Stier nach dem anderen auf den Rücken legte. In Lunel dagegen hat ein einziger Stier mehreren Männern die Bäuche aufgeschlitzt. Infolgedessen sind die Stierhetzen für dieses Jahr verboten. Doch gibt es Leute genug, welche behaupten, die Stierhetzen seien nur darum untersagt worden, weil sie den Parteien Gelegenheit geben, sich zu versammeln, besonders aber den Roten, mit ihren roten Krawatten zu erscheinen. – Wie sehr übrigens die Bevölkerung an diesem grausamen Spiele hängt, beweist ein Fall, der sich neulich zugetragen. Der Präfekt schickte zwanzig Soldaten nach Aigues-Vives, um eine Stierhetze zu verhindern. Sogleich rückte die ganze Nationalgarde des Fleckens bewaffnet und mit geladenen Gewehren aus und vertrieb die Abgesandten des Präfekten. In einem anderen Flecken konnten die Soldaten die Festlichkeit nur dadurch verhindern, daß sie die Stiere erschossen. – Diese armen Opfer einer blutigen Sitte werden der Bevölkerung von den Witwen geliefert, die sich aufs neue verheiraten; fehlt es an einer solchen, so werden die einzelnen Stiere in der Camargue oder dem Rhonedelta mit 300 bis 400 Franken bezahlt.

Ich habe, vom Volke dieses Landes sprechend, so oft die Worte „Barbarei“ und „barbarisch“ gebraucht, daß ich es für meine Pflicht halte, auch noch etwas über seine Vorzüge hinzuzufügen. Äußerliche hat es nur in geringem Maße; es ist hier nicht die edle Rasse von jenseits des Rhone, wo fast noch auf allen Gesichtern, besonders den weiblichen, der Stempel griechischer Schönheit thront. Hier scheint diese mit der Kolonie der Rhodier verschwunden zu sein, und daß sich die Reste der Römerschönheit im Kontakt mit Kelten und Franken leicht barbarisierten, finde ich begreiflich und natürlich; denn der Römer hatte nicht die Schönheit „in ihm selbst“. An die dunkeln Augen, die einem allenthalben begegnen, gewöhnt man sich bald, ja man sehnt sich nach einem blauen, wie man sich aus der Hitze der hiesigen schattenlosen Gegenden in die sanfte Dämmerung eines deutschen Waldes sehnt. – Wie eigentümlich, daß einem jenseit des Rhone, auf dem griechischen Boden von Arles, Tarascon, St-Remy, die Hitze nicht so tödlich erscheint und daß man dort unter hellenischen Stirnen blauen Augen begegnet! – Aber ich wollte ja von den Vorzügen und Tugenden des Volkes in Languedoc sprechen, und da muß ich den tief eingewurzelten Unabhängigkeitssinn rühmen, der es vielleicht vor allen anderen Stämmen Frankreichs auszeichnet. Der Bauer, der Taglöhner, der Ouvrier, der Reiche und Arme – keiner kennt den geringsten Unterschied der Stände, keiner begreift, daß man in einem dienstlichen Verhältnisse stehen könne. Herren und Knechte gibt es hier nicht, es gibt nur eine freie Übereinkunft, eine Verpflichtung zu gegenseitigen Leistungen auf sonst vollkommen gleichem Fuße; der Bewohner des Languedoc ist vollkommen Rousseauscher Egalitätsmensch. – Und dabei doch Legitimist?! Jawohl, und oft wütender Legitimist! Das sind so Dinge, die hinter dem Rücken der Logik vorgehen. – Gescheite Leute haben mir diese Erscheinung als Paganismus erklärt, der in jedem südlichen Volke stecke und eines äußern Symbols der Verehrung bedürfe, dieses Symbol aber, wie der Neapolitaner den heiligen Januarius, prügele, wenn es ihm nicht seinen Willen tut.

Denken Sie davon, was Sie wollen, und leben Sie wohl.

Zweiter Brief

Deutschtum und Deutsche in Languedoc

An die Redaktion der „Hannoverschen Presse“

Aus dem alten, einsamen Turme, den ich auf einem der letzten Ausläufer der Cevennen, im Angesichte der Ebene Languedocs und des Mittelländischen Meeres, bewohne, kann ich Ihnen leider nur wenige oder gar keine Neuigkeiten schreiben. Erlauben Sie mir also, von meinem übersichtlichen Standpunkte aus übersichtlich und allgemein und deutsch zu sein. Erlauben Sie mir, alles, was sich an deutschen Landsleuten, deutschen Einwirkungen, Erinnerungen, Sympathien und Keimen künftiger Sympathien zwischen dem Rhone und dem Herault findet, zusammenzutragen und mir aus all dem ein kleines Vaterländchen zusammenzustoppeln, mit dem ich vielleicht noch einem Vaduzer Patrioten gegenüber großtun kann. Erschrecken Sie nicht. – Es fällt mir nicht ein, verjährte Rechte auf das Arelat, das übrigens jenseits des Rhones liegt, geltend zu machen und so alte Streitigkeiten aus den Zeiten Konrads III. aufzuwärmen. Es würde mir auch schwerlich gelingen. Aber wir haben in neuerer Zeit andere Eroberungen gemacht, die schöner sind als jene der in Stierhäute gehüllten Germanen und schöner als die der glänzenden Hohenstaufen. Wenn ich aus meinem Fenster blicke, glaube ich von den kalkigen Höhen der Cevennen die Fragmente des blauen, romantischen Paniers wallen zu sehen, das der alte Meister Tieck dahin gepflanzt; und von den Ruinen des Schlosses von Beaucaire, im alten St-Gill, liegt Pierre de Castelnau, dessen Ermordung Lenaus Trauersang einleitet. Und wenn ich mit dem Volke spreche, tönen mir aus seinem schönen Idiome ruinenhafte Klänge aus den Liedern des Kastellans von Couci, Durands, Rudells, Bertran de Borns entgegen, jener Troubadoure, die wieder der deutsche Troubadour Uhland besungen hat.

Ja, wir Deutschen sind Kosmopoliten! – Es ist ein alter Satz, über den schon viel geseufzt worden. Aber lassen wir die darüber seufzen, die ruhig daheim an ihrem deutschen Ofen sitzen und sich die Hände wärmen. Dem Unsteten und Flüchtigen ist es ein Labsal, auf seinen Wegen den Fetzen deutschen Kosmopolitismus zu begegnen.

Der Languedocsche Protestantismus ist wohl der diesseitige Grundstein jener Regenbogenbrücke, die sich vom Pic St-Loup aus dem deutschen Harze entgegenwölbt und in der Nähe von Eisleben niederfällt.

Schon im siebzehnten Jahrhunderte, besonders aber in den Cevennenkriegen, wandte man von hier aus hilfesuchende Blicke auf die Glaubensbrüder in Norddeutschland, freilich meist vergebens, doch hat man sich gewöhnt, dahin zu sehen und zu horchen. Manchmal kam doch ein Trosteswort von dort her und, was mehr war, ein Drohwort, das in Versailles niederfiel; wie zum Beispiel das Drohwort aus dem tabakduftenden Munde des Vaters Friedrichs des Großen, welches in Versailles einen so bedeutenden Duft verbreitete, daß man auf eine Zeit vergaß, in Languedoc Rad und Galgen und Scheiterhaufen aufzurichten. Die Toleranz der philosophischen, dann die Freiheit der Revolutionszeit brachten die nordischen Glaubensbrüder wieder in Vergessenheit, und die Pastoren, die den Propheten folgten, gingen nach Genf und Lausanne, um sich ihre Gottesgelehrtheit von dort zu holen. In neuerer Zeit hat sich das wieder gedreht. Genfer und Lausanner Weisheit reicht nicht mehr aus; Rousseau kann die Theologie nicht mehr brauchen, und einen Schleiermacher hat französischer Boden noch nicht hervorgebracht. So wandern die jungen Theologen mit dem leichten Gepäcke der Montaubanschen Gelehrsamkeit über den Rhein, nach Heidelberg, Tübingen, Berlin – und wenn sie zurückkommen, bringen sie deutsche Gedanken mit, über die die alten Kollegen die Köpfe schütteln – deutsche Bücher, um sich in diesen Gedanken zu verhärten, und manchmal deutsche Frauen, weibliche Apostel für die deutsche Sprache. Vor einigen Wochen besuchte ich einen Pastor im Gebirge. Während ich den Abwesenden erwartete, sah ich mich unter seinen Büchern um, und siehe da, unter dem dreiundvierzigsten Grade fand ich nebeneinander aufgereiht: Goethe, Schiller, Lessing, Herder, den ganzen Hegel, die „Disjecta membra“ Schellings, Schleiermacher, Creuzer, De Wette und eine große Schar deutscher Dichter und Romanschriftsteller. – Mein Wirt empfing mich mit einem deutschen Gruß und führte mich dann zu einer Dame, in deren Bibliothek ich sogar den originalen Iffland seit Jahren zum ersten Male wieder sah. Ich konnte der Versuchung nicht widerstehen und habe mir für die Nacht zum Einschlafen unter Languedocschem Himmel einen Band bürgerlicher Tränen ausgebeten.

Ein anderer Pastor in Vaunages, dem Kanaan der Kamisarden, war zur Zeit meines Besuches eben mit Übersetzung der Predigten von Dräseke, dem Großvater meines lieben Freundes Th. Althaus, beschäftigt. Der Mann war nie in Deutschland gewesen, hat aber in seiner Einsamkeit von selbst Deutsch gelernt und ist ein wütender Übersetzer geworden. Ich empfahl ihm den Enkel seines Originals zur Übersetzung, der mir noch lieber wäre als der Großvater. Er fragte, ob er ein Theologe. „Allerdings“, antwortete ich, „aber ein sehr avancierter!“ Das schreckte den Mann nicht ab, und er schrieb sich die Titel der beiden theologischen Werke auf: „Die Märchen aus der Gegenwart“ und „Aus dem Gefängnis“

Montpellier hat unter seinen drei Pastoren sogar einen wirklichen, echten Deutschen, einen Landsmann der Gustel von Blasewitz bei Dresden. Echt deutsch, beschäftigt er sich mit Dingen, welche die einheimischen Kollegen längst ganz vergessen haben. Er studiert die Kamisardenkriege und ihren Schauplatz an Ort und Stelle und macht Entdeckungen, für die ihm die Geschichtsforschung dankbar sein wird.

Die Pastoren haben die Laien ihrer Gemeinden und diese wieder ihre katholischen Landsleute angesteckt. Deutsch zu lernen ist Mode geworden, und es hat sich ein deutsches Bonnen- und Gouvernantensystem ausgebildet, das mit dem französischen in Deutschland, besonders in Österreich, die größte Ähnlichkeit hat. Wenn ich nach Montpellier komme, ist der weltberühmte Peyrou, von dem aus man die Pyrenäen sehen kann, mein Lieblingsspaziergang. Da wimmelt es von Bonnen mit ihren Kindern, und mir ist es, als ob ich in Firmenichs „Völkerstimmen" umherspazierte. Da unterscheide ich leicht die feinfüßige Tochter von den steilen Ufern der bildungsduftenden Spree, die schwäbische Maid mit den hellblauen Augen, die blonde, schönfarbige Jungfrau von der Leine, die mollete Wienerin. Da höre ich: „Justav, jehen Sie nich so schnelle; Sie sind, wahrhaftigen Jott, ein Jameng!" – Gleich daneben erzählt die Schwäbin der ihr sympathischen Wienerin: „Meine Augüschte isch e guts Mädle, ich kann nit andersch sage" – und die Wienerin antwortet: „I kann mi ah nit bklagen, aber der Ghalt is halt unbeteitend." – Und mittendurch hört man die weise Mahnung einer hellklingenden S-timme: „S-prechen Sie nicht bes-tändig, Sie sind ein Plauderer!"

Man darf sich über diese verschiedenen reinen Idiome nicht wundern. Die meisten Mütter Montpelliers sind gläubig, und jede schwört hoch und teuer, daß ihre Bonne die reinste Aussprache habe. Manche haben wohl eine dunkle Ahnung davon, wie es mit dem Attizismus ihrer Ammen bestellt sei, aber sie lassen ihren Kindern lieber eine falsche Aussprache als eine falsche Religion einimpfen. Denn bei den eifrigen Katholiken und ebenso eifrigen Protestanten Montpelliers und Nîmes' gibt die Konfession bei der Wahl der Gouvernante oder Bonne den Ausschlag. So kann es mit der Zeit kommen – wunderbar sind die Wege der Vorsehung –, daß die Katholiken des Südens bayrisch oder österreichisch, die Protestanten preußisch oder hannöverisch sprechen. Allerdings kommt manche pia fraus vor. Manch armes, protestantisches Geschöpf aus dem Norden, um nur eine Stelle zu haben, verleugnet wie August von Sachsen die Religion der Väter und gibt sich zeitweilig für alleinseliggemacht aus. – Montpellier vaut bien une messe. Sie büßen diese unschuldige Apostasie jede Woche zwei Tage lang bei Fastenspeisen ab. – Im allgemeinen werden sie gut behandelt. Man setzt bei der deutschen Jungfrau fürchterlich viel Sittlichkeit voraus und vermutet bei ihr ein Übermaß von Gemüt und liebt sie darum. Dazu kommt, daß der an seinem Lande so sehr hängende Franzose jeden bedauert, der seine Heimat zu meiden gezwungen ist, und ihm sein Los zu erleichtern sucht. Wenn man auch manchmal eine Dame über ihre Bonne klagen hört, kann man doch sicher sein, daß sie am Ende, sich selbst begütigend, hinzufügt: „Pauvre fille, elle est si loin de sa patrie!" Die südlichen Frauen sind überhaupt zärtliche Mütter und übertragen etwas von ihrer Liebe zu den Kindern auf deren Amme, sobald nur diese selbst etwas Neigung für die kleinen Schwarzköpfe zeigt.

Um aber von dem Bonnenwesen, dem Privatunterricht und dem Peyrou loszukommen, machen wir einen Sprung auf die benachbarte Hochschule. – In der Halle der durch so viele Jahrhunderte berühmten Medizinischen Schule begrüßen uns sogleich die Bilder von Haller, Wolff, Zimmermann. Sehen wir uns unter den Lebenden um und horchen wir nach den Systemen, welche die Schule beherrschen, so erfahren wir von einer alten Partei, die nächstens unter den Schlägen der Revolutionärs erliegen wird, jener furchtbaren Revolutionärs, die in Deutschland einen Hauptsitz haben, der Revolutionärs in der Physiologie und Botanik. Neulich hat diese revolutionäre Partei einen gewaltigen Sieg durch die Ernennung des Herrn Martins zum Direktor des Botanischen Gartens errungen. Herr Martins ist ein Deutscher von Abstammung und ist trotz seines Protestantismus ernannt worden, und zwar zum Nachfolger des so hoch gefeierten Delille. Herr Martins ist derselbe, der mit Agassiz und Vogt auf den Gletschern gewesen, die berühmten Reisen im Norden gemacht, Goethes „Metamorphose der Pflanzen" übersetzt hat und den Franzosen zu beweisen sucht, daß die Keime aller und der höchsten Errungenschaften der Wissenschaft in den Büchern des Alten von Weimar aufzufinden seien.

Und da wir einmal in der Medizinischen Schule sind, steigen wir einige Treppen hinauf. Wir gelangen in ein höchst interessantes, mit prächtigen Bildern ausgeschmücktes Maleratelier. Da wohnt der Kassierer der Medizinischen Fakultät, Herr Laurens, derselbe, der fast das ganze südliche Frankreich illustriert und durch seine Zeichnungen viel zur Kenntnis der großen Kunstschätze dieses Landes beigetragen hat. Herr Laurens ist ein enthusiastischer Verehrer von allem, was deutsche Kunst heißt, von deutscher Musik, Malerei, Poesie. Bei ihm hört man die neueste Musik von Robert Schumann, Ferdinand Hiller, Rietz, Heller usw. Bei ihm findet man die neuesten Werke der Kunstvereine und die jüngsten Poeten des singenden Deutschlands. Man lernt ihn durch Taillandier oder Taillandier durch ihn kennen; so kommt man auch manchmal in die Hörsäle der Akademie der schönen Wissenschaften, und da hört man, wie dieser Professor vor einem höchst zahlreichen Publikum ununterbrochen Parallelen zwischen deutscher und französischer Literatur zieht und nicht immer zum Vorteil der letzteren.

Aber kehren wir wieder zu unseren wirklichen und wahrhaftigen Landsleuten zurück. Wenn wir genau nachsuchen, finden wir sie auch im Schoße der reichsten und einheimischsten Bourgeoisie, wo sie sogar zu einer Art von Patriziat gelangt sind. Ihre Namen, selbst in der französischen Verstümmelung, muten uns heimisch an. Es sind das die Familien, die im vorigen Jahrhundert sich im Norden Deutschlands mit den protestantischen Emigranten verschwägert haben und mit diesen später nach dem Süden gekommen oder von ihnen nachgezogen worden sind. Sie waren vor der Revolution nur auf den Handel beschränkt und haben, wie die meisten Protestanten der Städte, Reichtum und Ansehen erworben. Ihre Abstammung scheinen sie noch nicht ganz vergessen zu haben; wenigstens zeigten sie noch vor kurzem durch ihr schönes Benehmen gegen die Frau eines Berliner Gelehrten, die in Montpellier plötzlich Witwe geworden, daß sie noch ein Herz für deutsche Landsleute haben. In ihrer Mitte zählen sie noch mehrere Nachzügler aus der neuen und neuesten Zeit, die weniger der Protestantismus als der Wein, oder vielmehr der Weinhandel, hierhergezogen hat. Unter diesen lernte ich erst vor kurzem eine liebenswürdige Landsmännin aus Buxtehude kennen. Buxtehude! Eine germanische Welt liegt in diesem Namen. Bei seinem Klange wurde mir so wehmütig zumute, wie dem Odysseus gewesen sein mag, als er den Schatten seiner Mutter gesehen, den er doch verscheuchen mußte.

Das jüngste Deutschland hat auch sein Kontingent gestellt. Unter den Studenten der Medizinischen Schule stechen die blonden Gesichter hervor; man redet sie an und erfährt, daß es Studenten aus der Pfalz oder aus Baden sind, Flüchtlinge, die die eine Fakultät der Hochschule zweckmäßig benutzen und nolentes volentes Medizin studieren. Sie haben Vorgänger in diesem Schicksal; denn auf dem Lande gibt es deutsche Ärzte, die das Frankfurter Attentat, seligen Andenkens, ebenfalls nach Montpellier und in die Arme der Medizin getrieben hat. Auf ähnliche Weise wurde das Land mit einer Unzahl polnischer Ärzte versorgt. – Unter den Flüchtlingen, wie ein ratgebender und immer zur Hülfe bereiter Patriarch, lebt der Vater des armen Dortu mit seiner Frau. Die unglücklichen Eltern haben sich freiwillig aus dem Lande verbannt, das ihnen das einzige Kind genommen. Möge sie hier neben der Zypresse der Lorbeerbaum trösten. Einen schmerzlichen Verlust hat vor kurzem die flüchtige Kolonie von Montpellier durch den Tod des guten, braven Peter Fries erlitten. Das Bedauern war allgemein, obwohl er nur von wenigen gekannt war; denn die deutschen Flüchtlinge sind hier beliebt, da sie durch einige wirklich liebenswürdige Individuen repräsentiert sind und man ihrer Art und Weise, wie sie das Exil ertragen, ohne zu verfallen, und wie sie sich ihr tägliches Brot zu erwerben wissen, die Achtung nicht versagen kann. Manche sind in Gesellschaften gern gesehen, andere haben sich als Lehrer im Schoße der besten Familien Freunde erworben.

Ich lade Sie nicht ein, mit mir einen Flug durchs offene Land zu machen, um neben den Pastoren noch andere Spuren von Deutschtum zu entdecken. Ich gebe Ihnen nur die tröstliche Versicherung, daß Sie hier und da auf gutes Bier stoßen, und wenn Sie sich dann nach dem Verfasser erkundigen, wird Ihnen ein Sohn der Bavaria in die Arme fallen. In diesem rührenden Momente klingt Ihnen aus irgendeiner Wohnung eines reichen Proprietärs die Arie von „Wir winden dir den Jungfernkranz“ oder ein Straußischer Walzer entgegen. Sie folgen diesen Tönen, und durchs Fenster erblicken Sie die kleine Französin am Klavier; neben ihr sitzt ein blonder Jüngling, der Chiron der Gegend und der Organist der Kirche. Ja, selbst wenn Sie in die Unterwelt, das ist in die Kohlengruben der Cevennen, hinabsteigen, hören Sie die Sprache Ihrer Mutter, denn deutsche Bergleute leiten die Ausbeutung. Kommen Sie aber erst nach Cette in den Hafen, dann hören Sie im herrlichsten Plattdeutsch fluchen.

Diesen Genuß hatte ich dort erst vor kurzem auf dem Danziger Schiffe „Thomas“, wo ich mich trotz der Dresdener Konferenzen unter dem preußischen Adler sehr wohl befand.

Aber Sie haben wohl schon genug des südfranzösischen Deutschtums. Wenn ich Ihnen zuviel des Kleinen und Kleinlichen zugetragen habe, das Sie im Herzen Deutschlands nicht interessiert, so verzeihen Sie das dem Sammlerfleiße des *„Liebhabers“*, und gestehen Sie mir zu, daß ich mir wenigstens ein Vaduzer Vaterland zusammengeflickt habe, welches noch den Vorteil hat, in seiner Kleinheit die ganze Buntheit des großen deutschen darzustellen. Ich komme mir vor wie jener französische Emigrant, von dem mir mein Großvater erzählt hat. Der arme Marquis mußte sich seinen Lebensunterhalt mit Holzschnitzereien erwerben; aber für alles Geld schnitzte er nichts anderes als französische Schlösser: Versailles, St-Cloud, Fontainebleau. – So schnitze ich mir einen deutschen Duodezstaat, und zwar mitten in der Republik. „Bei Straßburg auf der Schanze“ und „Wär ich ein wilder Falke“ – hundert Volkslieder, das ganze „Wunderhorn“ klingt mir schon im Kopfe, und ich sehe mit Zufriedenheit, daß ich einen gewissen geheimen Zweck erreicht habe. Leben Sie wohl! Bald schreibe ich Ihnen von andern Ufern.

„O du mein Deutschland, ich muß marschieren.“

Vierzehntes Kapitel

Montpellier, Mitte September 1851

„... so ist mir erst recht aufgefallen: daß man eigentlich nur von fremden Ländern, wo man mit niemand in Verhältnis steht, eine leidliche Reisebeschreibung machen könnte. Über den Ort, wo man gewöhnlich sich aufhält, wird niemand wagen, etwas zu schreiben, es müßte denn von bloßer Aufzählung der vorhandenen Gegenstände die Rede sein; ebenso geht es mit allem, was uns noch einigermaßen nah ist; man fühlt erst, daß es eine Impietät wäre, wenn man auch sein gerechtestes, mäßigstes Urteil über die Dinge öffentlich aussprechen wollte. Diese Betrachtungen führen auf artige Resultate und zeigen mir den Weg, der zu gehen ist."

Diese Worte Goethes, die jeder Tourist oder Reisebeschreiber vornhin in sein Notizbuch setzen sollte, kommen mir unwillkürlich ins Gedächtnis, da ich darangehe, mit einigen Bemerkungen über Montpellier mein Tagebuch zu vervollständigen. Während meines siebenmonatlichen Aufenthaltes im Süden habe ich in dieser altberühmten Stadt so viel Gastfreundschaft genossen, haben sich so mancherlei Beziehungen, Bekanntschaften und Freundesverhältnisse gebildet, daß ich vollkommen jene Beengnis fühle, die der alles Vor- und Nachempfindende in seinen Worten ausgedrückt. An dieses die Feder beengende Gefühl der Delikatesse schließt sich noch ein anderer Nachteil. Die ersten Eindrücke, die gewöhnlich die besten und wahrsten sind und sich mit größerer Leichtigkeit, ohne alle Anstrengung, fast naiv wiedergeben lassen, sind von vielen nachfolgenden verdrängt, so daß beim Niederschreiben eine Arbeit des Gedächtnisses beginnt, die der Unbefangenheit, ich möchte sagen Einfalt des wahrhaftigen Erzählers Eintrag tut.

Kaum kann ich mich mehr des ersten Eindruckes erinnern, den Montpellier auf mich gemacht hat. Ich weiß nur, daß es an einem regnerischen Apriltage war, da mich der Bahnzug hierher brachte, und daß mir traurig und enge zumute wurde, als wir uns in den dicken Mauern der Festung verloren, die Ludwig XIII. als ein Zwing-Montpellier vor die Stadt hingemauert. Die schönen Gemüsegärten, die bereits von Kohl und Blüten bedeckt waren, die breite, mit prächtigen Bäumen besetzte Esplanade, welche sich zwischen dem Kastell und der Stadt ausdehnen, konnten den trüben Eindruck des regnerischen und düsteren Tages halber nicht aufheitern. Die innere Stadt mit ihren hundert Gäßchen, die sich wahrhaft gordisch und sinnverwirrend ineinanderschlingen, erschien mir als ein unauflösbarer Knoten und wurde dem Wanderer unbehaglich, der, stolz auf seinen Ortssinn, sonst gewohnt ist, sich in der fremdesten und verwickeltsten Stadt im Laufe der ersten Stunden zurechtzufinden.

Aber mit dem Himmel klärte sich auch die Düsterheit des ersten Eindrucks auf, und im Laufe des Sommers hatte ich oft Gelegenheit, die Weisheit der alten Gründer und Bewohner Montpelliers zu preisen und sie dafür zu segnen, daß sie ihre Häuser so nahe als möglich aneinandergerückt und auf diese Art für ewigen Schatten gesorgt haben. Wenn Montpellier der modernen Neigung der meisten Städte folgen und seine schmalen, winkligen Gassen in breite, langgezogene verwandeln wollte, es würde unbewohnbar werden oder seine sämtlichen Kinder dem Sonnenstiche aussetzen. So aber, wie die Stadt heute beschaffen ist, kann man sie fast ihrer ganzen Länge und Breite nach immer angemessen beschattet durchwandern und können Handwerker und Krämer selbst in den heißesten Tagen ihre Geschäfte gemächlich fortsetzen. Und nicht nur vor dem Sonnenbrande ist man durch diese Bauart der alten Stadt geschützt – noch ein gefährlicherer Feind wird durch sie von den guten Bürgern Montpelliers abgehalten; es ist das der Wind, der sonst fast ununterbrochen sie durchtoben und, aus allen Weltgegenden kommend, an Brust und Lungen nagen würde, während er jetzt an den äußersten Winkeln abprallt und nicht durch all die Wendungen und Windungen zu dringen vermag. Gegen die Atmosphäre, die er, wenn er in Gestalt des Mistral oder des Schirokko erscheint, mit sich führt, schützen freilich weder die Windungen noch die Schatten der alten, hohen Häusermassen.

Die Stadt, obwohl auf einem Hügel liegend, gewährt von keiner Seite einen recht malerischen Gesamtanblick, während sie selbst in ihrem Inneren oder an verschiedenen Enden einzelne Punkte besitzt, von denen aus man sich der herrlichsten Aussicht ins Land erfreut. Der schönste dieser Punkte ist der Peyrou, eine am Westende der Stadt sich erhebende Esplanade. Die Aussicht, die man da genießt, nennen die Montpellierenser mit etwas übertriebenem Stolze eine der schönsten der Welt. Man sieht vom Peyrou aus die hübschen Landhäuser, die sich, gut gruppiert mit ihren Zypressen, Platanen, Lorbeerbäumen und Granatbüschen, weit hinaus vor die Stadt erstrecken, und jenseits dieser Landhäuser gegen Norden die kalkigen, verbrannten Berge der Cevennen mit ihrem König, dem Pic St-Loup; gegen Süden das lächelnde, blaue Mittelländische Meer, das kaum eine halbe Meile von der Stadt entfernt ist, mit den grünen Sümpfen an seinen Ufern und mit der Insel Maguelone und der Ruine der altberühmten Kirche in seinem Schoße; gegen Westen, bei besonders klarem Wetter, jenseits der letzten Ausläufer der Cevennen, die ihre Arme dem Meere entgegenbreiten, sogar die riesigen, in sanfter Bläue schwimmenden Häupter der Pyrenäen. Die Cevennen scheinen, wenn die Luft von der Feuchtigkeit des nahen Meeres durchwoben ist, so nahe gerückt, daß man ihre Sträuche und einsam nickenden Alpenblüten mit der Hand erreichen und in ihre Höhlen und Risse mit einem kühnen Schritte eingehen zu können wähnt. Auf der dem Peyrou entgegengesetzten Esplanade kann man zugleich mit Cevennen und Pyrenäen die Alpen mit ihrem Repräsentanten, dem Mont Ventou, erblicken und so im selben Momente, mit einem Blicke, Hispania, Helvetien, la belle France und, durch das Medium des Mittelländischen Meeres, das fabelhafte Afrika begrüßen. Ein weltumfassendes Herz kann hier ebenso gute Nahrung finden als ein hypochondrisches, das sich in Betrachtung über die Kleinheit der Reiche dieser Welt, ja selbst dieser armen Erde, ergehen will. Ein besser und heiterer gestimmtes wird sich hier an ihrer Schönheit erfreuen, besonders so lange, als es nicht an die Greuel denkt, deren Schauplatz der schöne, herrliche Peyrou oder die lachende Esplanade vor dem Kastell gewesen.

Unglückseligerweise kamen sie mir zu früh ins Gedächtnis, als ich auf dem Peyrou stand und, mich zufällig umwendend, die Statue und den Triumphbogen Ludwigs XIV. in seiner Mitte und vor seinem Eingange erblickte. – Möge man noch so große Aquädukte mit allen Quellen der Gebirge, ja, möge man das ganze Mittelmeer mit seiner lächelnden, heiligen Salzflut hierher leiten – alle die Wellen waschen den Blutfleck nicht ab, der diesen herrlichen Punkt der Erde für ewige Zeiten entstellt; und möge man hier noch so viele Blumen pflanzen und Lindenblüte duften lassen – alle Gerüche des Orientes und Okzidentes übertäuben seinen Blutgeruch nicht. Es ist ja noch so frisch, das Blut der Märtyrer, die hier ihr Leben aushauchten für die ihnen heilige Sache. Gewöhnlich glaubt man, daß die Hinrichtungen der Protestanten auf dem Peyrou mit dem Tode Ludwigs XIV. ihr Ende erreicht haben; das ist aber falsch. Noch unter Ludwig XV. sah der Peyrou viele und erhabene Märtyrer „des reinen Glaubens", viele Martertode der „Hirten der Wüste". Alexander Roussel verhauchte hier im Jahre 1728. Sein Verbrechen war, den Protestanten der Cevennen unter Mühen, Not und Drangsal, kämpfend mit Hunger und Durst, verfolgt von Höhle zu Höhle, gepredigt zu haben. Um

Geld verkauft, wurde er barhaupt, barfuß, mit dem Strick um den Hals zum Richtplatz geschleift. Nach seiner Wohnung befragt, antwortete er: „Der Himmel ist mein Dach!“ Während ihn auf dem Weg zum Richtplatz und bei der Folter die Jesuiten umdrängten und Verleugnung seines Glaubens verlangten, betete er für seine Richter und den Henker. In der Sterbestunde sang er wie Hus mit fester Stimme einen Psalm.

So wie Alexander Roussel erging es hier auf dem Peyrou dem armen Greise Peter Durand. Sein Verbrechen war, Antoine Court geholfen zu haben, als er die durch die Kriege zerstreute Herde der Cevenolen wieder zu einer Gemeinschaft sammeln wollte. Er starb im Jahre 1732. Fünf Jesuiten erschöpften ihre Beredsamkeit, ihre Versprechen und Drohungen vergebens an ihm. Er blieb fest wie ein Fels. Die Folge dieser Martyrien war, daß die Abtrünnigen wieder in den Schoß des Protestantismus zurückkehrten, daß neue Bekehrungen vorkamen, daß die Protestanten neuen Mut und neue Kraft gewannen, daß sie sich wieder sammelten und organisierten und eine feste Gemeinschaft bildeten, die allen Verfolgungen zum Trotz ihr Leben fristete, bis die Bastille stürzte und die Begeisterten von Versailles Freiheit und Gleichheit verkündigten und Rabaut de St-Etienne, den Protestanten, zu ihrem Vorsitzenden gemacht haben.

Doch sind diese Martyrien, wie schaurig sie auch, wie groß auch ihre Folgen waren, nur das leise verklingende Nachspiel der grausamen Tragödie, welche Ludwig XIV., nachdem er fromm geworden, im ganzen Süden aufgeführt und deren Katastrophen sich meist auf dem Peyrou, auf der Esplanade und in den Kerkern Montpelliers entwickeln. Ich will hier nur an einen der größten Helden des südfranzösischen Protestantismus erinnern, dessen Mut, dessen Ausdauer, dessen Leiden den Ruhm der Geschichte ebensogut verdienen als irgendein heiliges Martyrium, als irgendeine große Tat des Schwertes, des Wortes oder der Erfindung.

Claude Brousson war im Jahre 1647 zu Nîmes geboren und wirkte in männlicher Jugend als Advokat bei den Tribunalen von Castres und Toulouse, als Verteidiger der Unschuld oder der menschlichen Verirrung. Als die einleitenden Vorspiele zum Widerrufe des Ediktes von Nantes begannen, als endlich der Widerruf, begleitet von den Dragonaden und frommen Mordtaten, erfolgte, trat er vorzugsweise als Anwalt der unterdrückten Protestanten auf. Sein Wort war mächtig. Da man sein Stillschweigen umsonst mit glänzenden Sinekuren zu erkaufen versuchte, begann man ihn zu plagen und zu verfolgen und zwang ihn endlich zur Flucht. Da ging er, wie mancher Märtyrer alter Zeiten, wie Elias und Christus, in die „Wüste“, das ist in die Gebirge, zu den Leidenden und Verfolgten und predigte allmächtig. Die Regierung zitterte vor dem verjagten Advokaten, der nun zum Priester, zum Propheten geworden war. Man machte Jagd auf ihn wie auf ein wildes Tier, und wie ein verfolgtes Wild suchte er Schutz und Zuflucht auf unwegsamen Hochalpen, in alten Höhlen und Grotten. Mehrmals wurde er auf seiner ewigen Flucht gezwungen, die Grenzen des Vaterlandes zu überschreiten, um einen Augenblick auf fremdem Boden aufzuatmen. Aber immer kehrte er wieder zurück, immer mit demselben Eifer für die Sache, die ihm heilig war, immer in dieselben Drangsale und Gefahren zurück. Im Jahre 1693 wurde ein Preis von fünfhundert Louis auf seinen Kopf gesetzt. Erst im Jahre 1698, also sehr kurz vor Ausbruch des Cevennenkrieges, wurde Claude Brousson zu Oleron gefangengenommen und nach Montpellier gebracht. Als er das Blutgerüst bestieg, wurde das Wort, das er noch an das Volk richten wollte, durch achtzehn Trommeln übertäubt. Wir wollen nicht die Historiker seiner Partei, wir wollen auch nicht die Jesuiten über ihn sprechen lassen; wir wollen hören, wie sich der Henker, der ihn vom Leben zum Tode brachte, über ihn ausdrückt. Seine Worte sind treu aufbewahrt worden, und sie lauten so:

„Ich habe mehr als zweihundert Verurteilte hingerichtet, aber keiner hat mich je so zittern machen wie Herr Brousson. Als man ihn auf die Folter legte, waren der Kommissär und die Richter bleicher und zitterten sie mehr als er, der betend seine Augen gen Himmel wandte. Wenn ich gekonnt hätte, ich wäre entflohen, um nicht einen so trefflichen Mann töten zu müssen. Wenn ich reden dürfte, ich wüßte mancherlei Dinge über ihn zu sagen; gewiß, er starb wie ein Heiliger."

Aus dieser Aussage des Henkers, den wir viel lieber als Geschichtsquelle gelten lassen als den klassischen Bischof Flechier, geht hervor, wie sehr die Henker des Statthalters von Languedoc, Herrn de Bâvilles, schon sieben Jahre vor Ausbruch der Cevennenunruhen beschäftigt waren. Dieser eine Henker hatte bereits im Jahre 1693 mehr als zweihundert Verurteilte hingerichtet, und Herr Bâville-Lamoignon hatte überall in seiner Statthalterei, in Nîmes, in Beaucaire, in Beziers usw., viele Henker, und all die Städte, ja viele kleine Flecken erlebten so schaurige Schauspiele wie Montpellier. Bâville-Lamoignon war ein sehr tätiger und seines Sultans würdiger Satrap. Er reiste viel in seiner Provinz umher und hinterließ überall gleiche Blutspuren. In Nîmes vermied ich es, sie aufzusuchen; dort war ich froh, sie über die Antiken vergessen zu können. Montpellier ist eine Stadt des Mittelalters, und alles ladet hier ein, den Spuren der uns noch so nahe liegenden Geschichte nachzugehen. Die Gegenwart bietet wenig, was die kaum achthundertjährige Vergangenheit vergessen machte.

Auch vor der Weltgeschichte, der Weltrichterin, gibt es Persönlichkeiten, die Glück oder, wie die Franzosen sagen, „de la chance" haben. Zu diesen Begünstigten gehören unstreitig Ludwig XIV., der Große, mit seinem Languedocer Statthalter Bâville-Lamoignon. Wenn man von grausamen Königen und grausamen Statthaltern spricht, ist es hergebracht, zum Beispiel von Philipp II. und Herzog Alba zu sprechen. Doch lebten beide in einer Zeit, da zwei feindliche Prinzipe, deren eines sie vertraten, sich gewissermaßen zum ersten Male und darum mit größerer Heftigkeit, mit Fanatismus, entgegentraten. Das ihnen feindliche Prinzip war durch ein fernes, ihnen durch Sitte, Gewohnheit, Charakter, Anschauungsweise und Blut vielfach fremdes Volk vertreten, welches sich noch dazu religiös und politisch zugleich empörte. Philipp und Alba mit ihren schwarzen Armeen sind von der Inquisition erzogen und getrieben, und ihre Jugend ist von Autodafés großgenährt. Ihre Bildung ist um mehr als ein Jahrhundert jünger, ihr Blut um zehn Breitegrade heißer. Ludwig XIV. und Bâville-Lamoignon haben Port-Royal hinter sich, ein Volk, das bereits Colbert, Vauban, Fénelon, Corneille, Racine, Molière, Lafontaine hervorgebracht, um sich; sie stehen an der Wiege Voltaires und Rousseaus und hören schon die Stimme Peter Bayles, des Vaters der Enzyklopädie. Sie haben es mit Stammgenossen, mit Kindern desselben Landes, mit Brüdern zu tun, mit loyalen Bürgern, die nichts wollen, als ihren Tempel besuchen, ihre Kleinen im selben Glauben erziehen, der ihnen durch Edikte, feierliche Eide und Friedensschlüsse als ungefährdet übermacht und zugesichert worden ist. Die beiden bekämpfen eine Religionsgenossenschaft, die durch Jahrhunderte im Lande einheimisch und sonst niemanden mehr anstößig ist als dem Klerus, den bereits Pascal in seiner Nacktheit dargestellt hat.[1] Und doch begehen sie Taten, vor

[1] Wir können nicht umhin, hier an einige Anekdoten zu erinnern, die für die Frömmigkeit Ludwigs und seiner Zeit ccharakteristisch sind.

Nach einer verlornen Schlacht rief der König entrüstet aus: „Gott hat also vergessen, was ich für ihn getan habe!“

Zu Louvois, dessen Benehmen in den Religionsstreitigkeiten er billigte, sagte der König eines Tages: „Ich weiß nicht, wie Ihnen Gott eines Tages Ihre Bemühungen anrechnen wird; *was mich betrifft*, ich werde sie gewiß nie vergessen.“

Memoiren des Herzogs von Richelieu

Der Herzog von Orléans, als er 1706 zur italienischen Armee abging, wollte Augrand von Fontpertuis, einen lustigen Gesellen, der aber nicht im Dienste war, mit sich nehmen. Der König, der es erfuhr, fragte seinen Neffen, warum

denen die Greuel Albas in Belgien zu einer wahren Kleinigkeit zusammenschrumpfen; und doch nennt man Ludwig XIV. nur, wenn von glänzenden Regenten die Rede ist, und vergißt Bâville-Lamoignon, wenn die blutigen Schlächter der Völker aufgezählt werden. Das ist das Glück, die Chance in der Weltgeschichte.

Aber wir wollen auch nicht verschweigen, was Bâville des Guten getan hat; freilich werden wir zur Aufzählung seiner guten Taten nicht vieler Worte bedürfen. Diesen Peyrou, auf dem wir stehen, hat er, nachdem er ihn mit dem edelsten Blute getränkt und gekittet, zu dem gemacht, was er heute ist: eine schöne Terrasse, ein lieblicher Spaziergang, nachdem er ein steiniger Hügel gewesen, und die Natur, die gütige, läßt hier Blumen und prächtige Bäume wachsen, hat ringsumher stolze Gebirge aufgestellt und hat in der Nähe das blaue Meer ausgegossen, um mit all dieser Pracht Bâville-Lamoignon, die Geißeln und Leiden der Menschheit vergessen zu machen.

Nach dem Tode Lamoignons und Ludwigs XIV. erhielt der Peyrou einen neuen Schmuck an dem Aquädukte, einem Teil der großen Wasserleitung, welche der Stadt Montpellier das süße Wasser der Quelle von St-Clement in einer Länge von beinahe 14000 Metres zuführt. Der Teil desselben, welcher den

er einen Jansenisten in seine Gesellschaft ziehe. – „Er ein Jansenist!" sagte der Prinz. – „Ist er nicht", fragte der König wieder, „der Sohn jener Närrin, die Arnauld nachlief?" – „Es ist mir unbekannt", antwortete der Prinz, „was seine Mutter war; aber was den Sohn betrifft, so weiß ich nicht, ob er an Gott glaubt." – „Ich bin also schlecht unterrichtet", sagte der König naiv und ließ Fontpertuis als einen für den Glauben ungefährlichen Menschen mit dem Herzog abreisen.

Duclos' Memoiren

Peyrou mit der gegenüberliegenden, durch ein tiefes Tal getrennten Höhe verbindet, hat eine Länge von beinahe 900 Metres. Er besteht aus zwei Stockwerken, die sich aus 53 unteren und 183 oberen Bogen zusammensetzen. Er bietet einen prächtigen und stolzen Anblick und endet am Château d'eau, einem sechseckigen, mit korinthischen Säulen und Basreliefs geschmückten Baue, der sich über dem Bassin und seinen Kaskaden schön emporwölbt. In der Mitte des Platzes, zwischen dem Château d'eau und dem Triumphbogen, der in die Stadt führt, erhebt sich eine kolossale Reiterstatue. Wir wollen vergessen, daß sie Ludwig XIV. vorstellt, und sie wird mit all den Monumenten inmitten dieser schönen Natur ihre Wirkung nicht verfehlen. Vergessen wir überhaupt die Geschichte und ihre Helden, wenn wir an einem schönen Sommerabend hier lustwandeln, vielleicht an der Seite einer schönen Frau und eines lieben Freundes; horchen wir auf die Musik, die unter den Bäumen erschallt, auf die Nachtigallenlieder, die um die Wette aus dem Schatten der Palmenbäume, begeistert von den Lotosblumen im Botanischen Garten, dort unten lieblich erklingen; sehen wir in die südschwarzen Augen lustwandelnder Frauen und spielender Kinder; freuen wir uns mit dem dunkelblauen Meere, mit den purpurnen Abendwolken, mit den glühenden Spitzen der Cevennen. Die Sonne sinkt; siehe da! bevor sie versank, durchleuchtete sie einen Wolkenriß und zeigte uns ein erhabenes Pyrenäenhaupt. Gute Nacht, Spanien!

23. September 1851

Es wäre ungerecht, über Geschichte und Natur die lebende Gegenwart, das Treiben, Fühlen und Denken rings um uns zu vergessen. Sehen wir uns im Montpellier von heute um; die Resultate unserer Untersuchung werden, ich sage es mit Schmerz, nicht die tröstlichsten sein.

Montpellier gehört, dank seiner alten Universität und der Akademie, zu den gebildetesten Städten des südlichen Frankreichs – und doch, welch einen niedrigen Grad der Bildung nimmt man bei näherer Betrachtung wahr! Die Professoren, unter denen einige höchst gebildete, stehen mit ihren wissenschaftlichen und Kulturbedürfnissen allein; die Studenten sind „Kümmeltürken“, die – eine allgemeine Krankheit des heutigen Frankreichs – nichts anders im Sinne haben, als ihre Karriere zu machen, sich die Mittel und Titel des allergewöhnlichsten Broterwerbes zu verschaffen, eine Neigung, die man in den letzten Jahren leider auch im deutschen Universitätsleben beobachtet haben will. Wenn doch ein junger Mann ausnahmsweise eine höhere Bildungsstufe erreicht, kann er es in seiner Vaterstadt nicht lange aushalten und wandert nach Paris. Die Mädchen bekommen eine beschränkte Klostererziehung und bleiben ihr Leben lang in der Gewalt der Pfaffen, denen sie dann als Mütter wieder ihre Kinder hingeben. Die Geistlichen haben eine um so größere Gewalt, als sie in der Tat ein im katholischen Sinne ziemlich vorwurfsfreies Leben führen und, selber ungebildet und bloße Werkzeuge des höheren Klerus, an ihren Dogmen und

Gelübden mit Aufrichtigkeit und Aufopferung hängen. Eine so erzogene Gesellschaft ist arm an geselligem Stoff, und so steht denn auch die Geselligkeit auf schwachen Füßen. Für Künste und Wissenschaften kann man sich und darf man sich kaum interessieren – wovon soll man sprechen, womit die Abende ausfüllen, was soll die Gemüter verbinden? Die Frauen unterhalten sich von ihren religiösen Übungen; die Männer, die das langweilt, obwohl sie es billigen, gehen in ihre Cercles. Dort kann es auch kaum zu politischen Diskussionen kommen, da man nach politischen Farben weit getrennt ist.

Eines der Haupthemmnisse der Geselligkeit bildet die Religionsverschiedenheit der Einwohner. Protestantismus und Katholizismus bilden zwei ganz verschiedene Welten in Montpellier, und der Klerus tut gewissenhaft das Seinige, um die trennende Kluft so lange als möglich klaffend zu erhalten. Die äußere Bildung, der Lauf der Zeit, Interessen und Gewohnheit haben es zwar dahin gebracht, daß die bestehende Feindseligkeit von gewissen konventionellen Schleiern sanft verhüllt ist. Aber im Grunde der Seele verabscheuen die Katholiken den Ketzer und sieht der Protestant mit Stolz und einigem Hochmut auf den blinden Papisten herab. Der devote Katholik ist intolerant, der trockene Kalvinist ist schroff und schwer versöhnlich. Es geht daraus hervor, daß man, wie es gewöhnlich geschieht, den Katholiken unrecht täte, wenn man ihnen allein die Ursache der bestehenden Trennung in die Schuhe schieben wollte. Ich kenne manche Beispiele der Zuvorkommenheit von katholischer und deren Zurückweisen von protestantischer Seite. Freilich sind die Wunden der Protestanten kaum vernarbt, und es ist natürlich, daß sie sich scheuen, mit denen in Berührung zu kommen, die sie geschlagen haben. Um so mehr, als noch der Stolz überstandener Leiden und bewiesener Ausdauer hinzukommt. Die katholische Toleranz ist auch nicht groß; die katholischen Frauen halten es noch meist für Sünde, mit den verirrten Schafen irgendeine Gemeinschaft zu pflegen oder sich der Versuchung, der Gefahr der Ansteckung auszusetzen. Doch ist man hier nicht so fanatisch wie in manchen anderen Städten des Südens, wie zum Beispiel in Nîmes. Wenigstens hat sich Montpellier bei keiner der Gelegenheiten beschmutzt, die andere Städte zu Ruchlosigkeiten verleitet haben. Weder die ersten Jahre der Revolution noch die Restaurationszeit wurden benutzt, um den alten Glaubenseifer blutig geltend zu machen, wie dies in Nîmes geschehen ist, wo man Protestantismus, Republikanismus und Bonapartismus in einen Topf zusammenwarf und aus all dem einen großen Vorwand zu Mord und Totschlag zusammenbraute. Die Montpellierenser sind im Grunde ein gutmütiges Völkchen, und wenn sich ihrer einmal die Bildung mit derselben Gewalt zu bemächtigen verstände, wie es die Kirche und die Unbildung bisher verstanden haben, all die traurigen Überreste trauriger Zeit würden bald verschwinden. An Geistesanlagen fehlt es ihnen nicht; Beweis: die klugen und weisen Männer, die es in neuer Zeit hervorgebracht hat, ganz zu schweigen von dem Glanze, mit dem es sich durch mehrere Jahrhunderte als französisches Salerno umgeben hat. In Montpellier und Umgegend wurden geboren: Cambon, der Gründer des Großen Buches; Bonnier d'Arco, eines der Opfer des schmählichen Gesandtenmordes von Rastatt und Gefährte Jean Debries; Cambacérès, Konsul der Republik; Daru, der treffliche Geschichtsschreiber Venedigs und der Bretagne; Fabre, der brave Maler und Freund P. L. Couriers, und noch viele andere treffliche Leute, die in Künsten und Wissenschaften ausgezeichnet waren. Im vorigen Jahrhundert heben wir nur Paul Riquet hervor, den großartigen Baumeister und Ingenieur, den Schöpfer des in seiner Art herrlichsten Werkes, des Kanals von Languedoc.

Zur Zeit scheint Montpellier allerdings seine großen Söhne, die Nachahmung und Nacheiferung, die solche Musterbilder erregen sollten, die Mitarbeiterschaft am Ruhme des Vaterlandes vernachlässigt und vergessen zu haben. Man verkleinstädtert immer mehr und mehr. Die Söhne der guten Gesellschaft werden, wie gesagt, zum bloßen Broterwerb oder zur Verzehrung angeerbter Renten erzogen. Die Töchter katholischer Herkunft werden bis in ihr siebzehntes oder achtzehntes Jahr in Klöster geschlossen. Sobald sie das väterliche Haus wieder betreten, ohne mehr als das Notdürftigste und viele Gebete gelernt zu haben, sucht man sie von jedem männlichen Umgange wahrhaft türkisch abzuschließen und dann so schnell als möglich zu verheiraten. Die Heirat wird vermittelst Kuppelei oder infolge elterlicher Übereinkunft geschlossen. Oft ist sie jahrelang vorher bestimmt. Den jungen Leuten wird an einem schönen Morgen verkündet, daß sie sich verheiraten werden – dann bringt man sie des Dekorums wegen ein- oder zweimal zusammen – dann wird der Notar geholt und der Kontrakt wie bei jedem anderen Kaufe abgemacht. So kommen „anständige“ Ehen zusammen. Dem verheirateten Manne erlaubt man, sein Glück, wenn er es zufällig in einer solchen Ehe nicht finden sollte, auswärts und auf Nebenwegen zu suchen. Wenn sich aber, wie dies vor nicht gar langer Zeit geschehen ist, die junge Frau in den ersten besten Mann, den sie nach ihrer Verheiratung kennenlernt, mit dem ganzen ersten Feuer verliebt, wahnsinnig wird und sich ins Wasser stürzt – so nennt man das eben Wahnsinn. Glücklicherweise kommt dergleichen selten vor, da die jungen Mädchen so unnatürlich erzogen werden, daß zur Zeit ihrer Verheiratung kein natürliches Gefühl mehr Kraft genug hat, so energisch hervorzubrechen. Das Prinzip aber, das alle diese Zustände beherrscht, nennt man im frommen Süden Moralität.

Ähnliches erzählt man mir und habe ich selbst über die Moralität der Landbewohner erfahren. Die Bauernmädchen sind höchst moralisch. Ein „Monsieur“ (das ist jeder, der nicht Bauer, Tagelöhner oder Ouvrier ist) wird selten oder nie Glück bei ihnen machen. Ihre Freuden bleiben en famille, und en famille ist man nicht geizig oder allzu streng gegeneinander. Bei der Heirat aber sieht man ganz genau auf Vermögensumstände und, sehr aristokratisch, auf Herkunft und Ansehen der Familie. Alles andere ist mehr oder weniger Nebensache. Die Ehe bringt selten mehr als zwei Kinder hervor. Auch ist die Bevölkerung vieler Flecken in der Abnahme. Die Curés, die gegen so vieles, gegen Fleischessen am Freitag, gegen Tanzen am Sonntag, zu predigen wissen, haben kein Wort gegen diesen widerlichen, systematisierten Malthusianismus.

Das Volk von Montpellier hat mir immer den Eindruck der Gutmütigkeit und Ursprünglichkeit gemacht, und in der Tat scheint es sich, was Charakter anbetrifft, von der Bevölkerung mancher südlichen Städte, von Avignon und Nîmes zum Beispiel, höchst vorteilhaft zu unterscheiden. Auch die Geschichte spricht im Vergleich mit den genannten Städten zu Montpelliers Vorteil. Alle Greueltaten, deren Schauplatz Montpellier gewesen, sind auf Rechnung der jeweiligen Regierung zu schreiben. Das Volk hat sich dabei nicht beteiligt; im Gegenteil zeigt es uns die Geschichte oft im heldenmütigen Kampfe für das Gute oder wenigstens im würdigen Widerstand dem Schlechten gegenüber, während Nîmes und Avignon nicht selten die Barbarei der Regierungen aufs tätigste unterstützen. Schon der vorherrschende Gesichtsausdruck der Montpellierenser legt für sie ein günstiges Zeugnis ab und bekräftigt das der Geschichte. Er ist voll Gutmütigkeit trotz den glühenden, schwarzen Augen, trotz dem dunkel gebräunten Teint, des krausen schwarzen Haares und läßt für Momente daran vergessen, daß die eigentliche Schönheit der Formen fehlt – ein Mangel, der sonst im Süden auffallen müßte. Man ist freundlich, zuvorkommend, dienstfertig, gascognisch-gesprächig, mit einem Worte, liebenswürdig und trotz dem Mangel an Bildung frei, ungezwungen, oft anmutig in Benehmen und Bewegungen. Das Volk wird in diesen Eigenschaften noch unterstützt durch sein wohlklingendes Patois. Es rühmt sich, die Sprache Languedocs und der Provence am schönsten zu sprechen, und ich glaube, man täte ihm unrecht, wenn man ihm diesen Ruhm streitig machen wollte. Wie in Italien drückt auch im südlichen Frankreich jede einzelne Stadt dem allgemeinen Idiom ihren eigenen Stempel auf, so daß es dem geübten Ohre nicht schwer wird, nach den ersten Worten den Marseilleser, den Arleser, den Avignoneser, den Nîmois, den Montpellierenser zu erkennen. Das Patois Marseilles klingt etwas kindisch, trotz der Mühe, die es sich gibt, wichtig und männlich zu tun; das von Arles ist kokett; das von Avignon wild wie Avignons Bewohner. Das pfeifende s ist vorherrschend, und man glaubt jeden Augenblick das „sus! sus!“ zu hören, mit welchem die Avignoneser Mörder so oft auf ihre Opfer losstürzten. Minder wild, doch noch ziemlich rauh ist das Patois der Nîmois, aber melodisch, bald weich, bald stolz wie das Spanische, klingt die Sprache Montpelliers. Ich war barbarisch und ungebildet genug, sie mit viel größerer Freude zu hören als das Französische. Sie ist reich an volltönenden Vokalen und vermeidet, man möchte sagen mit Sorgfalt, die Anhäufung harter Mitlaute. In der Tat wähnt man sich manchmal auf Momente in die Gesellschaft stolz und elegant sprechender Hidalgos versetzt, und die Illusion wird durch die häufig wiederkehrenden Wörtchen el, las, es, durch viele vollkommen spanische Ausdrücke, durch die vollen Silben, besonders der weiblichen Endungen auf a und as, sowie durch die Konstruktion der Perfekte und Imperfekte noch erhöht. Mehr oder weniger hat das Patois Montpelliers diese Eigenschaften mit den

Dialekten fast des ganzen Südens gemein, was aber die Montpellierenser vor den anderen neben der Weichheit ihres Dialektes auszeichnet, ist die Aussprache und Anwendung des kleinen Wörtchens pecayré.

Ich bin ebensowenig imstande, eine Definition dieses Wörtchens zu geben, als es selbst den beredtesten Montpellierensern möglich war, mir seinen Sinn in klaren Worten begreiflich zu machen. „Pecayré" ist eben „Pecayré"! Es übersetzen oder auch nur seinen Klang durch die Schrift wiedergeben zu wollen wäre vergebliche Mühe. Die Betonung, die Art und Weise, wie es im Momente des Gebrauches in Musik gesetzt, im Satze angebracht, mit dem Reste der Rede gruppiert wird, wie es sich zu Frage, Antwort, Ausruf, Erzählung usw. verhält, geben ihm erst einen Sinn und den momentanen Charakter. Die Patoispoeten bedienen sich seiner mit vielem Geschick und Nutzen, besonders graziös, lieblich, musikalisch, überaus reizend aber klingt es im Munde der Montpellierenserin. Es ist zwar noch in vielen anderen Gegenden des Südens adoptiert, nirgends aber weiß man davon so schön Gebrauch zu machen wie im weiblichen Teile der Bevölkerung von Montpellier. „Pecayré" ist der Montpellierenserin, was der Sevillanerin der Fächer und die Mantille sind. Sie sagt alles mit Hülfe des einen Wörtchens, so wie diese mit Hülfe der beiden Instrumente all ihre Gefühle telegraphisch ausdrückt.

Man sagt zu der Montpellierenserin: „Wissen Sie schon, daß der brave Aristide Olivier gefallen ist?"

„Pecayré!" ruft sie erschrocken und schlägt die Hände zusammen.

„Was Sie schöne schwarze Augen haben."

„Pecayré!" lächelt sie kokett.

„Ihr armes Kind hat wohl viel gelitten in der letzten Krankheit?"

„Pecayré!" antwortet sie mit einem Seufzer.

„Aber wie blühend Sie sind; man wäre versucht, sich in Sie zu verlieben."

„Pecayré!" antwortet sie spöttisch.

Aber am besten drückt das Volkslied die Mannigfaltigkeit des Wörtchens pecayré aus. Es beginnt so·

Qu'és poulit lou mot pecayré,
Esprima cé qu'on pot senti.
Es un mot qu'es fach per vou playré
On sé rejouis de l'a oui.
Pecayré esprima la tendressa,
Pecayré esprima lou desi,
Pecayré esprima la tristessa,
Pecayré esprima lou plesi.

Was deutsch ungefähr heißen will:

Oh, welch ein schönes Wort, das Wort: pecayré! –
Was man nur fühlt, vermag es auszudrücken;
Es ist ein Wort, gemacht, euch zu gefallen,
Hört man es kaum, muß es entzücken.
Pecayré! rufen die verliebten Herzen,
Pecayré! ruft die sehnsuchtsvolle Brust,
Pecayré! rufen Kummer, Gram und Schmerzen,
Pecayré! ruft das Glück und ruft die Lust.

Doch macht, trotz der Schönheit des Patois, trotzdem es ausdrucksvoller, lieblicher und kräftiger ist als die französische Sprache, diese immer größere Fortschritte und wird sich wohl bald der ganzen Bevölkerung bemächtigt haben. Schon hat sich diese daran gewöhnt, sie als die ausschließlich offizielle und politische und als Ausdruck der Bildung zu betrachten, und selbst in der Kirche will das Volk nur die französische Sprache hören. Die Gebete, der Katechismus sind französisch, und der Curé muß französisch predigen, wenn er sein Auditorium nicht beleidigen will. Daß die Kenntnis der nordfranzösischen Sprache ihre Anciennität (wenigstens in diesem Grade) nur erst nach Jahrzehnten zähle, beweist eine Anekdote, die selbst die Montpellierenser mit Lächeln erzählen. Als der Herzog von Richelieu, der Don Juan des vorigen Jahrhunderts, zum Gouverneur von Languedoc ernannt wurde und nach Montpellier, seiner Residenz, kam, gab ihm zu Ehren die Frau irgendeines Präsidenten irgendeines Tribunals eine große Soirée. Die Dame fuhr selbst von Haus zu Haus, um die elegantesten und gebildetsten Frauen der Stadt einzuladen, zugleich um ihnen einzuschärfen, für diesen Abend ihr bestes Französisch hervorzuholen, um der Stadt vor diesem elegantesten Manne des Hofes keine Schande zu machen. Die Damen taten, wie ihnen von ihrer Wirtin eingeschärft worden. Und doch! und doch! – o traurige Überraschung! – doch rief der Herzog von Richelieu am Ende der Soirée: „Tiens! man hat mir immer gesagt, daß das Patois von Montpellier so schwer zu verstehen ist, und ich verstehe fast alles, was diese Damen sagen, mit nur geringer Anstrengung!“

Im Jahre 1848 versuchte man es, eine demokratische Zeitung, im Patois geschrieben, herauszugeben, aber das Unternehmen fand keinen Anklang, während im Gegenteil das legitimistische Journal „L'Echo du

Midi“ und das demokratische „Le Suffrage universel“, beide französisch, auf guten Füßen stehen. Das letztere verdankt seine Popularität dem Geiste und der frischen Kraft seines Mitbegründers, des jungen Aristide Olivier, der vor einigen Monaten im Duell mit einem Legitimisten gefallen ist. Doch hat es wohl nicht mehr lange zu leben, da es bereits die Aufmerksamkeit der Regierung auf sich gezogen und diese die demokratischen Journale der Provinz noch mehr fürchtet als die von Paris. Auch den hier bestehenden legitimistischen Journalen ist kein langes Leben zu prophezeien; Louis Napoleon wird ihnen schwerlich dankbar dafür sein, daß sie seine Wahl unterstützt haben. Wenn der coup d'état eine Wahrheit wird, werden republikanische wie legitimistische und orléanistische Zeitungen durch oktroyierte napoleonische gewaltsam ersetzt werden. Der Redakteur der einen der legitimistischen Zeitungen, des „Messager du Midi“, Herr Danjou, ist in vielfacher Beziehung ein merkwürdiger Mann; daß er fürs komplettste Mittelalter schwärmt und stark ultramontanisiert, wäre nicht auffallend – merkwürdig an diesem gebildeten Manne ist, daß er den lateinischen und griechischen Klassikern unversöhnlichen Haß geschworen und daß er Homer, Sophokles, Horaz usw. in seinem kleinen, weltvergessenen Blatte mit erstaunlicher Ausdauer den Krieg macht. Er stellt sie als die Urquellen der Freiheitsideen, als Verderber der Jugend dar und will sie um jeden Preis aus den Schulen geworfen sehen. Auf welche Weise Herr Danjou sie ersetzen und welche andere, bessere Basis der Bildung er geben will, wissen wir nicht, aber wir müssen ihm Gerechtigkeit widerfahren lassen, indem wir bekennen, daß er tiefer sieht und gründlicher ist als seine ultramontanen Gefährten. Er scheint zu wissen, welches Unheil Chrysolaros und die beiden Laskaris angerichtet, und es mag ihm aufgefallen sein, daß die Reformation die Zwillingsschwester der Renaissance und mit ihr im selben Momente geboren worden ist. Dieser Gründlichkeit wegen, wie lächerlich sie uns auch erscheint, kann Herr Danjou mit seinem kleinen Blättchen doch gefährlich werden, obwohl dieses Blättchen sonst viel Unpraktisches debitiert und ziemlich schlecht geschrieben ist. Herr Danjou ist einer der besten Orgelspieler Frankreichs; schade, daß er sich mit diesem Ruhme nicht begnügt hat.

Fünfzehntes Kapitel

25. September 1851

Unfern vom Peyrou, in einer Vertiefung, liegt der Botanische Garten, der zwar nicht sehr ausgedehnt, doch sehr reich an den seltensten Pflanzen aller Zonen ist. Besonders schön sind die Bäume, die in seinem Schoße gedeihen; man sieht herrliche Exemplare. Doch ist der Botanische Garten von Montpellier nicht eine Ahnung von dem, was er sein könnte, da Lage und Klima ihn geeignet machen, alle derartigen Institute Europas weit zu übertreffen. Daß er nicht ist, was er sein könnte, daran ist nun wieder die unglückselige französische Zentralisation schuld, deren traurige und auszehrende Wirkungen man immer und überall, in jedem Winkel des Landes, spürt. Was kümmern sich die französischen Zentralisatoren darum, daß der Pariser Jardin des Plantes nicht halb so begünstigt und von Natur geeignet ist, das Ideal eines solchen Institutes darzustellen – er liegt eben bei Paris, darum müssen Sorgfalt, Mühe, Geld an ihn verschwendet werden, während man die Botanischen Gärten der Provinz vernachlässigt oder eingehen läßt. Der Botanische Garten von Montpellier könnte eine der schönsten Zierden, einer der Haupthebel der Kunst und Wissenschaft werden – aber warum gehört er einer Provinzstadt, wenn auch der ältesten und berühmtesten Medizinischen Schule Frankreichs an? – da muß er sich denn mit einigen tausend Francs begnügen, welche die Zentralisation die Güte hat zu seinem Unterhalt auszusetzen. Ohne die gütige Sonne des Südens wäre er mit diesem elenden Almosen vielleicht längst eingegangen. Herr Martins, ein strebsamer, geistreicher junger Gelehrter, der vor kurzem zum Direktor des Gartens ernannt worden ist, wird wohl das seinige tun, die Ehre des uralten Instituts, trotz der Ungunst der Verhältnisse, aufrechtzuerhalten, vielleicht zu erhöhen. Ein Mann, der von Goetheschem Geiste so erfüllt ist wie Herr Martins, kann da nicht müßig bleiben, wo die Natur hilfreiche Hand leistet, und muß das Überkommene, allen Hindernissen zum Trotz, zu erweitern und zu einem Ziele zu führen versucht sein.

Eine historische Merkwürdigkeit in diesem Botanischen Garten stellt ein einfaches gewölbtes Gemäuer dar, das, von alten Bäumen düster beschattet, in der Erde steckt und das mit schaurigem Tone dem Wanderer ein „Siste viator!" entgegenruft. Es ist das Grabmal Narcissas, der Tochter Youngs, des Dichters der „Nachtgedanken". Young kam mit seinem kranken Liebling nach Montpellier, um in der linden Luft des Südens für die hinschwindenden Lungen Heilung zu suchen. Umsonst. Narcissa starb, und da sie als Ketzerin in jener Zeit zu Montpellier kein ehrliches Begräbnis finden konnte, trug sie der Dichter bei Nacht und Nebel in seinen Armen auf den neutralen Boden der Naturwissenschaft, die ebensowenig von Katholizismus weiß wie von Anglikanismus, um sie da zu verscharren und mit ihren Atomen Rose und

Lotos zu nähren. Die Inschrift auf ihrem Grabe, „Placandis Narcissae Manibus“, rührt von Talma her. Als dieser Künstler nach Montpellier kam, war es protestantischen Gräbern bereits gegönnt, ein Epitaph zu tragen, und Talma, gerührt von der Geschichte, dem Tod und dem Begräbnis Narcissas, erfand, vor ihrem Grabe stehend, das Epitaph und ließ es hinsetzen. Soweit die Sage, die den Fremden interessiert. Aber glaubwürdige Leute versicherten mich, daß Narcissa nie und nimmer hier im Botanischen Garten geruht habe. Young trug die traurige Last weit hinaus und vergrub sie auf irgendeinem Ackerfelde. Die Tradition von dieser Begebenheit hatte sich erhalten, und zu Anfang dieses Jahrhunderts hat sie ein Direktor des Botanischen Gartens dazu benutzt, um dem schlechtbesoldeten Wächter desselben, der viele Kinder hatte, ein gutes Einkommen zu verschaffen. Er ließ das unbedeutende Gemäuer aufführen, taufte es Narcissas Grab und sagte zum Wächter: „Nun ziehe den reisenden Engländern soviel Schillinge als möglich aus der Tasche“, was denn die Wächter des Botanischen Gartens bis auf den heutigen Tag gewissenhaft befolgt haben sollen und wohl noch lange befolgen werden. Wenn ich ihren Einkünften durch diese Enthüllung schade, tut es mir herzlich leid. Aber Wahrheit vor allem oder jedenfalls die Skepsis. Hat man doch die Authentizität heiligerer Gräber und historischerer Personen angezweifelt.

Zweckmäßig nahe dem Botanischen Garten liegt die Medizinische Schule, jenes Institut, welches der Stadt durch Jahrhunderte über die Erde tönenden Ruhm gegeben und ihr den Namen des französischen

Salerno verschafft hat. Sie wurde bereits im elften Jahrhundert von den Schülern des Arabers Ebn-Sayn, auch Avicennus genannt, gestiftet, welche im zwölften Jahrhundert die Jünger des Averroës von Córdoba zu Nachfolgern hatten. Zu einer eigentlichen Universität erhoben und mit den Fakultäten des Rechts, der Theologie und der schönen Künste verbunden wurde sie erst im dreizehnten Jahrhundert. In dieser Epoche erhielt sie auch ihre ersten Regeln und Gesetze, die vom Heiligen Stuhle ausgingen und vom Kardinal Konrad diktiert wurden. Ungefähr gleichzeitig mit Montpellier erhielten die Städte Toulouse, Aix, Bordeaux, Valence, Cahors, Poitiers und Bourges Hohe Schulen, und allen diesen Stiftungen lagen dieselben Motive zugrunde, und alle gingen sie von der Kirche aus. Nicht daß sie Werk- und Übungsstätten des Geistes hätte gründen, Forschen und Wissen hätte begünstigen wollen. – Solches von ihr voraussetzen hieße ihr schwer unrecht tun und ihr ganzes Wesen verkennen. Im Gegenteil sollten die Universitäten Festungen werden, in denen der Geist eingesperrt, in denen er mit Leichtigkeit überwacht werden sollte. Die Universitäten gehören mit zu den sinnreichsten Erfindungen der Geistlichkeit. Der Geist, welcher in Gestalt von unzähligen Troubadours, frei, ungebunden, den ganzen Süden durchzog, von Lorbeerbüschen beschattet ein süßes Kindlein mit der Poesie des Ketzertums erzeugt hat und dieses Kind der Liebe mit seinen verführerischen Augen in Hütten und Schlösser einführte – dieser gefährliche, antipapistische, kecke Geist mußte in Ketten und Schnürstiefel gesteckt und von tonsurierten Mönchen bewacht werden, wenn er, nach dem Falle von Toulouse, nicht noch einmal furchtbar drohend, allen Montforts zum Trotz, erstehen sollte. Da nun die Ketzerei im Blute erstickt und mit ihr die Troubadourpoesie gestorben war, mußte man alles Denken und Fühlen des phantasievollen, leichtbeweglichen Südländers in einzelne Reservoirs leiten, die leicht zu bewachen waren, und solche Reservoirs waren die neuen Universitäten. Die Theologie spielte natürlich die erste Geige; die Gründung wurde durch päpstliche Bullen geheiligt; die Majorität der Professoren trug die Tonsur; die Bischöfe waren die Aufseher und Richter; die Legaten gaben die Gesetze. So überwucherte das kanonische Recht das weltliche; so wurde die Philosophie zur Kasuistik und Scholastik, und so durfte die widerspenstigste Schutzbefohlene der Kirche, die Naturwissenschaft, mit offenen Augen nicht sehen, mit offenen Ohren nicht hören. Gewisse Freiheiten, die man der Universität dem Bürger gegenüber einräumte und die, wie zum Beispiel in Toulouse, zu Mord und Totschlag führten, ließen die Sklaverei der Kirche gegenüber vergessen.

Aber trotz der durchdachten Anlage des Planes, trotz der Übergewalt und Vormundschaft der Kirche ließ sich die allmächtige Naturwissenschaft, ließ sich der einmal befreite Geist, die Lust an Forschen und Denken nicht ganz unterdrücken. Die Autorität des Älteren bezwang in Montpellier die auferlegte Herrschaft der Kirche, und die Naturwissenschaft trieb im vierzehnten Jahrhundert neue Blüten und erwarb der Stadt jenen großen Ruhm, den sie durch die folgenden Jahrhunderte zu bewahren wußte und der die bedeutendsten Geister aus Nähe und Ferne anzog. Blaise Armengaud übertrug schon gegen Ende des dreizehnten Jahrhunderts die Errungenschaften der forschenden Araber auf christlichen Boden und übersetzte den Avicennus aus dem Arabischen ins Lateinische. Bernard von Gordon erwarb durch sein „Lilium medicinae" großen Ruhm; ebenso Guido von Chauliac durch sein „Inventorium seu collectorium in parte chirurgicali seu medicinae"; Raimund Godfridi, der Freund Bacons, galt für den ersten Naturforscher seiner Zeit. Arnold von Villeneuvesous-Vence ist einer jener wandernden Lehrer, die im Mittelalter von Schule zu Schule zogen und den Samen der Wissenschaft ausstreuten. Er lehrte zu Montpellier, Paris, Rom, Córdoba. – Diese und noch viele andere Meister, deren Namen Mary-Lafon in seiner trefflichen „Geschichte des südlichen Frankreichs" aufführt, taten in Montpellier das ihrige, um die Naturwissenschaft großzuziehen, ihr durch das Mittelalter hindurch das Leben zu fristen, bis sie, am sechzehnten Jahrhundert angelangt, mit dem wiedergeborenen Griechentum vereinigt, die Welt vom Alp befreite, der seit der Völkerwanderung auf ihr gelastet hatte.

Nicht viel besser erging es der Kirche mit ihrer zweiten Ziehtochter, der Jurisprudenz. Die Medizin, wie sehr sie auch im geheimen und unbewußt die Dogmen unterwühlte, konnte doch lange als ein Ausfluß der göttlichen Gewalt, „quia Altissimus creavit de terra medicinam", dargestellt werden, und sie ließ sich diese Darstellung gefallen. Die Jurisprudenz schloß sich ihrer Natur nach bald an die weltliche Gewalt an, und überall, wo das Imperium mit der

Ecclesia in Streit geriet, stellte sie sich auf seiten des ersteren. Justinian und die Institutiones galten ihr mehr als die Kirchenväter und Konzilienbeschlüsse, und so sehen wir sie in Montpellier schon zu Anfang des vierzehnten Jahrhunderts in Gestalt des berühmten Nogaret, des Ohrfeigenausteilers, als Bundesgenossin Philipps des Schönen, id est der widerstrebenden Weltlichkeit, auftreten. Noch herrschte der aufrührerische Geist Nogarets in Montpellier, als daselbst Francesco Petrarca ankam, nachdem er schon in Italien Retorica, Dialettica und Grammatica studiert hatte, denn es war in „quell' eta comun giudizio che lo studio delle leggi fossemezzo efficacissimo per conseguire fortune ed onori. Per la qual cosa a Monpellieri il se fe tosto condurre.“ Jung, wie er war, leicht entzündlich und treu aushaltend, sog er bald die verderblichen Lehren der Verräter ein, die sich die Kirche erzogen hatte; wurde zum Politiker, lernte den Unterschied zwischen Recht und Dogma, Himmel und Erde kennen, und der Freund der Päpste und Kardinäle, der Dichter, der seine Lorbeerkrone dem heiligen Petrus anbot, wurde der Advokat des römischen Volkes; freute sich im Grunde über den Aufstand Cola Rienzis, forderte die Lützelburger auf, das Imperium wiederherzustellen – wurde, mit einem Worte, ein Ghibelline. Derart mißratene Söhne hat sich die so kluge Kirche in den von ihr erfundenen Zwingburgen des Geistes, von Prag bis Montpellier und weiter, lange vor dem ganz und gar durchgeketzerten sechzehnten Jahrhundert gezogen. Welch ein Trost!

Solche Gestalten, Bilder und Gedanken durchziehen den Kopf, wenn man sich in dem alten bischöflichen Gebäude, dem Sitze der Schule, ergeht und die unzähligen Porträts alter Lehrer und Zierden der Wissenschaft betrachtet, die alle Wände der weiten und vielen Säle bedecken. Auch etwas patriotischen Stolz fühlt man, wenn man im Hauptsaale die germanischen Namen Haller, Wolff, Zimmermann etc. entdeckt. Aber recht wohl und glücklich und heiter wird einem erst zumute, wenn man dort jenem Montpellierenser Professor namens Alcofribas Nasier, auch Meister Spötter oder Rabbi Lez, auch François Rabelais genannt, in die Augen sieht. Man hat einen jener französischen Geister vor sich, der neben den Besten, Freiesten aller Nationen genannt werden kann. Rabelais! Wie ein Janus steht er zwischen zwei Zeiten, aber nach beiden Seiten hin blickt er mit weißen Zähnen lächelnd; rückwärts auf den sterbenden, ungeschlachten Gargantua, vorwärts nach Pantagruel, dem Menschheitsbeglücker, dem guten Manne, der alle Dürstenden zum labenden Kelche des Lebens, des Wissens und Genießens ladet. Sieht man es ihm nicht an, daß *der* frühzeitig von Mönchen verfolgt werden mußte? – daß er lachend aus dem Kerker trat? lachend ein Leben lang zwischen Scheiterhaufen, die ihn rings umdrohten, hindurchschlüpfte? Daß er lachend half, heilte und erhabenste Wahrheiten aussprach? Daß er endlich lachend starb und lachend am Ende rief: „Tirez le rideau, la farce est jouée!"? Das ganze Leben Rabelais', der ganze Rabelais selbst ist nichts als ein einziges großes Lachen, ein freudiges Lachen, ein prophetisches Lachen, welches das ganze sechzehnte Jahrhundert durchtönt; ein Lachen aus Freude über den Untergang der Nacht, über den lieblich aufgehenden Tag, über die neuentdeckte Welt im Westen; über das neugeborne Griechentum und seine Zwillingsschwester, die Schönheit; über die Kunst und die Naturkenntnis, die sich vereint erheben, das alte Dunkel aufzuklären; über den großen, herrlichen Kampf, den die Reformatoren in allen Ländern kämpften. „Le rire est le propre de l'homme!" sagte er am Krankenbette im Hospital und am Krankenbette der Menschheit. Man kann den Vorsteher des Hospitals von Lyon nur schwer von jenem Rabelais trennen, der in seinen Büchern der ganzen Menschheit angehört. Was er in jener Eigenschaft sagt, gilt auch vom Dichter des Pantagruel, vom Erfinder des Pantagruelismus: „Minois du médecin chagrin, tétrique, rébarbatif, catonian, mal-plaisant, malcontent, sévère, rechigné contriste le malade; et du médecin la face joyeuse, sereine, gracieuse, ouverte, plaisante réjouit le malade. Cela est tout éprouvé et tout certain."

Hat er sich nicht selbst gemalt, wie er dort von der Wand herab, wie er überall aus seinem Buche, aus seinen tollen und doch so bedeutungsvollen Geschichten hervorblickt? Rabelais, der mit Lachen heilende Arzt, ist der Humorist par excellence. Hoch oben schwebt er über dem gewaltigen Schlachtfeld, welches man das sechzehnte Jahrhundert nennt, und wie eine Sonne lächelt er herab auf die Kämpfenden. Da unten kämpfen Vergangenheit und Gegenwart, Kirche und Tempel, Dogma und Wahrheit, Zerrbild und Schönheit; da unten kämpfen oder rüsten sich Clemens, Karl V., Franz I., Heinrich VIII., Luther, Hutten, Reuchlin, die Mediceer Masaccio, Leonardo, die Flüchtlinge aus Hellas; Raffael ersteht, Michelangelo erhebt seinen Hammer, Cervantes und Shakespeare liegen in der Wiege, und Gutenberg hat schon alle Waffen geschmiedet, und der unendliche Ozean ist kein Geheimnis mehr, und die Erde *bewegt sich doch,* und die kirchlichen Schöpfungstage sind Lügen gestraft. Rabelais sieht, weiß, ahnt das alles. Kennt er nicht die Griechen so gut wie sein Freund Budé? Ist er nicht Arzt, der die Geheimnisse der Pflanzen und Tiere erforscht hat? Hat er auf den Türmen von Lyon nicht den Gang der Gestirne belauscht? Hat er nicht mit Lust in den Werkstätten seines Freundes Dolet den Preßbengel knarren gehört und ihm gerne als niederer Korrektor gedient? Ist er nicht ein Freund aller Reformatoren? Wie sollten ihm Augen und Ohren fehlen für alles, was neu auftaucht, geboren wird und der Welt eine neue, schöne Zeit verspricht? Wie sollte er nicht aus ganzem vollem Herzen lachen und wieder lachen und noch lachen? Rabelais ist die vollendete und vollkommenste Personifizierung des schönsten Teiles seiner Zeit – kein Bruchstückmensch, sondern einer jener Punkte in der Weltgeschichte, in welcher alle schönsten Strahlen einer ganzen großen Epoche zusammenlaufen und sich zu einem Fokus sammeln, der dann weiter leuchtet durch Jahrhunderte. Wenn alles zugrunde ginge, was von den Taten und dem Streben des sechzehnten Jahrhunderts, vielleicht des größten der neuen Ära, zeugt, und nur Rabelais übrigbliebe: aus seinen Späßen könnte man sich das Verlorene rekonstruieren. Und das stellt ihn uns größer dar als den größeren Künstler Cervantes, seinen jüngeren Bruder, der mit ihm so viel Ähnlichkeit hat. Vergessen wir es nicht, daß schon Rabelais mit seiner Chronik von Gargantua denselben Zweck vor Augen hatte wie Cervantes mit seinem „Ingenioso Hidalgo Don Quijote“. Auch Rabelais zog mit seiner Chronik gegen den unter Franz I., dem „ritterlichen König“, neuerwachten Rittertumsunsinn und damit zugleich gegen das Gespenstische, nicht mehr Lebenswürdige, gegen das Alte zu Felde, indem er es verlachte. Später freilich gab er seiner Idee eine größere Ausdehnung und fügte an die alte, tote die neue, lebensfreudige Welt des Pantagruelismus – ein rückwärts- und vorwärtsgekehrter Prophet, ein Totengräber und Schöpfer.

Wir müssen sie lieben, diese Montpellierenser Hochschule, weil sie ihn als Schüler und Lehrer gesehen, weil sie schnell seinen ganzen Wert zu würdigen verstanden und noch heute sein Angedenken mit Frömmigkeit bewahrt. Es war ein großer Tag für sie, da der alte Student François Rabelais, vom Durst nach Wissen getrieben, seinen Einzug hielt in Montpellier. Die Menge drängte sich eben in den großen Universitätssaal, um einer öffentlichen Disputation beizuwohnen. Rabelais, noch in Reisekleidern, folgt ihr und steht bescheiden im Gedränge der Laien und horcht aufmerksam den weisen Worten der gelehrten Doktoren. Nach und nach aber wird ihm sonderbar und weh zumute, denn er merkt, daß er über den Gegenstand, der eben disputiert wird, über medizinische Botanik, Besseres und Wahreres zu sagen wüßte als die gelehrten Doktoren in ihren breiten Roben. Allein als Laie und bloßer Zuhörer im Gedränge des profanen Vulgus, als bloßer, wenn auch vierzigjähriger Schüler, ohne Bakkalaureats- oder Doktortitel, ist es ihm nicht erlaubt, auch nur ein Wörtchen seiner Weisheit vorzubringen oder sich als Disputator zu melden. Es drückt ihn, es quält ihn. Er beginnt die furchtbarsten Grimassen zu schneiden, er zuckt die Achseln, er schüttelt den Kopf, er fletscht die Zähne, er schlägt die Brust, er hält sich den Leib, denn die falschen Thesen und Hypothesen scheinen ihm Bauchgrimmen zu verursachen. Aller Blicke richten sich nach dem sonderbaren Klerikus, der keinen falschen Satz, kein falsches Zitat, keinen grammatikalischen Schnitzer vertragen kann. Endlich bemerkt ihn auch der Präses, und wie er ihm ins Gesicht sieht, vergißt er die akademische Regel und ladet den Laien ein, doch vorzutreten und sich zu erleichtern. Rabelais tritt vor. Sogleich verändert sich sein ganzes Wesen. Ein hoher Ernst leuchtet von seiner Stirne; sein Auge glänzt; seine edle Haltung gebietet allen, die ihn mit Lächeln haben in die Schranken treten sehen, plötzlich Achtung und Aufmerksamkeit. Mit anmutiger Würde entschuldigt er zuerst seine Kühnheit, daß er, ein einfacher Schüler, es wage, an so gelehrten Disputationen teilzunehmen; dann stürzt er mit eins mitten in die Fragen und löst eine nach der andern auf das siegreichste. Ungeheurer Applaus bricht aus, die Fakultät ist entzückt und läßt ihm diese Disputationen als Bakkalaureatsexamen gelten; Volk und Schüler führen ihn im Triumph nach seiner Herberge. Vier Wochen verfließen, und schon steht der Schüler als Lehrer auf der Kanzel und erklärt die Aphorismen des Hippokrates und erläutert die „Ars parva“ des Galenus, die er, mit dem griechischen Manuskript in der

Hand, von den zahlreichen Verstößen der Übersetzer befreit und in ursprünglicher Reinheit herstellt. Bald gehören ihm die ganze Universität und die Herzen aller Schüler, die er mit Heiterkeit beherrschte. Der Herr Professor, der die „Ars parva" des Galenus dozierte und unter allen Professoren das größte Auditorium hatte, verschmähte es nicht, Komödien zu machen und in ihnen, trotz der Tonsur, die er aus dem Kloster mitgebracht, selbst zu spielen. Seine „Moralische Komödie von dem Manne, der ein stummes Weib geheiratet hatte", in welcher er sich über die Ärzte lustig macht und die von Molière in seinem „Médecin malgré lui" nachgeahmt worden ist, rührt aus der ersten Zeit, da sich der arme Mönch, der halb und halb aus der Kutte gesprungen, mit aller Lebenslust ins Studententum geworfen. Er spielte mit Studenten, von denen mehrere berühmt geworden sind, zum Beispiel Wilhelm Rondelet, der im „Pantagruel" vorkömmt und der der Naturwissenschaft große Dienste geleistet, und Antonius Saporata, der später eines der Lichter der Fakultät geworden. Es muß ein schönes Leben gewesen sein auf dieser Universität, da sie so klug war, auf Rabelaisschen Humor einzugehen, und gelehrte Leute sich nicht scheuten, in einer Komödie aufzutreten, in welcher die Unzulänglichkeit oder die Scharlatansseite ihrer Wissenschaft durchgehechelt wurde. Ob das jemals auf einer deutschen Universität möglich gewesen ist möglich sein wird? Was Montpellier betrifft, so hat Rabelais durch seinen Humor dort nicht an Achtung verloren, im Gegenteil scheint sein Ansehen sehr schnell gewachsen zu sein. Dafür spricht wenigstens der Umstand, daß er schon im ersten Jahre seines Aufenthalts von der Universität mit einer für diese wichtigen Mission nach Paris betraut wurde. Duprat, der Kanzler Franz' I., wahrscheinlich von der Pariser Universität gegen die von Mons puellarum aufgereizt, wollte der letzteren gegen alles Recht einen großen Teil ihres Eigentums und ihrer Einkünfte konfiszieren. Diese Kalamität zunichte zu machen, wurde der Bakkalaureus Franciscus Rabelaesus an den Kanzler abgeordnet. Der Weg von Montpellier nach Paris war bald zurückgelegt; schwerer war es, vom Haustor des Kanzlers in sein Gemach vorzudringen. Es war dem Abgeordneten der Alma mater von Montpellier nicht möglich, eine Audienz beim Kanzler zu erlangen. Sein Humor half ihm auch da aus der Verlegenheit.

Plötzlich erscheint er aufs tollste aufgeputzt vor dem Palast Duprats. Er trägt einen weiten grünen Kaftan, eine hohe armenische Mütze, herabfallende Strümpfe, ein ungeheures Tintenfaß im Gürtel, eine noch ungeheuerlichere Brille auf der Nase, mit einem Worte, er sieht so aus, wie er später einmal seinen liebenswürdigen Panurg auftreten läßt. Bald sammelt sich eine ungeheuere Menschenmenge um den tollen Armenier, der sie mit den komischesten Witzen unterhält. Endlich erscheint auch der Kanzler am Fenster, und wie er den Zusammenlauf und die tolle Erscheinung inmitten der Menge bemerkt, schickt er einen Pagen ab, daß er sich nach den näheren Umständen erkundige. Rabelais antwortet diesem auf die Frage, wer er sei: „Ich bin der große Kalbschlächter." Das scheint dem Kanzler höchst sonderbar, und er schickt den Pagen mit neuen Fragen ab. Diesmal antwortet

Rabelais lateinisch. Der Page holt einen aufwartenden Edelmann, der Lateinisch versteht. Der Edelmann kommt, Rabelais antwortet griechisch. Man holt einen Griechen, Rabelais antwortet spanisch. Man läßt schnell einen Edelmann kommen, der spanisch versteht, diesmal bedient sich Rabelais der englischen Sprache, und dann spricht er deutsch, dann italienisch, dann endlich hebräisch, vor jedem Dolmetsch in einer Sprache, die einen anderen notwendig macht. Der Kanzler ist erstaunt, und da er gerne für einen Freund gelehrter Leute gilt, läßt er Rabelais zu sich heraufkommen. Der Zweck des Gesandten von Montpellier und seines Spaßes ist erreicht; diesmal spricht er französisch, und er spricht es mit so viel Geist, mit so viel Anmut, daß der Kanzler Duprat alles bewilligt, was er von ihm verlangt. Siegreich kehrt er nach Montpellier zurück.

Aber man würde nicht fertig, wenn man auf die ganze Odyssee des Rabelaisschen Lebens und seiner Einzelheiten eingehen wollte, von dem Momente an, da er die Trinkstube seines Vaters verläßt oder mit bewaffneter Hand aus dem Klosterkerker befreit wird, bis er auf seinem Totenbette zu Meudon den letzten Witz macht. „Glaubst du", fragt ihn der Geistliche, der ihn für den Himmel ausrüstet und ihm die Oblate vorhält, „glaubst du, daß hier Jesus Christus in Person gegenwärtig ist?" – „Wie sollte ich nicht?" antwortete der lustige Curé von Meudon, „wähne ich ihn doch zu sehen, wie er in Jerusalem einzieht, von einem Esel getragen!" Eine der schönsten Episoden dieses langen, reichen und bewegten Lebens ist wohl die Reise, die Rabelais mit seinen liebsten Schülern und Freunden auf kleinem Kahne von Montpellier nach den Hyerischen Inseln macht und der er im späten Alter noch mit besonderer Lust gedenkt. Das wäre ein Stoff, würdig, von einem Dichter gestaltet zu werden.

Aber die Kerze ist herabgebrannt, die Bäume des Peyrou beginnen im Morgenwinde zu flüstern, für mich eine Mahnung, daß ich mich nicht tiefer auf Rabelais einlassen darf – fürwahr, ich wüßte nicht, wo zu enden. Nichts mehr von den Hoffnungen, die Calvin auf Rabelais gebaut und die der trockene Inquisitor aufgegeben, da er in das lachende Gesicht gesehen, das nicht zusammenpaßte mit dem Scheiterhaufen, auf dem Servetus verbrannte; nichts mehr von Rabelais' Reisen nach Rom und seinen Gesandtschaften; nichts von seinen Unterhandlungen mit Päpsten und Königen und nichts von seiner Wiedererweckung des alten, klassischen Garums, das die Epikureer Roms entzückt hat und neuerdings von Clemens Marot in Versen gefeiert wurde wie ehemals von Horaz und Martial, und nichts von seinem Verdienst, den römischen Salat nach Frankreich gebracht zu haben. Aber von der Robe de Rabelais müssen wir sprechen, da wir in Montpellier sind. Die Robe, die er trug, da er als Gesandter der Fakultät nach Paris ging, wurde durch Jahrhunderte als eine kostbare Reliquie aufbewahrt. Die Bakkalaurei trugen sie bei ihrem fünften Examen. Unglücklicherweise nahm jeder ein Stück davon mit sich als Erinnerung an Rabelais und an die Schule, deren Zierde er gewesen. So wurde sie zerfetzt wie eine alte Fahne und schrumpfte mit der Zeit zu einer kurzen Jacke zusammen, so daß man schon mehrmal gezwungen war, sie zu erneuern. Aber die Benennung „Robe de Rabelais“ und der alte Brauch sind geblieben. Sie ist von rotem Tuche und hat breite Ärmel und einen Samtkragen. Möge sie noch lange ein Wahrzeichen dieser alten Schule und mitten in einem verpfafften Lande die Erinnerung an einen freien, lebensfreudigen Menschen bleiben. Solche Angedenken haben immer ihr Gutes; solche Reliquienverehrung bildet ein treffliches Gegengewicht der andern gegenüber. Der Kultus des Genius, der allein, sei ewig und unangefochten. Oh, wenn man uns unsere Gläubigkeit nur erleichtern und uns erlauben wollte, dort, wo man uns Heilige vorsetzt, Geniusse der Menschheit zu verehren, wie glücklich und wie einig wären wir oft.

Montpellier, den 26. September 1851

Doch nur der Lebende hat recht! So wollen wir dieses Kapitel über die Universität von Montpellier nicht schließen, ohne vom lebenden Tage gesprochen zu haben. Daß das Institut infolge der französischen Zentralisation herabgesunken ist von seiner einstigen Höhe, haben wir schon angedeutet. Doch ist noch manches da, was uns interessieren kann. Der Montpellierenser Professor Saint-René Taillandier, der sich ein Recht erworben hat, in deutscher Literatur ein Wort mitzusprechen, ist uns bekannt. Ich habe ihn erst in seinen Vorlesungen, dann in seinem häuslichen Leben kennengelernt, und ich kann Deutschland die Versicherung geben, daß er nicht, wie Gutzkow einmal behauptete, eine Heinesche Fiktion sei, sondern daß er wirklich und wahrhaftig existiere. Taillandier ist kein Mythus, kein Symbol, keine Heinesche Dichtung, sondern ein leibhaftiger Professor, und zwar ein eleganter, gelehrter, deutsch sprechender Professor, der suo motu in der „Revue des deux mondes" sein Votum über die deutsche Literatur abgibt. Ich habe ihn zuerst in einem Hörsaale der Akademie kennengelernt, wo er vor einem aus Damenhüten, légion d'honneur, Studenten und Blusen zusammengesetzten Publikum über französisch-klassische Literatur las. Sein Vortrag zeichnet sich durch große Klarheit und minutiöse Kenntnis seines Gegenstandes wie durch Eleganz und feinen Stil aus und ist ferne von aller falschen Deklamation und jenem Scharlatanismus, der in Frankreich oft aus dem Hörsaal ein Theater macht. Trotzdem gehört sein Kursus zu den beliebtesten und besuchtesten und zieht er die Zuhörer aller Klassen an. Da ich ihn ein zweites Mal hörte, las er über neue Literatur und speziell über Béranger. Sein Gegenstand gab ihm Gelegenheit zu trefflichen Bemerkungen über politische Poesie und zu Vergleichungen französischer politischer Dichter mit deutschen. Es machte mir einen eigentümlichen und süßen Eindruck, am Ufer des Mittelländischen Meeres, in der Nähe der fabelhaften Insel Maguelone, von Uhland, Lenau, Anastasius Grün sprechen und mit Liebe und Anerkennung sprechen zu hören. Gibt es in Deutschland bereits eine Lehrkanzel, der diese Namen Lebender klassisch genug erscheinen, um sie vor einem Auditorium erschallen zu lassen? Ich suchte Taillandiers Bekanntschaft, und sie wurde mir leicht gemacht. Er hatte mich schon zu sehr gelobt und zu sehr getadelt, als daß ich ihm hätte ganz fremd sein können, und da ich in seinen Tadel mit ganzem Herzen einstimmte, war die Befangenheit, die gebildeter und wohlwollender Menschen in einem solchen Falle nicht würdig ist, bald dahin. Außerdem ist Taillandiers Haus allen Deutschen immer gastlich offen, und so befand ich mich bald wohl und heimisch, wo ich mit Liebe von deutschem Geiste und seinen Schöpfungen in deutschen Worten sprechen hörte, wo ich deutsche Bücher fand und vor allem eine liebenswürdige Hausfrau und wo, wenn ich später daselbst herbergte, Veits Germania über meinem Bette hing. Taillandiers Häuslichkeit gehört zu den schönsten und glücklichsten, die mir auf meinen vielfachen Wanderungen begegnet sind, und zu denjenigen, über die der Wanderer, der an ihrem Herde ausruht, aus vollem Herzen den Segen „langer Dauer“ ausspricht. Ein bequemes, angeerbtes Vermögen, ein fortlaufendes gutes Einkommen, eine geachtete Stellung, Lust am Wissen, ein Haus und ein Garten, eine Bibliothek und Arbeitsstube, in welche Rosenlorbeer, Granatbaum und Nachtigallen Duft, Blüte und Lieder streuen, eine Frau, die zu den Schönheiten des Landes gezählt wird und trotzdem doch nur ihrem Hause angehört, Kinder, die dieser Mutter würdig sind – braucht es mehr? – Glück und behagliches Schaffen sind kein Verdienst unter solchen Umständen, und ich will Taillandier darum nicht rühmen.

Einen Teil dieses Sommers hindurch arbeitete Taillandier an einem Artikel über Jeremias Gotthelf, und ich hatte Gelegenheit zu beobachten, mit welcher Gewissenhaftigkeit er auf seinen Gegenstand einzugehen sucht und wie fern er allen germanischen Einflüsterungen stehe – ein Umstand, der von vielen seiner Getadelten geleugnet wird. Da ich mit zu diesen letzteren, wenigstens teilweise zu ihnen, gehöre, so wird mein Zeugnis soviel Gültigkeit haben als der andern Vermutung. Es ist außerordentlich, welche Mühe sich dieser französische Professor gibt, sich über den Gegenstand, den er kritisiert, soviel als nur möglich zu unterrichten. So hat sich bei ihm neben der allgemeinen Kenntnis der deutschen Sprache und Literatur, die er sich in Heidelberg und Straßburg erworben, noch ein großer Schatz von Detailkenntnissen gesammelt, der ihn befähigt, auf Spezialitäten einzugehen und jede neue Erscheinung schnell – nach seiner Art – zu verstehen. Ich sage nach seiner Art – denn Taillandier ist immer Franzose und steht seinem ganzen Wesen nach deutscher Philosophie und deutscher Kritik ebenso ferne als dem radikalen Streben, das heutigentages das innerste Leben unseres Vaterlandes bewegt. Er ist ein Gelehrter und Literator, steht aber, wie der größte Teil seiner französischen Kollegen, außer der Zeit und stemmt sich gegen diese, die sich nicht aufhalten läßt. Daher jener Artikel, wie der über die deutsche Nationalversammlung, und seine Vorliebe für die leblose deutsche konstitutionelle Partei. Aber was ihn zum schlechten Politiker macht, kommt ihm oft bei der Kritik zustatten. Im Grunde ein absoluter Ästhetiker und ursprünglich ein Poet (Taillandier hat in seiner Jugend ein großes lyrisches Gedicht, „Beatrice", geschrieben) und Freund vieler Poeten, vergißt er alle Politik, wo ihm das Schöne entgegentritt; dann lobt er den Radikalen wie den verspäteten Romantiker. In diesem Augenblicke geht er mit dem Gedanken um, eine Geschichte der deutschen Literatur zu schreiben; es wäre dies das erste Werk dieser Art in Frankreich und würde bei der erwachten Sympathie für überrheinische Literatur großen Anklang finden. Doch wartet er mit der Ausführung seines Planes, bis ihn seine Karriere nach Paris führt, wo er den Quellen näher sein wird. Dieser Zeitpunkt kann nicht mehr lange auf sich warten lassen. Frankreich hat wenige Gelehrte, die mit einer ausländischen, besonders germanischen, Literatur so vertraut sind, und schon sehe ich Saint-René Taillandier als Professor am Collège de France oder der Sorbonne und endlich in der Akademie.

Aber von der Universität und ihren Professoren sprechend, darf ich einer Promotion nicht vergessen, der ich beigewohnt habe. Ein guter Mann aus Béziers, der zu weiterem Avancement den Doktortitel nötig hatte, saß auf der Bank vor den vier Professoren, die in weite, seidene Talare gehüllt waren. Er saß da wie auf der Armensünderbank. Die Thesen, die er sich gestellt hatte, waren aus der Philosophie Petri, des Kanzlers Friedrichs II. von Hohenstaufen, genommen. Eine jüngere Philosophie, so scheint es, braucht ein Kandidat im südlichen Frankreich nicht zu kennen. Aber auch mit dieser war der Mann auf der Armensünderbank nicht sehr vertraut. Das schadete ihm nicht, da die Professoren oder Examinatoren diese Gelegenheit nur benutzen wollten, um ihre eigene Gelehrsamkeit glänzen zu lassen, und keineswegs die Absicht hatten, dem Kandidaten, der Vater von fünf Kindern war und eine ehrwürdige Glatze leuchten ließ, zu schaden. Abbé F., einer der geistvollsten Professoren der Montpellierenser Fakultät, nahm die Partei des Papstes Innozenz und des Papsttums überhaupt und zog so gewaltig gegen den Friedrich von Hohenstaufen los, daß meinem deutschen Gemüte bange und ich für den liebenswürdigen Heiden Friedrich gezittert hätte – wenn die ganze Geschichte nicht eben einer Posse ähnlich gewesen wäre. Der Kandidat wagte auch nichts gegen den Papst vorzubringen und ließ sich ruhig belehren. So lief das Ganze höchst gemütlich ab, und der Familienvater entfernte sich als Doktor en lettres. Petrus von Vinea wurde seinen Marmots erbarmungslos geopfert.

Sechzehntes Kapitel

Montpellier, den 29. September 1851

Die katholisch-religiösen Zustände des Landes lassen von selbst auf die politischen, auf die Gesinnung der Majorität schließen. Das Land der Pénitents blancs, bleus etc., das Land der unzähligen „Brüder" und „Schwestern" kann nicht anders als legitimistisch sein. Das Priestertum muß notwendigerweise am Gottesgnadentum hängen, und das Priestertum verteilt auf Dorf- und Stadtkanzeln und in den Beichtstühlen die politische Parole. Freilich meist nur an die Weiber, aber die Weiber erziehen die Kinder und bestimmen die Atmosphäre des ganzen Hauses. Die Legitimität ist eine dem heißen Süden bequeme Religion, da sie am wenigsten Bewegung verlangt und sie der heidnischen Phantasie, die lieber an einem äußeren Symbol als an einer abstrakten Idee hängt, angemessener ist. Sie ist nicht die Folge oder das Kind des Nachdenkens, sondern im Gegenteil ein Mittel, dem Nachdenken aus dem Wege zu gehen. Damit ist noch nicht gesagt, daß Louis Napoleon, wenn er den Staatsstreich, an dessen Realisierung wir nicht zweifeln, glücklich übersteht, in diesem Lande großen Widerstand erfährt. Man wird auch ihn als eine von Gott eingesetzte Obrigkeit „akzeptieren" – hier wie vielleicht überall in Frankreich, wo das fait accompli allmächtig ist. Nirgend wie in Frankreich ist der Satz wahr, daß jeder Ausgang ein Gottesurteil ist. Kömmt noch hinzu, daß Louis Napoleon, der Konsul, Präsident oder Kaiser, sich mit der Geistlichkeit verbindet, so ist er seines Sieges im Süden fast gewiß – benutzt er aber erst mit einiger Geschicklichkeit den Vorteil, den ihm die vorhergehenden Regierungen durch Vernachlässigung der materiellen Zustände im Süden in die Hände gegeben, verschafft er dem Lande, das in seinem Reichtum erstickt und vergebens nach Geld schmachtet, Mittel und Absatzwege, um seine Produkte, besonders die köstlichen Weine, an den Mann zu bringen, schafft er eine Art Frytrade nach außen durch Handelstraktate oder auch nur nach innen durch Abschaffung des Octrois in den Städten, dann kann Louis Napoleon überzeugt sein, daß dasselbe Land, welches unter Umständen eine Vendée werden könnte, in Hymnen und Lobgesänge zu Ehren des neuen Erlösers ausbrechen werde. – Wenn er diese Mittel vernachlässigt, kann es hier im Falle eines coup d'etat allerdings zu allerlei, vielleicht sehr blutigen Reibungen kommen – wenigstens zu Anfang des neuen Regimes. Die Zahl der eigentlichen Anhänger des Napoleonismus ist sehr gering, während es neben den Legitimisten eine starke und tätige republikanische Minorität gibt. Sie besteht aus den Arbeitern und fast allen Protestanten der Städte und des offenen Landes. Besonders die aus den Gebirgen sind eifrige Republikaner, die sich immer mehr zu organisieren suchen. Der Prozeß gegen Herrn Gent in Nîmes wird nicht abschreckend genug wirken oder zur Folge haben, daß sich die Republikaner im entscheidenden

Momente ganz still verhalten. In der protestantischen Partei gibt es wieder eine kleine orléanistische Sekte. Es sind das die Reichen der Städte, spekulative Protestanten, denen der Bankschwindel unter Louis-Philippe wohlgetan hat und die nicht vergessen können, daß ein Minister, Guizot, trotz aller Bündnisse mit den Jesuiten, einer der ihren, ein Kalvinist, gewesen. Eine komische Eitelkeit, die in der Leidensgeschichte der Protestanten ihre Erklärung findet. Außerdem sind diese Reichen der Natur der Sache nach reaktionär und konservativ, und da es ihnen Religion und Erinnerungen verbieten, sich an die Legitimisten anzuschließen, klammern sie sich an die Nachkommen Louis-Philippes, von dem sie wissen, daß er trotz Frères Ignorantins und Sonderbund viel mehr ein Voltairianer als Bossuetist gewesen. Ihre Zahl ist klein, und es komme, was da mag, sie werden nur die Rolle der Zuschauer spielen und, wenn Louis Napoleon den Weinen ihrer großen Pflanzungen einen guten Abzugskanal verschafft, bald mit zu den Satisfaits, den vollkommen Befriedigten, gehören. Das Produkt aller dieser Faktoren wird trotz der innewohnenden Feindseligkeit, wie gesagt, einige Reibungen etwa ausgenommen, endliche allgemeine Befriedigung und Annahme dessen sein, was Paris angenommen hat. Das allmächtige fait accompli, das Pariser, wird endlich siegreich über all diesen Parteien, über Legitimisten, Republikanern, über Orléanisten, über Protestanten und Katholiken, vielleicht in Gestalt eines imperialen Adlers mit ausgebreiteten Fittichen, schweben und durch die Gassen Nîmes' und Montpelliers, personifiziert in zwei anhänglichen Präfekten mit dem roten Bande im Knopfloche, wandeln – und das so lange, bis etwas anderes kommt.

Indessen herrscht nicht eine einzige von allen diesen Parteien, sondern herrscht der Curé im Beichtstuhl und dehnt seine Macht in die verborgensten Winkel der Gläubigen aus. Mag Herr Ballan noch so viele Dekrete an Mairien und Straßenecken kleben lassen, trotz aller Sergeanten und Soldaten, die ihm zu Diensten stehn, seine Macht schrumpft zusammen vor der Gewalt des einzelnen Curés, des eigentlichen Autokraten in diesem Lande. Es gibt in diesem Zeitalter vielleicht nicht noch zwei Erdstriche in Europa, die so unbedingt der Gewalt der Pfaffen verfallen wären wie das südliche Frankreich. Der Fremde glaubt sich manchmal in das sechzehnte Jahrhundert und auf spanischen Boden versetzt. Überall begegnet man den Zeichen der Sklaverei, welche dem Volke von der Kirche aufgelegt werden. Wenige Frauen aus dem Volke und den höheren Ständen gibt es, die nicht ein Kreuzchen, einen Rosenkranz, ein Halsband trügen, als Zeichen, daß sie dieser oder jener Schwesternschaft angehören, die von irgendeinem Geistlichen unbeschränkt regiert wird. Prozessionen und Begräbnisse verraten, daß auch ein großer Teil der männlichen Bevölkerung kirchlicher Disziplin verfallen ist; denn da sieht man sie in großer Anzahl als weiße, blaue, schwarze und noch andersfarbige Büßende auftreten. Selbst junge Männer von Stande tun sich unter geistlicher

---

Der Aquädukt Pont du Gard

Leitung, nachdem sie als Bacheliers die Kollegien verlassen, zu Brüderschaften zusammen und gehorchen der kirchlichen Parole. Bei der weiblichen Jugend sorgt man dafür, daß sie sich zu den frommen Verbindungen schlagen, noch ehe sie das Kloster verlassen. Und mitten durch diese Bevölkerung wandeln mit leisem Schritte, still triumphierend, die zahllosen Priester und Nonnen aller Gattungen.

Man täte dem Charakter und dem Geiste des französischen Südländers unrecht, wenn man nur in ihnen die Gründe dieser Zustände, die über Provence und Languedoc ausgebreitet sind, suchen wollte. Diese Zustände beruhen auch auf historischer Grundlage. Die Nachbarschaft Avignons, der Hof des päpstlichen Legaten daselbst, der erst vor sechzig Jahren abgezogen ist, haben das ihrige getan, um den mittelalterlichen Geist so tief einzupflanzen, daß er dem Sturme der Französischen Revolution standhielt und mancher Revolution standhalten wird. Es existiert eine im Jahre 1790 vom Abbé Gabriel Brizard herausgegebene Broschüre, welche über die Wirksamkeit jenes Hofes ausführliche Aufschlüsse gibt und aus der man erkennt, daß noch Geschlechter ins Grab sinken müssen, ehe die Spuren jener Wirksamkeit ganz verwischt werden. Chamfort, der dieses Buch von seinem siebzehnhundertneunziger Standpunkte aus betrachtet, sagt bei dieser Gelegenheit: „In dieser Atmosphäre des Fanatismus erhitzten sich alle Köpfe des südlichen Frankreichs. Wenn Provence, Languedoc,

---

Montpellier

Dauphiné, selbst Lyon die Greuel der Ligue ärger verspürt haben, so tragen die Nachbarschaft des Legaten und des Hofes von Avignon die Schuld. Avignon war das Zentrum der Kabalen, das Arsenal, wo man die Waffen und die Ketten für die Dauphiné, für das Lyonais, für die Provence und Languedoc schmiedete; Avignon war das ‚entrepôt' der Indulgenzen und der inzendiarischen Breves. Dort haben Karl IX. und Heinrich III. die lächerlichen Prozessionen, die Brüderschaften der Büßenden, die indezenten Maskeraden, die sie an ihren Hof verpflanzten, lieben gelernt. Der Art ist der Ursprung der frommen Possen, die in den südlichen Provinzen einen in den andern Teilen des Reiches fast erloschenen Fanatismus bis auf unsere Tage erhalten haben, dessen letzte Funken noch alle diejenigen beunruhigten, die, schmerzlich getroffen von den aus dem Aberglauben geborenen Übeln, diesen für ‚nicht genug tot' hielten. Abbé Brizard bemerkt, daß die französischen Könige ihren Untertanen viel Unglück, sich selbst vielleicht manche Unruhe erspart haben würden, wenn sie Avignon und dessen Territorium in ihren Besitz gebracht hätten, was sie konnten usw."

Was Chamfort und Brizard von der Einwirkung der päpstlichen Legaten auf den Geist der südlichen Provinzen sagen, wird durch heutige Zustände, wenn diese auch nicht mehr so sehr erschreckend auftreten, noch immer bestätigt – aber Chamfort und Brizard helfen uns die südlichen Provinzen entschuldigen. Das verdammende Urteil, das sich uns auf die Lippen drängt, halten wir zurück mit Rücksicht auf die mildernden Umstände, welche das Zeugnis der Geschichte darbringt, und wir sprechen die im Grunde guten Provenzalen frei von all den Verbrechen gegen den Heiligen Geist, die sie nur verblendet begangen haben und noch begehen, da wir nun wissen, wo der eigentliche Übeltäter zu suchen ist.

Ästhetische Verehrer „der sinnlichen Religion" pflegen als letztes Argument zu ihrer Verteidigung die Produktivität an Kunstwerken anzuführen. Diese erwarten gewiß, in Montpellier große Kunstschätze zu entdecken; sie täuschen sich. Eine einzige Kirche von Bedeutung besitzt die Stadt, und diese ist ein Ideal des Ungeschmacks. Ihre Wände sowie die der andern Kirchen sind von einer Heiligenmalerei der allertrivialsten Sorte bedeckt und bleiben hinter den Kirchen von Nîmes und Tarascon weit zurück. Überhaupt treibt die Kunst, auch die profane, in Montpellier gar keine oder nur spärliche Blüten. In diesem Augenblicke befindet sich hier ein junger, talentvoller Maler namens Cabanel, Montpellierenser von Abstammung. Er kehrt soeben von Rom zurück, wohin er von der Regierung, mit einem Preise gekrönt, geschickt wurde und wo er ein großes, mit manchen Fehlern behaftetes, doch vielversprechendes Bild vollendet hat. Er malt mit großer Geschicklichkeit die guten Bürger und Bürgerinnen von Montpellier, um sich für Paris auszurüsten, wo er hoffentlich eine glückliche Karriere machen wird. Herrn Laurens, den Sekretär der Medizinischen Fakultät, habe ich schon in meinem Briefe über das Deutschtum in Languedoc erwähnt. Das Atelier dieses für alle Kunst empfänglichen Mannes ist ein reiches und interessantes Museum, das der Fremde nicht vernachlässigen soll. Vor kurzem besuchte ihn der Düsseldorfer Meister Schirmer, dem er in Aufsuchung der Schönheiten Languedocs hilfreich zur Seite stand.

Aber einen großen Schatz besitzt die sonst unkünstlerische Stadt an ihrer Bildergalerie. Diese ist ihres ersten Gründers sowohl als ihrer Geschichte vollkommen würdig. Ursprünglich gehörte sie dem italienischen Tragiker Alfieri, welcher sie zum Teile geerbt, zum Teile selber gesammelt hatte. Er vermachte sie als Liebesangedenken der bekannten Gräfin Albani, dem letzten Sprößling der Stuart, und diese wieder überließ sie, aus einem freudigen und reichen Leben scheidend, ihrem letzten Freunde, dem Maler Fabre, der aus Montpellier stammte. Es ist das derselbe Fabre, den Paul-Louis Courier in seinem Aufsatze „Une conversation dans la villa Albani" so geistreich sprechend und als Hauptperson anführt. Er starb erst im Jahre 1836, und da er keine Kinder hinterließ, setzte er seine Vaterstadt Montpellier als Erbin seiner Kunstschätze ein. Montpellier gab der Gemäldesammlung aus Dankbarkeit für den Erblasser den Namen „Musée Fabre". Das Musée Fabre gehört zu den bedeutendsten Kunstsammlungen der französischen Provinzen, da es nicht durch Almosen der Regierung, sondern durch den Kunstsinn bedeutender und künstlerischer Menschen gegründet und erweitert worden ist.

Als Perle dieser Sammlung bezeichnen wir eine „Heilige Familie" von Paul Veronese. Das Bild zeichnet sich durch alle glänzenden, hellstrahlenden Eigenschaften dieses frischen, fröhlichen und farbenreichen Meisters aus. „Es ist", sagte ein bedeutender französischer Maler, der einmal an meiner Seite das Museum durchschritt, „es ist wie auf Diamant mit diamantnen Farben gemalt.“ In der Tat bricht ein Strom von Licht und Glanz aus demselben hervor, als wäre es eine große Anzahl aneinandergereihter funkelnder Diamanten. Diesem zunächst steht ein kleines, höchst einfaches Porträt, das man gewöhnlich Raffael selbst zuschreibt. Mein Begleiter, der Maler und Kunstkenner, meinte, es sei höchstens aus der Schule Raffaels, und zwar müsse es von einem deutschen Schüler Raffaels gemalt sein, denn es besitzt neben all diesen Eigenschaften, die uns glauben machen, daß es vom Meister selbst herrühre, jene Einfachheit und Naivität, die im Atelier Raffaels nur ein aus dem Norden herstammender Jünger bewahren konnte. Es war ein Franzose, der so sprach; aber ein Franzose, der die Kunstschätze Italiens, Frankreichs und Deutschlands gleichmäßig studiert hatte, und ich gebe sein Urteil, das mir wohltat, gerne wieder. – Ein Porträt Tizians, wahrscheinlich von einem liebenden Schüler gemalt, gehört zu jener Gattung historischer Porträts, die im engen Rahmen eines menschlichen Gesichtes eine ganze Zeit und den Geist eines ganzen Volkes widerspiegeln. Dasselbe läßt sich von einem Porträt Franz des Ersten sagen, das von Raffael herrühren soll. Ich weiß mich aber nicht zu erinnern, daß irgendwo in Kunst- oder profaner Geschichte zu lesen sei: „Raffael Sanzio von Urbino hat dem König Franz dem Ersten von Frankreich die Ehre angetan, ihn zu malen.“ Hat doch die Geschichte nicht vergessen, es gewissenhaft aufzuzeichnen, daß Tizian diese Ehre dem König Franz und dem Kaiser Karl angetan. Auch Ribera, der Düstere, der lyrisch-epische Dichter Ruysdael, Teniers, Ostade, Paul Potter sind würdig vertreten. Natürlich fehlt es in einer französischen Galerie auch nicht an einem Proudhon, aus dem die Franzosen gerne mehr machen möchten, als er ist, und am wenigsten an einem Poussin, den sie gerne als ebenbürtig in die Gesellschaft der Raffaele, Leonardos und Tizians schmuggeln möchten. Der größte Teil der andern Bilder gehörte nach der Bezeichnung meines Begleiters in die Gattung der Blagues, und sie legen sich Namen von Malern bei, die sie nie mit einem Pinsel berührt haben.

In einem der Nebensäle findet man eine neuangekaufte Marmorstatue von Pradier, irgendeine fabelhafte Prinzessin, die durch ihr langes Haar berühmt ist, vielleicht die Prinzessin Rapunzel, darstellend. Auch hier begegnet dem guten Pradier, was ihm bei den meisten seiner Werke begegnet: er verdirbt sich das Bestangelegte durch irgendeinen Anhang von Ungeschmack, der die einzelnen Schönheiten seines Werkes vergessen macht. Die Prinzessin ist eine ganz nette, graziöse Person, aber die ungeheure Masse marmorner Haare erdrückt die Arme unter ihrem Gewicht, und man bedauert, daß der Marmorblock, der ihr unförmlich vom Hinterkopfe herabhängt, nicht zweckmäßiger zu irgendeinem kleinen Herkules verwendet worden ist. Auch vor dieser Statue fiel mir ein, was ich schon oft von Pradierschen Bilderwerken denken mußte: ob er nicht besser getan hätte, ein Maler zu werden. Wenigstens passiert es ihm oft, daß er in Stein haut, was sich auf der Leinwand gut ausnehmen würde, in der Skulptur aber an den um Hals gehängten Mühlstein erinnert. Auch glauben wir, daß die Werke dieses, obwohl nicht talentlosen Künstlers ins Meer der Zeiten und in Vergessenheit sinken werden. Unsichtbarer Flügel bedarf jedwedes Kunstwerk, wenn es sich über dem „Abgrund, der ewig offen", halten soll; und diese Flügel heißen: Schönheit und Anmut.

30. September 1851

Heute am letzten Septembertage, leuchtete und glühte die Sonne so gewaltig, wie sie es bei uns in Deutschland oder auch in Paris nicht in den Hundstagen zu tun pflegt. Auf den heißen Tag folgte ein lauer, überaus milder, blauer, wohltuender Abend. Solche täuschende Meteorologie mag der Stadt Montpellier noch mehr als ihre Medizinische Schule ihre große Berühmtheit bei allen Brustkranken verschafft haben, die seit Jahrhunderten hier zusammenströmten und noch zusammenströmen, um Heilung zu suchen für ihr zehrendes Leid. Es ist eine Täuschung wie eine andere Täuschung; die sanitäre Berühmtheit Montpelliers eine Berühmtheit wie manche andere, die auf schwachen Füßen steht. Die milden Tage, Abende und Nächte, deren wir uns hier allerdings sehr oft erfreuen, werden weit aufgewogen von den verschiedenartigsten Winden, die, Staub aufregend, die Gassen Montpelliers durchfegen und an kranken Lungen viel schneller zehren als mancher verschriene Nordwind. Montpellier besitzt nicht weniger als vierzehn verschiedenartige Winde, die es oft viele Tage nacheinander in schneller Abwechslung von den entgegengesetzten Seiten bestürmen; bald wütend und mit lautem Lärm, bald perfid schleichend und leise am Lebensmark der armen Kranken nagend. Nach eingezogenen Erkundigungen und nach Erfahrungen, die ich bei verschiedenen Kranken selbst gemacht habe, halte ich es für Pflicht, das Klima Montpelliers seiner falschen und betrügerischen Berühmtheit zu entkleiden. Vielleicht war es anders in jener Zeit, als die Cevennen, noch von Wäldern bedeckt, die rauhen Gäste des Nordens und die treulosen des Westens abhielten. Doch ist der rauhe Gast aus dem Norden, der Framontana, nicht so gefährlich wie der Mistral, der aus der Provence oder der Cers, der aus dem Département de l'Aude herüberweht. Die schrecklichsten Gäste aber sind die über das Mittelländische Meer aus Afrika kommenden Lüfte, wahrscheinlich Anverwandte des Schirokko. Pflanzen und Tiere brechen unter ihrem Hauche zusammen; wohin sie blasen, da wird alles schlaff, müde und zu Tode betrübt. Wenn diesen schaurigen Gästen der aus Nordwest stammende Magistral, der frische, aufheiternde Genosse, oder, über das sanft gekräuselte Meer schreitend, der glutenlindernde Garbin folgt – dann ist es für arme Kranke gewöhnlich schon zu spät. Der frische Magistral, der sanfte Garbin können mit dem besten Willen nicht wieder gutmachen, was die andern Brüder schon verdorben haben.

Vor kurzem erst hat es ein Berliner Gelehrter, der hilfesuchend hierhergekommen war, zu spät erfahren müssen, daß Montpellier seinen guten Ruf nicht verdiene. Wahrscheinlich ist auch der gute Peter Fries, den sie vor einigen Wochen begraben, den Einwirkungen dieses Klimas erlegen. Den andern deutschen

Flüchtlingen – dieses bei Gelegenheit zur Beruhigung ihrer Freunde in Deutschland – geht es wohl. Mehre haben die in München oder Heidelberg durch die Vorgänge von 1849 unterbrochenen medizinischen Studien an der hiesigen Hochschule wieder aufgenommen und werden bald neben den polnischen und deutschen Verbannten aus den dreißiger Jahren in Städten und Flecken des südlichen Frankreichs wohltätig als Ärzte wirken. Man ist hier daran gewöhnt, daß ein mit fremdem Akzent sprechender Arzt ans Krankenbett tritt; in unzähligen Orten des südlichen Frankreichs haben sich Polen und Deutsche angesiedelt, nachdem sie, plötzlich aus ihren Verhältnissen herausgerissen, die Gelegenheit in Montpellier benutzend, für empfangene Wunden in der Naturwissenschaft Heilung gesucht und sie für sich und andere gefunden haben. Jetzt gehören sie überall, wo sie sitzen, zu den angesehensten und beliebtesten Bürgern.

Auf andere Weise hat vor zwei Monaten ein deutscher Flüchtling sein Glück und seinen Herd gegründet. Halb traurig, weil er verbannt, halb lustig, weil er doch jung, ganz geldlos, weil er beides, kam der Heidelberger Studiosus H. direkt von Baden oder aus der Pfalz hierher nach dem Mons puellarum. Er hatte den großen Plan, durch Lektionen ganz Montpellier zu germanisieren, weil dieses aber doch nur langsam vonstatten ging, suchte er eine vergessene Kunst hervor und ging mit dieser nach Brot. Mit geborgten Crayons zeichnete er auf geborgtes Papier zahlende Gesichter. Und dieweil er so wirkte und strebte, warf eine reiche, schöne, unter ihm wohnende

Bürgerstochter ein liebendes Auge auf ihn. Die lang wehenden Heidelberger Kometenhaare, die blauen Augen, die teutonische Eichengestalt mögen ihr gewaltig imponiert haben, wie dergleichen schon vor zweitausend Jahren zwischen Weibern romanischer Rasse und Jünglingen germanischen Blutes vorgekommen. Dem germanischen Jünglinge leuchtet diese Liebe eines holdseligen Geschöpfes ein.

Aber wird er auch willkommen scheinen,
Wenn er teuer nicht die Gunst erkauft?
Er ist noch ein Heide mit den Seinen,
Und sie sind schon Christen und getauft.

Oder mit andern Worten: der deutsche Jüngling ist ein rotglänzender Republikaner, das Mädchen und ihre ganze Familie sind schneeweiße Legitimisten. Aber eine einzige Tochter gibt man selbst einem verbannten Republikaner, und das Drama endet heiter. Die Hochzeitsgäste sind pure Legitimisten; damit er sich aber nicht zu einsam fühle und weil zufällig im Momente keine deutschen Flüchtlinge anwesend sind, ladet sich der Bräutigam zu den Freunden der Braut noch die ganze Redaktion des scharlachroten „Suffrage universel“ an Anverwandten Statt. Trotzdem verfließt die Hochzeit auf die allerfriedlichste und heiterste Weise, und des süßen Weines strömt, als wäre das Krüglein von Kana zugegen.

Aus dieser ganzen Geschichte wurde eine feine Idylle gemacht und diese säuberlich in Verse gebracht; zum mindesten verdient der Gesang den Lorbeer, der den Braten umschlang.

Siebenzehntes Kapitel

Montpellier, im Oktober 1851

Ich komme aus Cette zurück. Die Stadt sah traurig aus, wie sie, in Regen und in Nebel, die aus Étang de Thau aufstiegen, und in die Dünste des Mittelländischen Meeres eingehüllt, stumm und verlassen dalag. Selbst das Meer, das ich im Mai von der Höhe des Kastells aus nach jahrelanger Trennung lächelnd und südlich blau wiedergesehen, blickte heute hyperboreisch und unheimlich. Aber da ich der guten Stadt Cette nicht unrecht tun will und dieweil man die Dinge immer in ihren schönen Momenten darstellen soll, zieh ich es vor, von jenem ersten Maibesuche zu sprechen.

Es war ein lachender Maitag, da ich in den Wagen stieg, um Cette zum ersten Male zu besuchen. Die Waggons waren angefüllt von reichen Montpellierensern, die hinausfuhren, um Wohnung für die Seebadezeit zu bestellen, und von Kaufherrn, die in der Hafenstadt ihre Weine an Spiritusfabrikanten verkaufen wollten. Mich führte das Glück mit einem Legitimisten zusammen, der, als er erfuhr, daß ich aus Österreich stamme, mich per se für einen Reaktionär nahm und zum Vertrauten seiner legitimistischen Hoffnungen machte.

„Welch ein herrliches Land, dieses Österreich“,

sagte er, „so ohne alle Veränderungen, immer gleichmäßig fortlebend im Schutze seines Kaiserhauses. Ich kann Ihnen die Achtung, die mir dieses Land und diese Regierung einflößen, gar nicht beschreiben. Und welche schöne Einigkeit zwischen dieser Regierung und der russischen herrscht! Das arme Frankreich steht seit Jahren isoliert da und ist nicht imstande, sich einen solchen Bundesgenossen zu verschaffen. Natürlich, welcher weise Monarch kann sich mit einem Volke einlassen, das so sehr vom Freiheitsschwindel eingenommen ist. – Da Sie aus Österreich kommen, kennen Sie vielleicht unseren König, Heinrich den Fünften?"

„Natürlich! Ich habe ihn schon in meiner frühesten Jugend sehr oft in Prag gesehen, und zwar wie er mit seinen Hofmeistern ganz populär aufs Eis ging und mitten unter den Studenten und Schülern Schlittschuh lief."

„Der gute Prinz! gewiß hat man ihn in Prag sehr geliebt; Ihr Kaiserhaus ausgenommen, versteht es kein regierendes Geschlecht so gut wie die Bourbonen, sich beliebt zu machen. Ich versichere Sie, sie sind in Frankreich so beliebt und so populär als nur – ich wüßte nicht, wen zu nennen."

„Zum Beispiel Béranger", fügte ich hinzu.

„Sie scherzen und machen sich mit Recht über die Franzosen lustig, die ihre Verehrung an den ersten besten hängen wie zum Beispiel an einen liederlichen Dichter. Aber glauben Sie mir, daß, wenn die Bourbonen zurückkämen, sich alle diese Sympathien, die man an solches Volk verschwendet, um sie konzentrieren würden. Meinen Sie nicht, daß jetzt, da die

Ruhe in Europa wiederhergestellt ist, die konservativen Mächte, und Österreich vor allen, daran denken, Heinrich den Fünften auf den Thron seiner Väter zurückzuführen?"

„Ich muß Sie dagegen fragen, ob Sie glauben, daß eine Regierung Bestand hätte, welche dem Lande von Fremden aufgedrungen würde. Die Erfahrung scheint dagegen zu sprechen. Auch scheint Frankreich heute noch darüber verdrießlich zu sein, daß dieses nur einmal möglich war."

„Sie irren sich, Frankreich war den vereinigten Mächten überaus dankbar und würde es wieder sein, wenn diese den weisen Gedanken hätten, die Ordnung herzustellen und uns unsere Könige wiederzugeben. Das sind leere Phrasen, denen Sie nicht glauben müssen. Den Fremden, der uns unsere Könige wiedergibt, betrachten wir mit Recht als unseren Wohltäter, und die dagegen sprechen, sind nicht die Freunde Frankreichs, sondern verfluchte Revolutionäre."

„Ich meine, daß die Mächte nicht genug aufopfernd sein werden, Heinrich des Fünften wegen ihre Armeen marschieren zu lassen, und daß sie sich damit begnügen werden, wenn Louis Napoleon die Monarchie wiederherstellt."

„Hätte er es nur schon getan und der Republik ein Ende gemacht; ich versichere Sie, ganz Frankreich wünscht nichts sehnlicher. Man würde ihn segnen dafür, denn dann wäre doch Hoffnung, daß Handel und Industrie wieder aufblühen."

Ich begnügte mich mit der Erfahrung, wieder einen Legitimisten gefunden zu haben, der sich um die Schmach seines Landes nur sehr wenig kümmert, der für Heinrich den Fünften schwärmt und doch wieder schnell bereit Louis Napoleon akzeptiert, pourvu, daß dieser nur Handel und Industrie wieder in Blüte bringt. Zum hundertsten Male habe ich nun diese Erfahrung in den verschiedensten Teilen Frankreichs gemacht, und ich besinne mich nicht, sie als bezeichnend für das Gros der heutigen Legitimisten hinzustellen. Ein Legitimist ist kein Patriot, ein Patriot ist kein Legitimist. Die Industrie steht höher als das göttliche Recht, und mit Hülfe der einen kann Louis Napoleon das andere besiegen. Unwillkürlich mußte ich bei diesem Gespräche mich eines Momentes erinnern, den ich in früher Jugend erlebt habe. Es war an einem bitterkalten Wintertage; ich, ein kleiner Junge, lief eben mit meinen Büchern unter dem Arm aus dem Gymnasium. Halbe Dunkelheit lag schon auf dem alten Prag, die Fensterscheiben waren von Eisblumen bedeckt, der Reif blieb in den Haaren hängen, alles lief, um so schnell als möglich an den warmen Ofen zu kommen, da kam in der Nähe des alten Pulverturms, dem Graben zu, eine gewaltige, hochbepackte schwarze Karosse angerasselt. Die Postillione mit ihren großen Stiefeln spornten die Pferde, welche Wolken von Dampf aushauchten und von weißem Froste bedeckt waren. Aus dem halbverfrornen Wagenfenster blickte ein altes, verfallenes Gesicht in die traurigen Gassen. Unheimlich rollte der Wagen den Graben hinab dem Hradschine zu. Einige verspätete Mittagsgäste, die in der Gaststube „Zum schwarzen Rosse" behaglich ihre Zigarre rauchten, zuckten, da die Karosse vorüberfuhr, mitleidig die Achseln, und da ich sie fragte, wem die große Nase,

Montferrier

Château d'Orgon

die dicke Lippe und das graue Haar da drinn' im Wagen angehöre, antworteten sie: dem französischen König, Karl dem Zehnten.

An diesen königlichen Einzug mußte ich denken, als sich der sogenannte Legitimist expektoriert hatte. Eben wollte ich ihm erzählen, daß ich auch Karl den Zehnten gesehen habe, als wir auf der Station Mireval hielten, und mein Legitimist verwandelte sich aus einem Politiker in einen gefälligen Cicerone. „Das ist Mireval", sagte er, „dort drüben liegt mein Landhaus; solange ich da wohne, lese ich keine Zeitung; von jenem Berge gegenüber hat Cäsar das Tal zum ersten Male erblickt und sagte zu seinem Adjutanten: ‚Bewundere dieses Tal', und daher der Name dieses Fleckens: Mirare vallem."

Es ist doch sonderbar, wie man überall, wohin dieser Mann seinen Fuß setzte, das Angedenken an seinen Namen in hundert Traditionen bewahrt hat, wie man überall Ursprung und Abstammung gerne an ihn knüpft. In den verschiedensten Teilen Galliens und in Belgien, selbst in England, wo er sich doch nur einen Moment aufgehalten, habe ich diese Erfahrung gemacht. Belgien hat nur drei populäre Sagenhelden, und unter diesen ist Julius Cäsar der populärste, um wieviel näher ihm auch die andern zweie, Karl der Fünfte und Maria Theresia, durch Zeit und Wirken stehen. Es ist nicht zu zweifeln, daß Cäsar wirklich in diesen Gegenden war, dieses Tal aber taufte er vielleicht, als er hierher kam, um die griechischen Städte, die Kolonien Massilias, zu unterwerfen und so ihre Mutterstadt, die es mit dem Senate hielt, zu strafen. Bezeichnend für den gebildeten Tyrannen ist es, daß er dieser Stadt die Macht, die ihm hätte schaden können, raubte, daß er ihr aber, aus Achtung für ihre Abstammung und ihre hohe griechische Bildung, Verfassung und Unabhängigkeit ließ. Überall in diesem Lande wird man an Julius Cäsar, an die Römer, mehr aber noch an die Griechen erinnert. Der Boden, über den ich jetzt fahre, war vielleicht einmal griechischer Boden – ja war es gewiß, denn nach Osten und Westen, nach Osten bis gegen das heutige Genua, nach Westen bis tief hinein nach Spanien, den ganzen nördlichen Küstenbogen des Mittelländischen Meeres entlang, erstreckten sich die Kolonien und Städte der Phoker. Mehr als fünfundzwanzig größere Städte sollen, von ihnen gegründet, hier geblüht haben. Wie weit sich das massilische Griechentum ins Innere des Landes erstreckte, ist schwer zu ermitteln, da sich hier die Grenzen im Dunkel der gallischen Wälder verlieren. Nur in der Provence kann man mit einiger Bestimmtheit seine nördliche Grenze angeben. St-Remy, das alte Glanum, war gewiß eine griechische Stadt. Daß aber auch an diesen Küsten der griechische Einfluß und griechische Bildung bis tief in das Land hinein gewirkt haben, beweist der Umstand, daß viele keltische Völkerschaften, selbst im Zentrum Galliens, ihre barbarischen Gottheiten mit den schönen hellenischen vertauscht haben; daß sie griechische Zahlen angenommen und ihren Münzen ein griechisches Gepräge gegeben haben. Es ist kein Wunder, daß der griechische Baum so reiche Zweige trieb und so breiten Schatten warf, war doch seine Wurzel eine feste, mächtige, die fortwährend aus ihrer Muttererde nur Nahrung sog. Es ist wahrhaft rührend, mit welcher

Liebe die Griechen der gallischen Küsten an ihrer Mutter hingen, mit welcher liebenden Sorgfalt und Ängstlichkeit sie alles taten, um in ihrer ursprünglichen Heimat nicht vergessen zu werden und um sie selbst nicht zu vergessen. Diese Liebe zur Mutter hat sie – wie das wohl jedem geht – vor vielem Bösen bewahrt. Die Gesandtschaften nach Griechenland zu pythischen und olympischen Spielen scheinen sehr häufig, der Verkehr mit den ionischen und peloponnesischen Griechen sehr frequent gewesen zu sein. Die Gesandten brachten die schönsten Produkte des atheniensischen Geistes mit nach Hause, und man nahm sie mit Liebe auf. Was in Griechenland des Schönen gedacht, gesagt, gesungen, gemalt und gebildet worden, es fand an der gallischen Küste seinen Widerhall und Widerschein. Die alten Traditionen lebten hier sogar schöner fort als in den Stammsitzen; während in Athen und Griechenland überhaupt die Jugend sich nur noch mit Sophisterei und Rabulisterei abgab (siehe Aristophanes' „Fragmente"), sang und liebte man hier noch die göttlichen Gesänge Homers, die im Peloponnes und in Attika nur noch im Munde des Bauern lebten. Isoliert und von Barbaren umgeben, mußten die Städte treu zusammenhalten und wurden nicht durch innere, sozusagen Familienkriege demoralisiert wie die Republiken Griechenlands; und während in diesen all die Laster herrschen, die Aristophanes züchtigt, und persisches Geld die bürgerliche Pflichterfüllung belohnt, wirkt das Beispiel der massilischen Städte mildernd und wohltätig auf hundert rohe Völkerschaften; noch zweihundert Jahre später bilden sie die Halbbarbaren, die Römer, und flößen ihnen hohe Achtung ein, ja noch ein halbes Jahrtausend nach Aristophanes und seiner „Weibervolksversammlung" bezeichnet Tacitus die massilische Erziehung als die Hauptgrundlage jener Tugend, die er an Agricola rühmt. Freilich sehen wir sie schon kurze Zeit nach Tacitus dem Verderben anheimgefallen und ist der Name Massilier und verderbter Mensch synonym geworden; aber wir wollen die Massilier darum nicht anklagen. Ihre Verderbnis scheint uns das historisch-providentielle Verhängnis. Sie konnten und durften jener Fäulnis nicht widerstehen, welche die ganze Welt angefressen hatte und die bestimmt war, die in Nationalitäten, in Römertum und Barbarentum, geteilte Erde zu verzehren, um sie durch ein neues, kosmopolitisches Prinzip verjüngt auferstehen zu lassen.

Aber der griechische Geist war darum doch nicht verloren. Jene feinsinnliche, fast raffinierte, mit vollendeter Kunstform plötzlich mitten im Mittelalter hervorspringende Poesie, jene fertige und abgerundete Zivilisation, die plötzlich in diesen Gegenden mitten durch die dicken römischen und germanischen Schichten durchbricht – ist es nicht der hellenische Geist, der, metamorphosiert, aufersteht? Es war die *erste* Renaissance, und wie die zweite hat sie sich, freilich mit minderer Gewalt, in ganz Europa fühlbar gemacht. Jene Schloß- und Hofpoesie der Troubadoure, welche die Hohenstaufen im Arelat kennengelernt – doch das würde uns zu weit führen, und zu barock würde es dem Deutschen klingen, wenn ich seinen Walther von der Vogelweide mit den Griechen, mit den ionischen Griechen, in Verbindung bringen wollte; er würde es kindische Spiele der Phantasie nennen und wäre vielleicht beleidigt, wenn ich seinen germanischen Minnesängern einen Anhauch griechischen Zephyrs vindizierte. Ebenso barock käme es ihm vor, wenn ich, auf französischem Boden verweilend, die Verschiedenheit zwischen der warmen, blumigen Beredsamkeit der Girondisten und den kalten Syllogismen Robespierres und seiner Landsleute von Demosthenes und Aischines herleiten wollte; und doch – und doch – aber ich habe den Mut nicht, fortzufahren.

Bleiben wir in Mireval. Mitten unter den grauen Häusern des Fleckens, auf einem kleinen Hügel, erhebt sich ein breites, viereckiges, von abgestumpften uralten Türmen flankiertes Schloß. Dieses Schloß war der Schauplatz einer Geschichte, die würdig gewesen wäre, von der Königin von Navarra erzählt zu werden. Man weiß, daß der König von Aragonien, Peter II., die Tochter des letzten Grafen von Montpellier, Marie, geheiratet und sich so in den Besitz eines großen Teils des südlichen Frankreichs gesetzt. Die Heirat gefiel dem guten König vorzugsweise des reichen Heiratsgutes wegen, und er sah nicht allzu kritisch nach den Reizen der Braut. In Montpellier wurde die Hochzeit gefeiert; aber sie ging nicht weiter als über den priesterlichen Segen, denn als die Nacht herankam, weigerte sich der gute König, die Ehe zu „akkomplieren“. Ungeheuere Verlegenheit aller, tiefer Schmerz der Braut. Niemand weiß sich die Weigerung des guten, jungen, Verse machenden und immer galanten Königs zu erklären, denn häßlich war die Braut eben nicht. Sie war nicht häßlich – aber schöner, unendlich schöner war die junge, kokette Gräfin von Mireval, die der Hochzeit als Gast beiwohnte. Diese lächelt, sie scheint die Ursache der Weigerung zu kennen, und da sie der König mit aller Liebenswürdigkeit eines Troubadours umgibt, ist bald der ganze Hof in das Geheimnis eingeweiht. Und so zieht man die schöne Gräfin ins Interesse und gewinnt sie, daß sie mit Selbstaufopferung zur „Akkomplierung“ der Ehe verhelfe. Sie verdoppelt ihre Koketterie; der König, ein Spanier, glüht; er wirft sich ihr zu Füßen; er erreicht endlich seinen Zweck; die Gräfin von Mireval wird ihn in dieser Nacht in ihrem Schlosse zu Mireval heimlich empfangen. Die schöne Nacht naht heran. Ohne Panzer und Schienen besteigt der gute König sein Pferd und reitet und reitet – lieblich singt die Nachtigall in Languedocer Nächten – und reitet nach Mireval. Der gewisse Page oder die gewisse Kammerfrau empfängt ihn an dem gewissen Hinterpförtchen und führt ihn an der Hand durch Gärten, dunkle Gänge etc. in das Gemach. Es ist dunkel; die Keuschheit der Gräfin duldet keine Nachtlampe. Der gute König ist glücklich, sehr glücklich. Wie er sehr glücklich ist, gehen plötzlich alle Türen auf, und mit Fackeln und Lichtern stürzt der ganze Montpelliorenser und aragonische Hofschwarm herein und an ihrer Spitze die schöne, lachende Gräfin von Mireval. Der König ist erstaunt und sieht, was er getan. Aragon und Montpellier sind völkerrechtlich vereinigt, und die Hausmacht mehrt sich. Dem Könige aber geschah recht. Warum dachte er nicht an die Verse des Aristophanes, und warum sprach er sie vorsorglich nicht als Gebet aus:

Lichtauge du der lehmgebornen Lampe,
Beim Schwung des Rads, geformt von Töpferhand,
Strahlst aus den Schnäuzen Sonnenglanz du aus.
So leuchte mir!
Dir nur vertrauen wir, du bist uns nah
Im Kämmerchen, wenn mit gewandter Kunst
In Aphrodites Dienst wir uns bemühn.
Wer scheuchte den verschwiegnen Augenzeugen
Verliebter Kämpfe, dich, aus dem Gemach?
Du strahlst allein in tief geheime Buchten etc. etc.

Nach andern ereignete sich der nächtig schwarze Betrug erst drei Jahre nach der Hochzeit und haben nicht die Hofleute, sondern die zwölf Konsuln der Languedocer Städte die Nacht im Nebenzimmer, und zwar bei geweihten Kerzen und im Gebet, zugebracht und waren sie es, welche wieder mit den geweihten Kerzen den Irrtum des Königs aufhellten. Gewiß ist, daß der König Peter, noch mehr gereizt gegen die Königin, sich aufs neue ganz von ihr abwendete und die Königin einem einsamen Leben im Schlosse Mireval und die Lande Aragonien und Montpellier der Trauer über den Mangel an legitimen Erben überließ.

Da geschah es, daß der König eines Tages ganz vergnügt und aufgeregt sein Gestüte von Lattes verließ. Ein Edelmann aus seinem Gefolge namens Guilhem von Arcale hatte den guten Gedanken, also zum König zu sprechen: „Sennor, wir könnten wohl, anstatt uns jetzt auf die Jagd zu begeben, die Königin, unsere Herrin, im Schlosse Mireval besuchen; Eure Majestät könnte eine zweite Nacht mit ihr verbringen, und wir würden, wenn es Euch gefällig, mit der Kerze in der Hand wachen, und Gott in seiner Gnade würde Euch einen gesegneten Sohn bescheren.“ Der König, von diesen Worten gerührt, tat, wie der Edelmann anriet, und am andern Morgen nahm er ganz vergnügt die Königin auf die Kruppe seines Pferdes und ritt mit ihr nach Montpellier. Die guten Bürger der Stadt waren über das Glück ihrer Prinzessin so erfreut, daß sie große Feste feierten und bei dieser Gelegenheit einen Tanz erfanden, welcher, le chevalet genannt, noch heute in Montpellier üblich ist. Jene Nacht aber gab dem in der Geschichte unter dem Namen Jakob der Eroberer bekannten Könige das Leben. Trotzdem konnte der gute König Peter seinen Widerwillen gegen Marie von Montpellier nicht ganz besiegen und ließ sich nach der Sitte des dreizehnten Jahrhunderts ohne weiteres von ihr scheiden, um sich mit einer anderen Marie, Nichte Amauris, Königs von Jerusalem, zu vermählen. Marie von Montpellier ging nach Rom, um sich beim Papste zu beklagen und die Scheidung zu hintertreiben. Da starb sie, und zwar an Gift. Das Volk betrachtete sie als eine Heilige; und wenn jemals Leiden und Demütigung ein Recht auf diesen Titel haben, so hat ihn die gute Marie von Montpellier verdient; denn wie ihr mannbares Alter, so war schon ihre frühe Jugend eine Kette der bittersten Erfahrungen. Eine böse Stiefmutter, Agnes, verheiratete sie schon im elften Jahre an Barral, Vizegrafen von Marseille, und zwang sie, den Rechten auf Montpellier zugunsten ihrer, Agnes', Kinder zu entsagen. Zu fünfzehn Jahren Witwe, kehrt sie mit reicher Erbschaft in das väterliche Haus zurück. Die böse Stiefmutter nimmt ihr die Schätze ab und verheiratet sie aufs neue an den Grafen von Comminges, einen wahren Blaubart, der zur Zeit noch an zwei andere Frauen verheiratet war, was aber in jener Epoche nicht genierte und von der Kirche weiter nicht gerügt wurde, wenn man, wie der Graf von Comminges, zu den Verfolgern der Albigenser gehörte. Marie gebar ihm zwei Töchter, wurde aber so grausam von ihm behandelt, daß sie lieber zu ihrer Stiefmutter zurückkehrte; aber die Leiden, die sie hier erwarteten, waren so groß, daß sie jene im Hause des Grafen von Comminges vergaß und wieder zu ihm zurückging. Aber aufs neue fürchterlich geplagt, sah sie sich gezwungen, ein zweites Mal zu entfliehen. Zum Glück starb ihr Vater Wilhelm gerade in diesem Momente, und da seine Heirat mit Agnes, weil seine erste Frau noch am Leben war, vom Papste nicht anerkannt wurde, trat Marie von Montpellier in ihre Erbschaftsrechte und gewann sich dadurch jenes Glück an der Seite des Königs Peter von Aragonien, welches mit Gift und Heiligengeruch endete. Ein wahres mittelalterliches Weiberschicksal, das Schicksal der armen Marie von Montpellier.

Wir können nicht umhin, hier noch eine kurze Geschichte ihres Sohnes, Jakobs des Eroberers, zu geben, da sie eine würdige Fortsetzung der Geschichte seiner Eltern bildet. Wir kennen sie genau aus seinen eigenen Memoiren, die er in provenzalischer Sprache schrieb. Er galt für einen der frommsten Fürsten aller Zeiten, weil er über tausend Kirchen baute und bereicherte. Im Jahre 1229 verstieß er Eleonore von Kastilien, denn er besann sich fünf Jahre nach seiner Heirat, daß sie in einem gewissen Grade mit ihm verwandt war, und vermählte sich mit Jolanthe von

Ungarn. Diese neue Ehe erweckte die Wut und die Eifersucht einer seiner Mätressen, Therese Giles Vidaura, welcher er, wie er selbst gebeichtet, die Ehe versprochen hatte. Der Erzbischof von Girona, sein Beichtvater, unterstützte die Ansprüche Theresens und schrieb darüber einen Brief an den Papst Innozenz den Vierten, in welchem er als Zeuge für Therese auftrat. König Jakob lud ihn auf sein Zimmer ein und ließ ihm da, weil er das Beichtsiegel verletzt hatte, die Zunge ausschneiden. Der Papst bestrafte diese Verteidigung des Beichtgeheimnisses mit dem Bannfluch, der aber den König in seinem lustigen Leben nicht weiter störte. Nach dem Tode Jolanthes nahm er wieder Therese Giles Vidaura zu sich und gab sie für seine Frau aus; aber bald ihrer überdrüssig, bat er den Papst Clemens den Vierten brieflich um die Erlaubnis, diese Halbehe brechen und Berenguella, eine alte, aber nicht ganz verrostete Liebe, heiraten zu dürfen. Noch ein Jahr vor seinem Tode nahm er eine andere Dame, die er ihrem Manne entführt hatte, zu sich ins Haus, und da ihm der Papst, Gregor der Zehnte, darüber Vorwürfe machte, entschuldigte er sich mit der Schönheit dieser Frau und mit der Gefahr, die sie erwarte, wenn sie zu ihrem Manne zurückkehrte. Dem Papste schien diese Entschuldigung einleuchtend. Nicht so bald beruhigt über das Don-Juan-Leben ihres Königs waren die guten Bürger von Montpellier. Sie standen mehreremals auf und versuchten sich als Republik zu konstituieren. Das mißlang ihnen, denn nach dem Tode Jakobs sehen wir sie wieder der jüngeren Linie seines Hauses untertänig.

Unfehlbar wird man durch jeden Feudalbau auf

solche chronikalische Erinnerungen zurückgeführt. In der Tat, sie sind nicht geeignet, den Worten des Legitimisten, der zufällig an der Seite des Reisenden sitzt, Eingang zu verschaffen und seinen Bekehrungsversuchen wirksamen Vorschub zu leisten.

Gleich hinter Mireval verwandelt sich das Land in jenen Amphibienboden, der ganz Niederlanguedoc vom Fuße des Cevennischen Mittelgebirges an bis ans Meer, von den Mündungen des Rhone bis gegen Agde hin charakterisiert. Was nicht Sumpf ist, ist dürrer, grasloser, nackter Kalkstein. Aus solchem Boden wächst der kostbare Wein von Frontignan. Er ist so heiß, so solid, so mächtig wie irgendein spanischer Wein, aber ihm fehlt die Blume, die der Muskat von Lunel selbst im hohen Alter bewahrt. Der Stadt Frontignan nicht ferne, erhebt sich ein Kalkberg, in dessen Innern man selbst tief unter der Meeresfläche Süßwasserformationen in nächster Nähe von Seeformationen gefunden hat. Meer und Land haben sich in diesen Gegenden lange um die Herrschaft gestritten, und noch ist der Streit nicht entschieden. Das fühlt man vorzugsweise, wenn man von Frontignan weiter nach Cette fährt. Die alte Straße, deren Hauptteil die Peyrade, eine Art von Bogenbrücke, bildete, ist heute natürlich verlassen; man fährt auf der Eisenbahn. Sie geht buchstäblich durchs Meer und ist in dieser Beziehung gewiß eine der sonderbarsten Europas. Rechts und links nichts als blaues Gewässer, das bei starkem Nord- oder Südwind seine Wellen über das Menschenwerk schleudern muß. Rechts und links Kähne und große Schiffe, in deren Gesellschaft der Wagenzug dahinfliegt. Wenn die Lokomotive aus dem

Geleise spränge, wir würden hinabfahren in die heilige Salzflut, und Fischerkähne würden uns retten. Wie erstaunlich muß den Delphinen, die dort ihre Häupter dem Sonnenschein entgegenstrecken und plump umhergaukeln, die große Seeschlange erscheinen, die mit glühenden und dampfenden Nüstern durch ihr Element, durch ihre Heimat dahinsaust. Der Streifen des Eisenbahndammes schrumpft in der Ferne, gegen Cette, zu solcher Dünne zusammen, daß er in dem blauen Elemente ganz verschwindet, und man glaubt geradesweges in das Meer hineinzufahren, besonders da das Gewässer rechts, das man bis jetzt immer leicht überblickte, immer breiter wird und sich endlich als großer See, als der Étang de Thau, ausdehnt. Die Angst dauert nicht lange; wir gelangen auf festem Boden im Bahnhofe von Cette an.

Ich blättere zurück in meinem Tagebuche, um dort die Notizen über meinen ersten Besuch im Mai aufzusuchen und um mich deutlich an die ersten hier empfangenen Eindrücke zu erinnern. Ich finde nichts als:

Da sitz ich wieder
Zu deinen Füßen,
Du herrliches, seelenerweiterndes Meer.
Dir bring ich dar
Andächtige Huldigung
Wie meiner Königin,
Meiner Geliebten.
Ich tauche mein Haupt
In deine Wellen,
Die heilige Taufe
Durchdringt mich mit Schauern etc. etc.

Damit ist nichts zu machen. So schreibt man kein Tagebuch; so empfiehlt man sich seinen Landsleuten nicht als einen Mann, der auf Nützliches achtet. Darum anders. Die Stadt Cette treibt starken Exporthandel mit Wein, Spiritus, allerlei fabrizierten Likören und dem weißesten, bestkristallisierten Salze des Mittelländischen Meeres. Die Fischerei wird hier großartig betrieben, vorzugsweise um die Zeit, wenn die Fische aus dem Étang de Thau ins Mittelmeer zurückkehren, da man ihnen an den Ausgängen auflauert. Diese Auswanderungsfrist aus dem Étang de Thau und den andern Salzgewässern umfaßt den langen Zeitraum vom 1. Julius bis zum 1. März. In den zwanziger Jahren (leider habe ich nur alte Quellen vor mir!) wurden während des Fischfanges eines einzigen Jahres 23 700 Quintaux Weißfisch, 7 150 Quintaux Aal, 45 000 Quintaux Muscheltiere usw. erbeutet. Das ist viel, wie ich glaube.

Trotz diesem einheimischen Reichtume an Naturprodukten und trotz dem trefflichen Hafen, der der beste unter den französischen des Mittelmeeres ist, hat sich Cette noch nicht zu einem selbständigen Leben emporgearbeitet. Die Kaufleute und Propriétaires von Montpellier mit ihren Weinen und Spirituosen, die sie aus den schlechteren Weingattungen bereiten, die Bankiers mit ihrem altangestammten Gelde spielen hier noch immer die Hauptrolle. Cette ist nur ihre Boutique. Cette ist für Montpellier ungefähr, was Bremerhaven für Bremen ist. Aber das wird nicht immer so bleiben. Der Verkehr mit Afrika wird von Tag zu Tag lebhafter; Cette wird den Mittelmann zwischen der Kolonie und wenigstens dem halben

Frankreich abgeben und so, ohne Marseille zu schaden, für sich genug zu tun bekommen. Neue Wichtigkeit wird es erlangen, wenn erst die Eisenbahn nach Bordeaux gebaut und so die Verbindung mit dem großen Ozean hergestellt ist, für welche der Südkanal nicht ausreicht. Dann werden die Reichen von Montpellier einsehen, daß ein bloßer Rutscher nach Cette auf ein oder zwei Stündchen für ihre Geschäfte nicht genügend sei, und sie werden mit ihren dicken Kapitalen ganz und gar nach Cette übersiedeln. Die Einheimischen, die bis jetzt nur die Kommis des Montpellierenser Kapitals gewesen, werden sich emanzipieren; sie werden unterdessen, von ihrer guten Lage begünstigt, genug für sich gewonnen haben, um ihren Platz für eigene Rechnung auszubeuten. Und so kann es kommen, daß Cette von jetzt in einem Jahrzehnt eine bedeutende Handelsstadt sein wird, und so kann es kommen, daß Montpellier verfällt und seine Bestimmung erfüllt. Es hat seine Macht durch Vermittlung Ville-Neuves von Maguelone genommen, es wird sie direkt an Cette abgeben; und so wird es die Folgen der Zentralisation, die es auch um seinen geistigen Halt, um die Universität, gebracht hat, noch schmerzlicher fühlen.

Die Stadt Cette, der wir eine so große Zukunft prophezeien, ist noch nicht zweihundert Jahre alt. Vor dem Jahre 1666 war der schmale Landstrich, den sie einnimmt, von einigen armen Fischerhütten besetzt; in jenem Jahre legte man den Grund zum Molo am Ausflusse des großen Kanals, um den aus- und einlaufenden Schiffen eine Station zu sichern. Der Punkt bewährte sich, und man legte einen zweiten, im Halbkreis ins Meer hineinlaufenden Damm an, und der Hafen war fertig. Die Fischerhütten verwandelten sich in Häuser, und noch unter Ludwig XIV. erhielt der Flecken Cette Munizipalitätsrechte. Vor Ausbruch der Französischen Revolution belief sich die Einwohnerzahl bereits auf 10000. Stadt und Hafen sind durch zwei Forts und ein Kastell geschützt. Letzteres erhebt sich ziemlich malerisch auf dem sonst kahlen, trostlos aussehenden Kalkberge, welcher der Stadt an seinem Fuße nur einen schmalen Strich bequemen Terrains gönnt und sie an den Sumpf und ans Meer drängt. Er wird es büßen; denn bald wird die Stadt dem Beispiele des Kastells folgen und seinen Rücken hinanklettern, um von dort aus ihr Reich, das Mittelländische Meer, zu überschauen. Um dasselbe zu tun, wanderte ich gleich nach meiner Ankunft den kahlen Bergrücken hinauf. Kein Strauch, kein Baum gibt Schatten, und so kam ich halb gebraten in der Mittagssonnenhitze oben auf dem Kastelle an. Der Offizier gestattete mir freundlich den Eintritt, und ein Sergeant führte mich auf den höchsten Punkt der Fortifikation. Es gibt keinen Punkt in Languedoc, der für die Meeresaussicht so günstig wäre wie dieser. Gegen Südwesten ist der Horizont von den wolkenähnlich verschwimmenden Bergen der Küsten von Roussillon und Katalonien begrenzt; gegen Süden fliegt der Blick ungehindert ins unermeßliche Weite, über das tiefdunkelblaue Meer den weißen Segeln nach und entgegen, gegen Osten ergeht er sich auf den grünen Ebenen Niederlanguedocs, ruht er auf den Ruinen von Maguelone, auf den Zinnen von Aigues-Mortes, auf den Landhäusern und Schlössern, welche die Ebene nordwärts bekränzen. In nächster Nähe lacht der See von Thau wie ein Miniaturbild des großen Mittelländischen Meeres. Mir zu Füßen lag das Fort, das den Hafen unmittelbar in seinen Schutz nimmt. In diesem Augenblicke hat es noch eine andere, eine traurige Bestimmung. Achtundfünfzig freie Söhne der Wüste, Häuptlinge der Beduinen, verbringen in seinen kahlen Mauern ein einförmiges Gefangenenleben. Am Hafen daran wimmelt es von Schiffen, von hin- und herfahrenden Matrosen, von aus- und einladenden Arbeitern. Wie ich hinabstieg, bemerkte ich unter den hundert Schiffen eines, das stolz seine Flagge, den preußischen Adler, wehen ließ, so stolz, als stünde eine deutsche Flotte hinter ihm, um es zu schützen. Es war die Danziger Brigg „Thomas". Ich rief es vom Molo aus deutsch an, und sofort wurde ein Boot abgeschickt, um mich zu holen. Mit besonderer Freude kletterte ich am Tau hinan und befand mich auf deutschem Boden. Kapitän, Steuermann und Matrosen, Ostpreuße, Hannoveraner und Friesländer, waren sehr erfreut, einen deutschen Landsmann bei sich zu empfangen und Neuigkeiten aus dem Vaterlande zu erfahren. Denn seit langer Zeit schon trieben sie sich in den verschiedensten europäischen und amerikanischen Gewässern umher und wußten nichts von allem, was sich seit beinahe zwei Jahren im deutschen Vaterlande zugetragen hatte. Ihre Flagge hätte sonst wohl nicht so stolz geweht. Sehr deutscheinig klangen der preußische, der hannöverische, der plattdeutsche, der böhmisch-deutsche Dialekt während halbstündigen Gespräches ineinander, so daß ich glaubte, in der Paulskirche zu sein. Dort wie hier breitete der schwarze Vogel seine Griffe über uns aus. Ich schied, um pflichtgemäß noch die Stadt zu durchwandern.

Die Kneipen am Hafen tragen Inschriften in den verschiedensten Sprachen. Über der Türe der einen las ich: „Hier wird deutsch gekocht", über einer anderen: „Hier wird deutsch getrunken", was mir bewies, daß das Schiff „Thomas" aus Danzig keine Ausnahme sei und daß diese Gewässer wohl häufig von germanischen Rostren durchfurcht werden. Die Hauptstraße läuft parallel mit dem Kanale hin, welcher den Étang de Thau mit dem Meere verbindet, und gleicht in ihrer ganzen Ausdehnung einem einzigen großen Zelte. Denn die zahllosen Kaffeehäuser und die vielen Boutiquen rechts und links breiten große Leinwanddächer aus, die in der Mitte der Gasse zusammenstoßen und sie ganz bedecken. Im Schatten liegen die trägen Südländer und die Seefahrer, die froh sind, im Hafen zu sein, und rauchen geschmuggelte Zigarren und verzehren Berge von Eis. Am Ausgang dieser bezelteten Straßen, in einem großen Kaffeehause, versammeln sich die Spiritushändler und machen mit großem Lärm ihre Geschäfte ab. Ich verließ diese Spirituswelt, um einige Reste der alten, klassischen aufzusuchen, da ich einmal gelesen hatte, daß sich in Cette noch Reste alter römischer Wasserbehälter befinden. Aber mein Nachfragen war umsonst; niemand wußte mir Auskunft zu geben, und bald von der Wanderung in der furchtbaren Sonnenhitze ermüdet, kehrte ich zu den Zelten zurück, um mich an Eis und Sorbet zu erquicken. Es tat mir leid, daß ich meine Zeit so verlieren mußte, aber die Sonne wollte es nicht anders, und so begnügte ich mich mit dem Bewußtsein, auf römischem Boden Siesta zu halten. Denn es ist kein Zweifel, daß da, wo jetzt Cette liegt, ehemals eine römische Stadt gestanden habe, die sich vielleicht auf massilisch-griechischem Fundamente erhoben. Neben jenen römischen Wasserbehältern fand man zu Anfang dieses Jahrhunderts in der Nähe der Grundstücke von Lous Mazets zwei verschüttete, römisch konstruierte Kanäle und die Ruinen mehrerer Häuser, deren Boden von schönen Mosaiken bedeckt waren. Außerdem den Arm einer Marmorstatue, eine schöne korinthische Säule und über vierhundert Medaillen und Münzen von Augustus an bis auf Constantinus. War doch diese ganze Küste, sozusagen ohne Unterbrechung, bedeckt von römischen Städten, die heute ganz verschwunden sind. Wo ist Forum Domitii hingeraten? Was ist mit Forum Neronis geschehen? Wer hat die prächtige Stadt zerstört, die sich an der Stelle des heutigen Fabrègues erhob? Vielleicht war Cette nur eine Villegiatur oder eine größere Seebadeanstalt, in welcher die reichen Römer aus den genannten Städten einen Teil ihres Sommers zubrachten. Daß es aber auf römischen Grundlagen ruht, ist gewiß. Sehr wundert es mich, daß seine erste Grundsteinlegung nicht Julius Cäsar zugeschrieben wird, diesem Mann, den die nachrömische Zeit und die erste Hälfte des Mittelalters zum Gründer par excellence erhoben hat und an dessen Namen sich große Städte wie kleine Flecken des Südens und Nordens so gerne anlehnen, um sich einen adeligen Stammbaum zu geben.

Wie es Abend war, ging ich noch einmal hinaus an den Hafen; in den Kneipen war es lustig, aber von einem der Schiffe klang ein überaus trauriges Lied in französischer Sprache. Es sang es ein Mann, der nahe beim Steuer saß und die Beine hinunter über Bord baumeln ließ. Die Melodie zog unendlich melancholisch über die Wellen und durch das Lispeln des Abendwindes und das Geklapper der Rahen und Taue. Leider kann ich sie nicht wiedergeben, aber die Worte der ersten Strophen kann ich ungefähr übersetzen:

Schön Isabeau,
Ich ziehe fort auf der Welle,
Fort zieh ich, ach!
Du stehst betrübt auf der Schwelle
Und blickst mir nach.
Schön Isabeau,
Ich ziehe fort auf der Welle.

Schön Isabeau,
Ich ziehe fort auf der Welle,
Das Meer ist breit,
Mein Schiff, das segelt so schnelle,
Fort zieh ich weit.
Schön Isabeau,
Ich ziehe fort auf der Welle.

Schön Isabeau,
Ich ziehe fort auf der Welle,
Die See geht hohl,
Mein Schiff, das segelt so schnelle,
Du lebe wohl.
Schön Isabeau,
Ich ziehe fort auf der Welle.

Die traurige Melodie begleitete mich noch, als ich spät nach Montpellier zurückkehrte, und jetzt, da ich dieses schreibe, klingt sie wieder lebendig in meinem Herzen. Ich glaube, daß ich sie nicht vergessen werde. Die tiefe Trauer, die sie ausdrückt, erinnerte mich an das irische Volkslied „Robert a Roon", das ich bei Dublin gehört habe.

Achtzehntes Kapitel

Montpellier, den 2. Oktober 1851

Und so mögen die drei Pinien auf dem Turme der alten Stadtmauer noch lange fortgrünen und breite Äste in die Luft strecken wie Festpaniere, denn von ihnen – so sagt es der Prophet Nostradamus und so glaubt es das Volk –, von ihnen hängt das Wohl und der Bestand der guten Stadt Montpellier ab. Solange sie, die sich kühn hinaufgepflanzt haben auf die Spitze des hohen Turmes, trotz ihrer gefährlichen Standpunkte, trotz den Stürmen, die sie dort oben umwehen, fortgrünen auf festen Wurzeln, so lange wird auch die gute Stadt feststehen auf ihrem Grunde, obwohl er von flüchtigen Quecksilberadern durchzogen ist. Ich spreche diesen Segen von ganzem Herzen aus, und ich bin nicht der erste, der es tut, nicht der erste, der aus diesen Gegenden mit Bedauern scheidet. Ich habe alte und uralte Vorgänger, die, vom Wind des Zufalls oder vom Verhängnis hierhergetragen, vor ihrem Scheiden die Stadt gerühmt und gepriesen haben. Ich zitiere nur den alten Josephus Scaliger, welcher sprach: „Wäre es mir vergönnt, an einem Orte zu leben, der meinem Herzen teuer ist, ich wählte die Stadt Montpellier und machte sie zum Reste meiner alten Tage. Es gibt keinen Ort, wo man seine Tage süßer verleben könnte, sei es der holden Luft, sei es der Sitten der Einwohner oder der Annehmlichkeiten des Lebens wegen." – Ihren Glanz rühmt schon der gute Doktor Rabbi Benjamin in seinen „Itineribus". „Wir brachen", sagt er, „von Béziers auf und erreichten in zwei Tagen Monstremblans, welches die Einwohner ehemals Montem pessularum nannten und heute Montpellier heißen. Die Stadt, die allerorten an Kaufmannswaren Überfluß hat, liegt ungefähr zwei Stunden vom Meere entfernt." (Der gute Rabbi Benjamin in seinem Talar muß nur sehr langsame und kleine Schritte gemacht haben.) Neben der Wissenschaft interessiert ihn der Handel, und er fügt seiner Lobpreisung Montpelliers hinzu: „Ad mercaturam confluunt christianorum et muhamedanorum plurimi et e regionibus Algarbiae, Lombardiae et regno magnae illius Romae universo, regno Aegyptio, terra Israëlitica et Graecia, Gallia, Hispania et Anglia. Man hört daselbst die Sprachen aller Völker, und die Schiffe der Genuesen und Pisaner bringen sie, die zahllosen Söhne aller Länder, nach Montpellier."

Jacques Cœur, der Juwelier und Schatzmeister Karls VII., der Rothschild des fünfzehnten Jahrhunderts, wenn man ihn so nennen kann, da er ein wirklicher Handelsherr war, der die Produkte einer Welt in Umlauf setzte, und nicht ein bloßer Papier- und Börsenmakler in großartigem Stil – Jacques Cœur, den ich lieber den französischen Fugger nenne, hat aus Montpellier den Mittelpunkt seines ungeheueren Handels gemacht und nicht wenig zum mittelalterlichen Glanz der Stadt beigetragen. Gewiß trug auch sein Beispiel, ebenso wie die in Montpellier residierende Wissenschaft, viel dazu bei, der Stadt wie dem Lande jenes Bürger-Bewußtsein zu geben, welches beide durch viele Jahrhunderte dem Feudalismus gegenüber geltend zu machen wußten. An diesen unternehmenden Mann erinnert noch ein alter gemauerter Brunnen, den, wie man sagt, die Stadt seiner Fürsorge verdankt und der noch heute der Brunnen Jacques Cœurs heißt.

Es ist natürlich, daß man mit all diesen Erinnerungen an die Vergangenheit Montpelliers endlich bis an ihrem Ursprung anlangt, und da dieser eigentlich auf der romantischen Insel Maguelone zu suchen ist und da diese Insel so einladend, ewig mahnend von dort aus dem Mittelländischen Meere herüberwinkt, macht man sich denn endlich auf, und wenn man es auch nur täte, um eine Lücke im Tagebuche auszufüllen.

Zwischen den hübschen Villen der reichen Bürger von Montpellier, zwischen Gartenmauern und Weinfeldern geht es anfangs ganz gemütlich vorbei an Rondelet oder Rondibilis, dem Landhause, das im Rabelais vorkommt, vorbei an Mans und Morin, den reichen Meiereien. Gleich hinter Morin wird es trostlos öde. Rechts und links nichts als Sümpfe, die in dieser Jahreszeit, schon des Rohres und Schilfes beraubt, nicht einmal mehr das Grün haben, das im Hochsommer ein gewisses Leben heuchelt und Tod und Fäulnis verlarvt. Auf einem schmalen Knüppeldamme, durch eine Allee zwerghafter Tamarisken, gelangt man an das Ufer des Mosson, der sich zwischen mühsam zusammengehaltenen Ufern durch den Sumpf windet. Wir stiegen in den Kahn, der uns dort erwartete. Meer und Erde verschwanden zwischen den doch niedrigen Ufern. Auf ihnen erschien von Zeit zu Zeit ein schneeweißer, löwengroßer Schäferhund von der pyrenäischen Rasse und glotzte uns mit menschenscheuen Augen an. Aus der Ferne höchstens Schafgeblök. Nach halbstündiger Fahrt tauchten plötzlich einige Fischerhütten mitten aus dem Sumpfe empor. „Wenn Ovid", sagte einer unserer Reisegenossen, „die Residenz der Langeweile hätte beschreiben wollen, er würde diese Hütten beschrieben haben." Sie bestanden ganz einfach aus zusammengeflochtenem Sumpfrohre. Jede dieser Hütten hatte ihren besonderen Hafen, das ist einen Einschnitt in den Damm, der grade lang und schmal genug war, um einen Kahn fassen zu können. Dieser Damm selbst ist ein schmaler Strich Landes, der den Fluß vom Sumpfe scheidet und von dem man nicht einsieht, warum er sich eines Tages nicht ebenfalls in Sumpf verwandeln und wie ein fauler Fisch auseinandergehen soll. Man begreift auch nicht, wozu sich der Fluß so viele Mühe gibt und stundenweit durch Sümpfe kriecht, da er rechts und links Gelegenheit genug hätte, sich zu ergießen. Aber das sind so vorgefaßte Meinungen, daß man sich ins Meer ergießen müsse. Unser Rhein ist als Deutscher viel vorurteilsfreier und verliert sich, man weiß nicht wie. – Da wir den Hütten ganz nahe kamen, bemerkten wir allerdings, daß sich zwischen ihnen gewisse Behältnisse befanden, welche anständigen Häusern nicht unähnlich waren. Es sind das die Jagdhäuser, die sich reiche Montpellierenser für die Zeit der Entenjagd hier erbauen. Vor der Hütte unserers Gondoliers, der uns freundlich geladen hatte, stiegen wir für einen Moment aus. Er hat ein reizendes Töchterchen, und wie langweilig mir auch diese ganze Gegend, die nicht Fisch noch Fleisch, nicht Meer und nicht Land ist, anfangs erschienen war, so kam mir bei ihrem Anblick doch die Idee, daß diese Fischerhütte der prächtigste Schauplatz für eine Idylle wäre. Wie elend sie auch aussah, verriet sie im Innern doch eine große Wohlhabenheit. Ihr Besitzer hieß uns bei sich willkommen und benahm sich mit jener Ungezwungenheit und Freiheit, die dem Manne aus dem Volke hier eigen sind. Es wurde uns wohl an seinem Herde. Er setzte uns und sich Stühle, und sein Töchterchen kredenzte trefflichen Wein des Landes. Vor der Türe, auf dem Flusse, trieben sich fünf Jungens herum, die mit Fischfang in großen, über die ganze Breite des Flusses gespannten Netzen beschäftigt waren. Die Jungens sind Findelhauskinder, die er zu sich genommen. Die ersten fünf Jahre wird ihm für ihre Verpflegung eine gewisse Summe bezahlt; nach den fünf Jahren behält er sie als Lehrlinge, und später steht es ihnen frei, in die Marine zu treten. Sie sahen ganz vergnügt aus, rauchten ihre brûle-gueule und trieben sich ganz lustig auf dem Flusse umher, plus heureux que des rois. Für die soziale Stellung dieser Kinder ist es bezeichnend, daß sie keine Familiennamen haben. – An der Wand der Fischerhütte hing das Bild des unglücklichen Aristide Olivier im schönen Rahmen. Aristide ist ein Märtyrer geworden und wird hier beim Volke wie ein Heiliger verehrt.

Nach kurzer Weiterfahrt kamen wir aus dem Flusse in den großen Kanal, der von Beaucaire nach Aigues-Mortes, von Aigues-Mortes nach Cette führt. Dieser Kanal geht hier eigentlich schon durchs Meer, auch nährt er sich nur von gesalzenem Wasser. Er ist eine ruhige, gradlinige Wasserstraße durch das Reich der heiligen Salzflut und in flüssiger Substanz nichts anderes, als etwas weiter oben, gegen Cette zu, die Eisenbahn ist, die ebenfalls durch die Bläue der mittelländischen Wellen führt. Möwen, Seeadler, allerlei Sumpf- und Meervögel kreisten über unseren Häuptern.

So landeten wir endlich an dem kleinen Damm, der vom Kanal zu der weltberühmten, sagenhaften, vielbesungenen Insel Maguelone führt. Es sieht heute traurig aus, dieses kleine Eiland, das einstens eine Cité und einen mächtigen Bischofssitz auf seinem schmalen Rücken getragen und Frankreich und den meisten Völkern Europas ein Stück Poesie geliefert hat, das bis zum heutigen Tage im Munde des Volkes frisch und blühend fortlebt. Wer kennt nicht die wunderbare Geschichte Peters von Provence und der schönen Maguelone? In Deutschland verkauft man sie für sechs Kreuzer. Vielleicht interessiert es manchen Landsmann, etwas über die Geschichte dieses Romans zu erfahren; so übersetze ich hier ein Fragment aus der Monographie des gelehrten Renouvier aus Montpellier, welche der Künstler Laurens mit schönen Lithographien geschmückt hat. Dort heißt es: „Gariel spricht von Bernard de Treviez, Kanonikus und Poet von Maguelone, der im zwölften Jahrhundert gelebt und den Roman von Peter von Provence und der schönen Maguelone verfaßt hat, in welchem er die seiner Kirche im Jahre 1079 durch Peter, Grafen von Melgueil, und Adalmude, seiner Frau, gemachten Schenkungen feiern wollte. Gewiß waren zur Zeit

Gariels die Überlieferungen über den Roman von der schönen Maguelone noch frisch genug, um für uns einigen Wert zu haben; so ist die Meinung des Herrn Raynouard, welcher die Mitteilungen des guten Kanonikus (Gariel) adoptiert und mit ihm in Übereinstimmung hinzufügt, daß dieser Roman später von Petrarca, während er sich mit dem Studium des kanonischen Rechts an der Universität Montpellier beschäftigte, verbessert worden sei. Aber Herr Raynouard sagt doch nicht, wie mancher andere, daß auch Rabelais seine Hand an den Roman gelegt habe. Wie immer es sich damit verhalten möge, heute gibt man zu, daß Bernard de Treviez, Kanonikus von Maguelone, einen Roman in provenzalischen Versen verfaßt habe, der, wie so viele andere, verlorengegangen ist. Der Ursprung Maguelones war darin anders als in der Legende und ganz anders als in den gelehrten Erörterungen, welche später folgten, aber jedenfalls auf eine poetischere Weise erklärt. Die Gründung seiner Kirche und Stadt bildeten darin das Ende der Pilgerfahrt einer nicht weniger in Frömmigkeit als in Liebe feurigen und treuen Jungfrau. Das Gedicht existierte noch im fünfzehnten Jahrhundert und wurde damals und mehremals seit jener Zeit ins Französische und Katalanische übertragen, unter dem Titel: ‚Ystoire du chevalier Pierre, fils du comte de Provence, et de la belle Maguelone, fille du roi de Naples'. Verachtet von den Fachliteratoren, erhielt sich dieser Roman in der Literatur des Volkes, für welches er wahrscheinlich auch gedichtet worden war. Allerdings verlor er mit jeder Umwandlung etwas von seiner Ursprünglichkeit und seinem Werte, aber er läßt doch überall die Reinheit der Gefühle, die Einfalt der Form durchscheinen, durch welche sich jenes unnachgeahmte Schrifttum auszeichnet. Selbst in unserer Zeit kehren wir noch mit Vergnügen zurück zu den rührenden Abenteuern Pierres und Maguelonens, ‚qui vesquirent en saincte et honneste vie et moururent sainctes personnes, et furent ensevelis en l'église St-Pierre la ou Maguelone institua l'ospital. Et à présent y a une belle église en l'honneur de Dieu et de St-Pierre et St-Paul, auxquels plaise nous resjouyr en toutes tribulations en ce monde et en la fin nous mener en la gloire du paradis.'"

Diese Kirche des heiligen Pierre, die also die sagenhafte Maguelone gebaut haben soll, ist neben einigen kleinen Resten vom ehemaligen Kloster heute allein noch übrig von der ganzen Stadt und dem prächtigen Bischofssitz, welchen einst Päpste und Könige besuchten. Und auch diese Kirche, wie traurig sieht sie aus! Öde und einsam erhebt sie sich aus dem kleinen, öden und einsamen Eilande. Einige kleine Bäume beschatten ihren Fuß; aus ihrem Scheitel wuchert Unkraut, das im Seewinde bebt, und die Schiffe, die auf hohem Meere vorüberziehen, würdigen das alte Gemäuer keines Blickes. Kein Anker fällt vor diesem Ufer, um das sich einstens Sarazenen so wild gebalgt haben. Einige Rinder, der Schaffner mit Weib und Kind sind die einzigen Bewohner, und das Land, das ehemals so stolze Titel trug, gehört als „kleine Propriété" einer simplen Professorswitwe aus Montpellier. Will man nicht die romanische Bauart der Kirche und einige schön ausgeführte Details daran bewundern, fragt man sich nach wenigen Minuten, warum man denn eigentlich hierhergekommen. Also gehen wir um und in die Kirche.

Daß sie ein lateinisches Kreuz bildet, versteht sich bei einer romanischen Kirche, die wahrscheinlich aus dem elften Jahrhundert stammt, von selbst. Auffallend ist das Eingangstor, das eine arabische Reminiszenz zu sein scheint. Das Tor oder vielmehr die Türe – denn es ist von unbedeutender Höhe und Breite – trägt als Oberschwelle einen mit großer Zierlichkeit behauenen Monolith, dessen Basreliefs, Blätterwindungen, fast römisch anzusehen sind. Rings um diese Arabesken läuft folgende sinnige Inschrift:

† Ad portum vitae: sitientes quique venite:
Has intrando fores: vestros componite mores.
Hinc intrans ora: tua semper crimina plora.
Quiquid peccatur: lacrimarum fonte lavatur. †

Über dem Monolith mit der Inschrift erhebt sich ein fast spitziger Bogen, dessen Giebelfeld von einem sehr hübschen Basrelief ausgefüllt ist, welches Christum, von den Symbolen der vier Evangelisten umgeben, vorstellt. Der Bogen ist abwechselnd aus schwarzen und weißen Marmorsteinen gebildet, eine Art zu bauen, wie sie bei den Arabern in Spanien oft vorkam. Rechts und links von der Türe befinden sich noch zwei Basreliefs von sehr untergeordnetem Werte und barbarischer Arbeit, den heiligen Peter mit den Schlüsseln und den heiligen Paul mit dem Schwerte vorstellend.

Äußerlich ist sonst an der Kirche nichts Bemerkenswertes. Die Strebepfeiler sind unbedeutend, die Verzierungen, die sie einst getragen haben mögen, sind verschwunden. Die Türme sind gefallen. Nur über dem nördlichen Transept erhebt sich noch einer um einige Ellen oberhalb des Daches. Interessanter ist die Kathedrale von innen. Vor allem erstaunt man, wie gut sie sich da in allen ihren kleinsten Teilchen erhalten hat. Man kann beinahe sagen, daß kein Stein von seiner Stelle gerückt sei. Es scheint eine unbedeutende Zufälligkeit, wenn man hier oder dort ein kleines romanisches Säulchen ein wenig verwittert sieht.

Zwei schlanke Säulen laufen an den beiden Transepten, man möchte sagen mit Schnelligkeit, die Wände hinan und tragen auf fast dorischen Kapitälen die intakte Wölbung. Beleuchtet von den drei Rundbogenfenstern des hohen Chores, scheinen sie zu leben. Vom Eingange aus gesehen, schließen sich die romanischen Säulchen zwischen diesen harmonisch an sie an, so daß die ganze Kirche wie aus einem Gusse oder wie zugleich gewachsen erscheint. Die Säulchen über dem Hochaltar zwischen den Fenstern sind von besonderer Feinheit, ihre Kapitäle, wie wir sie aus der schönsten Zeit der byzantinischen Kunst kennen. Dasselbe gilt von den größeren Säulen, welche rechts und links die Kreuzwölbungen der Transepte tragen. Nur daß hier die Kapitälform wechselt; bald erscheint sie beinahe korinthisch, bald dorisch, bald zusammengesetzt, bald mit den phantastischen Tieren des Byzantinismus. Doch stört diese Verschiedenheit der zierenden Details nicht; sie verlieren sich im harmonischen Ganzen auf harmonische Weise, während sie dem Betrachter des einzelnen eine nicht nur nicht störende, sondern vielmehr erfreuliche Abwechslung bietet. – In den Transepten, welche Kapellen bildeten, liegen Bruchstücke von verschiedenen Sarkophagen und Ausschmückungen alter Gräber. Eines derselben schreibt das Volk der schönen Maguelone zu; unglücklicherweise ist es das Grab irgendeines alten Kardinals.

Mittelst zweier mächtiger Steintreppen stiegen wir auf das bemooste Dach der Kirche, um oben nichts anders als die Ruinen eines alten Saales, der sich im Turme befindet, zu sehen. Von da vermag man die Insel in ihrer ganzen Kleinheit zu würdigen; in zwanzig Minuten vielleicht kann man sie in ihrem ganzen Umfange umgehen. Jenseits der Sümpfe liegt Ville-Neuve, dahin sich die Einwohner von Maguelone vor den Sarazenen geflüchtet haben. Ville-Neuve ist heute nicht viel bedeutungsvoller als das ganz verlassene Maguelone; es hat die von diesem geerbte Herrlichkeit wieder an das später entstandene Montpellier abtreten müssen, und dieses wird über kurz oder lang seinen Stolz vor dem Parvenü Cette zu beugen gezwungen sein. „So wandeln die Kronen von Haupt zu Haupt." Ville-Neuve ist der Geburtsort des großen Arnaud von Ville-Neuve, der das dreizehnte Jahrhundert mit seinem Ruhm erfüllte. Nicht nur war er hoch gefeierter Staatsmann, Gottesgelehrter, Arzt – er verstand es auch, Gold zu machen und – Branntwein zu destillieren. Ihm schreibt man wenigstens die Erfindung dieses Getränkes zu, das gewiß mehr Leute vergiftet, als Arnaud mit aller Magie jemals geheilt hat. Obwohl er Leibarzt mehrerer Könige von Aragonien und Sizilien, ja selbst des Papstes gewesen, wurden seine Schriften, doch freilich erst nach seinem Tode, vom heiligen Gerichte zu Taragona verurteilt und auf dem Scheiterhaufen als ketzerisch öffentlich verbrannt. Er starb im Jahre 1313 – oder wurde, wie man in Spanien sagte, vom Teufel geholt. Es geschah ihm recht, des Branntweins wegen.

Das Meer erschien mir hier zum ersten Male im Leben als „Wasserwüste“. Es ist tot und öde; die Segel auf seiner Höhe scheinen sich zu beeilen, um nur an dieser Küste so schnell als möglich vorbeizukommen. Wäre nicht der Blick auf die schöne Cevennenkette mit ihrem Könige, dem Pic St-Loup, das Auge hätte keinen erquicklichen Halt. Stundenweit gegen Norden hat sich kein solider Punkt gefunden, auf dem sich ein Dorf hätte niederlassen können. Nur zerstreute Landhäuser oder Mazes erblickt man, und diese sind, der Fieber wegen, unbewohnt. Doch ist der Boden jenseits der Sümpfe überaus fruchtbar und fett. In der Nachbarschaft der beiden Landhäuser Mans und Morin, wo ich auf meinem Rückwege Freunde besuchte, sah ich große Weinstöcke, die einer einzigen Traube glichen, so dicht bedeckt waren sie von der edlen Frucht. Die Winzerinnen füllten große Körbe oft mit der Lese eines einzigen Stockes. Man hat hier auch mehr Wein als Trinkwasser. Bei meiner Rückkunft nach Montpellier war ich eigentlich froh, diesem Sumpflande entflohen zu sein. Ich hatte nicht viel mehr zurückgebracht als das Bewußtsein, an einem historisch und literarisch denkwürdigen Flecken nicht vorübergegangen zu sein; das Bewußtsein erfüllter Reisepflicht.

Die schöne Maguelone aber gemahnt mich an eine andere Sage, die ebenfalls im südlichen Frankreich ihren Ursprung hat und bei uns nicht weniger bekannt, ja populärer geworden ist als die von der abenteuernden Prinzessin. Erinnere ich mich doch ganz deutlich, welche Schauer ich empfand, wenn daheim auf meinem Dorfe der Wind in den Kaminen jammerte und die Magd sagte: „Das ist ta heska Melusina" – das ist die schöne Melusine, die weint und klagt, weil sie nicht zu ihren Kindern kommen kann. Die schöne Melusine hat wirklich und wahrhaftig gelebt, und zwar war sie die Schwester des Herzogs Guilhem von Poitiers und die Frau Raimunds von Lusignan. Eigentlich hieß sie Marie, den Namen Melusine aber bekam sie von den zwei Schlössern, Melle und Lusignan, die ihrem Gatten gehörten und welche sie abwechselnd bewohnte. Da sie es liebte, sich in ihre Gemächer einzuschließen und Bücher zu lesen, was in ihrem, dem elften Jahrhunderte allerdings einen seltenen und sonderbaren Geschmack voraussetzt, war man bald überzeugt, daß sie darin geheime Künste und Zauberei treibe, und bald hieß es, daß sie sich jeden achten Tag wenigstens zur Hälfte in einen Drachen oder in eine Schlange verwandle.

Sonderbar ist es, daß alle diese Sagen, so wie die, welche sich auf ihren Bruder, den großen Herzog Guilhem, wie auf dessen Freund Wilhelm beziehen, nur noch in südfranzösischen Chroniken, wie zum Beispiel in Adamars, in Fulberts de Chartres, in Konrad Wocerius' Chroniken, und ganz und gar nicht mehr im Munde des Volkes leben. Daß die provenzalischen Lieder der großen Troubadourepoche vergessen worden sind, ist nicht zu verwundern; sie haben nie dem Volke, sie haben immer den Höfen und Schlössern angehört und stiegen erst zur Zeit ihres

Verfalles mit den Jongleurs auf den Marktplatz der großen Städte hinab. Dort konnten sie mit ihrem schönen Klang wohl ziemlich gefallen, mochten aber mit ihrem raffinierten Gefühlsleben dem derben Kern des eigentlichen Volkes nicht zusagen. Daß aber diese Sagen, welche gewiß einen populären Ursprung haben und der Phantasie des Volkes angemessen sind, so ganz seinem Gedächtnisse entschwanden, darüber darf man sich, wie gesagt, billig wundern. Auch hier muß der Albigenserkrieg erklärend aushelfen. Ein mächtiger Blutstrom, fließet er zwischen dem alten und neuen Languedoc; in seinem cocytischen Geheul verhallt, was von jenseits herüberzudringen sucht. Man würde es sonst nicht begreifen, wie diese unendliche Menge von Sagen und Legenden, welche das südliche Frankreich bis zu Ende des zwölften Jahrhunderts bevölkert haben und deren spärliche Reste wir nur noch in Büchern auffinden, so verschwinden und der Erinnerung des Volkes entrückt werden konnten, während mehrere, und unter ihnen die schönsten, fern von der heimischen Quelle noch heute fortleben.

Bevor ich heute mein Tagebuch aus der Hand lege, will ich noch einer literarischen Mystifikation erwähnen, die sich auf Maguelone bezieht und die nur in der Geschichte der Meinholdschen „Bernsteinhexe" neuerer Zeit ihresgleichen findet. Vor einigen Jahren trat ein junger Mann in Südfrankreich, ich glaube, er ist in Agde geboren, plötzlich mit dem ursprünglichen Romane von Peter von Provence und der schönen Maguelone auf. Er hatte ihn, wie er sagte, in irgendeinem alten Archiv entdeckt und ließ ihn drucken. Alle Leute von Fach und alle Akademiker waren entzückt über diesen Fund, und vorzugsweise die Akademiker waren es, welche an die Echtheit glaubten und alle schüchternen Zweifler mit ihrer Gelehrsamkeit niederschlugen. In Zeitungen und Akademiesitzungen rühmte man die Ursprünglichkeit und Naivität des Gedichtes und pries man das Glück und das Verdienst des Finders. Nachdem dieser mit Muße einige Jahre hatte verstreichen lassen und die gelehrten Akademiker alle genugsam blamiert waren, trat er mit der Erklärung hervor, daß der ganze Roman von seiner Mache sei und daß er nichts anderes gewollt, als sich über die Akademiker lustig machen, was ihm denn, wie er dankbar anerkenne, glücklich gelungen sei. Er erklärte ferner, wie er es gemacht, um sich vor dem skrupulösesten Forscher keine Blöße zu geben. Während seiner ganzen Arbeit hatte er mittelalterliche gereimte Romane vor sich liegen und hütete sich, nur ein anderes Wort oder eine einzige andere Wendung anzubringen, als die er in seinen Vorbildern gefunden. Nach dieser Erklärung fehlte es natürlich wieder nicht an Leuten, die den Betrug geahnt hatten, ebensowenig als an Tadlern, die das Werk in seiner ganzen Konzeption als ein verfehltes und mittelmäßiges bezeichneten. Es ging ihm, wie es Macpherson gegangen wäre, wenn er nicht reinen Mund zu halten gewußt hätte, und wie es dem armen Chatterton erging, nur daß der Verfasser des Romans „Maguelone“ sich die Sache nicht so zu Herzen nahm wie der englische Dichter und heiteren Mut genug hatte, über die Gefoppten zu lachen und seinen Roman, nachdem er ihm Spaß genug gemacht, wieder in Vergessenheit sinken zu lassen.

Montpellier, im Oktober 1851

Mit reicheren Eindrücken, als Maguelone gewährt, kehrt man von Saint-Guilhem-le-Désert oder Saint-Guilhem-du-Désert zurück. Schon der Weg dahin bietet manches, was da interessant ist. Aber um alles zu genießen, muß man sich schmerzlich früh aufmachen, wenn man noch am selben Tage, wenn auch sehr spät, nach Montpellier zurückkehren will; denn Saint-Guilhem-le-Désert liegt jenseits des Hérault tief im Gebirge versteckt, mehrere Meilen fern von der Hauptstadt des Departements. So saßen wir an einem schönen Frühlingstage schon um vier Uhr morgens in einem breiten bequemen Wagen und fuhren dem Westen zu. Es war eine phantastisch zusammengewürfelte Gesellschaft. Neben mir im Wagen saß eine der schönsten Professorsfrauen, die je eine Universität gesehen hat; mir gegenüber ein orléanistisch gesinnter Professor, neben diesem ein ehemaliger Präfekt Ledru-Rollins und auf dem Bocke, neben dem Kutscher, mit der Mappe unter dem Arm, ein Mann, der sich den Teufel um alle Politik, wohl aber um jeden Strauch am Wege, um jedes Wölklein am Himmel und jeden Schatten in den Schluchten des Gebirges kümmerte. Es war das unser Freund und Führer, der von allen, die ihn kennen, der Vater der Natur genannt wird. Man könnte ihn hierzulande auch den Vater der Kunst nennen, denn wie er sich bemüht, die schönste Musik der größten Meister im Lande zu naturalisieren, ebenso hat er durch seine angestrengten Arbeiten alle Reste alter Kunst, die sich in diesem Lande finden, aus der Nacht barbarischer

Vergessenheit gerettet, indem er sie gezeichnet, beschrieben und in verdienstvollen Sammlungen dem Publikum übergeben hat. Auch Saint-Guilhem mit seinen architektonischen und natürlichen Schönheiten verdankt ihm die Auferstehung aus der Vergessenheit. Konnten wir einen besseren Führer haben als diesen Vater der Natur, der jeden Baurest, jeden malerischen Winkel in ganz Provence und Languedoc kennt und mit Verständnis deutet?

Ungefähr eine Stunde hinter Montpellier kamen wir an den Überresten eines alten Schlosses vorbei, das in der Ebene an einem Bache liegt; was davon noch übrig ist, weite Marställe und ein großes Theater, weitläufige Mauern eines großen parkähnlichen Gartens, zeugen von üppiger Pracht. Es gehörte ehemals einem fermier général oder Steuerpächter unter Ludwig dem Fünfzehnten – ist also vom Schweiße des Volkes gebaut. Man sagt, daß der König einmal daselbst eingekehrt und daß zu dieser Gelegenheit das prächtige Theater gebaut worden sei. Dafür durfte der fermier général dem armen Volke einige Millionen mehr erpressen. Dieser Spekulant war ein Parvenü und kam nur durch die größte Frechheit zu der von so vielen beneideten Stellung. Ursprünglich war er nichts als ein Müßiggänger, der sich in den Gassen von Paris umhertrieb und nicht wußte, was mit sich und seinem Magen anzufangen. Die geheime Polizei war damals noch nicht so ausgebildet, um jedes verlorene Subjekt beschäftigen zu können. Da hörte der Edle, daß in Versailles die Steuer zu verkaufen sei, daß sich aber kein Pächter finde, weil man zu enorme Summen forderte. Die Pompadour war von so großen Bedürfnissen geplagt! Er verschafft sich so viel Geld, um für einen Tag die prachtvollste Equipage, mehrere Bediente und ein Hofkleid mieten zu können. So ausgerüstet, fährt er in Versailles vor – die Wachen machen dem großen Seigneur Platz, und er dringt mit Geräusch bis in das Vorzimmer des Königs, dem er sagen läßt, daß sich ein Steuerpächter melde, bereit, auf die Forderungen des Hofes einzugehen. Der König nimmt ihn mit Empressement auf, und der Handel wird abgeschlossen. Dem neuen fermier général, der keinen Sou in der Tasche hat, ist es nicht schwer, sich sofort große Summen zu verschaffen, die er als Abschlagzahlung erlegt; den Rest hat er bald aus dem Volke herausgepreßt, und was darüber, füllt ihm die Taschen. In kurzem ist er ein reicher Mann; er weiß sich in seiner Stellung zu erhalten, gibt dem Könige Feste und der Pompadour Bares und wird so einer der gloriosesten fermiers généraux, die jemals Frankreich beglückt und die Revolution geheizt haben.

Jenseits seines Schlosses verloren wir uns im Mittelgebirge, das die Cevennen vom Meere trennt. Die Straße geht eine Zeitlang an tiefen Schluchten hin und durch Täler, die nicht einmal von einzelnen Hütten bevölkert sind. Die grünen, nur von Gras bedeckten Hügel, obwohl viel weniger großartig, erinnern hier und da an einzelne Gegenden des Westhighlands in Schottland. Nach drei Stunden ungefähr kamen wir, nachdem Gignac passiert war, in Aniane, einem kleinen, netten Städtchen von ungefähr dreitausend Einwohnern, an. Aniane besitzt noch heute Reste des ersten Klosters, welches die kultivierenden Benediktinermönche, der respektabelste aller Orden, die das Mittelalter hervorgebracht, gebaut haben. Der heilige Benediktus selbst hat es gegründet. Er war der Sohn Aigulfs, des gotischen Grafen von Maguelone, und wurde kurze Zeit vor der Zerstörung seiner Vaterstadt durch Karl Martell geboren. Trotzdem brachte er seine Jugend am Hofe Pippins des Kleinen zu. Aber das Hofleben mochte ihm nicht behagen, und er gründete am Flusse Anian, welcher heute Corbière heißt, ein Kloster, das bald von dreihundert Mönchen bewohnt war. Ihre Gesellschaft mag nicht die angenehmste gewesen sein, denn Benedikt verließ sie und ging wieder zu Hofe, aber nur, um am Ende diesen aufs neue zu verlassen. Er kehrte ins Kloster zurück, wo er im Jahre 821 starb und zu den Heiligen einging. Das Kloster, das er gegründet, wurde nie vollendet, und die großen Bruchstücke wurden zur Zeit der Revolution zu einer Pfarrei, einer Gemeindekirche und einer großen Fabrik verwendet. Das Kloster ging zugrunde, aber die Bürgergemeinde, die sich ringsumher ansiedelte und dem frommen Hause ihren Ursprung verdankt, besteht noch heute und bildet das freundliche Städtchen Aniane. Auch die guten Bücher und Chroniken, welche die Benediktiner geschrieben, bestehen noch und leisten uns nützliche Dienste – auch die Felder und Wiesen, die sie geschaffen, da sie mit dem Beile der Gesittung Wildnisse ausrodeten und Felsen urbar machten, blühen noch heute und tragen Früchte für Mensch und Vieh. Es ist natürlich, daß die guten Brüder Benediktiner durch viele Jahrhunderte von den Päpsten gehaßt waren und fast immer in einer Art von Schisma lebten.

Aniane hat noch manche hübsche Volkssitte aus dem Mittelalter erhalten. So zum Beispiel ist es Brauch, daß alle Neuverheirateten Sonntag vor Karneval Lorbeerzweige an die Giebel ihrer Häuser stecken. Die Männer wandern von Haus zu Haus und sammeln die Lorbeerzweige ein, angeführt vom ältesten Ehemann des Jahres, und alle trinken in jedem Hause, das einen Lorbeerkranz trägt. Des Abends werden mit der Fackel in der Hand auf dem großen Platze vielerlei Tänze ausgeführt, an denen die Weiber nicht teilnehmen. Dieser Umstand, die Fackeln und der Lorbeer deuten vielleicht auf den griechischen Ursprung des Tanzes und der ganzen Sitte hin. Den Tänzern folgen durch alle Windungen des Tanzes die Greise des Ortes und tragen ihnen weingefüllte Flaschen und Becher nach, die während des Tanzes geleert werden.

Ungefähr eine halbe Stunde hinter Aniane gelangt man endlich an die Brücke des Hérault und an den Eingang des furchtbar wilden Tales, das nach Saint-Guilhem-le-Désert führt. Die Brücke soll auf römischen Fundamenten ruhen und ein Teil der Römerstraße gewesen sein, die nach Toulouse führte. Unweit von der Brücke liegt das Dorf Saint-Jean-de-Fos und etwas weiter das uralte Schloß Montpeyroux. Diese ganze Gegend ist von ihr eigentümlichen Geistern, die man Drac nennt, bevölkert. Ihr Hauptsitz ist eine Art Brunnenabgrund zu Montpeyroux. Doch gibt es gute und böse Dracs, und gelehrte Ausleger sehen in den ersten die Laren und Penaten, in den letzteren die Lemuren der Alten. Die guten gehen oft in Menschengestalt unter die Leute auf den

Markt in die Stadt, zu Hochzeitsfesten usw., wie wir das von unseren Wassermännern kennen. Die bösen schieben ihre Kinder den Ammen in die Arme, und oft saugt so ein Drac-Kind zwanzig Ammen das Leben aus. Oft lassen sie goldne Stäblein, Ringe oder Becher auf dem Flusse schwimmen, und wenn ein Kind herankommt, um das glänzende Spielzeug zu holen, ziehen sie es tückisch in die Tiefe. Nicht alle wohnen in jenem Brunnen, viele hausen auch, wie unsere Kobolde und Wichtelmännchen, in verlassenen Wächterhütten oder in versteckten Winkeln bewohnter Häuser. St-Jean-le-Fos ist neben seinen Geistern wegen der großartigen Kapernfabrikation berühmt, welche den Ort reich und die Gastronomen Frankreichs und Europas glücklich macht.

An der Héraultbrücke angekommen, steckte die schöne Frau Brizeux' Idylle „Marie", aus der sie uns vorgelesen hatte, um uns für ihren Lieblingsdichter zu gewinnen, in die Tasche. Und sie tat recht daran. Das ist keine Szene, kein Schauplatz für die Idylle, was sich an der Héraultbrücke vor uns auftat.

Tief unter dieser Brücke, die ein schöner, hoher, aus mehreren Bogen bestehender Bau ist, kommt der Fluß Hérault aus der furchtbaren Schlucht hervor. Er scheint aufzuatmen, er scheint das Gefühl des eben Geretteten zu haben. Ruhig bleibt er unmittelbar vor der Brücke stehen und breitet sich gemächlich aus, um das Licht der Sonne mit Behagen einzusaugen und sich mit klarem Blicke, froh des Daseins, in der Welt umzusehen. Seit Stunden ist ihm ja dieses Glück nicht zuteil geworden. Er kommt aus Nacht hervor, er tritt aus einer Miniaturhölle. Wir gingen ihr entgegen, indem wir aus dem Wagen stiegen, die Brücke überschritten und jenseits, auf dem rechten Ufer des Hérault, nordwärts unsere Wanderung fortsetzten. Dort drängt sich die Straße am Fuße ungeheurer Felsenwand zwischen dieser und dem Flusse St-Guilhem entgegen, und zwar in krampfhaften Krümmungen, als hätte sie Angst, in den gähnenden Abgrund zu gleiten. Da unten aber ist's fürchterlich.

Bald klappten die beiden Felswände, die an der Héraultbrücke enden, wie zwei Kerkertüren hinter uns zusammen. Das offene Land verschwand – wir waren in der Gebirgswüste. Da gedeiht kein Grashalm, kein Blümlein, kein Strauch. Wo sollte auch an diesen steilen Wänden eine Handvoll Dammerde haften können? Nur der kecke, doch leicht zerbrechliche Feigenbaum streckte hier und da aus einer Ritze seine Fahne hervor – doch sah er verzweifelt aus. Uns zu Füßen aber rollte und grollte es, zischte und pfiff es. Die große Schlucht ist von einer schmaleren, ihrer ganzen Ausdehnung entlang, durchschnitten, und in dieser zweiten Schlucht quält sich, immer hörbar, selten zu sehen, der Hérault ab. Man muß frech auf Felsenvorsprünge treten, wenn man ihn da unten in seinem Marterbette erblicken will. Ach, wie er sich plagt! wie ihn die Felsen zerreißen, wie er sich windet, wie er weint und wie er schäumt vor Wut, und das alles in dunkler Kammer. Nur zweie habe ich noch so leiden gesehen: die Reuß, wie sie den Gotthardsberg hinabtollt, und die Aare, da sie von der Kalten Grimsel ihrem gewissen Falle entgegenjammert. Es ist ein sehr unglücklicher Fluß, der Hérault, und seine Laufbahn eine der martervollsten, und das alles, um schon nach wenigen Stunden mit Einbuße seiner Individualität im All, im Meere, aufzugehen. Ein schöner Trost, der Shelleysche: „Du bleibst im All!“ Wir können doch nie umhin, bei Flüssen an individuelles und menschliches Leben zu denken, und das ist natürlich. Es gibt nichts in der Natur, was an das menschliche Dasein so sehr erinnert. Die Pflanze ist unbeweglich und stumm und darum so ferne von uns, den so Bewegten, Weinenden und Jubelnden. Unter den Flüssen aber gibt es kleine und mittelmäßige und große und gewaltige. Jeder hat seinen besonderen, ihm eigentümlichen Charakter; jeder hat seinen Lebenslauf, sein Schicksal. Jeder arbeitet und wirkt auf seine Weise; jeder hat seine Quelle, wächst durch ihm eigentümliche Zuflüsse und endet wie der Mensch, indem er in einem anderen aufgeht, sich verdunstet, im Sande verliert oder im großen All regelmäßig bestattet wird und unerkannt in Atomen wieder aufersteht. Der eine und der andere verliert sich mitten in seinem stolzen Laufe – tout comme chez nous.

Was aber den Hérault betrifft, so hat er sein ganz besonderes Schicksal. Seit Jahrtausenden arbeitet er daran, sich einen ordentlichen Weg zu bahnen, und je mehr er arbeitet, desto schlimmer wird sein Pfad. Je mehr er wühlt, desto größer wird das Labyrinth von ausgeschwemmtem Gestein, durch das er sich zu winden hat, und desto tiefer und der Sonne immer mehr entrückt wird sein Bett. So kommt es auch, daß dieses unten viel, viel breiter als oben und daß es zum größten Teile ganz überdacht ist. An einer Stelle streckt sich eine Felsplatte so breit, weit und dünn hervor, daß sie ihren Namen, Regenschirm des Hérault, verdient. Da wir es sahen, kam aber viel Regenwasser, das sich im Gebirge gesammelt hatte, aus einer Seitenschlucht hervor und floß über das Parapluie in hundert kleinen Bächen, wie ein Schleier, hinab in die Tiefe, daß es unten erklang. Es war lieblich anzusehen und anzuhören.

Daß der Hérault kein Jüngling mehr an Jahren, erkennt man da, wo das Ufer nicht so steil ist, an dem aufgehäuften Gestein, mit dessen Ausschwemmung und Polierung er gewiß jahrhundertelang beschäftigt gewesen sein muß; ja, vielleicht war das ursprüngliche Bett des Knaben Hérault das ganze obere Felsental, das er nach und nach durchgewühlt bis zu der schmalen Schlucht, in der er sich jetzt aufhält. In der Tat hat das Ganze etwas vom Urweltlichen, und wir in unseren Fracks und modernen Kleidern, wir Touristen, Professoren, Professorenfrauen und Präfekten, waren anachronistische Wandler auf einem Boden, mit dem Ichthiosauren besser zusammenstimmen würden. Etwas weiter gegen St-Guilhem-le-Désert, am linken Ufer, fristet ein erbärmlicher Eichenhain, an die Felswand geklammert, ein erbärmliches Dasein; ein wahres Symbol der Schwäche, die Eiche in ihrem Verfall. Dem Eichenhaine gegenüber, am rechten Ufer, hoch über der Straße, haben zwischen Fels und künstlich aufgeführten Mauern die Menschen einige Dammerde zusammengetragen, in welcher Olivenbäume und Weinreben stecken. Traurige hängende Gärten! Von Zeit zu Zeit kommt ein Wildbach und trägt Mauern, Dammerde, Olivenbäume und Reben hinab in den Grund, dann kommt der Mensch, ringt die Hände, trocknet die Tränen und trägt sie wieder hinauf, um im nächsten Frühling oder Herbst dieselbe Arbeit von neuem zu beginnen.

Aber ich habe einen der schönsten Punkte, der sich unfern vom Eingange in das Tal findet, übersprungen, doch gehört er zu den malerischsten. Das ist die Mühle von Clamous. Sie steht, keck und prächtig mit einem Turme versehen, am Rande des Abgrundes. Die Wasser des Héraults, des wilden, tollen, schwermütigen, sind zu unpraktisch, um, wenigstens hier, nützlich ein nützliches Mühlrad zu treiben. Darum bezieht die Mühle den nötigen Wasserverbrauch aus der Fontaine de Clamous (fons clamosa), die nicht fünfzehn Ellen fern von der Mühle in ihrer Wiege liegt. Diese Wiege ist eine gewaltige Grotte im Felsen, aus welcher der Quell mit so ungeheuerer Wassermenge hervorkommt, daß er gleich an seinem Ursprung Mühlräder in die wildeste Bewegung zu setzen vermag. Sein Wasser ist hell und grün, wie es aus dem Felsen hervorkommt, aber silberweiß und perlend, wie es als Katarakt von der Mühle hinabstürzt in den Hérault. Wie schnell ist dieses Geschick erfüllt nach einem Wege von fünfzehn Schritten und doch wie nützlich. Man sagt, daß das Wasser der Grotte mit den Gewässern des Sees von Thau bei Cette, mit dem Dracbrunnen, mit den Quellen von Montpellier usw. durch unterirdische Gänge in Verbindung ist. Was ist nicht glaublich in diesem durchhöhlten Lande?

In der Nähe der Mühle von Clamous gibt es noch mehre kleinere, die aber nicht so befestigt und von keinem Turme geschmückt sind. Sie sehen wie große Maulwurfshügel aus oder auch wie kleine, aus Backsteinen gebaute mexikanische Tempel, wie wir sie aus

Abbildungen kennen. Sie sind oben und nach den Seiten abgerundet, wie abgespülte Steine, damit die Flut des Hérault, der oft austritt und das ganze Tal erfüllt, desto unschädlicher über sie dahingehe. An diesen Mühlen verloren wir den Vater der Natur aus unserer Gesellschaft; er ließ uns allein weiterwandern und pflanzte sich mit seiner Zeichengerätschaft auf einen ausgeschwemmten Stein im Angesichte des Turmes auf. Der Punkt, wie gesagt, verdient diese Aufmerksamkeit, und der Künstler, der an ihm vorüberginge, wäre kein rechter Künstler. Nicht viel weniger schön ist es weiter oben, wo die Trümmer eines Feudalbaues mit einem Turme, kahl, melancholisch, aber harmonisch mit der ganzen Umgebung, in das dunkle Bett des Gebirgsstromes hineinsehen.

In der Nähe von St-Guilhem wird es freundlicher. Wenn man auf der Wanderung bis hierher vergessen, daß man die kunstvolle Straße, auf der man gewandelt, den fleißigen Benediktinern dankt, so wird man hier gewiß durch die kleinen, grünen Wiesen, durch die schattigen Bäume, die sich schon buschweise um den Eingang in das Dorf drängen, daran erinnert, daß diese Zivilisatoren einmal hier gewaltet haben.

Aber bevor wir in den Flecken St-Guilhem eintreten, habe ich noch eines sonderbaren Dings zu erwähnen, das sich unmittelbar davor befindet. Es ist das eine Hängebrücke der eigentümlichsten Art, wie sie gewiß nicht wieder in Europa zu finden ist und die an Einfachheit und Ursprünglichkeit selbst die indianischen und indischen weit hinter sich zurückläßt. Sie führt über das Abgrundbett des Hérault und besteht aus einem einzigen Seile. Das Seil ist an beiden

Ufern solid befestigt. An dem Seile hängt ein kurzes Stricklein, das oben ein Rädchen hat, welches am Seile hinläuft und unten einen kleinen Stab von ungefähr einer Elle querüber trägt. Auf diesen Stab setzt man sich, indem man beide Beine darüberstreckt, so daß man das Stricklein, an dem er hängt, vor sich hat. Mit den Händen hält man sich am oberen Seile. Da dieses Seil nicht straff gespannt ist, sondern eine Kurve bildet, fliegt man, sobald der Fuß das Ufer von sich stößt, weit über die Mitte der ganzen Brücke hin und durch das eigene Gewicht fast die Hälfte der aufsteigenden Kurve hinan. Den kleinen Rest der aufsteigenden Kurve überwindet man leicht, indem man, noch bevor das Rädchen in Ruhe kommt, mit der einen Hand das Seil erfaßt und sich weiter hinauf bis ans Ufer hinarbeitet. Ich sah so ein altes Weib, das einen großen Bündel Brennholz auf dem Kopfe trug, mit größter Geschwindigkeit über den Abgrund des Hérault fliegen. Schöner war der Anblick, als ein junges Mädchen mit der Harfe im Arme herüberschwebte. Es sah geisterhaft aus. Nur der Mondschein fehlte, um an einen über Abgründen schwebenden, singenden Elfengeist zu glauben.

Endlich müssen wir doch in St-Guilhem eintreten. Ich tue es mit Zagen, da ich doch einmal die Verpflichtung übernommen habe, dergleichen zu beschreiben, und die begründete Angst fühle, dieser Verpflichtung nicht nachkommen zu können. Einem Deutschen ist es ja nicht erlaubt, sich so zu helfen, wie es ein französischer Reisebeschreiber getan, indem er einfach sagte: „Ein Maler müßte in St-Guilhem wenigstens acht Tage zubringen.“ Wahr ist er, dieser echt französische Touristensatz, aber von den mannigfachen Schönheiten St-Guilhems gibt er denn doch keinen Begriff. St-Guilhem-el-Désert oder St-Guilhem-du-Désert liegt links von der Straße, auf der wir bis jetzt gewandelt und die weiter, dem Hérault entgegen, in die Cevennen führt, am Eingang in ein großes Kesseltal. Diesen Eingang füllt es ganz aus mit uralten Häusern und mit einer überaus üppigen Vegetation. Dem Ankommenden breitet es zwei Arme entgegen, wie zur Umhalsung. Zwischen diesen zwei Häuserarmen, die mit ihren Granatbäumen, Pinien usw., mit ihren von Efeu überdeckten Wänden und Giebeln auch einem großen Halbkranze ähnlich sind, befindet sich ein tiefes Bassin, in das, mitten aus den Häusern kommend, die Wasser des Gebirgsbaches Verdus in herrlichen Kaskaden hinabplätschern. Das Bassin ist von Wasserpflanzen aller Art angefüllt und seine Ränder von dichtem Buschwerk besetzt, in welchem unzählige Nachtigallen singen. Am Gelände dieses Beckens standen wir wie gebannt und schweigend. Hinter uns erhob sich eine ungeheure, himmelhohe Felswand, die von Grotten durchwühlt ist. Aber diese bekommt man nicht zu sehen, sie sind von einem dichten, dicken Efeuschleier verdeckt; auf ihren Vorsprüngen prangen Granatbäume mit ihren rotglühenden Blüten. Vor uns, aber jenseits des Bassins und des Dorfes, auf dem gegenüber hoch und allgewaltig sich erhebenden Felsberge, stehen die Ruinen eines Schlosses, das man das Schloß Don Juans nennt. Es hat an der steilen Wand nirgends Platz genug gefunden, um sich gemächlich niederzulassen, und so steht es auf einzelnen Absätzen, ein Teil über dem anderen, und sieht aus, als ob es mit Mühe den Berg hinaufklimmen wollte, mit Mühe und doch kühn und keck wie ein Gemsenjäger. Kaum begreift man, wie es sich da oben erhalten kann. Wer war dieser Don Juan, der da oben sein Nest hingeklebt hatte? Niemand wußte es mir zu sagen, und so schließe ich aus dem Namen, daß es einer der Herrn gewesen war, die mit Peter von Aragonien ins Land kamen. Was er immer gewesen, er hatte gewiß für Schönheiten der Natur ebensoviel Sinn als sein verrufener Namensbruder für die Reize des Weibes, und mit derselben Keckheit nahm er sie in Besitz. Am Fuße des einen Schloßturmes saß ein Hirtenknabe, klein wie ein Punkt, und ringsumher in dem gelben Gestein suchten Schafe und Ziegen ihr Futter. Ihre Glocken klangen melodisch zusammen mit den Nachtigallenliedern in der Tiefe. Und noch habe ich von den Klosterruinen, von dem alten Kirchturme, von den gotischen Fenstern in allen, auch den kleinsten Häusern, die rings um das Bassin aus Bäumen und Gebüsch hervorblikken, nichts gesagt. Ich will es auch fürder nicht tun, sondern einfach meine Wanderung fortsetzen.

Wir gehen um das Bassin herum und gelangen auf den Hauptplatz des Dorfes, der einen einzigen Ausgang hat und von uralten Häusern, von den Ruinen des Klosters und der Kirche aus Karl des Großen Zeiten gebildet wird. In der Mitte plätschert der Brunnen, der das ganze Mittelalter hindurch auf wunderbare Weise heilende Kraft übte; der ganze Platz, so schön, so malerisch als nur irgendein Platz der Welt, ist noch heute ein Stück Mittelalter, so wohl erhalten wie die Mauern von Aigues-Mortes.

St-Guilhem-le-Désert ist von einem der Paladine und Neffen Karls des Großen gegründet, von Wilhelm von Aquitanien, auch Wilhelm Kurznase genannt, welcher in mancher Chronik des Mittelalters und in einem gereimten Romane gefeiert wird. Nachdem er sich gegen die Sarazenen als Held bewiesen und am Hofe Caroli Magni ein etwas liederliches Leben geführt hatte, wurde er mit einem Male fromm und gründete dieses Kloster, welchem er seinen Namen gab. Vor ihm hieß der Flecken Gellone. Er setzte sich mit dem heiligen Benediktus von Aniane ins Einvernehmen und lernte von ihm, wie man Klöster gründet und Mönche in Zucht bringt. Kaiser Carolus unterstützte ihn, indem er ihm ein Stück des wahren Kreuzes verehrte, welches Wilhelm von Aquitanien, der spätere heilige Wilhelm, in einem eisernen Kasten und zu Fuße vom Hofe Karls des Großen, vielleicht von Aachen oder Ingelheim, bis hierher trug. Bei dieser Gelegenheit soll er sich ein Weh angetan haben, daran er sein ganzes Leben lang zu tragen hatte. Die Mönche, die er in Saint-Guilhem versammelte, gaben ihm auch viel zu schaffen, bevor sie es lernten, sich in die Zucht und Regel des heiligen Benediktus zu fügen. Trotz dieser traurigen Erfahrungen, die er in der Frömmigkeit machte, bewog er doch zwei seiner Schwestern, ein Gleiches zu tun und in ein benachbartes Kloster zu gehen. Er selbst ließ sich im Jahre 806 einkleiden und starb als ein Heiliger.

Von dem großen Klostergebäude, das er gründete, sind nur noch schwache Reste übrig. Ein schöner, von romanischen Säulen getragener Gang, das Bruchstück einer breiten und schön angelegten Treppe und Spuren von Gemächern, die sich in den oberen Stockwerken an die Kirche lehnten. Der Klosterhof ist von Unkraut überwuchert und seine Wände von Efeugewinden und allerlei Flechten bedeckt; hier und da blicken byzantinische Skulpturen als Tier- und Menschengestalten hervor. Die Kirche aber ist fast ganz so erhalten, wie sie wahrscheinlich im zehnten oder elften Jahrhunderte, da der romanische Stil schon nach der Höhe zu streben anfing, renoviert, ausgebaut oder vielleicht ganz und gar neu aufgeführt worden, ist jedenfalls eines der interessantesten Denkmäler vorgotischer Architektur. Hier ist noch keine Spur von jener Ahnung des Spitzbogens, wie sie in Saint-Trophime zu Arles schon hervortritt, im Gegenteil weist alles zurück auf dunkle, antike Erinnerungen. Im Einklang mit dieser Kirche stehen viele einzelne Häuser des Fleckens, die nach und nach von dem reichen Kloster, wahrscheinlich für seine Beamten, oder von einzelnen Reichen, die sich hierher zurückgezogen, ohne sich einkleiden zu lassen, gebaut worden sind. Darunter sind manche in echt gotischem Stile ausgeführt.

Hinter dem Flecken Saint-Guilhem-le-Désert öffnet sich mit einem Male groß und breit ein furchtbares Kesseltal, welches, die Pforte gegen den Hérault zu ausgenommen, keinen anderen Ausgang hat als denjenigen, den der hier hausende Adler findet, den Ausgang dem Himmel entgegen. Ringsumher im weiten Kreise erheben sich steile, oft horizontal abfallende ungeheure Felswände, aus denen zahllose einzelne Felsennadeln in den verschiedensten Richtungen und Bildungen hervorragen. In ihren Löchern, die unnahbar sind, haust der Adler und verenden die Lämmer, die er den Herden unten in den Tälern entführt. Es ist ein Tal, wie es im orientalischen Märchen vorkommt, aus dem man nur auf den Flügeln des Greifes oder mit Hülfe des magischen Pferdes der Abassiden entkommen kann.

Doch haben die Menschen, längs der Wände über dem Steingerölle, das sich an ihnen aufgehäuft, einen Pfad angebracht, der wie eine Galerie auf- und absteigend ringsherum führt. Auf diesem Pfade setzten wir, von zwei Hirtenknaben geführt, unsere Wanderung fort. Über halsbrecherische Viadukte, durch Luftströmungen, die an manchen Stellen aus den Klüften hervorkamen und so gewaltig rauschten und fortrissen wie Wildbäche, gelangten wir endlich an jenem hohen Punkte an, wo der Verdus, gerade Saint-Guilhem gegenüber, aus einem kleinen Walde hervorkommt und sich in kühnen Sprüngen hinabwirft in den Talgrund. Da unten nährt er Wiesen und Flachsfelder, welche die Tiefe mit einem grünen, saftigen Teppiche bedecken und mit den gelben Felswänden ringsumher auf das schönste kontrastieren. Die Hirtenknaben, unsere Führer, wollten sich vor uns mit ihrer Geschicklichkeit produzieren und manches Adlernest erklettern; aber sie glitten jedesmal an den polierten Wänden ab. Am Verdus angekommen, verboten sie uns, von dem Wasser zu trinken oder auch nur die Hand hineinzutauchen; aus ihrem schwerverständlichen Kauderwelsch entnahmen wir, daß sie es für vergiftet halten, solange es hier oben fließt, aber für unschädlich, sobald es unten im Tale angelangt ist. Auch von giftigen und verzauberten Tieren, die sich da oben an den Quellen aufhielten, kauderwelschten sie und zeigten eine große Scheu vor den Spinnweben und Raupennestern, die, allerdings ungewöhnlich groß, überall am Gesträuche hingen. Der eine hatte Mut genug, mit einem Stocke in ein solches Nest zu schlagen, flüchtete sich aber sofort und riet uns, ein Gleiches zu tun.

Als wir nach Saint-Guilhem-le-Désert zurückkamen, lag schon Dämmerung auf dem Tale, und wir konnten die Mühle, die oberhalb des Fleckens liegt und noch aus den Zeiten des Gründers stammen soll, nicht mehr besuchen. Kaum daß wir Zeit hatten, den Vater der Natur, der sich in den Klippen des Hérault verloren hatte, aufzusuchen. Mit Gewalt rissen wir ihn vom Busen seiner Tochter los, warfen ihn und seine gefüllte Zeichenmappe in den Wagen und fuhren gegen Montpellier zurück, wo wir erst gegen Mitternacht ankamen. Der Platz von Saint-Guilhem-le-Désert, den idyllischen Frieden, der darauf lagerte, als sich des Abends, da wir abreisten, die Einwohner in Gruppen vor ihren altromantischen Häusern sammelten, da die Glocke der alten Kirche ertönte und die Herde vom Schlosse Don Juans zurückkehrte – ja, ganz Saint-Guilhem-le-Désert mit all seinem Schönen, ich nahm es daguerreotypiert in meinem Gehirne mit, und ich will das Lichtbild so gut verwahren, daß es sich nie und nie verwischen soll.

Und so habe ich den Hérault überschritten und mit ihm die Grenze, die ich mir gesteckt hatte. Da drüben liegt noch schönes und historisches Land; Toulouse mit seinem Kapitol und mit den Schlachtfeldern der Albigenserstreiter; Béziers, der Geburtsort Matfres von Ermengaus, des Vorläufers Dantes; Roussillon und Perpignan mit den süßen Weinen und noch süßeren Frauen; die Pyrenäen mit ihren Höllen und Paradiesen – aber es ist genug für dieses Jahr. So packe ich die losen Blätter zusammen, schicke sie an den Verleger und frage: „Herr C. W. Leske, wollen Sie es auch mit diesem wagen?" – Wenig oder nichts habe ich an den losen Blättern arrangiert oder redigiert, sondern gebe sie so, wie sie meist an Ort und Stelle oder nach Notizen, unmittelbar nach der Einkehr in mein Standquartier, niedergeschrieben wurden. Ich gebe sie sogar mit manchen Wiederholungen und Widersprüchen; denn dieses Verfahren halte ich für ersprießlich, wenn man eben nichts als ein Tagebuch geben will, dessen einzige Tugend oft die Unmittelbarkeit, das Frische und gewissermaßen unabsichtliche Widerspiegeln ist. Der leichteren Orientierung wegen habe ich meine Ausflüge geographisch geordnet, ohne auf ihre chronologische Folge Rücksicht zu nehmen. So kommt es, daß der Mandelbaum auf der einen Seite blüht, während er auf der folgenden schon in Früchten steht. So darf der wohlwollende Leser auch in dieser Beziehung nicht den allzu kritischen Maßstab an die beiden Bändchen legen; sie sollen nur ein Andenken sein, das die Freunde in der Heimat zur Erinnerung zwingt, und ein liebender Gruß an das teuere Vaterland – ein Ölzweig, den ich am Wege abbreche und segnend gegen Nordosten schwinge. Von einem Fortschritte, von weiterer Entwicklung zu zeugen fällt diesem anspruchlosen Tagebuche nicht ein. Es ist noch eine Frage, ob in der Ferne, unter dem Einfluß der Angst, dem Vaterlande entfremdet zu werden – ob unter diesen Umständen und manchen anderen traurigen überhaupt von ruhiger Entwickelung die Rede sein kann. Wir wollen uns auf dieses trübe Thema nicht weiter einlassen, und wir wollen nicht Klagelieder anstimmen, die, schon so oft mit Koketterie angestimmt, verdächtig geworden sind. Soviel ist sicher, nicht nur gewisse mythische Giganten büßen, der Mutter Erde enthoben, ihre Kraft ein. Die alten keltischen Barden sagten: „Dreier Dinge bedarf die Begeisterung: des äußerlichen Gedeihens, des liebenden Umgangs und des Lobes.“ – Auf fremdem Boden wachsen diese drei kostbaren Dinge nur sehr spärlich. *Ein* Trost aber bleibt. Welches immer das Unglück sei, das ein Schicksal über uns verhängt: ein Gott entscheidet, ob es zum Gewichte werden soll, das in die Tiefe zieht, ob zu Fittichen, die zur Höhe tragen. So möge es ein günstiger Gott entscheiden.

Nachwort

„Die Reiseliteratur schwillt gegenwärtig ganz erstaunlich, weil die Welt auf Reisen ist. In der Regel sind Bücher der Touristen eine wahre Landplage ... Es macht heuer auch kein Blaustrumpf eine Spazierfahrt über Wasser, ohne ein ästhetisches Gewäsch und touristisches Geschreibsel von einigen Bänden loszulassen – eine ganz erschreckliche Art von Natur- und Kunstquälerei." So äußerte sich der Schriftsteller Ferdinand Gregorovius – übrigens selbst Verfasser von Reisebüchern – 1852 im „Deutschen Museum". Um diese Zeit überschwemmten geschäftstüchtige Verleger mit Erinnerungen alleinreisender Damen, wichtigtuerischer Kaufleute und gelehrter Pedanten den Markt. Aber es gab auch andere „Reisende", Leute, die nicht in die Welt gefahren waren, um exotische Landschaften und sensationelle Abenteuer zu erleben, Leute, die reisen *mußten*: Emigranten.

In den dreißiger und vierziger Jahren des vorigen Jahrhunderts wurden deutsche Flüchtlinge in den meisten europäischen und überseeischen Ländern registriert, und nach der gescheiterten Revolution von 1848 wuchs die Zahl der Verfolgten sprunghaft an. Unter denen, die den Nachstellungen der reaktionären

Regierungen entgehen konnten, waren viele Schriftsteller und Journalisten. Sie hatten mit der Feder und manche 1848/49 auch mit der Waffe für ein besseres Deutschland gekämpft. In der Fremde, ohne Publikum und ohne gesichertes Auskommen, versuchten sie, sich mit Korrespondenzen für deutsche Blätter und mit anderer literarischer Brotarbeit die notwendigsten Einkünfte zu beschaffen. Während die einen sich etablieren konnten, andere zu Renegaten wurden, begann für viele eine oft lebenslange Wanderschaft – ohne die Hoffnung, jemals in die Heimat zurückzukehren.

Auch der Österreicher Moritz Hartmann gehörte zu den Literaten, die nach der achtundvierziger Revolution nicht in Deutschland bleiben konnten. Reisetagebücher von bleibendem Wert waren ein Ertrag seines fast zwanzig Jahre währenden Exils. Sie sind ein beredtes Zeugnis dafür, daß „touristisches Geschreibsel“ und „ästhetisches Gewäsch“ wohl von Allerweltsreisenden, aber kaum von engagierten Schriftstellern produziert werden.

In Duschnik, einem kleinen böhmischen Dorfe, wurde Moritz Hartmann am 15. Oktober 1821 als Sohn eines jüdischen Eisenhammerbesitzers geboren. Zusammen mit acht Geschwistern wuchs er in ländlicher Ungebundenheit auf. Die Landschaft, später im „Krieg um den Wald“ liebevoll beschrieben, prägte sich ihm ebenso nachhaltig ein wie die böhmischen Sagen und Märchen, die vom Vater und einem alten Bergknappen, der als Nachtwächter im Hartmannschen Hause Dienst tat, erzählt wurden.

Nachdem der Zwölfjährige ein Jahr lang das Gymnasium in Prag besucht hatte, kam er auf die Lateinschule der Piaristen in Jungbunzlau (Mladá Boleslav): „Sechs Jahre lernten wir wörtlich lateinische Regeln auswendig, ohne je einen ordentlichen lateinischen Autor lesen zu dürfen; vier Jahre lernten wir Griechisch, um am Ende nicht zwei Verse Homers übersetzen zu können, und noch lernten wir Lateinisch und Griechisch besser als unsere Muttersprache. Und erst die Geschichte, die Lehrerin unseres Lebens! ... In unserer Schulgeographie existierte das Königreich Griechenland noch lange nicht, nachdem Österreich es anerkannt hatte. Wir sollten es nicht erfahren, daß man sich selbst gegen einen türkischen Herren auflehnen könne." Diese Schule war nichts als eine Bildungsanstalt für k. u. k. Untertanen und der Antisemitismus ihr erklärtes Programm. „Wenn ihr keine Juden wäret, so wäret ihr hier die Ersten", bekamen Hartmann und seine jüdischen Mitschüler des öfteren zu hören.

Trotz geistiger Unterdrückung wurden die Jahre in Jungbunzlau für ihn entscheidend. Denn hier öffnete ihm sein älterer Freund Isidor Heller mit Namen wie Heine, Börne und Lenau die literarische Welt des Vormärz, von der er nicht mehr loskommen sollte.

1838 ließ sich Hartmann in Prag immatrikulieren, um dort nach dem Willen des Vaters Medizin zu studieren. Er interessierte sich indessen mehr für historische Vorlesungen und begann bald mit kleineren journalistischen Beiträgen in die Debatte um die nationale Unabhängigkeitsbewegung der Tschechen einzugreifen. Mit gleichgesinnten Freunden gründete er einen literarischen Zirkel und beschäftigte sich mehr mit hochfliegenden Plänen (unter denen sich auch ein Anti-„Faust“ befand) als mit dem Studium.

Nachdem er zweimal durch eine Vorprüfung gefallen war, verließ er 1840 Prag und ging nach Wien. Er kam mit großen Erwartungen dort an, hoffte sich im literarischen Leben der Hauptstadt zu etablieren und sein Studium abzuschließen. Schon die Prager Studien waren vom Vater nur widerwillig und spärlich finanziert worden; in Wien nun mußte er auf eigenen Füßen stehen. Bald fand er eine Hofmeisterstelle im Hause eines Bankiers, und auch später hat er sich auf ähnliche Weise die notwendigsten Einkünfte beschafft. Zwar fand er Freunde und konnte bald in den verschiedenen Journalen Artikel unterbringen, zwar lernte er Lenau kennen, der ihm stets Vorbild blieb, aber je länger er in Wien weilte, desto drückender empfand er die Verhältnisse in der Donau-Monarchie.

1842 reiste er, die „Wüste“ Wien hinter sich lassend, nach Italien und in die Schweiz. Die Begegnung mit der südlichen Landschaft und mit Menschen, die scheinbar freier lebten, bestärkten ihn in seinem Drang nach Unabhängigkeit, der sich in den „Liedern eines Zeitkindes“ aussprach. Die zuständige Behörde verhinderte den Druck der Gedichte, und so ist es nicht verwunderlich, daß Hartmann den Kampf gegen die Zensur mit besonderer Leidenschaft führte. Als aber die Schriftsteller Wiens mit einer Petition eine mildere Behandlung durch die Zensur erbaten, wurde Hartmanns Name von den liberalen Initiatoren der Bittschrift entfernt. Die Unterschrift eines radikalen Autors hätte, so fürchteten sie, ihrem Rufe schaden können.

Enttäuscht von Wien, wandte sich Hartmann im Herbst 1844 nach Leipzig, wo der Gedichtband „Kelch und Schwert“ zu seinem ersten großen schriftstellerischen Erfolg wurde. Das böhmische Thema, die hussitische Tradition, Polenlieder und soziale Gedichte, die jedoch noch nicht zu revolutionären Schlußfolgerungen führten, fanden beim Publikum Anklang. Aber auch die Beamten der Metternichschen Reaktion merkten auf, und das „Damnatur!“ („Verurteilt!“) unter dem Gutachten des Wiener Zensors spricht für sich: „Der Verfasser leiht nicht nur seinen *eigenen* Freiheitsträumen Worte, verrät nicht nur *sein* inneres Hussitentum mit unvorsichtiger Offenheit, sprudelt nicht nur *seinen* Unwillen gegen das Bestehende rückhaltlos heraus, was man allenthalb einem jungen, phantasievollen, vulkanisch tobenden Dichtergeiste als erste Eruption zugute halten könnte – sondern er tritt auch aus der Sphäre der *Subjektivität* heraus und legt es darauf an, *aufzustacheln, mitzureißen, zu entflammen,* was ihm, *wo Elemente der Unzufriedenheit vorhanden sind, bei der Kraft seines Ausdruckes* und *der Lebhaftigkeit seines Wortes* nicht allzu schwer werden dürfte ...“

Mit „Kelch und Schwert“ hatte sich Hartmann einen beachtlichen Platz unter den Lyrikern des Vormärz erobert; die Rückkehr nach Österreich aber war ihm nun nicht mehr möglich. Reisen in Deutschland, nach Belgien und Frankreich füllten die Jahre von 1844 bis 1847 aus.

Berlin, das auf Hartmann immer eine magische Anziehungskraft ausgeübt hatte, enttäuschte ihn maßlos. Die Stadt, in der „Beck, Heine und Freiligrath auf einmal verboten“ wurden, weckte antipreußische Affekte in ihm. Leipzig, dessen literarisches Leben von den vergleichsweise milden Zensurgesetzen profitierte, bot zu dieser Zeit die beste Arbeitsmöglichkeit, und die „Reisebekanntschaften“ mit Laube und Béranger, Fanny Lewald, Adolf Stahr und Varnhagen von Ense gaben Anregungen in Fülle. Im November 1847 wurde zur Feier des Schiller-Vereins in Leipzig Hartmanns „Prolog“ vorgetragen. Ein zeitgenössischer Bericht zeugt davon, wie diese Veranstaltung auf einen Wiener Literaten wirken mußte: „Uns, die wir im damaligen Österreich nie etwas dergleichen gesehen und keinen anderen Trinkspruch haben ausbringen hören als auf die hohe und geheiligte Obrigkeit, dünkte es etwas Herrliches, eine unschätzbare Errungenschaft, daß die Menschen, ohne dafür auf den Spielberg geschickt zu werden, sich so frei auslassen durften.“

Als Hartmann Ende 1847 nach Prag kam, wurde er verhaftet und sollte wegen Vergehens gegen die Zensurgesetze unter Anklage gestellt werden. Doch die Prozeßvorbereitungen schleppten sich hin. Im März 1848 war der Dichter frei.

Die Revolution spielte im Leben Moritz Hartmanns eine entscheidende Rolle. Allerdings blieb er stets in kleinbürgerlich-radikalen Vorstellungen befangen. Friedrich Engels hatte den Autor von „Kelch und Schwert“ als Gefolgsmann des „wahren Sozialisten“

und „Mitleidsdichters“ Alfred Meißner kritisiert, und Hartmanns Versagen in Prag zeigte, daß er den Zusammenhang von nationaler und sozialer Befreiung in der bürgerlichen Revolution nicht begriff. In der Moldaustadt zählte der Dichter zu den wenigen Deutschen, die in den Nationalausschuß gewählt wurden. Die nationale Selbständigkeit der Tschechen aber wollte er trotz aller Sympathien für ihre Kultur letztlich nicht akzeptieren. Von „großdeutschen“ Vorstellungen ausgehend, lehnte er einen tschechischen Nationalstaat außerhalb des Deutschen Bundes ab und trat zurück, als die tschechische Majorität des Nationalausschusses erklärte, Böhmen werde keine Abgeordneten zum deutschen Parlament entsenden. Er machte sich zum Sprecher der Prager Deutschen, die weiterhin einem deutschen Staatsverband angehören wollten, und wurde mit einer Abordnung dieser Gruppe sogar beim Kaiser vorstellig. Die Majestät sollte untertänigst gebeten werden, die Ausschreibung von Wahlen für das Zentralparlament zu verkünden.

Illusionäre Vorstellungen vom revolutionären Kampf traten nicht nur während der Prager Auseinandersetzungen zutage. Der Mann, der 1845 während seines Weimarer Aufenthaltes „in einem schönen Walde eine große Anzahl von Aristokraten“ durch „proletarische“ Gedichte seines Freundes Meißner „in Ekstase brachte“, verfügte nicht über das geistige Rüstzeug, mit dem nicht nur Marx und Engels, sondern auch Georg Weerth, Georg Herwegh und Ferdinand Freiligrath in das revolutionäre Geschehen eingriffen.

Als Abgeordneter der in Böhmen lebenden Deutschen wurde Hartmann ins Frankfurter Parlament gewählt, wo er sich sofort dem linken Flügel anschloß und im Verlaufe der Revolution zu immer radikaleren Ansichten gelangte. Doch die Frankfurter Nationalversammlung war ein Spielball der Reaktion und enttäuschte die Hoffnungen des aufbegehrenden Volkes. 586 Abgeordnete: Grundbesitzer, Advokaten, Professoren, Beamte und eine Handvoll Literaten – ein starker rechter Flügel und eine zerstrittene Linke – verspielten aus Angst vor dem Proletariat die Siegeschancen einer bürgerlichen Revolution. Die Berufung eines österreichischen Erzherzogs zum Reichsverweser und Heinrich von Gagerns Plan, den preußischen König zum Erbkaiser zu machen, dokumentierten den Verrat bürgerlicher Ideale.

Hartmann trat im parlamentarischen Alltag nicht oft in Erscheinung. Zwar forderte er in einer großen Rede die Gleichheit aller Deutschen vor dem Gesetz und lehnte auch die Wahl des Reichsverwesers ab, doch nebenbei machte er als Dandy in den Frankfurter Salons Furore und figurierte in den zeitgenössischen Witzblättern nach dem preußischen Major von Boddien als „Zweiter Liebhaber". Als im September 1848 in der Stadt Barrikadenkämpfe ausbrachen, zählte Hartmann zu den Abgeordneten, die vermitteln wollten. Der Versuch scheiterte – die Ohnmacht des Parlaments trat offen zutage.

Enttäuscht vom Verhalten der Nationalversammlung, erbittert über die Haltung der rechten Abgeordneten, die den Wiener Oktoberaufstand als eine außerdeutsche Angelegenheit betrachteten, gehörte

Hartmann zu den Initiatoren der Abordnung, die eine Depesche der Linken an die Wiener Revolutionäre überbringen sollte. Zusammen mit Robert Blum und Julius Fröbel reiste er nach Wien. Das Vorbild Blums, der sofort in die revolutionären Aktionen eingriff, und das Beispiel der Wiener Arbeiter und Studenten, die – von ihren Kommandeuren verraten – einen aussichtslosen Kampf gegen die Truppen Windischgrätz' führten, wurden für Hartmann zur politischen Schule. Noch im September hatte er Zeit gefunden, einer Frankfurter Dame, für die dergleichen völlig neu war, unter wohlwollender Duldung eines preußischen Offiziers eine Barrikade vorzuführen. Hier in Wien, nur wenige Wochen später, stand Hartmann selbst auf der Barrikade und beteiligte sich aktiv an den erbitterten Gefechten mit dem österreichischen Militär.

Am 31. Oktober 1848 besetzten Windischgrätz' Truppen Wien. Robert Blum, der für die Deputation um Ausreise gebeten hatte, wurde in Haft genommen und am 9. November unter Mißachtung seiner Immunität standrechtlich erschossen. Das gleiche Schicksal ereilte die revolutionären Freunde Hartmanns, den Musiker Alfred Julius Becher und den Journalisten Hermann Jellinek. Moritz Hartmann entkam zusammen mit Siegmund Kolisch; ein Hauptmann rettete sie auf abenteuerliche Weise aus Wien.

In bewegenden Szenen hat der Dichter in den „Bruchstücken revolutionärer Erinnerungen“ (1861) den Wiener Aufstand geschildert, der zugleich Anfang vom Ende der bürgerlichen Revolution war: „Auf dem Bauernmarkt hörten wir plötzlich die Lärmtrommel, die durch den Donner der Kanonen, das Platzen der Bomben und fallenden Schutt einen wahrhaft unheimlichen und zugleich sehr aufregenden Schall hören ließ. Auf dem Hohenmarkt sahen wir, woher der Ton kam. Dieser Platz war leer und öde wie um diese Zeit alle Gassen und Plätze; die Einwohner hatten sich in die Keller geflüchtet oder hielten sich in den innersten Räumen der Häuser, wo sie sich vor den Kugeln sicherer wähnten. Über den großen, menschenleeren Platz schritt ein einziger, ungefähr fünfzigjähriger Proletarier; vor ihm ging ein kleiner, vielleicht zehnjähriger Proletarierjunge. Der Junge trug eine große schwarz-rot-goldene Fahne; der Alte schlug die Trommel. Er sah nicht rechts, er sah nicht links; die Bomben flogen um seinen Kopf, sie platzten vor ihm, er schritt vorwärts, gemessenen Ganges, und schlug den Generalmarsch – und er schlug, als wollte er eine gestorbene Welt aus dem Todesschlafe erwecken. Und der Junge mit der Fahne ging ruhig vor ihm. Und der Alte schritt und schlug. – Wir blieben starr bei diesem Schauspiel, und die Tränen traten uns in die Augen. – ‚Lieber Freund', sagten wir ihm endlich, ‚lassen Sie das, es ist alles aus.' – ‚Nein', antwortete der Alte, ‚sie müssen heraus, sie müssen noch einmal heraus. Die Sache darf nicht verloren sein.' So sprechend ging er immer weiter und schlug die Trommel, daß sie den Kanonendonner überhallte, und der Knabe trug ruhig seine Fahne und sah nach allen Seiten, ob sie nicht kommen. Sie kamen nicht! ..."

Als Hartmann im November nach Frankfurt zurückkehrte, war er um viele revolutionäre Erfahrungen reicher. Die Paulskirchenversammlung, die Robert Blums Ermordung gleichgültig hingenommen hatte, war nur noch ein groteskes Panoptikum, das er mit spitzer Feder zu geißeln begann. Mit der „Reimchronik des Pfaffen Maurizius" schuf Hartmann eines der glänzendsten satirischen Pamphlete deutscher Sprache. Hier redete nicht der Liebhaber der Frankfurter Damen und der Beau der Opposition. Zornige Klage um die toten Freunde sowie beißender Spott über Gagerns Erbkaiser-Partei sind der Tenor der Gesänge, und die Anklage wird zum mahnenden Aufruf:

Das ist der Zeiten schwere Not,
Der Widerspruch, so schwer zu heben,
Daß wohl die Monarchie schon tot
Und daß noch die Monarchen leben.

Auch in einem Brief sprach er die Einsicht aus, daß nur revolutionärer Kampf zum Erfolg führen könne: „Allerdings haben wir *gebildeten* Deutschen uns einen Augenblick eingebildet, daß wir eine *gebildete* Revolution ohne viel Blut werden zustande bringen können; aber die Fürsten wollten es nicht, und mein armes Vaterland wird trotz aller Bildung gezwungen sein, wie England und Frankreich durchs rote Meer ins Land der Freiheit zu ziehen."

Die Agonie des Frankfurter Parlaments erlebte der Dichter bis zum bitteren Ende mit. Nachdem die rechten Abgeordneten ihre Mandate niedergelegt hatten, ging das Restparlament nach Stuttgart; aber selbst dort gab es nichts als Debatten, Tiraden, „demokratisches Possenspiel" (Engels), während der badische Aufstand von preußischen Truppen niedergeschlagen wurde. Ein Zivilkommissar genügte, um der Farce ein Ende zu machen; Verhaftungen, Prozesse, Todesurteile und Exekutionen folgten. Moritz Hartmann floh ins Ausland.

„Offen gestanden, ich bin der Politik unendlich müde“, schrieb der Flüchtling aus der Schweiz an Meißner. Am Genfer See Idyllen schreibend – drastischer läßt sich ein „Rückzug von der Politik“ kaum vorstellen –, verbrachte er die ersten Monate des Exils. Doch diese Flucht war für den noch nicht einmal Dreißigjährigen kein Ausweg. Bald beschäftigte er sich mit naturwissenschaftlichen Problemen und historischen Studien. Der Versuch, Klarheit über eine verlorene Schlacht zu gewinnen, die Sehnsucht nach dem fernen, ihm unerreichbaren Böhmen ließen Hartmann nicht ruhen. Schon 1850 erschien bei der „Literarischen Anstalt (J. Rütten)“, dem späteren Verlag Rütten & Loening, der historische Roman „Der Krieg um den Wald“, in dem er eine revolutionäre Überlieferung aus seiner engeren Heimat aufgreift. Der Kampf der Bauern zweier böhmischer Dörfer, der zum Krieg der Armen gegen die Reichen wird, das Selbsthelfertum des Wildschützen Peter Buresch, der seinen Krieg gegen die kaiserlichen Regimenter führt, und das Scheitern des Aufstandes, das Hartmann mit dem Wissen um die Niederlage der achtundvierziger Revolution gestaltete, sind das Thema eines Buches, das bis heute lebendig geblieben ist.

Im April 1850 reiste der in Deutschland steckbrieflich Gesuchte nach England, das er nach einem halben Jahr wieder verließ. Der englischen Sprache nicht mächtig, wegen seines wallenden Bartes Spottobjekt mißtrauischer Briten, wurde er im Inselreich nicht heimisch. Die irischen Verhältnisse, die Hartmann auf einer Reise im Juli 1850 kennenlernte, bestärkten seine Abneigung gegen die englische Bourgeoisie. In den vier „Briefen aus Dublin", mit denen er im „Deutschen Museum" debütierte, verurteilte er die koloniale Ausbeutung der Iren. Reisebeschreibungen sollten fortan für Hartmann ein weites Feld der schriftstellerischen Betätigung bleiben; die Not des Exils zwang ihn geradezu, seine Wanderungen literarisch zu verwerten.

Im Winter 1850/51 hielt sich Hartmann in Paris auf. Er war völlig mittellos. Dankbar nahm er deshalb die Einladung des französischen Schriftstellers François Sabatier an, den kommenden Sommer auf dessen Schloß in Südfrankreich zu verbringen. „Erstaunen Sie, daß ich noch hier bin?" schrieb er im März einem Freunde. „Glauben Sie, daß Paris soviel des Anziehenden für mich hat? Gott bewahre, ich bin nur hier, weil ich kein Geld zur Abreise habe, und doch könnte mich diese allein vor künftigen Bedrängnissen retten. Im Süden könnte ich ganz ohne Kosten leben und könnte mir einen sorglosen Winter bereiten, während hier meine Verlegenheiten mit jedem Tage wachsen ..."

In Latour de Farges, dem Schloß „am Rande der Cevennen", fand Hartmann eine gastliche Aufnahme. Hier blieb er vom Mai bis zum Oktober 1851 – ein halbes Jahr, das zu den glücklichsten und sorglosesten seines Exils zählte. Zusammen mit Freunden – François Sabatier, dessen Frau, der schwärmerisch verehrten, einst mit Lenau verlobten Karoline Sabatier-Unger, und der Pianistin Wilhelmine Clauß – unternahm er Ausflüge in das Languedoc und die Provence, von denen sein Reisetagebuch ein eindrucksvolles Zeugnis gibt. Aquädukte und die Ruinen antiker Foren, die Burgen herrschsüchtiger Seigneurs und der Palast der noch herrschsüchtigeren Päpste in Avignon luden ebenso zur Besichtigung ein wie romanische Kirchen und die Höfe provenzalischer Bauern. Weinlese und Stierkampf, Jahrmarkt und Prozession, Hafenkneipe und Redaktionsstube boten mannigfach Gelegenheit, Märchen und Lieder, Lebensgewohnheiten und Probleme der südfranzösischen Bevölkerung kennenzulernen. Die Berge und Schluchten aber erinnerten an die revolutionäre Vergangenheit des Landes: Hier hatten die verfolgten Protestanten gegen ihre Unterdrücker aufbegehrt. Hier tobten im dreizehnten Jahrhundert die Albigenserkriege und zu Beginn des achtzehnten die leidenschaftlichen Kämpfe der Kamisarden, der „Kinder Gottes", gegen die Truppen der allerchristlichsten katholischen Könige von Frankreich. Die Landschaft ist schön – so schön, daß der Reisende nicht selten in lyrische Schwärmerei verfällt. Und die steinernen Zeugnisse meisterlicher antiker Baukunst, denen er in dieser einstigen „Lieblingsprovinz" des Römischen Reiches auf Schritt und Tritt begegnet, tragen das Ihre dazu bei. Dennoch mußte all dies in seiner Reiseschilderung zurücktreten hinter die revolutionären Aktionen der Menschen, die immer wieder gegen klerikale Willkür und absolutes Herrschertum aufstanden. „Jedes Land wird mir erst dann lebendig, wenn ich es mir mit gewissen Helden seiner Geschichte bevölkere, und ich bereise es, wie man einen Roman liest, immer in Begleitung des leidenden Helden, indem ich alles oder das meiste, das ich sehe und erlebe, auf ihn beziehe. Daß diese Helden meiner Reiseromane oder Romanreisen meist die Unterdrückten des Landes sind, das ist so mein Geschmack, meine Sympathie. In Irland war es Robert Emmet und die Katholiken, im südlichen Frankreich sind es Roland, Jean Cavalier und die Protestanten ..."

In der Vergangenheit fand Hartmann die revolutionären Traditionen, an denen er die Gegenwart des südlichen Frankreich von 1851 maß. Die Vorboten des Staatsstreichs Louis Bonapartes, die dumpfe Unwissenheit, in der der politische Klerikalismus das Volk hielt, die Versuche der demokratischen Opposition, mit unzulänglichen Mitteln, aber doch geduldig aufzuklären und zu aktivieren – das alles wurde von einem aufmerksamen und mitfühlenden Reisenden registriert und aufgezeichnet. Eine Analyse der Verhältnisse aber war dem Autor nicht möglich, obwohl er die Symptome einer restaurativen Entwicklung im Detail erkannte. So konnte er etwa den Terror Ludwigs XIV. – in einem „aufgeklärten" Zeitalter und noch dazu gegen *französische* Protestanten gerichtet – keineswegs begreifen. Hier zeigen sich deutlich die Grenzen Hartmanns, dem der Einblick in die Gesetzmäßigkeit historischer Prozesse versagt blieb. Aber er ahnte den künftigen Sieg der Unterdrückten, und diese Ahnung, in der er sich auch durch die Bilder des Malers Papéty bestätigt sah, bestärkte ihn in seinem Kampf gegen reaktionäre Tendenzen, wo immer sie auftreten mochten.

Die literarische Meisterschaft des „Tagebuchs aus Languedoc und Provence", das in zwei Bänden 1853 in Darmstadt erschien und von der zeitgenössischen Kritik sehr anerkennend aufgenommen wurde, hat Hartmann in seinen späteren Reiseberichten („Wanderungen durch keltisches Land", „Bilder aus Dänemark") nicht wieder erreicht. Sagen, Geschichten und historische Miniaturen werden mit so viel Esprit erzählt, Historie und Gegenwart so geschickt miteinander verknüpft, daß das Buch nicht zu Unrecht mit Heines Reisebildern verglichen worden ist und sich bis heute neben den besten Werken deutscher Reiseliteratur behaupten kann.

Am Tage vor dem Staatsstreich Louis Bonapartes kehrte Hartmann nach Paris zurück. Erschüttert mußte er feststellen, daß die Franzosen nicht gegen die Diktatur kämpften. Verzweifelt versuchte er, die Pariser zu den Waffen zu rufen. Er konnte nicht begreifen, daß mit Louis Bonaparte, der ihm immer die Verkörperung des „unsittlichen Prinzips" blieb, die reaktionäre französische Bourgeoisie die Macht ergriffen hatte.

Paris sollte zwar noch für lange Zeit Hartmanns Zuflucht sein, aber das Zweite Kaiserreich war und blieb ihm verhaßt. Mehr noch als andere Emigranten litt er unter den Drangsalen des Exils. Die Hoffnung, von den österreichischen Behörden amnestiert zu werden, vor allem aber der Wunsch, das Heimatdorf Duschnik noch einmal besuchen zu können, ließen ihn nicht mehr los. Die Übersetzung der Gedichte Petőfis, seine Bearbeitung der Perraultschen Märchen, die Korrespondenzen – hauptsächlich für Dumonts „Kölnische Zeitung“ – mit Berichten vom Leben der Pariser Boheme und die Libretti für den befreundeten Komponisten Ferdinand Hiller halfen nur gegen die drückendste finanzielle Not. So nahm er eine Stelle als Hofmeister bei der Fürstin Trubetzkoi an, deren Tochter von ihm erzogen wurde und in deren Haushalt er bald eine Vertrauensstellung genoß. In Paris lernte er auch Turgenjew kennen, mit dem ihn bald freundschaftliche Beziehungen verbanden. (Später übersetzte er einige Werke des russischen Dichters ins Deutsche.)

Im Februar 1853 wurde Hartmann von der Napoleonischen Polizei als „verdächtiges Individuum“, von dem staatsfeindliche Umtriebe zu befürchten wären, verhaftet und im Staatsgefängnis Mazas interniert. Die Freunde setzten sich für ihn ein, und da die Gründe für eine Inhaftierung völlig unzureichend waren, kam er nach kurzer Zeit wieder frei. Im Gefängnis hatte der Dichter die „Erzählungen eines Unsteten“ begonnen. Erlebnisse und Begegnungen auf Reisen, in den Tagebüchern oft nur skizzenhaft notiert, wurden hier zu Novellen ausgeformt, die in lockerer Folge in der „Kölnischen Zeitung“ erschienen. Geld- und Zeitnot gehörten wohl mit zu den Ursachen, daß viele dieser Erzählungen, die ein realistisches Bild von den Problemen der Emigranten geben, nicht über interessante Zustandsschilderungen hinausgehen.

In den Jahren 1854 und 1855 war der Name Moritz

Hartmanns in fast allen großen europäischen Zeitungen zu finden: Der Reporter der „Kölnischen“ bot seinen deutschen Lesern bemerkenswert realistische Schilderungen von den Schauplätzen des Krimkrieges. Als die Türken den Korrespondenten im August 1854 als vermeintlichen russischen Spion verfolgten und sich das Gerücht verbreitete, er sei in Bukarest den Österreichern ausgeliefert worden, ging ein Sturm der Entrüstung durch alle oppositionellen Journale. Während der Schwerkranke in Rustschuk gepflegt wurde, bemühten sich die Freunde in Frankreich und Deutschland für den scheinbar Bedrohten. Man wandte sich sogar an die verschiedensten Höfe mit der Bitte, bei der österreichischen Regierung für Hartmann zu intervenieren, und selbst ein Mann wie Gustav Freytag, der die politischen Auffassungen Hartmanns nicht teilte, setzte sich für ihn ein. Der Genesene erfuhr erst in Konstantinopel, welchen Aufruhr sein Stillschweigen ausgelöst hatte. Von hier aus richtete er auch die Bitte an die österreichischen Behörden, seine kranke Mutter in Duschnik besuchen zu dürfen. Nach Frankreich zurückgekehrt, erhielt er die Antwort, daß „ein solch übelbeleumdetes Individuum auf kaiserliche Gnade nicht zu rechnen“ habe.

Der Fünfunddreißigjährige war ein gebrochener Mann. Er wiederholte die vergeblichen Amnestiegesuche – bis zum Tode der Mutter im Jahre 1857. Seine geschwächte Konstitution zwang ihn zu häufigem Aufenthalt in den Bädern Württembergs, und auch Norddeutschland und Dänemark bereiste er bis 1860. Neben den journalistischen Arbeiten entstanden in rascher Folge Novellen und Erzählungen, die fast alle in deutschen Zeitungen und Wochenschriften erschienen. Das Lustspiel „Gleich und gleich" ging über viele deutsche Bühnen. Aber trotz der Publikumserfolge gab erst ein Jahrgeld, das ihm die Fürstin Trubetzkoi aussetzte, dem Dichter ein relativ gesichertes Auskommen.

1860 reiste Hartmann nach Italien, um die Schauplätze des italienischen Krieges von 1859 zu besuchen. Das Erlebnis des nationalen Aufschwungs und die Begeisterung, die Garibaldi in ihm auslöste, ließen ihn auch die nationalen Probleme Österreichs und Deutschlands realistischer sehen. Daß der italienische Bürgerkrieg handfesten Klasseninteressen entsprang, wurde von Hartmann zwar nicht erkannt, aber seine Korrespondenzen enthielten so viel Zündstoff, daß sie zumeist nur verstümmelt abgedruckt wurden und sich sein Verhältnis zu vielen deutschen Zeitungen trübte.

Nach seiner Rückkehr aus Italien heiratete Hartmann die Tochter des Pädagogen Rödiger, die er in Genf kennengelernt hatte. Noch drei Jahre blieb das Ehepaar in der Schweiz, wo der Dichter an der Genfer Akademie Vorlesungen über deutsche Literatur hielt. Als ihm 1863 die Redakteurstelle des Stuttgarter Familienblattes „Freya" angeboten wurde, verließ er mit seiner Familie Genf. Tagesschriftstellerei, Brotarbeit, provinzielle Geselligkeit und ein idyllisches Familienglück füllten das Leben des kränkelnden Hartmann aus. An dem sich zu Beginn der sechziger Jahre immer mehr zuspitzenden Konflikt zwischen Preußen und Österreich nahm er lebhaften Anteil.

Dem demokratischen Flügel im Nationalverein, zu dessen Programm seit 1862 die Reichsverfassung von 1849 gehörte, galten die Sympathien Hartmanns, der das preußische Hegemoniestreben mit unverhohlenem Argwohn betrachtete.

Die Arbeit für die „Freya“ nahm seine ganze Kraft in Anspruch. Er äußerte sich zu historischen, künstlerischen und politischen Fragen, schrieb auch unter Pseudonymen und füllte manche Nummer nur mit eigenen Beiträgen. Daneben beschäftigte ihn die zu dieser Zeit aufkommende Volksbildungsbewegung. Vor Arbeiterbildungsvereinen sprach er über geschichtliche und literarische Probleme, hielt eine Gedächtnisrede auf den 1865 ermordeten amerikanischen Präsidenten Lincoln sowie die Festansprache zur Stuttgarter Schiller-Feier. Ende 1865 entwickelte er den Plan, ein politisch-kulturelles Journal für das gebildete Bürgertum zu schaffen, doch nach dem österreichisch-preußischen Krieg konnte er seine Vorstellungen nicht mehr verwirklichen. Politischer Differenzen wegen brach er 1867 sogar seine Arbeit für Cottas „Allgemeine Zeitung“ ab.

Nach neunzehn Jahren des Exils kehrte Moritz Hartmann – die österreichische Regierung hatte die Achtundvierziger amnestiert – im Herbst 1868 nach Österreich zurück. In Wien übernahm er den literarischen Sektor der liberalen „Neuen Freien Presse“, und noch einmal ging er optimistisch an die Arbeit, nur allzu bereit, reformistische Tendenzen für eine demokratische Entwicklung zu halten. „Ich habe so viele Pläne im Kopf, daß es zwanzig gesunde Jahre und Freiheit der Arbeit dazu brauchte, um alles auszuführen, aber das Brotschreiben wird es mir wohl nicht mehr erlauben, Statuen zu bilden", schrieb der Kranke, der in den letzten Jahren seines Lebens kaum noch seinen Redakteurspflichten genügen konnte.

Im Winter 1871/72 erkrankte Hartmanns Frau lebensgefährlich. Selbst krank, pflegte er sie, entwikkelte sogar Pläne für eine Italienreise im Sommer – doch am 15. Mai 1872 erlag er seinen Leiden.

Das letzte Lebensjahrzehnt Hartmanns wurde von den Schatten der Bismarckschen Reichseinigung durch „Eisen und Blut" verdunkelt. Die linksliberalen Ideen, denen er nach der gescheiterten Revolution von 1848 anhing, wurden von den politischen Tatsachen überholt. 1866 hatte ihn der Zusammenbruch seiner großdeutschen Hoffnungen auf das empfindlichste getroffen. Der Sieg der Preußen über Österreichs Heer, nicht zuletzt vom neu entwickelten Zündnadelgewehr herbeigeführt, veranlaßte ihn zu bitteren Prophezeiungen: „Für mich hat der Junker gesiegt und das spezifische Preußentum, welches das Gegenteil ist von allem Lichtem und Schönstem in deutschem Wesen und Charakter. Deutschland wird (vielleicht) stärker, aber nur auf Kosten seiner edleren Bildung, und die Deutschen werden Chauvinisten, das Schlimmste, was man werden kann ...; denn was auf Zündnadeln gebaut wird, kann durch Zündnadeln gestürzt werden." Der Deutsch-Französische Krieg und die nachfolgende Verpreußung Deutschlands gaben Hartmanns Befürchtungen recht. Zwar begrüßte er die endlich errungene deutsche Einheit, aber der dafür zu zahlende Preis war ihm zu hoch. Noch in seinen letzten Artikeln nahm er gegen den Krieg Stellung, dessen aggressiver Charakter nach der Schlacht von Sedan immer offensichtlicher wurde.

Streitbarer Literat im besten Sinne des Wortes, blieb Moritz Hartmann bis zuletzt seinen demokratischen Idealen treu. In seinem Kampf gegen Reaktion und Dunkelmännertum stand er trotz mancher Irrtümer stets auf der Seite derer, die für die Zukunft stritten.

Konrad Paul

Anmerkungen

Der Text folgt dem zweibändigen Reisebericht Moritz Hartmanns: „Tagebuch aus Languedoc und Provence", Darmstadt 1853. Zwei Intermezzi, Gedichtsammlungen mit den Titeln „Vom Meere" und „Provencalen", wurden nicht aufgenommen.

7 *Vernis de Japon* – (franz.) Japanischer Lack.

8 *Basse-cour* – (franz.) Hühnerhof.

Ludwig der Fromme – Ludwig I., genannt der Fromme (778–840), fränkischer König, Sohn Karls des Großen.

10 *Roland Laporte* – Der Neffe des Kamisardenführers Laporte oder la Porte (um 1656–1702), ein ehemaliger Dragoner, war ebenfalls ein berühmter Anführer der Aufständischen; er fiel 1704. Vgl. erste Anm. zu S. 31.

Jean Cavalier – Der Bauernsohn Jean Cavalier (1680–1740) war der militärische Führer des Kamisardenaufstandes (1702–1705). Nach der Niederschlagung des Aufstandes durch die Truppen Ludwigs XIV. diente Cavalier in den Armeen des Herzogs von Savoyen, der Niederlande und Englands; in England, wo er als Statthalter von Yersey starb, schrieb er die „Memoires of the Wars of the Cevennes" (Erinnerungen an die Cevennenkriege, 1726).

11 *Garigue* – (franz.) unbebautes Land, Weide.

13 *Guizot* – François-Pierre-Guillaume Guizot (1787–1874), französischer Historiker und Staatsmann, vertrat die Interessen der Großbourgeoisie, 1840 Außenminister, seit 1847 zugleich Ministerpräsident, floh nach der Februarrevolution von 1848 nach England, seit 1854 Präsident der Académie de sciences, morales et politiques (Akademie der Wissenschaften, Moral und Politik).

13 *Nal und Damajanti* – Episode aus dem indischen Nationalepos „Mahabharata", die vom Schicksal des Königs Nala und seiner treuen Gattin Damajanti berichtet.

Papéty – Dominique-Louis-Ferréol Papéty (1815–1849), französischer Maler und Lithograph.

14 *Erard* – Marken-Flügel, benannt nach der alten fränkischen Instrumentenbauerfamilie Erard (ursprünglich Erhard), die sich um 1790 in Straßburg und wenig später auch in Paris ansiedelte.

Couperin – François Couperin (1668–1733), französischer Komponist.

... gehören einem Künstler – Hartmann hielt sich 1850 im Schloß des französischen Schriftstellers und Übersetzers François Sabatier (1818–1891) auf, der mit der ehemaligen Verlobten Lenaus, der Sängerin Karoline Unger (1805–1877), verheiratet war.

horribile dictu – (lat.) schrecklich zu sagen.

admirabile dictu – (lat.) staunenswert zu sagen.

15 *O Arndt, Jahn und Binzer! ...* – Ironische Anspielung auf die chauvinistische Theorie vom Erbfeind Frankreich, die zeitweilig auch von Ernst Moritz Arndt (1769–1860) und Friedrich Ludwig Jahn (1778–1852) sowie von dem Schriftsteller Daniel von Binzer (1793–1868) vertreten wurde.

17 *Don Ranudo* – Bezeichnung für adelsstolze Bettler nach dem Lustspiel „Don Ranudo de Colibrados" des dänischen Dichters Ludvig Holberg (1684–1754).

ad captandam benevolentiam – (lat.) zum Haschen nach Wohlwollen.

18 *Curé* – Katholischer Pfarrer.

Vicaire – (franz.) Vikar, Stellvertreter des Pfarrers.

19 *imperialistisches Lager* – Gemeint ist die antiklerikale Partei des Kaisers.

20 *pylischer König* – Nestor, der greise Ratgeber der Griechen während ihres Kriegszuges gegen Troja.

Halle des edlen Laertiaden – Odysseus, der Sohn des Laertes, tötet nach der griechischen Sage bei der Rückkehr von seinen jahrelangen Irrfahrten in der Halle seines Palastes alle Freier seiner Gattin Penelope.

20 *sein göttlicher Schweinhirt* – Eumaios, ein als Kind in die Sklaverei verkaufter Königssohn, diente der griechischen Sage nach dem Odysseus als Schweinehirt.

21 *ein unsterblicher Dichter* – Wahrscheinlich Anspielung auf den Verfasser des „Don Quijote", Miguel de Cervantes Saavedra (1547–1616), der 1575 in die Gefangenschaft algerischer Seeräuber geriet und nach fünfjährigem Sklavendienst freigekauft wurde.

22 *George Sand* – Eigentlich Lucile-Aurore Dudevant, geb. Dupin (1804–1876), Romanschriftstellerin der französischen Romantik; trat in ihren Werken für den sozialen Fortschritt und die Emanzipation der Frau ein.

Abbé Favre – Jean-Baptiste Favre oder Fabre (1728–1783), französischer Dichter, der in Languedocer Mundart schrieb.

24 *„I Bombici"* – (ital.) „Die Seidenraupen".

Di reptili ... parte – (ital.) Lobend möchte ich in diesem und jenem Teile die Werke und die Kunst kriechender und fleißiger Ritter besingen, Würmer Etruriens und von den Griechen zuerst „bombici" benannt.

Vermicelli santi ... cortese grege – (ital.) Heilige Würmchen, edle Nachkommen kräftiger Würmer, anmutige Würmer, edle Würmer, kostbare und liebe Tierchen, liebliche Kindlein, anmutige Schar, artige Schar.

Gite pur ... miserie vostre – (ital.) Ruht euch nur aus, ihr mutigen Ritter, ihr glücklichen, glückhaften, anmutigen Seelen, von euren Anstrengungen, ruht euch stolz aus in den blinden, dunklen und schwarzen Gefängnissen, denn weiß und leicht, mit neuen Leibern und mit schönerer Gestalt wird euch die himmlische Mutter der Liebe, Ciprigna, zu sich rufen, zur Barmherzigkeit bewegt durch euer Unglück.

26 *Marabut* – Name einer islamischen Sekte in Nordwestafrika.

28 *Chrysalide* – Goldglänzende Schmetterlingspuppe.

femme entretenue – (franz.) ausgehaltene Frau.

30 *François Sabatier* – S. die dritte Anm. zu S. 14.

kapiteus – berauschend.

31 *Kamisarden* – Der Kamisardenaufstand brach 1702 in der Provinz Languedoc, im Gebiete der Cevennen, aus. Die Kamisarden, benannt nach dem weißen Hemd (lat.: camisa), das

sie bei ihren Angriffen über die Kleider zogen (daher camisade: nächtlicher Überfall), waren aufständische Hugenotten, vor allem Bauern und Stadtbürger, die sich gegen religiöse Verfolgung und wachsende Ausbeutung zur Wehr setzten. Der Aufstand, der die Grundlagen des feudalabsolutistischen Systems erschütterte (zeitweise hatten die Kamisarden ein Drittel der Provinz Languedoc besetzt), wurde nach zwei Jahren von den königlichen Truppen niedergeschlagen. In den Jahren 1705 bis 1709 flackerten im Languedoc neue Aufstände auf.

31 *Catinat* – Der Kamisardenführer Abdias Morel oder Maurel nannte sich Catinat nach dem Marschall, unter dem er gedient hatte; er wurde 1705 in Nimes verbrannt.

Abraham – Abraham Mazel, Kamisardenführer und Prophet, wanderte 1705 aus; 1709 kam er nach seiner Rückkehr bei einem erneuten Aufstandsversuch um.

Elie Marion – Elias Marion (gest. 1713), einer der angesehensten Propheten der Kamisarden; von 1704 an bereiste er Europa und war unter anderem in England, Schweden, der Schweiz und der Türkei.

Roland – S. die erste Anm. zu S. 10.

Rohan – Henri Herzog von Rohan, Prinz von Léon (1559 bis 1638), während der Regierungszeit Ludwigs XIII. Führer der Hugenotten; wurde von Richelieu besiegt und 1635 als Heerführer der Krone geworben. Rohan führte die französischen Truppen im Feldzug in Graubünden (1631–1635), fiel aber in Ungnade, als er sich gegen den Willen Richelieus zurückzog.

32 *Ludwig XIV.* – Ludwig XIV. (1638–1715), seit 1643 König von Frankreich.

Anna von England – Anna Stuart (1665–1714), seit 1702 Königin von Großbritannien und Irland.

33 *Jordan* – Anspielung auf den Schriftsteller Wilhelm Jordan (1819–1904), Mitglied des Frankfurter Parlaments, der von der Linken zur Erbkaiserpartei überwechselte, Ministerialrat in der Marineabteilung wurde und nach der Versteigerung der Flotte in den Ruhestand trat.

Bâville – Der Präfekt (Intendant) des Languedoc, Herr von Bâville aus dem Hause Lamoignon, bekämpfte die Kamisarden mit allen Mitteln.

33 *Berwick* – James Fitzjames Herzog von Berwick (1670–1734), französischer Feldherr; er war der Sohn Jakobs II. von England und nicht Karls II.

34 *Montrevel* – Nicolas-Auguste de la Baume, Marquis de Montrevel (1636–1716), war 1703 Anführer der königlichen Truppen, die die Kamisarden bekämpften.

Große Wunder geschehen ... Herodes – Hartmann vergleicht die Schicksale der Kamisarden mit denen des jüdischen Volkes, das zeitweise unter ägyptischer Herrschaft lebte. Der jüdische König Herodes verfolgte die ersten Christen.

die schöne Isabeau – Isabeau Vincent war die Tochter eines Wollkämmers und stammte aus der Dauphiné.

35 *Père Lachaise* – François d'Aix, genannt Le Père Lachaise (1624–1709), Jesuit, seit 1675 Beichtvater Ludwigs XIV., trug zur Zurücknahme des Ediktes von Nantes (s. die sechste Anm. zu S. 279) bei.

Bossuet – Jacques-Bénigne Bossuet (1627–1704), katholischer Theologe und Historiker, Gegner des Protestantismus.

Madame Maintenon – Françoise d'Aubigné, Marquise de Maintenon (1635–1719), Mätresse Ludwigs XIV.

Herr Louvois – François-Michel le Tellier, Marquis de Louvois (1641–1691), seit 1668 Kriegsminister Ludwigs XIV.

Ruinen von Port Royal – Das Kloster Port Royal des Champs war der Sammelpunkt vieler Jansenisten. Der Jansenismus, eine gegen die Jesuiten gerichtete theologische Denkweise, zu dem sich viele französische Gelehrte zur Zeit Ludwigs XIV. bekannten, wurde vom Klerus und vom König verdammt; viele Jansenisten wanderten in die Niederlande aus.

Fénelon – Eigentlich François de Salignac de la Mothe (1651–1715), französischer Schriftsteller und Geistlicher, der 1686 mit der Bekehrung der Hugenotten beauftragt wurde, geriet sowohl zum Papst als auch zum König in Gegensatz und fiel nach der Veröffentlichung seines Bildungsromans „Die Abenteuer des Telemach" (1699) in Ungnade.

Vauban – Sébastien Le Prestre, Seigneur de Vauban (1633–1707), französischer Ingenieur, 1669 Generalinspekteur der Festungen, 1703 Marschall von Frankreich, wandte sich als Nationalökonom gegen die Ausbeutung der unteren Klassen und forderte den „Königszehnten“ von jedem Einkommen, auch von Adel und Klerus; seine diesbezügliche Schrift wurde vom Henker verbrannt.

35 *Bayle* – Pierre Bayle (1647–1706), Philosoph und Schriftsteller der französischen Aufklärung, wurde als Atheist angegriffen und verfolgt.

36 *Rabaut-Saint-Etienne* – Jean-Paul Rabaut, genannt Saint-Etienne (1743–1793), protestantischer Theologe und Politiker, wurde am 14. März 1790 zum Präsidenten der Nationalversammlung ernannt.

Constituante – (franz.) Konstituierende Versammlung.

Schmidt – Julian Schmidt (1818–1886), Literarhistoriker und Publizist in Berlin.

37 *Emmet* – Der irische Patriot Robert Emmet (1778–1803) entfachte 1803 in Dublin einen Aufstand, bei dem der Oberrichter von Irland umkam; Emmet wurde gehängt.

Paoli – Pasquale Paoli (1725–1807), korsischer Freiheitskämpfer.

Cagot – (franz.) Mucker, Betbruder.

Albigenser – Die Albigenser, nach der südfranzösischen Stadt Albi und der Grafschaft Albigeois benannt, gehörten zur Bewegung der Katharer, der „Reinen“, einer Sekte mit streng asketischen Prinzipien. Weltliche und geistliche Feudalherren, vor allem der um seine Macht fürchtende Klerus, verfolgten die Albigenser erbarmungslos; sie wurden in den Albigenserkriegen (1209–1229) fast vollständig vernichtet.

38 *Minstrel ... Marcabrun* – Erinnerung an Troubadours, die im südlichen Frankreich zu Hause waren.

wie das Auge eines Käthchens ... – Anspielung auf Kleists Ritterschauspiel „Das Käthchen von Heilbronn“.

40 *Aquae mortuae* – (lat.) Totes Wasser.

41 *Parapet* – (franz.) Brüstung, Brustwehr.

42 *Pharus* – Leuchtturm.

heiliger Ludwig – Ludwig IX., genannt der Heilige (1215–1270), seit 1226 König von Frankreich.

48 *Pradier* – James Pradier (1792–1852), französischer Bildhauer.

Frères Ignorantins – (franz.) Unwissende Brüder; Mönchsorden.

48 *Vive Ledru!* – (franz.) Es lebe Ledru! Gemeint ist Ledru-Rollin; s. die zweite Anm. zu S. 251.

49 *Maison carrée* – (franz.) Viereckiges Haus.

50 *Demodokos* – Der blinde Sänger der Phäaken; vgl. Homer, „Odyssee", 8. Gesang.

51 *Nazarener ... Kopf zertreten* – Anspielung auf den Zerfall des römischen Imperiums, der durch das Christentum beschleunigt wurde.

Naumachie – Seeschlacht; Darstellung einer Seeschlacht in der altrömischen Arena.

55 *Munizipalität* – Stadtobrigkeit.

Semper – Gottfried Semper (1803–1879), Baumeister, der am Dresdener Maiaufstand von 1848 maßgeblich beteiligt war.

Leipziger Magister Minckwitz – Der Dichter und Altphilologe Johannes Minckwitz (1812–1885) hatte 1844 ein „Lehrbuch der deutschen Verskunst" herausgegeben.

turris magna – (lat.) großer Turm.

58 *Flandrin* – Hippolyte Flandrin (1809–1864), französischer Maler.

59 *Enkaustik* – Antike Maltechnik mit in Wachs gelösten Farben.

60 *où le dos change de nom* – (franz.) wo der Rücken seinen Namen ändert.

partie honteuse – (franz.) verschämte Partie, verschämter Körperteil.

61 *der gute König René* – René I. von Anjou, genannt der Gute (1409–1480), Titularkönig von Neapel und Jerusalem, Herzog von Lothringen und Graf von Provence, widmete sich der Wiederbelebung der Minnedichtung in der Provence.

63 *Papstpalast* – Clemens V., ein Franzose, verlegte 1309 die Residenz der Päpste nach Avignon; von 1378 bis 1417 hielten die Gegenpäpste dort hof. Erst 1797 verzichtete der Papst auf die Herrschaft über Avignon.

64 *Verdet* – (franz.) Kupfergrün; die königlichen Freiwilligen trugen grüne Uniformen.

Comités von 1815 – Am 18. Juni 1815 wurde Napoleon I. bei Waterloo vernichtend geschlagen. Mit der Restauration der bourbonischen Herrschaft unter Ludwig XVIII. kam es besonders im Süden Frankreichs zu Terroraktionen, denen Bonapartisten und Protestanten zum Opfer fielen.

64 *Brune* – Guillaume-Marie-Anne Brune (1763–1815), Buchdrucker, Revolutionär, Napoleonischer Feldherr, eroberte 1798 die Schweiz; 1800 Obergeneral der französischen Armee in Italien, 1804 Marschall von Frankreich. Als Oberbefehlshaber im südlichen Frankreich wurde er am 2. August 1815 in Avignon von royalistischen Terroristen ermordet.

Portefaix – (franz.) Träger.

66 *hôtel de ville* – (franz.) Rathaus.

Johanna von Neapel – Johanna I. (1326–1382), seit 1343 Königin von Neapel, ließ im Krönungsjahr ihren Gatten, Andreas von Ungarn, ermorden und heiratete den Prinzen Ludwig von Tarent.

67 *Glacière* – (franz.) Eisgrube.

Coupetête – (franz.) Hockspiel, Bockspringen.

68 *Rienzi* – Cola di Rienzi (eigentlich Nicola di Lorenzo Gabrini, 1313–1354), römischer Politiker und Humanist; erstrebte die Einheit Italiens und die Bildung einer Republik nach antikem Vorbild. 1347 wegen einiger von ihm durchgeführter progressiver Reformen von der Reaktion vertrieben, ließ sich Rienzi 1354 von Papst Innozenz VI. an die Spitze einer volksfeindlichen Republik stellen, wurde jedoch von Aufständischen getötet.

ville carillonnante – (franz.) läutende Stadt; Stadt der Glokken.

Rabelais – François Rabelais (um 1494–1553), französischer Mediziner und satirischer Schriftsteller. Der Sohn eines Advokaten wurde Priester, trieb Sprachstudien und ging 1530 nach Montpellier, wo er von 1531 an Vorlesungen hielt. Sein Hauptwerk ist der satirische Roman „Gargantua und Pantagruel" (1533/34). S. auch Kapitel 15.

Masaccio – Eigentlich Tommaso di Ser Giovanni di Simone Guidi (1401–1428), italienischer Maler.

70 *Mâchicoulis* – (franz.) Maueröffnung oder Zwinger an hervorstehenden Mauerkränzen alter Schlösser, der dazu diente, den Fuß der Mauer zu verteidigen.

71 *voyageur consciencieux* – (franz.) gewissenhafter Betrachter.

74 *Agenten der Kongregationen* – Agenten des Klerus, die zu Terroraktionen gegen die Bonapartisten aufriefen.

75 *Prinzessin Lamballe* – Marie-Thérèse-Louise de Savoie-Carignan, Fürstin von Lamballe (1749–1792), seit 1774 Haushofmeisterin der Königin Marie-Antoinette, wurde während der Septemberunruhen 1792 im Gefängnis ermordet.

77 *die Lilie* – Die Lilie war das Wappenzeichen der Bourbonen.

82 *Chasseur d'Angoulême* – Jäger des Regiments Angoulême.

86 *Illic ... acceptissima* – (lat.) Schon von Jugend an pflegte ich mich dort (in Clausa Valle) des öfteren an jenen Ort wie in die sicherste Burg zu flüchten, in der Hoffnung, in seinem Schatten meine jugendliche Glut abzukühlen, die mich, wie du weißt, viele Jahre versengte. Doch wehe! Ich Unvorsichtiger! Das Heilmittel selbst wurde zum Verderben! Denn von den Sorgen, die ich mit mir trug, bedrückt und ohne die Aussicht, daß auch nur eine Holde in solch großer Einsamkeit mein Feuer zu löschen eilte, glühte ich nur noch verzweifelter. Da brach die Flamme aus meinem Herzen hervor und erfüllte die Täler und den Himmel mit elendem, (aber wie einige sagen) süßem Gestammel. Hierher rühren jene allbekannten Lieder meiner Jugendnöte, deren ich mich heute schäme und die ich bereue, die aber, wie wir sehen, allen, die von derselben Krankheit befallen sind, sehr willkommen sind.

89 *Zug des einäugigen Karthagers* – Im zweiten Punischen Krieg (218 v. u. Z.) überschritt der karthagische Feldherr Hannibal (246–183 v. u. Z.) von Südfrankreich aus die Alpen mit 90000 Mann Fußvolk, 12000 Reitern sowie 37 Elefanten und erlitt dabei große Verluste.

90 *Paradiso 8,59* – Dante, „Göttliche Komödie", Paradies VIII,59: Karl Martell: „Und jenes linke Ufer, das die Rhone, wenn sie der Sorga sich vermischt hat, netzt, erharrte mich zur Zeit für seine Krone."

94 *Remusat* – François-Marie-Charles Comte de Remusat (1797 bis 1875), französischer Schriftsteller und Politiker; „De la philosophie allemande" (Über die deutsche Philosophie) erschien 1846.

Kollegium – Höhere Schule.

Guizot – S. die erste Anm. zu S. 13.

95 *Louis Napoleon* – Louis Bonaparte (1808–1873), der Neffe Napoleons I., war im Dezember 1848 zum Präsidenten der Republik gewählt worden; 1851 machte er sich durch einen Staatsstreich zum Alleinherrscher und ließ sich 1852 als Napoleon III. zum Kaiser der Franzosen ausrufen.

Cercle – (franz.) Zirkel, Klub.

Robert Blums Reisegefährte – S. Nachwort S. 447 f.

96 *Montagnards* – (franz.) Bergbewohner; hier: Mitglieder der Berg-, der Fortschrittspartei.

Karl X. – Karl X. Philipp, genannt Graf von Artois (1757–1836), seit 1824 König von Frankreich; seine Herrschaft führte zur Julirevolution von 1830; er lebte nach seiner Abdankung im Ausland (Prag).

99 *„Der Tag wird heiß ...“* – Shakespeare, „Romeo und Julia“ III,1.

Bossuet – S. die zweite Anm. zu S. 35.

de Maistre – Joseph-Marie Graf de Maistre (1754–1821), französischer philosophischer Schriftsteller, der in seinen Werken für die Herrschaft des Papstes eintrat.

Alii alia – (lat.) Andere (erzählen es) anders.

100 *Salvator mundi* – (lat.) Retter der Welt; Anspielung auf Christus.

101 *Lenaus „Klara Hebert“* – Lenau schildert in dem Romanzenkranz „Klara Hebert“ die Liebe eines einfachen französischen Mädchens zu einem gefangenen polnischen Prinzen.

102 *Claude Lorrain* – Eigentlich Claude Gelée (1600–1682), französischer Radierer und Landschaftsmaler.

104 *Chillon* – Schloß im schweizerischen Kanton Waadt, bei Montreux, auf einem Felsen im Genfer See; in dieser Landschaft siedelte Hartmann seine historische Erzählung aus der Zeit des Kampfes der Genfer Bürger mit dem Fürstentum Savoyen, „Der Gefangene von Chillon“, an.

106 *Condamné à six mois ...* – (franz.) Verurteilt zu sechs Monaten Gefängnis für den Ruf: „Es lebe Henri V.“ (s. vierte Anm. zu S. 106).

à quatre mois ... – (franz.) zu vier Monaten wegen des aufrührerischen Rufes: „Es lebe die Republik“ – im Jahr III der Republik.

106 *Dix huit mois* ... – (franz.) Achtzehn Monate Gefängnis für die Rettung der Heimatstadt vor einem blutigen Aufruhr.

Heinrich V. – Henri-Charles de Bourbon, Graf von Chambord, Herzog von Bordeaux (1820–1883), der letzte Vertreter der älteren Linie der Bourbonen, lebte seit 1830 in Österreich; nach dem Tode Karls X. (1836) wurde er von seinen Anhängern als Heinrich V. zum König erklärt.

107 *Vien* – Joseph-Marie Comte de Vien (1716–1809), französischer Maler und Kupferstecher.

David – Jacques-Louis David (1748–1825), französischer Maler, Begründer der klassizistischen Schule in Frankreich, Anhänger der Jakobiner, später Hofmaler Napoleons.

108 *Parrocel* – Französische Malerfamilie; die Bilder stammen höchstwahrscheinlich von Pierre Parrocel (1670–1739).

Vanloo – Charles-André Vanloo (1705–1765), französischer Maler.

110 *Albigenserkrieg* – S. die vierte Anm. zu S. 37.

der Sohn Raimunds von Toulouse – Raimund VI., Graf von Toulouse (1194–1222), hatte die Albigenser begünstigt und wurde deshalb vom Papst in den Bann getan. Er eroberte im Laufe der Albigenserkriege fast alle seine Länder zurück. Sein Sohn, Raimund VII. (1222–1249), mußte im Frieden von Paris (1229) Languedoc an Ludwig IX. von Frankreich abtreten.

Donjon – Schloßturm, Bergfried.

112 *Seigneur* – (franz.) Grundherr, Feudalherr.

114 *Phozeer* – Auch Phokäer oder Phoker; Griechen aus Phokaia, einer bedeutenden antiken Handelsstadt in Kleinasien, gründeten im 7. und 6. Jahrhundert v. u. Z. zahlreiche Kolonien, zu denen auch Massilia (Marseille) gehörte.

119 *Patroklus* – Patroklos, der Freund des Achill, fiel beim Kampf um Troja.

120 *Madame Lafarge* – Marie Lafarge, geb. Chapelle (1816–1852), beschuldigt, 1840 ihren Mann mit Arsenik vergiftet zu haben, war zu zwanzig Jahren Gefängnis verurteilt worden; sie kämpfte um eine Revision des Urteils und wurde nach zwölfjähriger Haft begnadigt.

SEX. L. M. IVLIEI. C. F. PARENTIBVS SVEIS – (lat.) Sextus, Lucius, Marcus, des Julius Caius Söhne, ihren Eltern.

121 *Küste von Bona* – Gemeint ist die Sträflingskolonie in der Nähe der algerischen Stadt Bône.

Bleidächergefängnisse – Anspielung auf die berüchtigten venezianischen Bleidächer (Bleikammern), unter denen sich die Gefängnisse befanden; sie wurden 1791 zerstört.

124 *Thebaiden* – Hartmann vergleicht Les Baux mit der altgriechischen Stadt Theben, die von der Burg des Kadmos beherrscht wurde und von einem Mauerring umgeben war, der einen Umfang von 7 km hatte.

Curtius – Quintus Rufus Curtius (um 50 u. Z.), römischer Geschichtsschreiber; er verfaßte die „Geschichte Alexanders des Großen" (Historiae Alexandri Magni).

125 *Post tenebras lux* – (lat.) Nach dem Dunkel (folgt das) Licht.

126 *Ogive* – Spitzbogen.

127 *Vicinalstraße* – Straße, die in die Nachbarschaft führt; hier: Privatstraße.

128 *Kaiser Konrad* – Konrad III. (1093–1152), seit 1128 König von Italien, seit 1138 deutscher Kaiser.

Fürsten von Orange ... in Nassau herrschen – Das Fürstentum Orange (Oranien) gehörte von 1530 bis 1703 dem Hause Nassau.

Karl von Anjou – Karl I. von Anjou (1220–1285), seit 1265 König von Neapel und Sizilien.

129 *Sirventes* – Politisch-moralische, satirische Form der Troubadourdichtung.

Fulco – Folquet de Marseille (gest. 1231), ein Troubadour, trat nach 1195 in den Orden der Zisterzienser ein und wurde 1206 Bischof von Toulouse; er war einer der grausamsten Ketzerverfolger. Sein Schicksal wird in Lenaus epischer Dichtung „Die Albigenser" (1842) in dem Gesang „Fulco" geschildert.

130 *Waldenser* – Eine 1176 von Petrus Waldus in Lyon gegründete Laienbewegung, deren Armutsideal dem der Katharer (s. die vierte Anm. zu S. 37) entsprach.

Sordello – Sordello di Goito oder de' Visconti aus Mantua, um 1270 der bedeutendste unter den italienischen Troubadours; Dante schildert seine Begegnung mit Sordello in der „Göttlichen Komödie", Läuterungsberg VI–VIII.

131 *Diez* – Friedrich Diez (1797–1876), Begründer der romanischen Philologie, seit 1823 Professor in Bonn; Verfasser der Werke „Die Poesie der Troubadours“ (1826) und „Leben und Werke der Troubadours“ (1826).

132 *Ludwig XII.* – Ludwig XII. (1462–1515), seit 1498 König von Frankreich.

133 *Felice* – Guillaume-Adam de Felice (1803–1870), Professor der Theologie und Dekan der theologischen Fakultät in Montauban. „Die Geschichte der Protestanten in Frankreich“ erschien 1850.

libera me – (lat.) erlöse mich, befreie mich; Teil der Liturgie.

de profundis – (lat.) aus der Tiefe; Anfangsworte des 130. Psalms, eines oft gesungenen Bußpsalms.

135 *Franz I.* – Franz I. (1494–1547), seit 1515 König von Frankreich.

Karl V. – Karl V. (1500–1558), seit 1520 römisch-deutscher Kaiser.

137 *Thierry* – Augustin Thierry (1795–1856), französischer Historiker.

138 *Segobringer* – Völkerschaft im südöstlichen Gallien.

139 *Massilia* – (lat.) Marseille.

Herren von Arles und Arelat – Kaiser Konrad II. besetzte 1034 das Königreich Burgund, zu dem Arles und das arelatische Reich (Arelat) gehörten; nachdem mit Karl IV. der letzte deutsche König in Arles gekrönt worden war, fiel das Gebiet nach 1378 an Frankreich.

141 *Abd er Rahman* – Abd er Rahman ibn Abdalla, arabischer Feldherr, der 732 in Aquitanien (Südfrankreich) eindrang, aber von den Franken unter Karl Martell geschlagen wurde.

142 *Herzoge von Savoyen in der Genfer Geschichte* – Der Genfer Stadtstaat mußte sich während mehrerer Jahrhunderte gegen Annexionsversuche der Grafen, später Herzöge von Savoyen erwehren; nach Napoleons I. Sturz wurde Genf wieder mit der Schweiz vereinigt. Eine Episode aus dem antifeudalen Kampf der Genfer Bürger gestaltet Hartmann in der Erzählung „Der Gefangene von Chillon“.

das Rätsel Simsons – Rätsel des israelitischen Helden Simson, der sich im Kampfe gegen die Philister hervortat: „Speise ging aus vom Fresser und Süßigkeit vom Starken"; in einem von Simson zerrissenen Löwen hatte sich ein Schwarm Bienen eingenistet, deren Honig Simson verzehrte; Altes Testament, Richter 14, 5–20.

143 *Alfred Meißner* – Österreichisch-böhmischer Dichter und Schriftsteller (1822–1885); Vertreter des von Marx und Engels bekämpften „wahren Sozialismus"; Studienfreund Hartmanns aus der Prager Zeit.

144 *Dumas* – Alexandre Dumas, der Ältere (1802–1870), französischer Schriftsteller, verfaßte neben zahlreichen historischen Dramen und Romanen auch Reisebeschreibungen.

Jules Janin – Französischer Schriftsteller und Journalist (1804–1874), der auch literarhistorische Schriften publizierte.

guide de voyage – (franz.) Reiseführer.

Röth – Eduard Maximilian Röth (1807–1858), Philosoph und Altertumsforscher, seit 1840 Professor in Heidelberg.

145 *Berthold Auerbach* – Eigentlich Moses Baruch (1812–1882), Schriftsteller; Herausgeber der beliebten „Volkskalender"; wurde berühmt als Verfasser der „Schwarzwälder Dorfgeschichten".

146 *Roda* – Nilinsel bei Kairo.

Facta loquuntur – (lat.) Die Tatsachen sprechen.

Thersites – In Homers „Ilias" ist Thersites der häßlichste Grieche im Heere vor Troja, der von Achilles erschlagen wird.

147 *die deutsche Muse* – Goethe.

Dux und Comes – Dux (lat.: Führer) nennt man das eine Fuge eröffnende Thema in der Grundstufe, Comes (lat.: Begleiter) die Beantwortung in der fünften Stufe.

Pygmalions Statue – Pygmalion, der legendäre König von Zypern, verliebte sich in eine von ihm selbst geschaffene Statue, die von Aphrodite auf seine Bitten hin belebt wurde.

151 *laudatores temporis acti* – (lat.) Lobredner auf die Vergangenheit.

152 *„Schönheit, wo ich dich erblicke ..."* – Friedrich Hebbels (1813–1863) Gedicht „Eine Pflicht".

155 *dames noires* – (franz.) schwarze Damen.

158 *Proprietär* – Grundbesitzer.

161 *Metempsychose* – Seelenwanderung.

162 *Famulus Wagner* – Gestalt aus Goethes „Faust"; Sinnbild trockener Stubengelehrsamkeit.

„wie man's am Ende so herrlich weit gebracht hat" – S. Goethe, „Faust. Erster Teil", Vers 573.

der Zauberer Virgilius – Der römische Dichter Publius Vergilius Maro (70–19 v. u. Z.) galt hauptsächlich seiner Unterweltsschilderung in der „Aeneis" wegen als Wundertäter und Zauberer; im Mittelalter dienten seine Werke zu Wahrsagungen.

„im Innersten zusammenhält" – S. Goethe, „Faust. Erster Teil", Vers 383.

163 *Lamartine* – Alphonse de Lamartine (1790–1869), französischer Dichter und Staatsmann; vor dem Staatsstreich Louis Napoleons Außenminister in der französischen Regierung.

164 *Hautrelief* – Aus der Fläche hoch heraustretendes Bildwerk.

Origines – Griechischer Kirchenschriftsteller (um 183 bis um 253).

165 *Pénitents bleus, gris, blancs* – (franz.) blaue, graue, weiße Büßer.

166 *Adolf Stahr* – Deutscher Schriftsteller (1805–1876), seit 1854 mit der Schriftstellerin Fanny Lewald (1811–1899) verheiratet; „Ein Jahr in Italien" (3 Bände, 1847–1850).

169 *Lieue* – (franz.) Meile.

170 *Logh* – See.

172 *Tabagie* – (franz.) Rauchstube, Kneipe.

173 *englische Wasserratte* – Anspielung auf die englisch-französischen Konflikte beim Kampf um die Vormachtstellung in Europa.

174 *Anacharsis* – Ein Skythe (6. Jahrhundert v. u. Z.), der viele Reisen unternahm und als Weltweiser galt.

Theophrastus – Theophrastos (372–287 v. u. Z.), griechischer Philosoph, Schüler und Nachfolger des Aristoteles.

176 *Aisance* – (franz.) Wohlhabenheit.

Barrière – (franz.) Schlagbaum, Stadttor.

Prado – (span.) Garten, Wiese.

177 *trois frères* – (franz.) drei Brüder.

179 *ex voto* – (lat.) auf Grund eines Gelübdes; hier: Weihgeschenke oder Inschrift auf diesen.

181 *Faktionär* – Schildwache.

185 *Scribe* – Augustin-Eugène Scribe (1791–1861), französischer Dramatiker, der zahlreiche Stücke produzierte.

Brizeux – Auguste Brizeux (1803–1858), französischer Übersetzer und Idyllendichter.

Horace Vernet – Französischer Maler (1789–1863).

Delaroche – Paul Delaroche (1797–1856), französischer Historienmaler.

Ingres – Jean-Auguste-Dominique Ingres (1780–1867), klassizistischer französischer Maler.

189 *Gärten des Akademos* – In den dem Heros Akademos geweihten Gärten trug der Philosoph Platon seine Philosophie vor; nach dem Hain wurde die von Platon begründete Philosophenschule Akademie genannt.

Florian – Jean-Pierre-Claris de Florian (1755–1794), französischer Schriftsteller, Verfasser höfischer Schäferromane.

Phalanstère – Arbeitsgenossenschaft im Gesellschaftssystem des französischen utopischen Sozialisten Fourier.

190 *„Die Sterne in der eigenen Brust“* – „In deiner Brust sind deines Schicksals Sterne“; Schiller, „Die Piccolomini“ II, 6.

191 *ein rückwärtsgekehrter Prophet* – Nach Friedrich Schlegels „Athenäum“-Fragment Nr. 80: „Der Historiker ist ein rückwärtsgekehrter Prophet.“

Besozzi – Luigi Besozzi (1814–1871), französischer Klavierlehrer und Komponist.

194 *Concierge* – (franz.) Portier, Schließer.

Mirabeau – Honoré-Gabriel-Victor de Riqueti, Comte de Mirabeau (1749–1791), französischer Offizier, Staatsmann und Publizist; 1789 war er der führende Ideologe des liberalen Adels und der Großbourgeoisie; trat für die konstitutionelle Monarchie ein. Auf Château d'If war er 1774 wegen seiner Schulden und Duelle eingekerkert; 1776 veröffentlichte er den „Essai sur le despotisme“ (Essay über den Despotismus).

Prison de Monte Christo – (franz.) Gefängnis [des Grafen] von Monte Christo.

eh bien – (franz.) also gut.

194 *soit!* – (franz.) gut!, meinetwegen!

196 *Sohn des Menschenfreundes* – Victor de Riqueti, Marquis de Mirabeau (1715–1789), der Vater Mirabeaus, hatte sich in seinem fünfbändigen Werk „Ami des hommes" (Der Menschenfreund, 1755) für das im 18. Jahrhundert diskutierte politisch-ökonomische System des Physiokratismus eingesetzt.

197 *Philippe Égalité* – Louis-Philippe-Joseph Duc d'Orléans (1747–1793) war 1789 Mitglied der Nationalversammlung; er nahm den Namen Philippe Égalité (franz.: Gleichheit) an und stimmte für den Tod Ludwigs XVI.; konterrevolutionärer Umtriebe wegen wurde er 1793 hingerichtet.

Lavalette – Antoine de Lavalette (1702–1762), französischer Jesuit, Missionar auf der Insel Martinique, wurde 1759 wegen ökonomischer Manipulationen in Marseille verurteilt; der Prozeß gegen Lavalette wurde zu einem Tribunal gegen die Gesellschaft Jesu.

Joachim Murat – Sohn eines Gastwirtes (1767–1815); 1804 französischer Marschall; von 1808 bis 1815 als Joachim I. Napoleon König von Neapel, Schwager Napoleons; Ende September 1815 versuchte er von Korsika aus Neapel wiederzuerobern; er wurde gefangengenommen und erschossen. Hartmann schildert das Ende Murats in der historischen Erzählung „Die letzten Tage eines Königs".

201 *versteckte Parktüren, die zu einer schönen Königin führen* – Mirabeau verständigte sich 1790 mit der königlichen Familie, erhielt von ihr Geld und deckte die konterrevolutionären Umtriebe des Hofes.

204 *Gardes champêtres* – (franz.) Landjäger.

Cooper – James Fenimore Cooper (1789–1851), amerikanischer Schriftsteller; sein Hauptwerk sind die Lederstrumpf-Romane (1823–1841).

Nürnberger Lächerlichkeiten – Anspielung auf das Sprichwort: „Die Nürnberger henken keinen, sie hätten ihn denn."

205 *Puget* – Pierre Puget (1622–1694), französischer Bildhauer.

Ricard – Gustave Ricard (1823–1873), französischer Maler.

207 *Marius* – Der römische Feldherr Gaius Marius (156–86 v. u. Z.) schlug 102 v. u. Z. bei Aquae Sextiae (Aix-en-Provence) die Teutonen vernichtend.

209 *Messagerie* – Privatanstalt zur Beförderung von Reisenden durch Eilwagen.

211 *Portalis* – Jean-Étienne-Marie Portalis (1746–1807), französischer Jurist und Staatsmann, einer der Redakteure des Bürgerlichen Gesetzbuches (Code civil, 1800).

Siméon – Joseph-Jérôme Siméon (1749–1842), französischer Jurist und Staatsmann.

212 *Geschichte mit dem Dornbusche* – Moses hütete Schafe, als aus einem brennenden Dornbusch ein Engel sprach und ihn dazu berief, die geknechteten Israeliten aus Ägypten zu führen; Altes Testament, 2. Mose 3.

wenn David Christum ankündigt – Der Prophet Nathan forderte den jüdischen König David auf, einen Tempel zu bauen, und weissagte den Messias, der aus Davids Geschlecht kommen sollte; Altes Testament, 2. Samuel 7, 12–13.

213 *Connu!* – (franz.) Das ist bekannt!

214 *Marengo* – Am 14. Juni 1800 errangen die Truppen Napoleon Bonapartes in der Schlacht bei Marengo, einem oberitalienischen Dorfe, einen entscheidenden Sieg über die Österreicher.

216 *kimmerische Nacht* – Ein immerwährendes Dunkel; nach Homer lebten die Kimmerer nahe beim Eingang der Unterwelt, da, wo es immer dunkel ist.

217 *Danton* – Georges-Jacques Danton (1759–1794), französischer Advokat, einer der stimmgewaltigsten und einflußreichsten Führer der Französischen Revolution.

220 *Sozietär* – Mitglied.

tout comme chez nous – (franz.) ganz wie bei uns.

225 *Blocus* – Blockade, Belagerung.

226 *Entrepreneur* – (franz.) Unternehmer.

Piqueur – (franz.) Reitknecht, Treiber.

230 *course de taureaux* – (franz.) Stierkampf.

233 *Herr Carlier* – Pierre Carlier (1799–1859), französischer Polizeichef.

234 *Charivari* – Katzenmusik, Spottständchen.

235 *das Aufheben des ersten Steines* – Nach dem Neuen Testament brachten die Pharisäer eine Ehebrecherin zu Jesus, die nach dem mosaischen Gesetz gesteinigt werden mußte; Jesus sagte

ihnen: „Wer unter euch ohne Schuld ist, der werfe den ersten Stein auf sie." (Johannes 8, 3–11).

235 *gewesener Minister* – Adolphe Thiers (1797–1877), französischer Historiker und Staatsmann, 1836 und 1840 Ministerpräsident; von 1863 an Führer der Opposition im zweiten Kaiserreich.

237 *Legationsrat Gerhard* – Friedrich Wilhelm Eduard Gerhard (1795–1867), deutscher Archäologe, der an dem Sammelwerk „Reisen in Italien" mitarbeitete.

241 *Agrippa* – Marcus Vipsanius Agrippa (63–12 v. u. Z.), römischer Feldherr und Staatsmann, der auch zur Verschönerung Roms Wasserleitungen und große Thermen bauen ließ; der Pont du Gard ist 269 m lang und 49 m hoch.

242 *aere perennius* – (lat.) dauerhafter als Erz.

à la tête de la civilisation – (franz.) an der Spitze der Zivilisation.

244 *puissance à puissance* – (franz.) als Herrscher mit dem Herrscher, unter gleichen.

Görgey – Artúr Görgey (1818–1916), ungarischer General, der in der Revolution von 1848 mehrere Siege gegen die Habsburger erfocht; 1849 Diktator; er sabotierte dann mit seinem Offizierskorps die ungarische Revolution.

246 *Ravanel* – Der Kamisardenführer Ravanel (1667–1705) war einer ihrer leidenschaftlichsten Kämpfer; mit seiner und anderer Kamisarden Verbrennung in Nîmes war der Aufstand niedergeworfen.

247 *freie Arminianer* – Die Arminianer, Anhänger des reformierten niederländischen Theologen Jakob Arminius (1560–1609), sind eine republikanisch orientierte Glaubensgemeinschaft; sie wurden in den Niederlanden verfolgt und wanderten großenteils nach Frankreich aus.

Dragonaden – Zwangsweise Masseneinquartierung von Soldaten, Dragonern, die unter Ludwig XIV. die Hugenotten gewaltsam wieder zum Katholizismus bekehren sollten.

Abauzit – Firmin Abauzit (1679–1767), französischer Schriftsteller und Philosoph.

Jean-Jacques – Jean-Jacques Rousseau (1712–1778).

Nogaret – Guillaume de Nogaret (gest. 1313), Jurist und Großsiegelbewahrer Philipps des Schönen; unterstützte diesen im

Kampf gegen den päpstlichen Vormachtanspruch und forderte vor der Versammlung der Generalstände, den Papst als Ketzer zu verdammen. 1303 nahm er in Oberitalien Papst Bonifatius VIII. (1294–1303) gefangen, der jedoch wieder befreit wurde.

248 *Krempler* – Spinnereimaschine zur Auflösung der Faserbüschel.

Kanaan – Palästina war seiner Fruchtbarkeit wegen für die alttestamentlichen Juden, „das Land, in dem Milch und Honig fließt"; Altes Testament, 4. Mose 13, 27.

249 *Octroi* – (franz.) Gemeindesteuer.

Frytrade – (engl.) Freihandel.

251 *Barbès* – Armand Barbès (1809–1870), französischer kleinbürgerlich-revolutionärer Demokrat, einer der Hauptbeteiligten an der Verschwörung von 1839 gegen Louis-Philippe.

Ledru-Rollin – Alexandre-Auguste Ledru-Rollin (1808–1874), französischer kleinbürgerlich-demokratischer Politiker, der in der Februarrevolution 1848 die Ausrufung der Republik veranlaßte.

Raspail – François-Vincent Raspail (1794–1878), liberaler französischer Naturforscher und Politiker.

und wieder erhob man die Hände zum lecker bereiteten Mahle – Anspielung auf die Homer-Übersetzung von Johann Heinrich Voß (1751–1826).

253 *ein zweiter König David* – Der jüdische König David, der sich in Bathseba, die Frau seines Dienstmannes Uria, verliebte, schickte diesen mit einem Brief ins Heerlager, dem zufolge er vom Befehlshaber so eingesetzt werden sollte, daß er umkommen mußte; Altes Testament, 2. Samuel 11.

254 *Frondezeit* – Um 1650 erhoben sich die französischen Adligen zum letzten großen Aufstand gegen das absolute Königtum; dieses ging aus der Niederlage der Fronde, die zeitweilig von den unterdrückten Bauern und Städtern unterstützt wurde, gestärkt hervor.

Thümmel – Moritz August von Thümmel (1738–1817), humoristisch-satirischer Schriftsteller der deutschen Aufklärung, ist der Verfasser des zehnbändigen Reiseberichtes „Reise in die mittäglichen Provinzen von Frankreich" (1791).

255 *Cheminée* – (franz.) Rauchfang, Kamin.
conseil municipal – (franz.) Gemeinderat.

256 *Ludwig XVI.* – Ludwig XVI. (1754–1793), seit 1774 König von Frankreich.
„Histoire des Pasteurs du Désert“ – (franz.) „Geschichte der Hirten in der Wüste“.

257 *permis de chasse* – (franz.) Jagdschein, Jagderlaubnis.

259 *Tue!* – (franz.) Bring sie um; töte sie!

264 *homme de rien* – (franz.) einer von schlechtem Herkommen, ein Niemand

265 *Thomas Moore* – Volkstümlicher irischer Dichter (1779 bis 1852).
Thomas Carlyle – Englischer Schriftsteller und Historiker (1795–1875), den Moritz Hartmann 1850 in England kennenlernte.
anteriörer Nachbar – Hier: Vorgänger.

266 *Grace* – (franz.) Gnade.

267 *Goudimel* – Claude Goudimel (um 1505–1572), französischer Komponist, der die Psalmenübersetzung des Dichters Clement Marot (1496–1544) und des reformierten Theologen Theodor de Bèze (1519–1605) vertonte.
Bartholomäusnacht – In der Nacht vom 23. zum 24. August 1572 begann in Paris das von der Königinmutter Katharina von Medici inszenierte Gemetzel radikaler Katholiken unter den Protestanten, dem binnen vier Wochen fast 30 000 Hugenotten zum Opfer fielen.

268 *Antezedenzien* – frühere Verhältnisse, Vorleben.

270 *Neander* – Wahrscheinlich eine ironische Anspielung auf den Berliner Theologen August Neander (1789–1850), der keineswegs ein Rationalist, sondern dem Pietismus verbunden war.
Bekehrung Sauli – Der Schriftgelehrte Saulus von Tarsus, der die Christen verfolgt hatte, wurde auf einer Reise nach Damaskus durch die Erscheinung Christi bekehrt und nannte sich fortan Paulus; Neues Testament, Apostelgeschichte 9, 1–31.

271 *Antoninus* – Antoninus Pius (86–161), als Imperator Caesar Titus Aelius Hadrianus Antoninus Augustus Pius von 138 bis 161 römischer Kaiser; unter seiner Regierung erlebte Rom eine lange Friedenszeit.

276 *Court* – Antoine Court (1695–1760), der 1729 in Lausanne ein Predigerseminar gründete, sammelte die Hugenotten zu neuen Gemeinden; er gilt als der Wiederhersteller der reformierten Kirche Frankreichs.

278 *Saint-Simon* – Louis de Rouvroy, Herzog von Saint-Simon (1675–1755), französischer Schriftsteller; in seinen Memoiren schildert er kritisch das Leben am Hofe Ludwigs XIV.

Entrevue – (franz.) Zusammenkunft.

Fléchier – Esprit Fléchier (1632–1710), französischer katholischer Theologe, seit 1687 Bischof von Nîmes.

belle esprit – (franz.) Schöngeist.

279 *Colbert* – Jean-Baptiste Colbert (1619–1683), französischer Staatsmann; führte als Oberintendant der Finanzen das Merkantilsystem ein, das zu einer Verelendung der Landbevölkerung führte; galt als ein Feind des Klerus und Förderer von Wissenschaften und Künsten.

Fénelon – S. die sechste Anm. zu S. 35.

Vauban – S. die siebente Anm. zu S. 35.

Ruinen von Port Royal – S. die fünfte Anm. zu S. 35.

Brueys – David-Augustin de Brueys (1640–1723), französischer Schriftsteller, der vom Protestantismus zum Katholizismus übertrat und unter anderem theologische Streitschriften verfaßte.

Edikt von Nantes – Mit dem Edikt von Nantes (13. April 1598) gestattete Heinrich IV. von Frankreich den Hugenotten freie Religionsausübung und verlieh ihnen politische Rechte; am 23. Oktober 1685 wurde das Edikt von Ludwig XIV. wieder aufgehoben; viele Hugenotten gingen außer Landes.

283 *zu Ehren des Jubiläums* – Gemeint sind wahrscheinlich die Feierlichkeiten zum fünfzigsten Jahrestag des Konkordats von 1801 zwischen Napoleon Bonaparte und dem Vatikan. Während der Restaurationsepoche nach 1848 waren mehrere Veränderungen zugunsten des Klerus getroffen worden.

284 *Valet* – (franz.) Knecht.

Ferm – Pachthof, Meierei.

Pfaffe vom Kalenberge – Der Wiener Dichter Philipp Frankfurter schrieb um 1450 „Die Geschichte des Pfarrers vom

Kalenberg", eine Schwankerzählung, die vor allem Bauern, Klerus und Höflinge verspottet.

284 *Obras Patouèzas* – (provenzalisch) Mundart-Werke.

285 *esprit gaulois* – (franz.) gallischer Witz.

286 *Yéou qu'ay* ... – (provenzalisch) Ich, der ich trotz Apoll lange Zeit heimlich und ohne Arg auf meiner Violine den Ruhm des berühmten Odysseus besungen habe, will nun mit Hilfe des Himmels über ein neueres Thema meine Geschicklichkeit versuchen. – Muse, wenn du mir ein wenig hilfst, wird die Arbeit gut vorangehen. Wohlauf, alte Nymphe, Mut! Du brauchst nur Lärm zu schlagen. Und welche Frau liebt nicht das Glockenspiel und die Plackerei?

Jean qui rit – (franz.) Jean, der lacht.

Stelzhammer – Franz Stelzhammer (1802–1874), österreichischer Mundartdichter, der Sohn eines Bauern.

287 *Lamartine* – S. die Anm. zu S. 163.

Arago – Dominique-François Arago (1786–1853), französischer Physiker, liberaler Publizist und Politiker.

Béranger – Pierre-Jean de Béranger (1780–1857), französischer volkstümlicher Liederdichter, Verfasser politischer Chansons.

288 *Wilhelm Müller* – Genannt Griechen-Müller (1794–1827), Essayist und Reiseschriftsteller, verfaßte die berühmten Griechenlieder, in denen der Aufstand der Griechen gegen die türkische Fremdherrschaft gefeiert wird; einige seiner Gedichtzyklen wurden von Franz Schubert vertont.

289 *Brizeux* – S. die zweite Anm. zu S. 185.

290 *Debora* – Die jüdische Richterin und Freiheitsheldin Debora rief die israelitischen Stämme unter dem Helden Barak zum Kampf gegen die Könige Kanaans auf; Altes Testament, Richter 4 und 5.

lou camin de la moneta – (provenzalisch) der Weg der Münzen.

293 *Karl Ritter* – Geograph (1779–1859); sein Hauptwerk, „Die Erdkunde im Verhältnis zur Natur und zur Geschichte des Menschen" (1817–1859), blieb unvollendet.

294 *Douanenhaus* – Zollhaus.

296 *Pisistratus* – Peisistratos (um 600–527 v. u. Z.), Tyrann von Athen.

296 *Karl Vogt* – Naturwissenschaftler (1817–1895), der sich für die Lehre Darwins einsetzte.

Léopold Robert – Französischer Maler (1794–1835), berühmt durch seine idealisierenden Schilderungen italienischen Volkslebens.

297 *Arion* – Der griechische Sänger Arion wurde auf einer Seereise nach Italien ausgeraubt; bevor er ins Meer sprang, sang er, und ein Delphin rettete ihn; Herodot, Das Geschichtswerk I, 24.

Wilhelmine Clauß – Pianistin (1834–1907), heiratete 1851 den ungarischen Emigranten Friedrich Szárvady, der mit Moritz Hartmann befreundet war.

Karoline Sabatier – S. die dritte Anm. zu S. 14.

„Suffrage universel" – (franz.) „Allgemeines Wahlrecht".

Carrel – Armand Carrel (1800–1836), liberaler französischer Publizist.

298 *Heinrich V.* – S. die vierte Anm. zu S. 106.

Vendée – Französische Landschaft am Atlantischen Ozean; während der Französischen Revolution Hauptzentrum royalistischer Aufstände (1793).

299 *Bonjour, citoyen Ledru!* – (franz.) Guten Tag, Bürger Ledru! S. auch die zweite Anm. zu S. 251.

von den famösen Freiwilligen des Südens – Mit der Parole „Das Vaterland ist in Gefahr" rief 1792 die französische Revolutionsregierung das Volk gegen die Koalitionstruppen zu den Waffen; die Marseillaise wurde am 25. Juni 1792 in Marseille auf einem Fest der Jakobiner und am 30. Juli von den Marseiller Freiwilligen, die als erste dem Aufruf folgten, beim Einzug in Paris gesungen.

„Les enfants de la patrie" – (franz.) „Die Kinder des Vaterlandes", Anfangsvers der Marseillaise.

coup d'état – (franz.) Staatsstreich.

300 *Herr von Falloux* – Alfred-Frédéric-Pierre Graf von Falloux (1811–1886), reaktionärer französischer Politiker und Historiker, 1848 bis 1849 Unterrichtsminister, Urheber des klerikalen Schulgesetzes.

Ouvrier – (franz.) Arbeiter, Handwerker.

C'était la dernière flûte du pays – (franz.) Es war die letzte Flöte im Lande.

304 *Paganismus* – Heidentum.
305 *Konrad III.* – Konrad III. (1093–1152), seit 1138 deutscher Kaiser.

Meister Tieck – Anspielung auf Ludwig Tiecks fragmentarische Erzählung „Der Aufruhr in den Cevennen" (1826).

Pierre de Castelnau – Peter von Castelnau, von Papst Innozenz III. zur Bekämpfung der Ketzer nach Südfrankreich gesandt, wurde am 15. Januar 1208 bei Toulouse getötet; daraufhin begann der Kreuzzug gegen die Albigenser. „Pierre von Castelnau" ist der 3. Gesang der „Albigenser"-Dichtung Nikolaus Lenaus.

306 *Vater Friedrichs des Großen* – Friedrich Wilhelm I. (1688–1740), seit 1713 König von Preußen.

Schleiermacher – Der Philosoph und protestantische Theologe Friedrich Daniel Ernst Schleiermacher (1768–1834) gehörte zum Kreis der Romantiker und versuchte, Theologie und idealistische Philosophie zu verbinden.

Montaubansche Gelehrsamkeit – Die Hauptstadt des französischen Departements Tarn-et-Garonne, Montauban, besitzt eine protestantische theologische Fakultät.

307 *„Disjecta membra"* – (lat.) „Verstreute Gedanken".

Schelling – Friedrich Wilhelm Joseph Schelling (1775–1854), deutscher idealistischer Philosoph.

Creuzer – Friedrich Creuzer (1771–1851), Professor für Altertumswissenschaften in Heidelberg, verfaßte eine „Symbolik und Mythologie der alten Völker, besonders der Griechen".

De Wette – Wilhelm Martin Leberecht De Wette (1780–1849), protestantischer Theologe, 1810 Professor in Berlin, seit 1822 in Basel.

Iffland – August Wilhelm Iffland (1759–1814), Schauspieler, Dramatiker und Theaterleiter, wirkte in Mannheim und München.

Dräseke – Johann Heinrich Bernhard Dräseke (1774–1849), protestantischer Theologe, von 1832 bis 1843 Bischof von Magdeburg.

Althaus – Theodor Althaus (1822–1852), revolutionärer Schriftsteller und Publizist; der Enkel Dräsekes wurde wegen

Aufforderung zum Staatsverrat zu zwei Jahren Gefängnis verurteilt. „Aus dem Gefängnis" erschien 1850.

307 *Gustel von Blasewitz* – Gestalt aus Schillers „Wallensteins Lager".

308 *Firmenichs „Völkerstimmen"* – Johannes Mathias Firmenich (1808–1889) war von 1843 bis 1867 Herausgeber der mundartlichen Sammlung deutscher Märchen, Sagen und Volkslieder „Germaniens Völkerstimmen".

309 *pia fraus* – (lat.) fromme Sünde, läßliche Sünde.

August von Sachsen – August II., genannt der Starke (1670–1733), als Friedrich August I. seit 1694 Kurfürst von Sachsen, trat zum Katholizismus über, um 1697 König von Polen werden zu können.

Montpellier vaut bien une messe – (franz.) Montpellier ist eine Messe wert; Anspielung auf den Ausspruch Heinrichs IV. (1553–1610): „Paris ist eine Messe wert"; mit seiner Konversion hatte der französische König 1593 Paris und die Krone gewonnen und damit die Glaubenskriege zwischen Protestanten und Katholiken für mehrere Jahrzehnte beendet.

Apostasie – Abtrünnigkeit.

Pauvre fille, elle est si loin de sa patrie! – (franz.) Armes Mädchen, sie ist so fern von ihrem Vaterland!

310 *Haller* – Albrecht Haller (1708–1777), schweizerischer Arzt und Naturwissenschaftler, Dichter der Aufklärung.

Wolff – Christian Wolff (1679–1754), Philosoph, Professor in Halle.

Zimmermann – Johann Georg von Zimmermann (1728–1795), Arzt und philosophischer Schriftsteller.

Agassiz – Louis Agassiz (1807–1873), schweizerischer Naturwissenschaftler, Gegner Darwins.

Vogt – S. Anm. zu S. 297.

Laurens – Jean-Joseph-Bonaventure Laurens (1801–1890), französischer Kunstschriftsteller, Musiker, Aquarellmaler, Lithograph und Zeichner, bis 1868 Sekretär der École de Médecine in Montpellier.

311 *Hiller* – Ferdinand Hiller (1811–1885), Komponist, Dirigent und Pianist.

311 *Rietz* – Julius Rietz (1812–1877), Komponist und Dirigent.
Heller – Stephen Heller (1814–1888), Komponist und Pianist; seit 1838 in Paris.
Taillandier – René-Gaspard-Ernest Taillandier, genannt Saint-René (1817–1879), französischer Literarhistoriker, verfaßte unter anderem eine Artikelserie über die deutsche Literatur für die Halbmonatsschrift „Revue des deux mondes“.

312 *wie dem Odysseus ..., als er den Schatten seiner Mutter gesehen* – Bei seinem Besuch im Totenreich begegnete Odysseus auch dem Schatten seiner Mutter; s. Homer, „Odyssee“ 11, 84–224.
nolentes volentes – (lat.) sie mögen wollen oder nicht.
Frankfurter Attentat – Am 3. April 1833 hatten Burschenschaftler versucht, in Frankfurt den Deutschen Bundestag zu sprengen und eine provisorische Regierung einzusetzen; nach dem gescheiterten Unternehmen fanden zahlreiche Verhaftungen statt, denen sich viele Studenten durch die Flucht ins Ausland entzogen.
polnische Ärzte – Polnische Flüchtlinge fanden nach dem 1832 gescheiterten polnischen Aufstand gegen das zaristische Regime in vielen europäischen Ländern, besonders in Frankreich, Zuflucht.
der arme Dortu – Ludwig Maximilian Dortu (1825–1849), revolutionärer Demokrat, ehemaliger preußischer Unteroffizier, der wegen seiner Teilnahme an der Revolution von 1848/49 hingerichtet wurde.

313 *„Wir winden dir den Jungfernkranz“* – Chorlied aus Carl Maria von Webers Oper „Der Freischütz“ (1821).
Chiron – Nach der griechischen Sage war Cheiron ein gütiger und weiser Zentaur, der viele Helden in der Heil- und Waffenkunst, der Jagd und der Musik unterrichtete.

314 *Dresdener Konferenzen* – Vom 23. Dezember 1850 bis zum 15. Mai 1851 bemühten sich die Minister der Mitgliedstaaten des Deutschen Bundes in Dresden vergeblich um eine neue Verfassung.

315 *„... so ist mir erst recht aufgefallen ...“* – Goethe, „Reise in die Schweiz 1797“, Kapitel „Frankfurt“.

316 *Ludwig XIII.* – Ludwig XIII. (1601–1643), seit 1610 König von Frankreich.

318 *la belle France* – (franz.) das schöne Frankreich.

324 *Pascal* – Blaise Pascal (1623–1662), französischer Mathematiker und Philosoph, Anhänger des Jansenismus, schrieb die „Lettres provinciales“ (Briefe aus der Provinz, 1657), in denen er die Jesuiten scharf angriff.

Arnauld – Antoine Arnauld (1612–1694), französischer katholischer Theologe, war einer der Wortführer der Jansenisten (s. fünfte Anm. zu S. 35), der Streitschriften gegen die Jesuiten und die Protestanten verfaßte.

Duclos – Charles-Pinot Duclos (1704–1772), französischer Geschichtsschreiber, verfaßte die 1791 erschienenen „Geheimen Memoiren aus der Regierungszeit Ludwigs XIV., der Regentschaft und der Regierungszeit Ludwigs XV.“.

330 *Cambon* – Peter-Joseph Cambon (1754–1820), französischer Industrieller, Finanzmann und Politiker, Mitglied des Wohlfahrtsausschusses, ein Gegner Robespierres, legte 1793 das Große Buch der öffentlichen Schuld an, in dem er die Verschleuderung öffentlicher Gelder aufdeckte.

Bonnier d'Arco – Ange-Louis Bonnier d'Arco (1750–1799), französischer Diplomat, Revolutionär, Konventsmitglied, Gesandter auf dem Kongreß in Rastatt, wurde nach dem Verlassen des Kongresses am 28. April 1799 zusammen mit dem französischen Gesandten Roberjot von österreichischen Husaren ermordet.

Cambacérès – Jean-Jacques Régis de Cambacérès (1753 bis 1824), seit 1808 Herzog von Parma, französischer Staatsmann und Jurist, einer der Verfasser des Bürgerlichen Gesetzbuches.

Fabre – François-Xavier Fabre (1766–1837), französischer klassizistischer Maler.

Courier – Paul-Louis Courier (1772–1825), französischer Sprachwissenschaftler und republikanischer Publizist.

333 *sus! sus!* – (franz.) los! los!

336 *Herzog von Richelieu* – Louis-François-Armand du Plessis, Herzog von Richelieu (1696–1788), seit 1748 Marschall von Frankreich.

tiens! – (franz.) meine Güte!

„L'Echo du Midi“ – (franz.) „Das Mittagsecho“.

337 *„Le Suffrage universel"* – (franz.) „Das allgemeine Wahlrecht".

orléanistisch – Die Anhänger des 1848 vertriebenen „Bürgerkönigs" Louis-Philippe aus dem Hause Orléans, einer Seitenlinie der bourbonischen Dynastie, gehörten zur Partei der Orléanisten.

„Messager du Midi" – (franz.) „Mittagsbote".

Chrysolaros – Manuel Chrysolaros (1350–1415), Humanist aus Konstantinopel, war der erste Lehrer des Griechischen im Italien des 15. Jahrhunderts.

die beiden Laskaris – Die Humanisten Andreas Johannes (1445–1535) und Konstantin Laskari (1434–1501) aus Byzanz verbreiteten die Kenntnis von griechischer Sprache und Literatur im mittelalterlichen Europa.

339 *Jardin des Plantes* – (franz.) Botanischer Garten.

340 *Siste viator!* – (lat.) Wanderer, bleibe stehen!

Young – Der englische Dichter Edward Young (1683–1765) verfaßte nach dem Tode seiner Frau und seiner Tochter „The Complaint or Night Thoughts on Life, Death and Immortality" (Klagen oder Nachtgedanken über Leben, Tod und Unsterblichkeit, 1742–1745).

341 *Placandis Narcissae Manibus* – (lat.) Den Manen Narcissas, um sie zu versöhnen.

Talma – François-Joseph Talma (1763–1826), französischer Schauspieler.

342 *Avicennus* – Eigentlich Avicenna (latinisiert aus Abu Ali Husain Ibn Sina; 980–1037), persischer Philosoph; Verfasser des „Kanons der Heilkunde", des grundlegenden Lehrbuches der Medizin für das mittelalterliche Europa.

Averroës – Eigentlich Ibn Roschd (1126–1198), arabischer Philosoph.

343 *Montfort* – Der militärische Anführer des Kreuzzuges gegen die Albigenser, Simon IV. Graf von Montfort (1155–1218), ein grausamer Ketzerverfolger, hatte Toulouse 1215 erobert; er fiel 1218 bei dem Versuch, die Stadt ein zweites Mal einzunehmen.

kanonisches Recht – kirchliches Recht.

344 *Bernard von Gordon* – Professor der Medizin in Montpellier (gest. 1318); sein „Opus lilium medicinae inscriptum de mor-

borum prope omnium curatione, septem particulis distributum“ (Das Buch Lilie der Medizin, in dem in sieben Teilen die Heilung aller Krankheiten beschrieben wird) erschien 1542 in Paris.

344 *Guido von Chauliac* – Guy de Chauliac (um 1300 bis um 1380), französischer Chirurg und Hochschullehrer.

„Inventorium ... medicinae“ – (lat.) „Fundgrube oder Sammlung in medizinischer Hinsicht“.

Bacon – Roger Bacon (um 1214–1294), englischer Philosoph und Naturforscher.

quia Altissimus creavit de terra medicinam – (lat.) welche der Höchste um der Erde willen geschaffen hat.

345 *Ecclesia* – Kirche.

Justinian und die Institutiones – Unter der Regierung des oströmischen Kaisers Justinianus (483–565) wurden die römischen Rechtsbücher im Corpus iuris zusammengefaßt; der einleitende Abschnitt dieses Gesetzbuches umfaßt die Institutiones (Unterweisungen).

Nogaret – S. die fünfte Anm. zu S. 247.

Philipp der Schöne – Philipp IV., genannt der Schöne (1268–1314), seit 1285 König von Frankreich, führte regelmäßige Steuern ein und geriet deshalb in Konflikt mit dem Papst.

id est – (lat.) das ist.

quell' eta comun ... condurre – (ital.) ... in jenem Zeitalter allgemeine Meinung, daß das Studium der Gesetze das wirksamste Mittel sei, zu Reichtum und Ehren zu gelangen. Aus welchem Grunde er sich bald nach Montpellier bringen ließ.

Aufstand Cola Rienzis – S. die erste Anm. zu S. 68.

Lützelburger – Das luxemburgische Herrscherhaus wurde nach der Burg Lützelburg benannt. Petrarca forderte von den Luxemburgern, die päpstliche Macht zu brechen und das Reich der Staufer, deren letzter, Konradin, 1268 in Neapel enthauptet worden war, wiederherzustellen.

346 *Haller, Wolff, Zimmermann* – S. die Anm. zu S. 310.

Tirez le rideau, la farce est jouée! – (franz.) Zieht den Vorhang, das Stück ist aus!

347 *Le rire est le propre de l'homme!* – (franz.) Das Lachen ist (nur) den Menschen eigen!

Minois du médecin ... tout certain – (franz.) Ein griesgrämiges, miesepetriges, mürrisches, sittenstrenges, mißgelauntes, unzufriedenes, strenges und verdrießliches Arztgesicht stimmt den Kranken traurig; und das fröhliche, heitere, anmutige, offene, gefällige Gesicht des Arztes erfreut den Kranken. Das ist völlig erwiesen und gewiß.

Reuchlin – Johann Reuchlin (1455–1522), deutscher Humanist, der als erster in Deutschland Hebräisch und Griechisch lehrte.

Masaccio – Eigentlich Tommaso di Giovanni di Simone Guidi (1401–1428), italienischer Maler, Bahnbrecher der Frührenaissance.

348 *die Flüchtlinge aus Hellas* – Ende des 15. Jahrhunderts wurden weite Teile Griechenlands, die im Besitz Venedigs waren, von den Türken besetzt.

Budé – Guillaume Budé (1467–1540), Begründer der klassischen Philologie in Frankreich.

Dolet – Etienne Dolet (1509–1545), französischer Humanist und Buchdrucker.

349 *„Ingenioso Hidalgo Don Quijote"* – (span.) „Der kluge Ritter Don Quijote".

Vulgus – (lat.) großer Haufe, Volk.

350 *die „Ars parva" des Galenus* – Der griechische Arzt Galenos (131–201) verfaßte mehrere medizinische Lehrbücher, darunter die „Ars parva" (Kleine Heilkunst).

351 *„Médecin malgré lui"* – (franz.) „Der Arzt wider Willen".

352 *Mons puellarum* – (lat.) Montpellier.

354 *Servetus* – Eigentlich Miguel Serveto (1511–1553), spanischer Arzt, der als Ketzer verbrannt wurde.

Garum – (lat.) Fischextrakt.

355 *Gutzkow* – Karl Gutzkow (1811–1878), liberaler deutscher Publizist, jungdeutscher Dramatiker und Romancier; Verfasser des Tendenzromans „Wally, die Zweiflerin".

356 *suo motu* – (lat.) aus eigenem Antrieb.

légion d'honneur – (franz.) Ehrenlegion; hier: Ordensträger.

Bluse – Kittel, Kleidung der Arbeiter.

356 *Anastasius Grün* – Eigentlich Anton Alexander Graf von Auersperg (1806–1876), Lyriker des österreichischen Vormärz.

357 *Gotthelf* – Jeremias Gotthelf (eigentlich Albert Bitzius, 1797–1854), schweizerischer Schriftsteller, Verfasser realistischer Dorfgeschichten.

359 *Petri* – Petrus: Petrus de Vinea (1190–1249), Jurist und Staatsmann, Kanzler Friedrichs II. von Hohenstaufen, der ihn 1249 blenden ließ.

360 *Doktor en lettres* – Doktor der schönen Wissenschaften.

Marmots – (franz. volkstümlich) viele Kinder.

361 *Pénitents blancs ...* – S. die Anm. zu S. 165.

fait accompli – (franz.) vollendete Tatsache.

362 *Octroi* – (franz.) Stadtzoll.

363 *Louis-Philippe* – Louis-Philippe (1773–1850), von 1830 bis 1848 König von Frankreich.

Sonderbund – Die französische und die österreichische Regierung hatten die Kurie 1835 unterstützt, als sich die Schweizer Kantone Bern, Luzern u. a. bei der Wahl von Bischöfen von der päpstlichen Bevormundung lossagten.

Bossuetist – S. die zweite Anm. zu S. 35.

367 *Bachelier* – (franz.) Abiturient.

Chamfort – Sébastien Roch Nicolas, genannt Chamfort (1741–1794), französischer Schriftsteller, Moralist.

368 *Ligue* – Die katholische Partei.

entrepôt – (franz.) Lagerhaus, Speicher.

inzendiarisches Breve – beweihräuchertes päpstliches Schreiben.

Karl IX. – Karl IX. (1550–1574), seit 1560 König von Frankreich; unter seiner Regierung kam es zum Mord an den Hugenotten in der Bartholomäusnacht.

Heinrich III. – Heinrich III. (1551–1589), seit 1574 König von Frankreich.

370 *„Une conversation dans la villa Albani“* – (franz.) „Eine Unterhaltung in der Villa Albani“.

372 *Blague* – (franz.) Aufschneiderei; hier: Fälschung.

376 *„Aber wird er auch willkommen scheinen ...“* – Goethe, „Die Braut von Korinth“.

376 *das Krüglein von Kana* – Als während der Hochzeit zu Kana der Wein ausging, verwandelte Christus das Wasser in Wein; Neues Testament, Johannes 2, 1–12.

377 *per se* – (lat.) von selbst, an und für sich.

379 *vereinigte Mächte* – Die Bourbonen wurden nach der Vertreibung Napoleons I. von den vereinigten Mächten England, Österreich, Rußland, Schweden und Preußen wieder eingesetzt.

380 *pourvu* – (franz.) vorausgesetzt.

383 *Karl der Zehnte* – Karl X. Philippe (1757–1836), von 1824 bis 1830 König von Frankreich; seine Juliordonnanzen zur Unterdrückung der demokratischen Opposition lösten die Julirevolution aus.

Maria Theresia – Maria Theresia (1717–1780), seit 1740 römisch-deutsche Kaiserin, Königin von Ungarn und Böhmen.

386 *Agricola* – Gnaeus Iulius Agricola (40–93), römischer Staatsmann, Schwiegervater des Geschichtsschreibers Tacitus, der sein Leben beschrieb.

providentiell – von der Vorsehung bestimmt.

387 *Aischines* – Griechischer Redner und Politiker (um 389–314 v. u. Z.).

Königin von Navarra – Margarete von Navarra (1492–1549), die Schwester Franz' I. von Frankreich, schrieb Novellen im Stile Boccaccios, die unter dem Titel „L'Heptaméron" (Das Siebentagewerk, 1558) bekannt wurden.

akkomplieren – vollziehen.

389 *„Lichtauge du der lehmgebornen Lampe ..."* – Aristophanes, „Die Weibervolksversammlung", Vorspiel, 1. Szene.

395 *Quintaux* – Quintal: (franz.) Zentner.

399 *Rostren* – Schiffsschnäbel.

400 *Forum Domitii* – (lat.) das Forum Domitians.

Forum Neronis – (lat.) das Forum Neros.

Villegiatur – Landaufenthalt.

403 *Scaliger* – Joseph Justus Scaliger (1540–1609), Altphilologe, Professor in Genf, lebte längere Zeit in Südfrankreich.

404 *Rabbi Benjamin* – Benjamin ben Jona aus Tudela (Spanien) war der erste Europäer, der als Kaufmann von 1160 bis 1173 Asien bereiste.

404 *„Itineribus"* – (lat.) „Reisen".

Ad mercaturam ... Anglia – (lat.) Zum Handel strömen sehr viele Christen und Araber zusammen, aus den Gebieten Algeriens und der Lombardei wie auch aus dem ganzen Reich des großen Rom, dem ägyptischen Reich und dem israelitischen Gebiet wie auch aus Griechenland, Gallien, Spanien und England.

Jacques Cœur – Französischer Kaufmann (1400–1456), der Karl VII. im Krieg gegen die Engländer finanziell unterstützte; von 1440 bis 1451 Finanzminister.

407 *brûle-gueule* – (franz.) kurze Pfeife.

plus heureux que des rois – (franz.) glücklicher als Könige.

408 *Cité* – (franz.) Gemeinwesen.

Peter von Provence und die schöne Maguelone – Ludwig Tieck hatte 1796 das bearbeitete Volksbuch von der „Schönen Magelone" herausgegeben.

Renouvier – Charles Renouvier (1815–1903), französischer republikanisch-demokratischer Philosoph.

409 *„Ystoire du chevalier ... de Naples"* – (franz.) „Die Geschichte des Ritters Pierre, Sohn des Grafen von Provence, und der schönen Maguelone, Tochter des Königs von Neapel".

410 *qui vesquirent ... du paradis* – (franz.) die ein heiliges und ehrenhaftes Leben lebten und die als heilige Personen starben und beerdigt wurden in der Sankt-Peters-Kirche, dort, wo Maguelone das Hospital gründete. Und jetzt gibt es dort eine schöne Kirche zu Ehren Gottes und der Heiligen Peter und Paul, denen es gefallen möge, uns zu erfreuen in allen Trübsalen dieser Welt und uns am Ende zum Ruhme des Paradieses zu führen.

Propriété – (franz.) Eigentum.

411 *lateinisches Kreuz* – Beim lateinischen Kreuz befindet sich der Querbalken in der oberen Hälfte.

Ad portum ... lacrimarum fonte lavatur – (lat.) Die ihr dürstet, kommet ihr alle zum Hafen des Lebens. / Habt ihr die Pforten durchschritten, legt ab eure üblichen Sitten. / Bete, betrittst du das Haus, und bewein ohne Paus' deine Sünden. / Was du auch immer gesündigt, der Quell deiner Tränen wäscht rein dich.

416 *cocytisch* – Der Kokytos (lat. Cocytus) ist in der griechischen Sage ein Fluß der Unterwelt, der unter großem Getöse in den Acheron mündet.

in der Geschichte Meinholdsche „Bernsteinhexe" – Johannes Wilhelm Meinhold (1797–1851), Theologe und Schriftsteller, verfaßte die Chronik „Maria Schweidler, die Bernsteinhexe, der interessanteste aller bisherigen Hexenprozesse, nach einer defekten Handschrift ihres Vaters, des Pfarrers Abraham Schweidler in Koserow auf Usedom" (1843); der 1843 von Heinrich Laube dramatisierte Roman wurde selbst von Heine für echt gehalten.

417 *Macpherson* – Der schottische Dichter James Macpherson (1736–1796) veröffentlichte 1760–1763 drei Liedersammlungen, die er als Übersetzungen aus dem Werke des legendären gälischen Sängers Ossian ausgab.

Chatterton – Thomas Chatterton (1752–1770), englischer Dichter und Schreiber bei einem Advokaten, hatte vorgegeben, die Gedichte eines Pastors aus dem 15. Jahrhundert gefunden zu haben; als man ihm die Fälschung nachwies, beging er Selbstmord.

419 *Pompadour* – Jeannette-Antoinette Poisson, Marquise de Pompadour (1721–1764), Mätresse Ludwigs XV. von Frankreich.

420 *Empressement* – Eifer, Bereitwilligkeit.

Westhighland – (engl.) Westhochland.

421 *Karl Martell* – Karl Martell (688–741), seit 720 Majordomus des fränkischen Reiches, besiegte 732 bei Tours und 737 bei Narbonne die Araber.

Pippin der Kleine – Pippin der Jüngere (um 715–768), Sohn Karl Martells, seit 751 König der Franken.

424 *Da unten aber ist's fürchterlich* – Zitat aus der Ballade „Der Taucher" von Friedrich Schiller.

425 *Shelley* – Percy Busshe Shelley (1792–1822), englischer romantisch-revolutionärer Dichter.

tout comme chez nous – (franz.) ganz wie bei uns.

431 *Peter von Aragonien* – Peter II. (1174–1213), seit 1196 König von Aragonien, erwarb Montpellier und fiel bei der Verteidigung der Albigenser.

432 *Wilhelm von Aquitanien* – Eigentlich Guillaume d'Orange, Vertrauter Karls des Großen.

Caroli Magni – Carolus Magnus: Karl I., der Große (742–814), seit 768 König der Franken, seit 800 römisch-deutscher Kaiser.

435 *Matfre von Ermengaus* – Matfre Ermengaus (gest. 1322), südfranzösischer Troubadour.

Verzeichnis der Abbildungen

Aufnahmen: Klaus G. Beyer, Weimar

Inhaltsverzeichnis